南海雋傑

坂本龍馬傳

洪維揚——著

體例說明

本書中出現的日期有以中文數字以及阿拉伯數字兩種方式標示，日本在明治五年（一八七二）十二月三日以前，使用日本慣用的和曆（包括貞享曆、寶曆曆、寬政曆、天保曆等日本人發明的曆法），於此之前在日本國內發生之事皆採用日本的曆法，以漢字表示；遇上國際要事或是介紹外國人物則以通行國際社會的格列高里曆（Gregoriancalendar）表示。

至於年齡，日本人以虛歲計算，外國人物則以實歲。

目次

下卷　飛龍在天

自序　卸下光環依舊充滿魅力的龍馬

說到幕末的人物，毫無疑問必有坂本龍馬之名，就算獨占鰲頭也不意外，不僅在日本，在台灣、香港、中國等華人圈，龍馬也是廣為人知。之所以如此，當與華人圈普遍憧憬維新回天的成果，希冀藉由對維新回天時期歷史與人物的介紹，讓華人圈的政治實體也能像近代日本一樣，在短時間內步上國力充實之林！

不過，讓龍馬在華人圈如雷貫耳更重要的推手應該是小說、戲劇、動漫等次文化媒介，在我這個年紀（六年級前段）主要是司馬遼太郎的鉅著《龍馬行》（竜馬がゆく），或其他未正式取得版權的漫畫（如內文不時引用的《硬漢龍馬》〔お〜い！竜馬〕），我之後的七年級主要應是二〇一〇年大河劇『龍馬傳』，《龍馬行》與『龍馬傳』可說是目前三十到五十歲台灣人認識龍馬的主要素材。

然而，《龍馬行》、『龍馬傳』終究屬於大眾娛樂，為了銷售量或收視率可以犧牲若干史實。《龍馬行》就與山岡莊八《德川家康》一樣，雖是膾炙人口的歷史小說，距今畢竟都已超過六十年，陸陸續續出現的新資料已推翻以往認為理所當然的史實，而《龍馬行》與《德川家康》卻無以與時俱進。我撰寫此文的目的不是要譴責歷史小說，而是希望讀者可以辨別歷史小說與史實的差別及其功用，《龍馬行》如此，『龍馬傳』更是如此。

《龍馬行》問世後的六十年來，龍馬的研究（也包含幕末維新史，以及龍馬暗殺的相關研究）取得相當程度的進展，不少學者的著作認為真實的龍馬，與《龍馬行》以及幾乎所有以龍馬為主人公的戲劇、動漫，在以下三方面有所出入：

一、薩長同盟並非龍馬獨力促成。

二、戲劇裡推崇的《船中八策》實際上並不存在。

三、大政奉還並非龍馬原創，推動該論也不僅止於龍馬一人。

雖然《龍馬行》等文學創作物歌頌的豐功偉業是出於虛構，但龍馬與同時代的志士（藩士或浪士）相較仍有過之而無不及，像是先後接受薩摩、土佐的出資贊助成立龜山社中及之後改組為海援隊，以《萬國公法》打贏御三家之一紀伊藩的官司訴訟，這種靈活運用所學的知識，不是同時期的蘭學者或只知高唱攘夷的志士所能及。

雖然真實的龍馬比創作的小說或戲劇遜色，但對我而言龍馬的魅力並不因而有所減損，深信許多喜愛龍馬的讀者亦是如此。龍馬不僅深具魅力，他還是個風趣的人物，這點可從現存龍馬一百四十餘封書信看出。由於龍馬沒有留下著作，現存一百四十餘封書信成為瞭解龍馬性格最直接的史料，透過這些書信的內容與用字，可以看出龍馬詼諧、純真的一面。

關於本書的卷名，最初是接受向我邀稿的出版人S氏的建議命名為〈青春〉、〈革命〉，在寫作期間我反覆思考應該取與龍馬更貼近結合的卷名會更恰當。所謂更貼近的結合，一開始我也毫無頭緒，某日突然靈光乍現，就是與龍馬的名字結合！一決定結合的方向，腦中頓時清楚浮現適合的卷名：〈易經．乾卦〉的卦爻。

初九——潛龍勿用。
九二——見龍在田，利見大人。
九三——君子終日乾乾，夕惕若厲，无咎。
九四——或躍在淵，无咎。
九五——飛龍在天，利見大人。
上九——亢龍有悔。
用九——見群龍無首，吉。

乾卦卦爻的內容對許多讀者而言並不陌生，字面之意亦不難解，其原因在於除了用九之外，都是金庸大師筆下降龍十八掌的掌名。當然，乾卦卦爻並非為金庸大師的著作量身訂造，而是人生過程的最好寫照。

人的一生不管是求學、就業、從政、經商，或是追求異性，都應遵循乾卦卦爻循序漸進，一開始便想飛龍在天只會傷到自己，必須歷經不斷的充實與磨練才能達到人生的極致飛龍在天（故有「九五之尊」的說法）之境。但也因為身處人生的極致，如果再執意往上就顯得追逐權位，此時應急流勇退、亢龍有悔，才能在眾人心中留下最美好的形象。

龍馬在大政奉還之後留下了「要當世界的海援隊」，這可視為從飛龍在天走向亢龍有悔，可惜他沒能立即放下，還堅持前往越前，若能立即放下或許可以免去近江屋的狙擊，當然這只是後見之明。

以下就由身為作者的我引領讀者進入較為真實的龍馬生涯。

前言　坂本家家世簡介

坂本家的先祖

大正、昭和年間的高知鄉土史家、曾參與編纂山內家家史的土佐藩史（尤其是幕末維新時期）專家平尾道雄，在其著作《龍馬のすべて》引述，坂本家的先祖是天正十年（一五八二）明智光俊（或光春）的妾所生之子，在近江坂本城（滋賀縣大津市下阪本三丁目坂本城址公園）被攻陷之前，出城逃往土佐國長岡郡才谷村。

此外，根據東京帝國大學文學部國史學科畢業，歷任高知大學助教授、教授的山本大在其著作《坂本竜馬》提到，通說坂本家乃近江明智氏（即明智光秀）一族，天正十年明智氏滅亡之際，城主明智彌兵次秀滿之子出城逃往土佐。

明智光俊又名光春，即山本大引用說法中的明智彌兵次秀滿，明智彌兵次因娶光秀長女而成為其左右手，但彌兵衛是因為娶光秀長女才成為一門眾，還是他本身即為光秀的族人，這點不甚清楚，如果是後者，當然可以說坂本家是明智氏一族，但若是前者，本家與光秀並無直接的血緣。

不僅難以確認明智秀滿是否出身明智氏，秀滿之子是否真有人逃出坂本城也難以證實。之所以會有坂本家是明智秀滿後裔的說法，據說是坂本家始祖坂本太郎五郎之妻口耳相傳，此後代代相傳；到了幕末，就連龍馬之姊乙女也曾對龍馬說過家族的由來。不過，從太郎五郎之妻到乙女歷經九代，中間歷代難免會有所加油添醋，無法判定有多少是太郎五郎之妻原本的內容。

坂本家最早居住地才谷村。

坂本家被視為明智氏後裔的另一具體證據，在於始祖坂本太郎五郎生前使用明智氏的家紋桔梗，明智氏乃清和源氏土岐氏之分支，土岐氏自不用說，土岐氏的眾多分支（包括明智氏在內）也都以桔梗為家紋，那麼是否可視坂本家為明智氏或土岐氏的後裔呢？只憑使用相同家紋這點恐怕還不具說服力，仍需更多證據才能證明。

山本大在前引書列舉坂本家可能與明智氏無關的證據，他從日本史籍協會編纂的《坂本龍馬關係文書》，收錄其父坂本八平所寫名為〈先祖書指出控〉的信件，該信件關於先祖坂本太郎五郎的部分，說他「出身山城國，郡村未詳，為避弓戰之難，住長岡郡才谷村。但年曆、妻之里且病死之年月等未詳」。

信中的「年曆」應為「年齡」之誤。從八平的信件來看，只知坂本太郎五郎出身山城國，其他包括具體的出身地、年齡、妻子的出身以及去世的年月等資料，可說都不清楚。八平的信件所提之內容，與坂本太郎五郎之妻口耳相傳似乎有所出入，到底何者為是呢？

八平在該信件繼續引述據說是坂本太郎五郎墓碑的碑文：

尊翁者山城國產也。蓋弘路・永祿之比避畿內亂而來住土佐國長岡郡殖田鄉才谷村矣。

將上述內容譯成白話為：

尊翁生於山城國，大概是為躲避弘路・永祿年間畿內之亂，遷至土佐國長岡郡殖田鄉才谷村定居。

文中的「弘路」應為「弘治」，太郎五郎的墓碑據說是第六代子孫八郎兵衛直益出資建造，當時正值十代將軍家治之世，為避其名諱而寫成「弘路」。弘治相當於一五五五年到一五五八年之間，永祿相當於一五五八到一五七〇年之間，距離本能寺之變尚有一段時間。若墓碑碑文內容可信，坂本太郎五郎雖是因為躲避戰亂而遷居土佐，但不見得與本能寺之變或明智氏有關聯。

說坂本家是明智氏後裔除了家紋相同這一點之外，並無更多證據，家紋同為桔梗這點或許可視為巧合，非明智氏之後裔的可能性較大，因此筆者在本書採用與明智氏無關的說法。

本家才谷屋坂本家與分家鄉士坂本家

前節坂本八平〈先祖書指出控〉提到，先祖坂本太郎五郎為避戰亂而定居土佐國長岡郡殖田鄉才谷村，長岡郡殖田鄉才谷村位於現在的何處？土佐國轄有七郡，由東而西依序為安藝、香美、長岡、土佐、吾川、高岡、幡多，介於香美郡與土佐郡之間的長岡郡，相當於現在的高知市東部、南國市、香美市西部，以及土佐郡土佐町。南國市內有一名為才谷龍馬公園（高知縣南國市才谷）之地，此即坂本太郎五郎在土佐最初的定居地，筆者從土讚線後免驛下車後，轉搭計程車往北行駛國道三十二號，前往才谷龍馬公園途中，看到一塊題為「坂本龍馬先塋之地」碑，可見才谷龍馬公園周遭是坂本家的發源之地，坂本太郎五郎死後長眠此地，美其名稱為大濱屋敷，前節提及的坂本太郎五郎墓碑便位在此地。

不僅初代坂本太郎五郎，第二代彥三郎（初代長男）、第三代太郎左衛門（二代長男）也都埋骨才谷村。寬文六年（一六六六），處理完太郎左衛門的後事，廿七歲的坂本家第四代八兵衛守之（太郎左衛門次男），在高知城下本丁筋二丁目租下店面經營質屋（當舖業），以先祖太郎五郎的居住地才谷村作為店號命名才谷屋，這是坂本家經商之始。

八兵衛雖將心力放在經營才谷屋上，但也未因而放棄才谷村的家業。根據長宗我部時代的檢地帳，才谷村不適合栽種水稻，但可種植大麥、小麥、蕎麥、紅豆、豌豆等作物，八兵衛以才谷村種植的經濟作物收入支撐初期才谷屋的開銷。

歷經一段時間的慘澹經營，八兵衛終於在元祿年間（一六八八～一七〇四）迎來穩定成長，才谷屋從當舖擴及至吳服、酒屋（皆以才谷屋為店號），成為本丁筋二丁目屈指可數的商人，坂本家的財富可說在八兵衛守之這一代奠殖深厚的基礎。

坂本龍馬先生先塋之地。

元祿十年五月廿七日，大濱（以祖先墓地大濱屋敷為姓）八兵衛守之病逝，享年五十八歲，八兵衛長男廿九歲的八郎兵衛正禎（也以大濱為姓）繼續經營父親的事業。才谷屋的規模在八郎兵衛手中繼續擴大，本丁筋二丁目的店面已不敷需求，元祿十四年八郎兵衛買下本丁筋三丁目（高知市上町三丁目）虎屋久右衛門求售的店面，據說虎屋的店面寬六間（一間約一・八一八公尺）、深十八間。現今的才谷屋所在地的一部分成為咖啡店，店外還保留才谷屋碑。

坂本家第四代創立的才谷屋。

才谷屋在八郎兵衛時期家業持續擴大，享保十六年（一七三一），八郎兵衛榮膺本丁筋的年寄役[1]，隔年更得到藩的許可進入高知城拜見第八代藩主山內豐敷，獲得「年始御嘉祝之恆例」的名譽。

雖然「年始御嘉祝之恆例」並無實際現成利益，反而還必須為此付出類似每逢過年向藩主捐錢慶賀的代價，但對不愁財富的坂本家而言，此乃無上之榮耀。

元文三年（一七三八）三月廿六日，大濱八郎兵衛正禎病逝，享壽七十歲，八郎兵衛長男繼承八郎兵衛之名（實名直益），是為第六代坂本家當主。直益繼承第六代坂本家當主的同時，也繼承本丁筋年寄役與「年始御嘉祝之恆例」的頭銜。

直益成為當主後，捨棄大濱、恢復坂本姓氏的次年，娶田中平兵衛之女（名為須和）為妻，田中平兵衛從名字來看似乎是武士階級，不過個人生平闕如。直益接手期間的才谷屋據山本大《坂本竜馬》所載，「本丁店面寬達八、九間，深度達數十間的大土造，數棟有屋脊的酒倉，雇用的童僕婢女人數多達十餘人，店務繁忙的景象旁人看來無不為之欣羨」，可說是家道最興盛的時候。直益不僅在經商方面不輸祖父八兵衛守之、父親八郎兵衛正禎，還喜好學問，在神道、國學等領域都有深厚的鑽研。雖然確切的時間不清楚，但是直益曾有伊勢神宮參詣之舉（稱為「お伊勢参り」或「お蔭参り」），想必與長年鑽研神道不無關係。

直益與田中平兵衛的女兒須和生下兩子，長男兼助及次男八次。直益一反當時長男繼承的習俗，讓次男八次繼承才谷屋的家業，八次改名八郎兵衛直清。直益此舉應該是看出次男八次遺傳自己與父祖的經商才能，而非出於厭惡長男之故。因為在明和七年（一七七〇）三月五日，直益為兼助取得新規鄉士的資格，兼助改名八平直海，於是繼承才谷屋的次男八郎兵衛直清成為本家，取得鄉士資格的長男八平直海成為分

1 在町村的行政方面握有指導權的人，相當於非正式的町村行政長官。

家，龍馬便是生於鄉士坂本家，八平直海即龍馬的外曾祖父。

雖然讓次男繼承本家，但直益並未虧待長男，在為長男取得鄉士資格的這一天，在直益的主導下為兩個兒子分家產，大致上八平直海分到的財產是八郎兵衛直清的半數——包括日後龍馬出生所在地的本丁筋一丁目。直益也從家產中分得一筆似乎頗為可觀的隱居料，把家業壯大的直益悠閒度過九年隱居生活，於安永八年（一七七九）二月四日病逝，享壽七十五歲。

才谷屋第七代當主八郎兵衛直清的經營才能可能不如其父，生平除了擔任廿四年本丁年寄役外幾乎闕如，倒是在他成為坂本家主期間，高知城下流傳一首相當有名的俗謠（司馬遼太郎的《龍馬行》曾引用）：

淺井有錢、川崎有地、本家的才谷屋有道具、分家的才谷屋有女兒。
（浅井金持ち、川崎地持ち、上の才谷屋道具持ち、下の才谷屋娘持ち。）

由於龍馬出身鄉士坂本家，因此後文筆者便聚焦在這一家上。分家產之後八平直海搬出本丁筋三丁目，遷移至本丁筋一丁目（高知市上町一丁目），在此歷經鄉士坂本家第二代八藏直澄及第三代八平直足。前文提到在直益的幫助下，長男兼助取得新規鄉士的身分，不過也有一說是直益為兼助取得的是讓受鄉士，這兩者有何區別呢？

新規鄉士是指新取得鄉士資格，而讓受鄉士是指向其他鄉士買下鄉士資格，因此讓受鄉士也可視為新規鄉士的方式之一。上文的敘述中又引申一個問題：何謂鄉士？

依字面來看，鄉士的解釋為：住在農村的武士。

或是：保有武士的身分而從事農業的人。

以上兩者解釋說明鄉士不是住在農村，就是住在農村並從事農業的武士，身分自然比專職武士低，但鄉士終究屬於藩主的家臣團（儘管未必支薪）。部分以龍馬為主人公的傳記會強調土佐有著嚴格的身分制度，同為武士階級的鄉士不僅飽受上士的欺凌，就連住宅格式與服飾上，也都存在無法超越的鴻溝。然而，這種現象普遍存在江戶時代的每個藩，而非土佐藩獨有，只能說土佐藩這一問題較其他藩而言特別明顯，這當然與外來的山內家成為土佐的統治者，激起已經滅亡的長宗我部家臣強烈的排斥有關。

土佐藩的武士階層由上而下可分成如下數級：

藩主		
上士，或稱御侍、士格	參政・家老 家老格	此二階層共十一人，知行高一千五百石到一萬石之間，執掌藩內事務並擔任奉行職，同時也指揮藩兵。准許使用山內家的苗字，深得藩主的信任。
	上席中老	十一人，知行高四百五十石到一千五百石之間，他們是政策的執行者。

平士	下席馬廻	
	新馬廻	約八百人，知行高百石到七百石之間，名稱源自於他們在戰場上處於大名本陣周圍。作戰時他們是野戰士官，平時則是行政指導者。
	上席小姓組	人數不固定，知行高七十石到二百五十石之間，大多為地方上的官員。
	下席留守居組	
	新留守居組	人數不固定，知行高五十石到二百石之間，多為地方官員的手下。
下級武士，簡稱「下士」，也稱為「輕格」	白札	
	鄉士	約九百到一千人，知行高三十石到二百五十石之間。
	用人	人數不固定。
	徒士	此二階層人數不固定，扶持米十二到十七石。
	徒士格	
	下席組外	人數不固定，扶持米十石。
	古足輕	
	足輕	
	下足輕	人數不固定，扶持米三到七石。
	庄屋	
地下浪人		

＊上士與平士即為廣義的上士，成員多為山內家領地在掛川城時期的家臣。

＊本表參考Marius Jansen《坂本龍馬と明治維新》（平尾道雄譯）及網站坂本龍馬人物傳製作。

＊部分書籍認為白札為單獨階層，介於上士與下士之間，不過白札終究不屬上士，是以筆者將之置於下士階層。

＊扶持米是指幕府或諸藩對下級旗本・御家人或下級藩士給予白米以代替俸祿的方式，以一人一日五合為標準，一年約為一石八斗。或是直接給予米五俵（一俵約四斗），稱為一人扶持。

在下士之下，另有一名為地下浪人的階層，地下浪人是指出售鄉士身分給農民或町人，出售鄉士身分後落得比鄉士還要低下的身分，如果兼助的鄉士取得資格來自於讓受鄉士，應該就是出錢向貧困鄉士買得鄉士身分。說到地下浪人，讀者多半第一時間會想到岩崎彌太郎，二〇一〇年大河連續劇『龍馬傳』第一季開頭，岩崎彌太郎（香川照之飾演）在東京宅邸招待貴賓時有如下致詞：

我出生在土佐的地下浪人之家，人窮屋陋，幾乎過著在地上爬的生活。今天能邀請諸位蒞臨寒舍，我實在是感慨萬千啊！

（わしは土佐の地下浪人の家に生まれたです。貧しいぼろやでしでの、それはもうじべたをはいつりまわるような暮らしでした。それが今こうしてこれだけの皆様を我が家にお招きできるようになるとは、まこと感無量であります。）

土佐的下士階層雖有苗字帶刀的特權，但多數下士藩不支付俸祿只領扶持米，因此他們必須自食其力。不是每位下士都有坂本家的財力，倘若是食指浩繁的家庭，出售鄉士身分成為地下浪人也是不得已的選擇。

成為地下浪人之前若曾擁有超過四十年鄉士身分者，可由藩承認賜予苗字帶刀的特權，岩崎彌太郎家族正符合這一點，因此雖然淪落地下浪人，但仍保有苗字帶刀之權利。

接著繼續來談鄉士坂本家。八平直海在天明四年（一七八四）被擢升為鄉士御用人，「御用」兩字似乎讓人覺得頗具官威，若能立功，有機會晉升至上士的末席留守居組。然則實際上鄉士坂本家的工作內容為御廟所番（看守歷代山內家墓所）這一枯燥職務，從八平直海延續到龍馬兄長權平。

文化九年（一八一二）二月，八平直海病逝，享壽七十四歲，八平的獨子八藏直澄繼任，是為鄉士坂本家第二代當主（若從坂本太郎五郎算起則是第八代）。相較於八郎兵衛直益、八平直海的長壽，八藏直澄顯然較為「短命」，他繼任當主四年後在文化十三年（一八一六）病逝，享年五十二歲。

八藏直澄繼任家主的時間相當短暫，或許他唯一值得一提的事，便是為獨生女幸找到了相當可靠的夫婿。八藏直澄收養家格為白札的山本覺右衛門信固之次男常八郎為養子，與幸結為了夫婦並繼承鄉士坂本家，成為第三代當主，常八郎即是龍馬的生父八平直足。

八平身材高大，弓箭、槍術都取得免許皆傳的資格，不僅如此，在書道與和歌方面也有不差的造詣，可說是直益之後坂本家（包含才谷屋坂本家與鄉士坂本家）最傑出的當主，龍馬在劍術與經商方面均擁有極高天賦，或許正是遺傳自家族的基因。

有些書籍會提到坂本家與武市半平太是姻親，嚴格說來是八平的生家山本家與武市家是姻親（兩家的家格皆屬白札，彼此通婚很正常），實際上山本家不僅與武市家為姻親，與文政年間（一八一八～三一）晉升上士格的宮地家亦是姻親（有名的龍馬研究者宮地佐一郎便是出自此一家族）。

最後，筆者釐清一點作為本節的結束，以龍馬為主人公的戲劇通常會以老年演員飾演龍馬生父八平，而以中年演員飾演龍馬生母幸，不過實際上幸反而年長八平一歲，之所以如此或許與幸在龍馬幼年時去世不無關係（更主要的原因應該是出於收視考量）。

「龍馬」或「竜馬」？

日文書有時「龍馬」會寫成「竜馬」，到底何者為是呢？

「龍」是舊漢字，「竜」則是常用漢字的新字。根據高知縣立坂本龍馬紀念館網站的說明，龍馬本人一次也不曾使用過「竜」字，可是「竜」字被制定為新字體，因此教科書與報紙會出現使用「竜」字的情形。坂本龍馬紀念館雖表記龍馬，但歷史人物不可能在所有場合下都使用舊漢字，一定會出現使用新字體的場合。

把「竜馬」發揚光大的應為已故歷史小說作家司馬遼太郎，他以龍馬為主人公的長篇歷史小說《龍馬行》（竜馬がゆく）便是寫成「竜馬」，有與真實歷史中的龍馬區隔之意味。

才谷龍馬公園裡的龍馬銅像。

「龍馬」現在普遍念作「りょうま」，然則正確讀音應該是「りゅうま」，難怪包括岩崎彌太郎、桂小五郎、勝海舟等初識龍馬的人都把漢字寫成「良馬」。除上述兩種讀音外，也可唸作「りゅうめ」。此外，依據現存慶應三年一月廿日龍馬寫給姪女春猪（龍馬兄長權平長女）的信，信末署名為「りよふ」（應念作「りよう」）。綜合上述，「龍馬」的正確讀音應該是「りゅうま」，「りょうま」寫成漢字反而應該是「良馬」，然而，美麗的錯誤為後人留下龍馬=りょうま這一令人印象深刻且又好記好唸的名字。

坂本家系圖

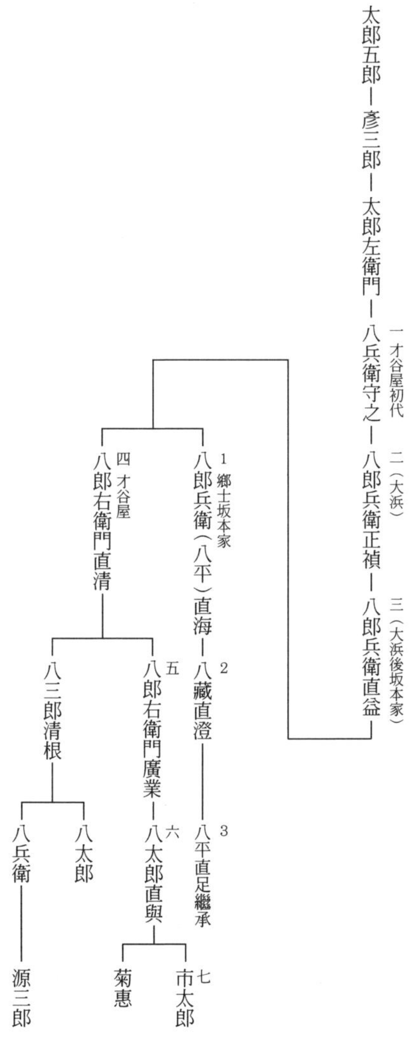

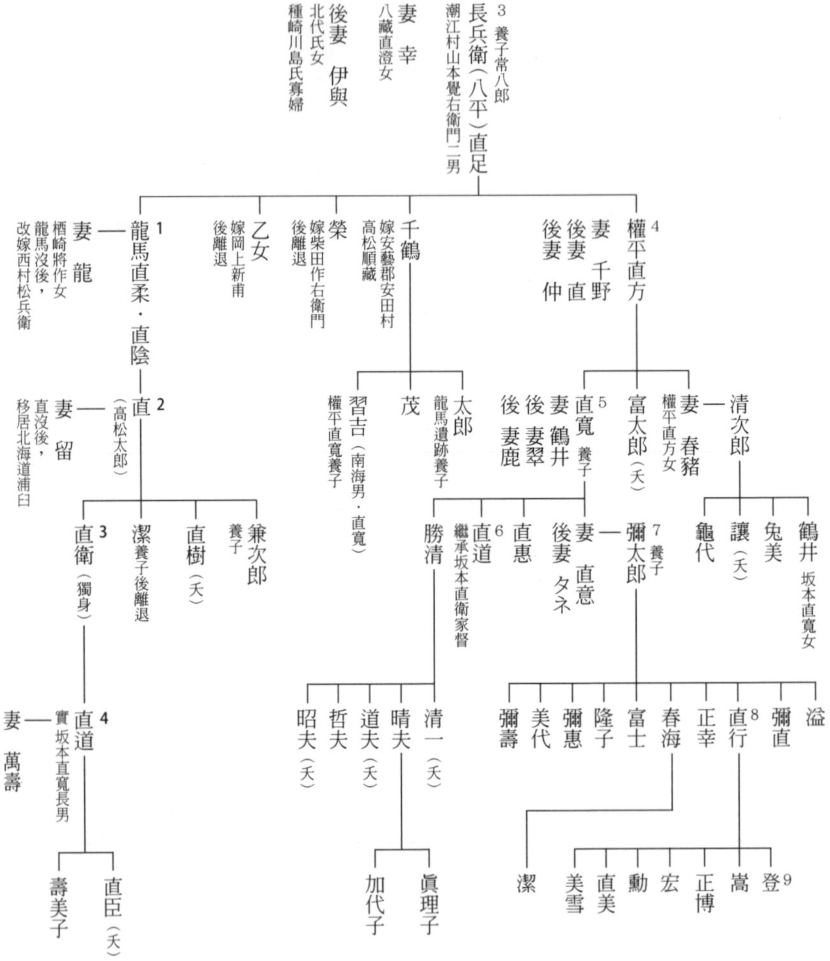
3 養子常八郎
長兵衛（八平）直足
潮江村山本覺右衛門二男
妻 幸
八藏直澄女
後妻 伊與
北代氏女
種崎川島氏寡婦
4 權平直方
妻 千野
後妻 直
後妻 仲
千鶴
嫁安藝郡安田村
高松順藏
榮
嫁柴田作右衛門
後離退
乙女
嫁岡上新甫
後離退
1 龍馬直柔・直陰
妻 龍
楢崎將作女
龍馬沒後，
改嫁西村松兵衛
清次郎
妻 春豬
權平直方女
富太郎（夭）
5 直寬 養子
妻 鶴井
後妻 翠
後妻 鹿
太郎
龍馬遺跡養子
茂
習吉（南海男・直寬）
權平直寬養子
2 直（高松太郎）
妻 留
直沒後，
移居北海道浦臼
鶴井 坂本直寬女
兎美
讓（夭）
龜代
7 彌太郎 養子
妻 直意
後妻 タネ
直惠
6 直道
繼承坂本直衛家督
勝清
兼次郎 養子
直樹（夭）
潔 養子後離退
3 直衛（獨身）
溢
彌直
8 直行
正幸
春海
富士
隆子
彌惠
美代
彌壽
清一（夭）
晴夫
道夫（夭）
哲夫
昭夫（夭）
4 直道
實坂本直寬長男
妻 萬壽
9 登
嵩
正博
宏
勳
直美
美雪
潔
眞理子
加代子
直臣（夭）
壽美子

上卷

潛龍勿用

第一章　土佐篇（一）

誕生

天保六年（一八三五）十一月十五日[1]將近黎明，在立有「坂本龍馬誕生地」碑所在地的高知城下本丁筋一丁目，鄉士坂本八平、幸夫婦迎接新生命的誕生。

在此之前，坂本八平與幸已育有四名子女，照理八平的喜悅應該不若前四次。不過這是繼長男權平後，相隔超過二十年再次喜獲麟兒，八平、幸夫婦自不用說，權平與千鶴子、榮、乙女三個妹妹，以及坂本家僕役，無不欣喜若狂。

根據土佐出身的貴族院敕選議員千頭清臣撰述的《坂本龍馬》（大正三年博文館刊行），幸在生產當日曾夢到雲龍奔馬進入其胎內，醒來後產下一男。幸將夢中所見告訴

1　大正元年瑞山會編纂、由富山房刊行的《維新土佐勤王史》記載為十一月十日，而最早的龍馬傳記坂崎紫瀾撰述的《汗血千里駒》則記載為十月十五日。

八平，八平大感訝異，認為蛟龍昇天化成火焰進入母胎乃祥瑞之象，可見此兒必非常人，定能成就一番事業顯揚家名，遂以幸的夢境內容將其命名龍馬。與千頭清臣的著作約略同時出版的《維新土佐勤王史》也有類似但更為詳盡的記載：

誕生地紀念碑。

> 前夜母幸夢見蛟龍吐出神火，感覺炎氣襲胎，驚醒後已經分娩，父八平命名為龍馬。龍馬生時臉上有數點黑子，及長，背上長出細長黑毛，龍馬引以為祕，雖在暑中亦未嘗脫去襯衣，入浴也不與人接觸。

千頭清臣的書籍還收錄另一種說法：八平之妻幸愛貓，懷龍馬時仍貓不離身，似乎是獸氣感染到胎兒身上，龍馬一出生背上便長出一欉怪毛。擔憂的八平找來算命師占卜，算命師認為這個孩子大器晚成，將來必有一番成就。八平聽後相當高興，遂將兒子命名為龍馬。

《維新土佐勤王史》與《坂本龍馬》出版時間相當，兩書採用的說法在更早之前坂崎紫瀾的《汗血千里駒》便已有相同的雛形。不過《維新土佐勤王史》與《坂本龍馬》二書將《汗血千里駒》記載繪聲繪影地渲染；通常偉大人物的誕生多少會伴隨祥瑞異相，上述傳聞在之後以龍馬為主人公的傳記、小說、動漫多會收錄，以增添其不凡。

坂本家系譜記載的名字為龍馬直柔（初名直陰，後改直柔），不僅如此，八平、權平之後還加上直足、直方。直柔、直足及直方等見於系譜上的名字稱為「實名」或「名諱」，除了近親長輩外，一般人不會直呼「實名」，而是以龍馬、八平、權平等「通稱」代替「實名」。龍馬、八平、權平以及後人熟知的同時代人物皆以「通稱」稱呼，因此除了特殊情況，本作皆以「通稱」代替「實名」。

龍馬是坂本八平最後的小孩，他與兄長權平差距廿一歲，與兄長尚且如此，與父親八平的差距必定更大。正如前言所述，寬政九年（一七九七）出生的八平其實比妻子幸小一歲，八藏直澄在世時他已入贅坂本家，並與幸於文化十一年（一八一四）生下長男權平，龍馬出生時八平還不到四十歲，他和權平年齡的差距反而還小於權平和龍馬吶！

愛哭的童年

明和七年三月五日，坂本家第六代當主八郎兵衛直益在分家產時，長男兼助除了分到位在本丁筋一丁目的家宅，根據山本大《坂本竜馬》一書記載，還分到了加治子[2]米百石中的四十石。

到了龍馬生父八平時，據《土佐藩鄉士調查書》之記錄，擁有一百六十一石八斗四升三合的領知（領有並支配，不同於單純領有俸祿），這一百六十多石的領知地遍布在土佐、長岡、吾川三郡，此外還領有知行高十石四斗。儘管鄉士坂本家家格只是下士中的鄉士，然其收入甚至還超過若干上士末席，置身在普遍窮困的土佐下士之中，幾乎無出其右，龍馬便是在如此優渥的環境下度過無憂無慮的童年。

龍馬出生時雖出現雲龍奔馬的奇特現象，但是龍馬的幼年實在平凡無奇到乏善可陳的地步，根據千頭清臣的《坂本龍馬》，幼年時期的龍馬個性懦弱膽怯、反應遲緩，過了十歲還會尿床，有愧於父親命名「龍馬」的期待。

弘化三年（一八四六），十二歲的龍馬在父親八平的安排下，進入了小高坂楠山庄助（根據平尾道雄《龍馬のすべて》）開設的學塾接受教育。即使在江戶時代，十二歲才開始接受教育也算太晚，之所以如此應該與龍馬懦弱膽怯的性格及反應遲緩不無關係。八平原本以為幾年後龍馬有所改善再讓他接受教育，但是幾年下來龍馬並無改善的徵兆，八平只好硬著頭皮讓龍馬接受教育。

小高坂位於現在高知市新屋敷一帶，附近有土讚線圓行寺口站，現在雖劃入高知市，但在龍馬的時代屬於郊外，位於龍馬在本丁筋一丁目的家約正北方一公里多，對十二歲的小孩而言並不算遙遠的距離。

龍馬在僕役的陪伴下，帶著書本與文具前往小高坂楠山庄助的學塾上學去。不過，龍馬還未認識新同學，他尿床的習慣以及總是流著兩道鼻涕的招牌便已先行傳遍整個學塾，因此成為學塾其他學童欺凌的對象，龍馬總是哭著回家。某日，一個姓堀內的少年與其他人爭吵，堀內少年盛怒之下拔出刀來，龍馬隨手拿起手邊文庫箱的蓋子做防禦之狀，周圍的人趁勢抓住堀內少年。當日學塾便將堀內少年退學，八平認為龍馬並非沒有過錯，主動要求學塾將龍馬退學，龍馬到學塾求學的時間差不多歷時一個月左右便終止了。

2 似乎應為加地子，中世紀以來的土地稅之一，在國衙收取的正稅、雜役以及莊園領主年貢之外，向農民收取的貢租，最初制定一段（相當於十畝地）收取一斗（一石的十分之一），稱為加地子。

母親去世

就學於小高坂學塾的同年，龍馬家裡發生了重大變故，龍馬生母幸去世了，享年五十一歲。前述提及，龍馬的母親幸比父親八平還大一歲，幸生下龍馬時已近四十歲，以現在的醫學科技這個年紀生育尚有些許風險，在龍馬的時代風險必然更大於現代，能夠平安生下龍馬且母子均安著實不易。

根據《坂本龍馬歷史大事典》製作的龍馬年譜，幸於弘化三年六月十日病逝。不過，依照目前的資料無法判定幸的病逝與龍馬前往學塾受教到退學的過程孰先孰後，幸的病逝日期有墓誌銘佐證較無疑義[3]，龍馬前往學塾受教一事出自千頭清臣的《坂本龍馬》，該書完成於大正三年，千頭清臣的資料來源應該是間接的證據（如父老的口耳相傳或是坂本家的書信）。

假定這兩件事發生在同一年，對龍馬而言，母親的去世顯然比被學塾退學的打擊還要強烈，龍馬此時的年紀及懦弱膽怯的性格，對母親的依賴甚於同齡的小孩，只是此時的龍馬可能無法透過文字或其他方式表現出失去母親的哀慟。史籍或當時人的日記、書信都很少提到幸，是個存在感相當薄弱的女性，從現有的史料看不出她對龍馬影響的程度。僅部分龍馬傳記的作者如武田鐵矢《硬漢龍馬》，構思龍馬受到幸的影響喜歡上海洋，進而在日後成立海援隊。

二〇一〇年大河劇『龍馬傳』設定龍馬冒犯上士，幸代龍馬受責而死去，母親的死讓龍馬痛恨階級制度的不公平，暗自立誓要推翻這一不公平的制度。《硬漢龍馬》與『龍馬傳』雖無確切的史料佐證，然而，母親的死的確影響到之後龍馬的人生，若從這點觀之，《硬漢龍馬》與『龍馬傳』的劇情設定並非毫無道理。

幸病逝這年，龍馬之外八平與幸生下的另四名子女年齡如下：

長男權平，三十三歲，已婚（妻本名川原塚千野）。天保十四年（一八四三）生下長女春猪。

長女千鶴，生於文化十四年（一八一七），三十歲，已婚（夫名高松順藏）。天保十三年生下長男高松太郎，之後跟隨舅舅龍馬加入神戶海軍操練所及龜山社中。

次女榮，生沒年不詳（一說於弘化二年〔一八四六〕去世），此時應已出嫁，夫名柴田作左衛門，與夫離異後自刃。

三女乙女，生於天保三年（一八三二），十五歲，此時未婚。

3 山本大《坂本竜馬》及宮地佐一郎《龍馬百話》記載八月十日，但未提出依據而不採用。

乙女與龍馬是此時八平唯二未嫁娶的子女，為了照顧他們（尤其是令人擔憂的龍馬），八平認真考慮再娶。根據松浦玲教授《坂本龍馬》一書，八平五十歲時再娶，但不清楚松浦教授一書的五十歲是實歲或虛歲，總之八平再娶的時間介於幸病逝後當年到一、兩年內。

八平再娶對象名為北代伊與，生於文化元年（一八〇四），小八平七歲。在此之前伊與曾有兩段婚姻，但丈夫都早逝，第二段婚姻生下的兒子也早逝，孑然一身地嫁入坂本家。龍馬的繼母頗有姿色，個性剛強之下有著慈悲的一面，令人意外的是她還是薙刀的名手。

母親病逝後負責龍馬教育的是家中尚未出嫁的乙女。乙女素有「坂本家的仁王」（坂本のお仁王さま）之稱，舉凡劍術（包含薙刀）、馬術、弓術、游泳等武藝無不專精，甚至還精通經書、和歌、繪畫、琴、三味線、一絃琴[4]、舞蹈、淨瑠璃等文藝，卻對當時女性該會的料理、裁縫感到苦手。不過，乙女之所以被稱為「坂本家的仁王」，主因在於壯碩的身材：五尺八寸（約一七五・七公分）的身高與三十貫（一一二・五公斤）的體重，如此龐然身軀與龍馬玩起相撲，龍馬只有被壓在地上大喊投降的分。

精通文武之道的乙女到安政三年（一八五六）龍馬第二次前往江戶劍術修行之前，幾乎把全部心力放在龍馬身上，沒有乙女細心的教導，便不會有之後的龍馬，龍馬自己也說過：

我年幼時，自父母雙亡後，便由姊姊照顧我長大成人，姊姊對我的恩情比父母還大（出自《千里駒後日譚》）。

日根野弁治道場

弘化五年（同年二月廿八日改元嘉永，一八四八），十四歲的龍馬進入位在高知城下南側鏡川沿岸的日根野弁治道場修行劍術。日根野弁治的生父是鄉士市川友（勇）次郎信好，身為次男的弁治自幼即在日根野道場修行劍術，資質出眾的他得到當主日根野左右馬的喜愛，二十歲左右得到藩的准許成為日根野家的養子。日根野氏歷代皆為和術[5]小栗流的武術師範，亦兼修柳生流劍術、居合、槍法、騎射、長刀、游泳等武藝。其家格根據平尾道雄《龍馬のすべて》一書為馬廻，但根據山本大《坂本竜馬》則為小姓組，不管何者為是，皆屬於上士，比生家要來得高。

4 據說起源於九世紀，在原行平流放須磨（神戶市須磨區）曾在海邊拾起船板、套上蘆葦作為琴絃彈奏，此即一絃琴的起源，幕末盛於土佐。

5 徒手武術，相當於現代的柔道。

龍馬在日根野弁治道場修行劍術五年多，在這五年多裡，龍馬的變化相當大，幾乎可以用脫胎換骨來形容，不僅一改幼年時愛哭的習性，連尿床的習慣也隨之根除，而且因為修行劍術之故，身體變得結實、高大，龍馬的身高據推測大概在五尺七寸到九寸之間（約一七三至一七九公分之間），可說是在日根野弁治道場修行劍術的五年間定型。

日根野弁治道場。

除了一改懦弱膽怯的個性代之以開朗積極，龍馬幼年反應遲緩的情形也有所改善，且因修行劍術而變得專注集中並善於觀察，關於龍馬個性的改變，從以下的例子便可看出。

龍馬在日根野道場除了劍術之外，還修行其他武藝，某日龍馬在大雨中仍一如往常的在鏡川游泳，中途被人在岸上的日根野弁治責備，說他不應在雨天於河中游泳。對此龍馬感到難以理解，認為游泳是鍛鍊體能，不應有晴天才能游泳而雨天就不能的規定。若在龍馬幼年之時，別說是雨天，就算豔陽高照可能也不會想跳進河裡，這則逸話為司馬遼太郎收錄在《龍馬行》的後記。

龍馬修行劍術後立即展現出令人訝異的天賦，前後五年從對劍術一竅不通，到嘉永六年（一八五三）三月取得〈小栗流和兵法事目錄〉免許狀，翌年閏七月結束江戶劍術修行返回土佐後，再取得〈小栗流和兵法十二箇條〉及〈小栗流和兵法二十五箇條〉兩項目錄的免許狀。文久元年（一八六一）十月取得〈小栗流和兵法三箇條〉目錄，擁有小栗流免許皆傳[6]的資格。

經過五年的劍術修行，放眼望去日根野道場除了日根野弁治之外，再也沒有能與龍馬進行練習的對手，日根野弁治認為十九歲的龍馬應該前往江戶繼續劍術修行，強留在道場或土佐只會窒礙他的發展。出於為龍馬前途的考量，日根野弁治向藩推薦龍馬前往江戶繼續劍術修行。

龍馬在日根野弁治道場劍術修行的五年多期間，土佐藩與江戶都發生影響日後十餘年的變化。

先說土佐藩方面。

嘉永元年，第十三代藩主山內豐熙、第十四代藩主山內豐惇兄弟先後辭世，已隱

6 師匠向門下弟子傳授流派的內容，傳授的證明稱為免許或免許狀。將流派全部內容予以傳授稱為皆傳，兩種資格都取得便稱為免許皆傳。在一個流派中要取得免許資格不算太難，但要取得皆傳就不是那麼容易。

居數年的第十二代藩主山內豐資眼見豐熙、豐惇兄弟皆無繼承人，本家唯一的繼承人鹿次郎（之後的豐範）只有三歲。若立豐範為藩主，豐資勢必得要擔任後見役（監護人）的角色，才因改革失敗被迫隱居的豐資不願放棄隱居的生活，因此他在分家物色第十五代藩主的人選。

土佐藩成立以來曾有中村與新田兩支藩，到第九代藩主山內豐雍成立分家西邸山內家，第十代藩主山內豐策又相繼成立東邸、南邸、追手三個分家，加上新田支藩（麻布山內家）與西邸共有五家分家（中村支藩已經斷絕），第十五代藩主將從這五家分家中產生。

山內豐資最後選定南邸山內家當主山內豐著長男山內輝衛，為第十五代藩主人選，此時他年僅廿二歲，同年十二月廿七日成為藩主並改名豐信。江戶時代不乏以支藩藩主或分家當主的身分成為本藩藩主（這正是支藩或分家成立的目的）的前例，不過，豐信的情況與這些前例不同，豐信只是鹿次郎成年前的過渡藩主，就算自己再怎麼勵精圖治，只要鹿次郎一成年，還是得拱手讓出藩主之位。因此，豐信雖專精軍學、弓術、馬術、槍術、劍術、居合術等武藝，且都達到取得目錄的程度，但他仍決定當個沉湎於佳釀、美女與漢詩的風流藩主，自號「鯨海醉侯」。

接著再談幕府方面。

幾年前長崎荷蘭商館甲比丹在《荷蘭風說書》向幕府呈報鴉片戰爭的勝負，認為幕府不應繼續固守鎖國政策，而是敞開國門與泰西諸國往來。只是言者諄諄，聽者藐藐，幕府對於《荷蘭風說書》的內容嗤之以鼻。嘉永五年四月，荷蘭商館甲比丹再次提出《荷蘭風說書》，這一次的風說書具體提到一個名為美利堅的國家即將率領艦隊前來。

當龍馬準備踏上前往江戶劍術修行之時，美利堅的艦隊已逐漸逼近日本的國門。

山內容堂銅像（位於高知市山內神社內）。

第二章　江戶篇（一）

前往江戶修行劍術

龍馬還在日根野弁治道場修行劍術時，嘉永四年（一八五一）三月廿七日，父親八平宣布隱居，雖還未正式交出當主之位，但鄉士坂本家大小家事已由龍馬兄長權平做主，這一年八平五十五歲、權平三十八歲，而龍馬只有十七歲。

根據土佐藩福岡氏的《福岡家御用日記》記載，嘉永六年三月十七日[1]，龍馬正式踏上前往江戶修行劍術之路，已故歷史小說作家司馬遼太郎的鉅著《龍馬行》便是從這裡開始寫起。土佐到江戶沿途翻山越嶺不說，中途還必須搭船前往大坂，前後超過一千公里的路程，對初次離開土佐的龍馬是一段相當漫長又辛苦的旅途，八平和權平為龍馬找了一位名為溝淵廣之丞的旅伴一起上路。

1　山本大《坂本竜馬》與平尾道雄《龍馬のすべて》二書均記載三月十五日，似乎有誤。

溝淵廣之丞的生平不是很清楚，只知生於文政十一年（一八二八），比龍馬大七歲，出於劍術修行或其他什麼原因前往江戶至今也無法得知。倒是到了江戶之後，溝淵也成為龍馬的同門，從這點看來溝淵的劍術應有一定程度的水準。然而，畢竟能像龍馬得到藩的准許前往江戶修行劍術是少數中的少數，因此龍馬的親友（親兄弟姊妹不送行）及日根野弁治道場的學友約二十餘人，主動為龍馬辦起送別會，龍馬家族的姻親武市半平太、河原塚茂太郎（龍馬兄長權平之妻的弟弟）也在其中，這一行人中似乎沒有岩崎彌太郎。

當時高知城下若有人遠行，最多只能送行至三里外的長岡郡領石（高知縣南國市領石），由於龍馬前往江戶修行劍術的時間只有十五個月（包含來回的路程），亦即來年六、七月左右一定會回到土佐來，因此送行並未出現哀戚的場面。

龍馬前往江戶之前，八平親筆寫下三條〈修行中心得大意〉作為告誡：

一、片刻不忘忠孝，此乃修行最為要緊之事。

二、愛惜使用各種用品，不無端浪費錢財。

三、不可沉迷於女色，忘卻國家大事及江戶修行之事。

以上三條應時時惦記在心。

〈修行中心得大意〉與龍馬現存的親筆信，現今被一同收藏在京都市東山區的京都國立博物館。

龍馬與溝淵前往江戶可不比當時大名的參勤交代，由於身分的關係，除了海路可以坐搭船，陸路部分只能徒步行走，不能像參勤交代那樣乘坐轎籠或騎馬。即使是徒步行走，龍馬與溝淵下士的身分僅能穿著草鞋，對於長途徒步行走的二人，穿在腳上的草鞋並不十分舒適。

龍馬與溝淵行走到德島藩境的鳴門改乘船隻，為避開有名的鳴門渦漩，船隻航行在淡路島西岸沿播磨灘北上，穿過淡路島北端與明石之間的明石海峽進入大坂灣。在天保山（大阪府大阪市港區築港町）附近下船，走到天滿八軒家濱（大阪市中央區天滿橋京町）改乘三十石船[2]溯淀川而上直抵伏見。在伏見的船宿[3]住上一晚，隔天雖不清楚是從三條大橋或是直接在伏見附近的伏見宿啟程[4]，總算是踏上前往江戶必經道路之

2 江戶時代，伏見到大坂的主要水路航行船隻，因容量足以積屯米三十石而稱之。三十石船長約十七公尺、寬約二·五公尺，可容納二十八到三十人。由大坂前往伏見稱為上行，可在八軒家、淀屋橋、東橫堀、道頓堀四地搭乘，多在早上航行。由伏見前往大坂稱為下行，可在平戶橋、蓬萊橋、京橋、阿波橋四地搭乘，多在夜間航行。

3 不確定是否住在寺田屋，如果是，那麼龍馬初次與登勢見面便是在此時。

一的東海道。

東海道共有五十三個宿場，平均下來約十公里就有一個宿場，不過宿場裡的旅宿也有分等級，本陣自不用說不是龍馬這種下士階級可以入住，次一等的脇本陣也只能在非參勤交代期間才能住宿。木賃宿不僅不提供膳食，還要自備寢具，價格雖較便宜但應該不會是龍馬的選擇；相較之下，龍馬應該會選擇旅費相對便宜但有提供膳食的旅籠住宿。旅籠可再細分為有飯盛女的飯盛旅籠，以及只提供宿泊的平旅籠，所謂的飯盛女即是以宿場為主的私娼，將父親〈修行中心得大意〉謹記在心的龍馬應該不會住在飯盛旅籠（或許這也是八平和權平找來溝淵陪伴龍馬的目的之一）才是。

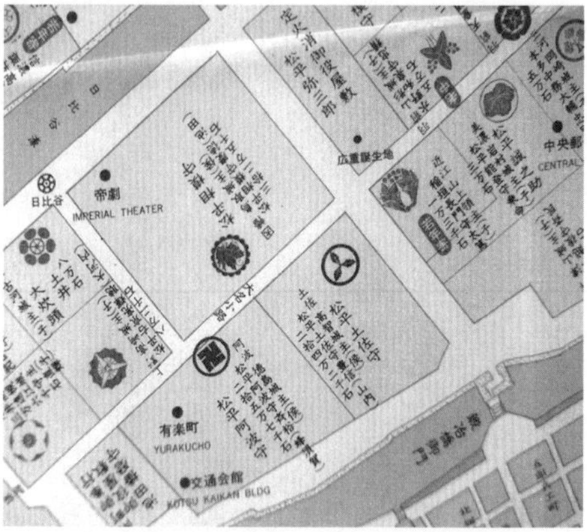

土佐藩鍛冶橋門上屋敷（胡正光教授提供）。

龍馬修行劍術期間居住的築地藩邸（胡正光教授提供）。

龍馬何時抵達江戶雖沒有確切的記載，但最遲也應在四月結束前。初次踏上江戶的龍馬，江戶的繁華程度超出他的想像，他與溝淵先去鍛冶橋門土佐江戶藩邸[5]所在地報到。鍛冶橋門藩邸是藩主山內豐信及其正室正子（三條實萬養女）居住的上屋敷，不是龍馬這種階級的人能居住之地，上屋敷的藩士將他們領到位在木挽町築地（中央區築地一丁目）的中屋敷長屋[6]。

據說龍馬來到江戶修行劍術的此時，整個江戶總計約有三千個大小不等的道場，武士自不用說，就連町人、百姓、婦女、幼童也都在道場揮舞著竹刀，可見江戶尚武風氣的盛行。說到江戶劍術道場當以位於神田於玉ヶ池（千代田區神田東松下町）千葉周作北辰一刀流的玄武館、位於京橋淺蜊河岸（中央區銀座一丁目京橋公園）桃井春藏鏡心明智流的士學館，以及位於九段坂上（千代田區九段北三丁目）齋藤彌九郎神道無念流的練兵館，名氣最高。關於這三大道場的評語有「位（品位）的桃井（四代

4 出三條大橋即是有名的東海道，共有五十三個宿場。自豐臣政權滅亡後，管轄東海道的道中奉行增設伏見、淀（位於京都市伏見區）、枚方（大阪府枚方市）、守口（大阪府守口市）四宿，連同原先的五十三次而有東海道五十七次之說，或是只針對這四宿稱為京街道或大坂街道。

5 東京都千代田區丸之內三丁目，與皇居地標之一的楠木正成銅像只有一橋之隔。

6 坂崎紫瀾《汗血千里駒》記載龍馬住在鍛冶橋門上屋敷，應是誤記。

目桃井春藏）、技（技巧）的千葉（千葉榮次郎）、力（力道）的齋藤（齋藤新太郎）」評語，一般認為出自稍晚的安政年代，此時前來江戶的龍馬應該還無此一說法。

有一說是原本日根野弁治為龍馬選擇北辰一刀流創始人千葉周作的玄武館，不過嘉永六年千葉周作已經六十一歲，考量到周作的年紀，日根野弁治轉而推薦周作之弟、在桶町（中央區八重洲二丁目）同樣成立北辰一刀流道場的千葉定吉（在《龍馬行》名為千葉貞吉）。筆者不是很認同這一說法，只比周作小四歲的定吉此時也已五十七歲，若說周作年邁，定吉何嘗不也年邁？若考量到周作在不久之後於安政二年（一八五五）去世（千葉定吉在明治年間去世），恐怕不選擇周作的原因不只年邁，還加上了身體狀況不佳，才是日根野弁治推薦龍馬前往桶町千葉道場的主因。另一原因應和桶町道場與土佐藩在木挽町築地中屋敷的距離較近不無關係，這點是鏡心明智流與神道無念流無法取代的優勢。

於是，龍馬在四月底到五月初之間來到桶町千葉道場，確認過日根野弁治的推薦

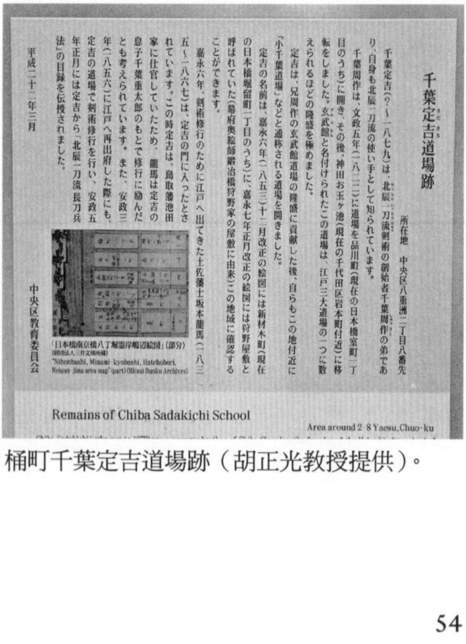

桶町千葉定吉道場跡（胡正光教授提供）。

信後，龍馬一一拜會千葉定吉及其家人，道場主人定吉與龍馬生父八平同年，已甚少親自教導劍術。定吉長男重太郎（《汗血千里駒》名為十太郎）生於文政七年（一八二四），大龍馬十一歲，此時為千葉道場的指南役（教頭、教官），代替父親教導道場內多數弟子。

重太郎之下似乎都是女子，首先是佐那（或佐那子，《汗血千里駒》名為光子），小重太郎十四歲（非《龍馬行》裡兩人只差兩歲），這樣的差距不免讓人質疑她與重太郎之間應該還有其他兄弟姊妹。筆者手邊有本新人物往來社出版《坂本龍馬伝　幕末を駆け抜けた英傑の生涯》（二〇〇九年10月出版），該書提到重太郎為定吉長男，佐那為其二女（次女），只是筆者始終查不到長女的名字。佐那以下還有里幾、幾久兩個妹妹，生年都不詳，其中里幾在安政三年因肺癆早逝。

佐那在安政三年被宇和島藩聘為伊達家姬君[7]劍術師範，這時她只有十九歲，由於是姬君的劍術師範而得以自由出入宇和島藩的江戶藩邸。藩主伊達宗城在其日記《稿

7 江戶時代以前的姬君可指貴族（公卿）的女兒或專指貴族（公卿）的長女，江戶時代引申為下嫁大名的將軍女兒。然而，幕末時的宇和島藩主（伊達宗城或伊達宗德）之正室都非將軍之女，因此這裡的姬君應該是指當時的藩主伊達宗城的女兒（但未必是長女）。

本藍山公記》[8]安政三年六月十九日有如下的記載：

左那（佐那）的容色，即使在兩御殿[9]也堪稱第一，其薙刀熟練通達。

比佐那年長二十歲的宇和島藩主伊達宗城尚且驚豔於佐那的容貌，可見有「千葉的鬼小町」[10]、「小千葉小町」之稱的佐那之美貌，令伊達家的姬君及其他女性失色。可惜的是佐那並未留下照片，二〇一〇年發現一幅疑似為千葉佐那的錦繪，並在知名的日本歷史專門刊物《歷史讀本》[11]刊載。由於該年正逢以龍馬為主人公的大河劇『龍馬傳』上映，這幅錦繪搭上熱潮，一出現立即引起學術界與媒體的熱烈討論，最後認定錦繪的主人並非佐那，而是千葉周作的孫女。

據說是千葉佐那的錦繪。

黑船的到來與影響

龍馬來到江戶一個月到一個半月後，江戶（正確說來是進入江戶灣的浦賀水道上）發生了一件改變近代日本歷史的重大事件，此即有名的黑船事件。在四艘黑船的恫嚇之下，幕府官員不得不接受培理（Matthew Calbraith Perry）准將呈上的美利堅大總統國書。老中首座阿部正弘及其他老中不知該如何應對美利堅大總統的國書，不僅是向旗本、御家人，更破天荒地向外樣大名徵求意見，自幕府成立兩百多年來，外樣大名始終被摒棄在權力決策圈之外，如今因黑船的到來而得到被徵詢意見的機會，當然要藉此抒發己見。

區區一介下士龍馬自無從得知江戶城內外樣大名與幕閣間的爭執，數日後，龍馬

8 藍山為宗城戒名，該書目前由宇和島伊達文化保存會收藏。

9 兩御殿指的是宇和島藩在江戶的藩邸，其一為上屋敷，位於麻布龍土町（港區六本木七丁目），現為國立新美術館。一為下屋敷，位於惠比壽町（澀谷區惠比壽三丁目）。

10 指小野小町（後文「小千葉小町」亦同），平安初期的女流歌人，六歌仙之一、三十六歌仙之一，據傳聞乃絕世美女，小町一詞也成為美女的代稱。

11 屬於新人物往來社，已在二〇一五年10月停刊。

連同其他在江戶藩邸的土佐藩士接獲通知，前往品川下屋敷集合，擔任品川海岸臨時警備員，並負責修築濱川（品川區立會川下游附近）附近的砲台。

從培理在離去時放話明春將率領更多黑船前來一事來看，幕府應把重點放在修築砲台上，而非下令各藩警備江戶灣沿岸，前者至少還能展現出幕府的武力，後者徒然耗費人力而已。由於龍馬只是臨時警備員，據新人物往來社編纂的《坂本龍馬歷史大事典》一書，龍馬在品川警備九十日到百日，這段期間都住在品川屋敷（品川區東大井三丁目），自然無法前往桶町道場修行劍術。

若照《坂本龍馬歷史大事典》所言，龍馬最遲應該九月廿日前結束在品川的警備，回到木挽町築地土佐藩邸後，廿三日寫了家書給父親八平，內容如下：

一筆啟上，秋天氣息漸濃，父親大人貴體安康，可喜可賀，我在這裡每天都過得平安，敬請安心。關於美國船艦來航一事已先行寄給大哥，希望您也能看到。因時間緊急草草亂寫，再請加以確認。雖然暫時免去與異國船隻對應之儀，但來春恐將再次遭到動員。

恐惶謹言

龍

九月廿三日

父親大人膝下

非常感謝您的回信，若能附上點金錢我將更為感謝。異國船將從各地鋪天蓋地而來，已到了逼近戰爭的地步，屆時我將取下異國人的首級，作為禮物帶回土佐。

依高知縣立坂本龍馬記念館出版的《龍馬書簡集》（二〇一八年4月三訂版），目前已確認的龍馬親筆書信約有一百四十餘封（這個數字未來或許會再增加），此處列出這封寫給父親的信件，是現存龍馬最早的信件。然而據信中所言，龍馬在稍早之時應該也曾修書一封寄給權平，但是龍馬寫給權平的信件顯然沒有保留下來，因此寫給八平的信件成為現存龍馬最早的信件。

從這封信的最後幾句內容來看，此時龍馬的思維與之後的攘夷派幾乎毫無差異，如果此時幕府毅然進行攘夷，龍馬會真如所言斬下異國人或與異國親近者的首級帶回土佐。

龍馬在品川海岸警備的九十日到一百日期間，幕府內部發生一件足以與黑船到來相提並論的大事（以今日來看兩事之影響力雲泥之別），此即十二代將軍家慶病逝。其實家慶在培理到來之前便已臥病在床，在其離去後不久於六月廿二日病逝。只有老中、若年寄、三奉行（町、勘定、寺社）與奧醫師以及小納戶和小姓會在第一時間得知將軍病逝的消息，出於安定人心與籌備將軍後事等緣故，通常要到一個月後才會正式對外宣布。將軍的後事辦完後便要忙著新任將軍的就職及其官職宣下，這些都要與朝廷進行多次交涉，往往會比將軍的後事更為費時。

龍馬結束品川海岸警備的輪值並寫完給父親的家書之際，家慶的後事才剛結束不久[12]，繼任將軍家祥的官職內大臣、征夷大將軍、源氏長者，以及淳和、獎學兩院別當等宣下，到十月廿三日才一一完成。

歸國

龍馬雖因到品川海岸警備至少三個月的時間而缺席道場的修行，並沒有影響到他的劍術實力，結束品川海岸的警備，龍馬隨即返回木挽町築地的長屋，同時也恢復前往桶町道場進行劍術修行。

《坂本龍馬歷史大事典》一書引用《訂正及門錄》指出，這年十二月一日龍馬進入木挽町五丁目（中央區銀座六丁目）佐久間象山學塾學習砲術，此外似乎也旁及蘭學。

從龍馬拜在佐久間門下一事可看出即使此時的他攘夷傾向濃厚，卻不像文久年間的攘夷志士排斥蘭學及蘭學者（蘭學者甚至還會成為天誅的對象）。

龍馬在象山的學塾學習約四個多月，中止原因並非龍馬對於砲術等蘭學失去興趣，而是象山的學生吉田松陰私自潛入培理的船艦想要偷渡到美國遭拒，偷渡不成的松陰主動向幕府自首。受到松陰牽連的象山被遣返信濃松代，受到在家蟄居的處分，學塾因而也步上關閉一途，如此一來龍馬便失去學習西洋學術的管道，話雖如此，象山鼓吹的海防論已深深烙印在其腦海中。

嘉永七年一月十六日，培理果然如龍馬家書所提，率領著九艘船艦現身相模國小柴沖（神奈川縣橫濱市金澤區）。去年六月培理離開後並未返回美國，而是盤桓在香港、澳門之間，才能在一進入嘉永七年便出現在江戶外海。九艘黑船在江戶外海一字排開，幕府不得不乖乖就範，從二月十日起大學頭林復齋等人與培理展開談判。三月三日，雙方簽訂全文共十二條的《日米和親條約》（又稱《神奈川條約》）。

《日米和親條約》談判期間，二月廿七日，土佐已先自行解除品川海岸的警備，隨著《日米和親條約》簽訂以及培理視察下田、箱館二地後離去，龍馬的「取下異國人的

12　葬在芝增上寺，謚號為慎德院殿。

首級，作為禮物帶回土佐」的抱負失去實現的機會。

龍馬一年又三個月的劍術修行，歷經品川海岸警備，以及象山受到松陰的牽連被遣返信濃松代在家蟄居而關閉學塾後，即將畫上句點，但是龍馬的劍術修行並未因為這兩個事件而荒廢。前往品川海岸警備之前，龍馬在桶町道場已僅次於千葉定吉與重太郎，結束警備工作重回桶町道場後，大抵上依舊如此，只是明眼人多能看出龍馬若認真起來，擊敗重太郎也不是不可能的事。

嘉永七年六月廿四日[13]，龍馬結束在江戶十五個月的劍術修行，回到土佐老家，雖說十五個月，但必須扣除從土佐到江戶往返的路程，實際上只有十三個月多左右。

13 出處根據土佐藩福岡氏的《福岡家御用日記》。

第三章　土佐篇（二）

河田小龍

返回土佐的龍馬在日根野弁治道場以師範代的角色指導劍術，道場中只有他前往江戶修行劍術，儘管此時龍馬年僅廿歲，師範代一職非他莫屬。第一章提到龍馬〈小栗流和兵法十二箇條〉及〈小栗流和兵法二十五箇條〉兩項目錄免許狀的取得，便是在擔任日根野弁治道場師範代之時。

黑船的到來普遍引起日本民眾的恐慌，也因為出於恐慌，使得不少民眾主動前往道場學習劍術。由於學習者眾，各地原先道場的數量無法承載，新道場紛紛出現。這種情況也見於土佐城下，與龍馬生父八平的生家有姻親關係的武市半平太，亦在此時開設道場[1]。前文提及半平太的家格屬於下士最高階白札，不僅能文能武，辯才無礙且

1　高知縣高知市菜園場町，橫堀公園旁。

又待人親切，隱然成為下士領袖，道場一開業便吸引包括中岡慎太郎、岡田以藏在內共百餘名仰慕其人格的下士前來，這些門徒成為日後半平太成立土佐勤王黨的骨幹。由於與半平太是舊識，龍馬也經常前往半平太的道場走動，甚至還應其之邀指導道場塾生的劍術，因此結識不少半平太道場的塾生。

十一月五日，紀伊半島與四國一帶發生芮氏規模估計約八·四的強烈地震，劇烈的搖晃以及因此引起的火災，使得下町[2]部分幾乎全毀，造成數千人死亡，龍馬生家所在的上町之災情較下町輕微許多。

此次地震被稱為「安政南海地震」，連同前一日的「安政東海地震」、六月時的「伊賀上野地震」、七日在四國·九州之間水域發生的「豐予海峽地震」，以及翌年二月飛驒地方的地震與十月江戶的地震，統稱「安政大地震」[3]，總計造成約一萬多人到兩萬人死亡。

更早之時的四月，京都御所的內裏毀於大火，從《日米和親條約》簽訂，幕府被迫開國，接著御所內裏燒毀到各地接二連三的地震，看來嘉永七年真是不吉利的一年。為趨吉避凶，幕府上奏朝廷改元，十一月廿七日改元安政。

由於「安政南海地震」嚴重摧毀高知城下町地帶，為避難而暫時遷居到上町的河田小龍，成為這段期間龍馬頻頻造訪的對象。河田小龍雖是武士出身，但同時也是個畫師，曾拜在狩野派門下習畫，與師匠在弘化、嘉永年間參與二條城障壁畫修復工作。嘉永五年七月，小龍奉藩命調查從美國返回的漂流漁師中濱萬次郎。

中濱萬次郎出身土佐國幡多郡中濱村（高知縣土佐清水市中濱），天保十二年（一八四一）一月出海捕魚遭到強風吹襲，漂流到一千公里之外的伊豆諸島，為美國捕鯨船所救，輾轉被帶回美國學習英語及接受教育。

嘉永四年初，萬次郎搭乘前往上海的美國商船，七月經過琉球時萬次郎自行下船，由於琉球在江戶時代臣屬薩摩藩，在琉球上陸的萬次郎不免遭到薩摩藩官員一番審訊，並送往鹿兒島城。當時薩摩藩主正是在「由羅騷動」後襲封的島津齊彬，酷愛西洋文物的齊彬對於親自到過並且在國外長住的萬次郎深感興趣，但礙於幕府規定，必須將萬次郎送往長崎接受長崎奉行所的質詢。

長崎奉行所對萬次郎進行冗長的質詢，並要他踏繪證實自己並非天主教徒，但對

2 在地理方面指城市中靠近河岸、海邊等低地區域，反之則稱為山之手（江戶）或上町（大坂）。在社會方面則指家屋密集的町人居住區，以江戶為例，日本橋、京橋、神田、淺草、本所、深川為下町（相當於現在的中央區、千代田區部分、墨田區、台東區、江東區等地）。江戶城、大名藩邸上屋敷、大身旗本屋敷、寺院所在的麴町、麻布、赤坂等武藏野台地是為山之手（相當於現在的千代田區大部分、港區、新宿區、文京區）。

3 嘉永七年的部分則稱為「寅之大變」。

於他在美國十年的經歷及見識顯得毫無興趣。嘉永五年七月，萬次郎通過長崎奉行所的調查，終於回到闊別十一年的土佐，但是，藩立即下令河田小龍對他展開調查，幾乎重複與長崎奉行所一致的詢問內容。河田小龍在如實奉行藩交付的使命之餘，出於自身的求知慾向萬次郎請益在美國的見聞，根據萬次郎的回覆撰寫成五卷本的《漂巽紀略》，於翌年獻給藩主山內豐信。

幕府簽訂《日米和親條約》後急需了解美國的人，當幕閣得知有這麼一位曾在美國長期居住的土佐人，便向山內豐信要人。幕府授予萬次郎旗本的身分，並准許他冠上出身地中濱作為苗字，成為伊豆韮山代官江川英龍（通稱太郎左衛門）的下屬。

萬次郎前往江戶後，河田小龍便成為土佐首屈一指的外國知識者，他在築屋敷三丁目（高知市上町三丁目）的臨時住所，吸引了不少土佐青年登門求教，甚至拜他為師而以門人自居，龍馬也是其中一人。據小龍在明治時代撰寫的回憶錄《藤陰略話》提到，龍馬來訪時突然對小龍說道：「請務必談談您對當今時勢的見解。」小龍笑了笑，說道自己只是個嗜畫如命的人，並不關心世事，龍馬對此不以為然，力陳當今並非隱遁安居之時。小龍見龍馬如此關心世事，遂敞開胸懷對龍馬說道，近來外人來行而有開港攘夷諸說，愚見認為我邦攘夷必不可行，縱使開港也不能採取攘夷，蓋因我邦武備廢弛已久，未開發出新技術，光有攘夷之心於事無補。

彷彿料定龍馬會提問般，小龍搶先回答新技術即是船艦，他說道若讓弓箭手和槍手乘船出浦戶灣，鎖定航行中的大船射擊，就算命中目標船艦也不會因此沉沒。相反的若讓船艦逼近沿海諸藩，鎖國根本無法維持。因此當今之計並不在於攘夷開港與否，而是在如何購買外國船艦並募集會開船艦的同志。

小龍的一席話讓龍馬茅塞頓開，可說龍馬在此時已埋下對船艦的喜愛，之後武市半平太或其他攘夷論者再怎麼勸說，龍馬也無法打從內心認同攘夷的主張。

小龍在《藤陰略話》最後提到，從來多倖之人沒有志向，有志者多是下等人民中的秀才，但他們苦於沒有資金，最終多半徒呼負負。於是小龍為龍馬引薦幾位得意的門生，包括近藤長次郎、長岡謙吉、新宮馬之助，都是幾年後龍馬成立龜山社中的重要同伴。

通說龍馬在文久二年底成為勝海舟的弟子後，逐漸放棄了攘夷的主張，不過，從上述看來，龍馬早在嘉永・安政之交，便已有放棄攘夷的傾向，距離他寫給父親的家書中提及「取下異國人的首級，作為禮物帶回土佐」，只有一年多的時間而已。若說龍馬進入日根野弁治道場學習劍術是他人生第一個改變點，那麼嘉永七年十一月與河田小龍會商便是第二個改變點，此次的改變讓龍馬認識到船艦以及志同道合者的重要。

父喪

由於龍馬是第一個前往江戶修行劍術的土佐藩士，而他在江戶修行期間又正逢黑船到來，因此當他結束劍術修行回到土佐，土佐的青年自然會圍繞在他身旁，話題不出江戶的見聞以及黑船到來的影響。此時期龍馬的交友圈大致有兩個：一是武市半平太及其道場門徒，這個交友圈的實質領袖是半平太，因為他醉心於攘夷，這個圈子的成員不僅幾乎都是攘夷派，之後也幾乎都加入他成立的土佐勤王黨。另一個為河田小龍學塾的門生，這一交友圈的成員不全然為武士階級（近藤長次郎、長岡謙吉是町人出身），也並非攘夷的信徒，反而對於蘭學更為熱衷，之後部分成為龍馬成立龜山社中的創始成員。

與河田小龍見面後，先是改元安政，安政元年只有一個多月便進入安政二年。與河田小龍及其門生的往來，使龍馬在船艦之外，重新燃起對砲術與蘭學的熱忱，頻頻進出砲術家德弘孝藏家（高知市中須賀町）學習砲術和荷蘭語，德弘孝藏早年曾奉第十二代藩主山內豐資之命，向旗本下曾根信敦學習高島（高島秋帆）流砲術，是土佐最早的西洋砲術家。

據《德弘家資料》，龍馬在安政二年十一月六日、七日兩天，曾參加德弘孝藏在仁井田濱（高知市仁井田）舉行的砲術稽古（武術、藝能的練習或修業）。前段提及龍馬此時只是頻繁進出德弘孝藏家而尚未正式拜門，但他卻能得到正式門生才有的待遇，可見龍馬應該頗得德弘孝藏的器重。

安政二年另有一事值得一提。土佐國安藝郡有個名為井之口的村落（高知縣安藝市井之口），住著一位名叫岩崎彌次郎的地下浪人。彌次郎自稱家世為甲斐武田氏家臣之後，實際是彌次郎的曾祖父因難以維生而出售鄉士身分。前文提及土佐藩武士階層曾指出地下浪人是最低一級，彌次郎雖以地下浪人自居，實際上與農民無異。

也因彌次郎始終以地下浪人自居而不願下田耕作，終生渾渾噩噩，一事無成。不僅如此還成日酗酒，三杯黃湯下肚後便開始自我吹噓，經常與鄰居起衝突，是當地最不受歡迎的人。彌次郎共有四名子女（兩男兩女），令人安慰的是除長男彌太郎在性格上與彌次郎同樣凶悍固執外，其餘均無與彌次郎類似之處。

安政二年，彌次郎在一次庄屋（相當於村長）島田便右衛門舉辦的慶宴上又喝多鬧事，眾人在忍無可忍的情形下集體毆打彌次郎。酒醒後的彌次郎先是去庄屋家理論，接著到安藝郡

岩崎彌太郎誕生地。

奉行所（高知縣安藝郡田野町，現高知縣立中藝高等學校旁）控告庄屋及當日的宴客。由於彌次郎是井之口村長年的頭痛人物，沒有人同情他，奉行所早已收下島田庄屋的賄賂金，認定過錯全在彌次郎身上，反以誣告罪將其緝捕下獄。

彌次郎家中只有年幼的次男彌之助（嘉永四年出生）以及次女佐喜，長女辰已在數年前出嫁，長男彌太郎此時人在江戶求學，能救彌次郎的只有彌太郎，彌次郎之妻美和（亦寫成美輪）趕緊修書要彌太郎返回。

彌次郎雖然本人一無可取，但美和卻出身知識階級，自幼在外祖母家長大的彌太郎耳濡目染也對鑽研學問產生興趣。美和的姊夫（彌太郎的姨丈）岡本寧浦是個儒學者，他認為彌太郎待在土佐只會被地下浪人的身分限制發展，若能前往江戶進入有名的學塾求學，或許能夠改善目前的困境。彌太郎也認同姨丈的說法，他絲毫沒有劍術方面的天賦，即使學得再久也不可能像龍馬那樣取得免許皆傳的資格，更遑論開設道場謀生。學問的話倒是可以一試，不過應該不會有學者願意向藩推薦地下浪人，因此，成為前往江戶的儒者之僕役是彌太郎唯一可行的方法。適逢姨丈門下有位名為奧宮慥齋（之後成為第十六代藩主山內豐範的侍讀）的學友要前往江戶，彌太郎藉由姨丈的推薦成為奧宮的僕役於嘉永七年前往江戶。

彌太郎抵達江戶後選擇安積艮齋的見山塾就讀，見山塾是當時江戶數一數二的大學塾，據說有門生近兩千人，吉田松陰、高杉晉作、清河八郎都曾在此受教，立志出人頭地的彌太郎以成為塾頭為自己努力的目標。

然而，母親的信不得不讓彌太郎丟下學業返回土佐，彌太郎的腳程飛快，據說只費時十六日便從江戶趕回土佐。回到土佐的彌太郎短暫休息一日便又前往安藝奉行所，在奉行所官員前申明父親無罪，要求釋放父親。奉行所的判決當然不會因為地下浪人的一席話而有所改變，遭到無視的彌太郎憤而在奉行所大門旁柱子上用毛筆寫下「官以賄賂成，獄以愛憎決」[4]，此舉當然也讓彌太郎鋃鐺入獄，不過彌次郎卻因此獲釋。

彌太郎在獄中遇到一位改變他之後人生的獄友，這位獄友是經營木材的商人，因故身陷囹圄，在獄中百無聊賴的他教導彌太郎算術，原本只是打發時間，沒想到彌太郎悟性奇高，獄友傳授的內容彌太郎悉數吸收。獄友繼續傳授經商之道，彌太郎也學得頭頭是道。當下彌太郎有所體悟：出獄後放棄學習漢學，要拋棄空有虛名的地下浪人身分，澈澈底底地成為商人，以商人的身分經商致富，到時他要回報這位引領他進入這門領域

4 原文為「官は賄賂をもってなり、獄は愛憎をよって決す」。

的獄友。明治時代，彌太郎因創辦三菱王國名聲遍及全日本，他派人尋找當年獄中的恩人，可惜這位無名的獄友早已死去，彌太郎餽贈許多金錢給獄友之子以報當年的恩情。

彌太郎大概在安政二年年底左右獲釋，但是被逐出井之口村，彌太郎在高知城下郊區一處名為鴨田村（約為高知市鴨部高町、鴨部上町、曙町一丁目、朝倉東町一帶）教導孩童識字打算盤維生，後來成為龜山社中一員的池內藏太便曾是彌太郎的學生。

此時在江戶毆打旗本而遭減俸的土佐藩參政吉田東洋避居到郊外，得知如此了不起的人物落難，彌太郎便想盡辦法接近東洋，主動出現在東洋成立的少林塾（也稱鶴田塾，高知市長濱）。東洋感激彌太郎的雪中送炭行為，收他為塾生，與藩內上士青年才俊如後藤象二郎、乾退助、福岡藤次等之後「新虎魚組」（新おこぜ組）的核心成員成為學友，這些人（尤其是後藤象二郎）對之後彌太郎事業的開創有著莫大的幫助。

司馬遼太郎的《龍馬行》以及二〇一〇年大河劇『龍馬傳』都提到彌太郎能夠獲釋，龍馬在背後出了不少力。然而，根據收錄在三菱史料館的《岩崎彌太郎物語》，彌太郎是得到某位朋友（沒有提到是否為龍馬）的援助才能出獄。若這位朋友是龍馬的話，應該是龍馬與彌太郎初次的會面。

安政二年十二月四日，龍馬生父八平病逝，享年五十九歲。龍馬對父親的印象應該高於母親，因此父親的去世給他帶來的衝擊應該也大於母親。八平在這一天到來之前已做妥善安排，如前所言在龍馬於日根野弁治道場修行劍術期間的嘉永四年宣布隱居，將鄉士坂本家大小家事交由權平做主，可惜尚未把當主之位傳給權平。安政三年二月二日，權平家督相續，正式成為第四代鄉士坂本家當主。

妙見山，岩崎彌太郎生家。

第四章　江戶篇（二）

再次前往江戶

辦完父親的後事，龍馬收拾哀戚的心情向藩申請再次前往江戶修行劍術，七月才得到藩的批准，准許前往江戶修行劍術一年，八月十九日[1]龍馬踏上再次前往江戶之途。不過，八月七日武市半平太已先龍馬一步前往江戶修行劍術。

文政十二年（一八二九）九月廿七日，半平太生於長岡郡仁井田鄉吹井村（高知市仁井田）一個年俸五十一石一斗八升的白札家庭。天保十二年（一八四一）入千頭傳四郎門下學習劍術，嘉永二年（一八四九）父母雙亡，為了照顧年邁的祖母，半平太娶鄉士島村源次郎之女富子為妻。嘉永三年，千頭傳四郎病故，半平太改以土佐藩師範役麻田勘七為師，在現今的菜園場町開設道場，安政三年獲藩廳批准前往江戶修行劍術。一

1 根據《福岡家御用日記》。

路走來半平太學習的劍術流派皆為一刀流，當他獲准前往江戶修行劍術時反而不選擇北辰一刀流，而是選擇位於京橋淺蜊河岸桃井春藏的鏡心明智流。

依現存龍馬寫給土佐生家附近的豪商相良屋源之助信件落款的日期來看，龍馬最遲在九月廿九日抵達江戶築地屋敷（即前次劍術修行居住的木挽町築地中屋敷長屋），稍早抵達的半平太以及一同前來江戶的鄉士大石彌太郎、岡田以藏等人也都住在此地，他們與龍馬都是舊識，一時之間築地屋敷熱鬧非凡。

然後龍馬前往闊別約兩年四個月的桶町千葉道場，拜見千葉定吉、重太郎以及佐那，儘管遭遇到喪女之痛（佐那底下的妹妹里幾），千葉父子仍熱烈款待歸來的龍馬。重太郎在龍馬返回土佐期間娶妻（應是在里幾去世之前），如此一來，另外兩個女兒的婚事成為千葉定吉、重太郎父子關心的話題，由於幾久離適婚年齡還有好幾年，十九歲的佐那是千葉父子關注的核心。

大概在安政四年年中，前來江戶將近一年的半平太成為桃井道場的塾頭，這時他年僅廿九歲。半平太在年輕一輩的鄉士本就深孚眾望，他一來到築地中屋敷長屋隱然成為該屋敷的領袖，為慶祝半平太成為塾頭，築地中屋敷一連多日舉辦酒宴。不僅土佐藩士，連桃井道場塾生也主動為半平太慶祝。

八月四日夜晚，喝得醉醺醺的土佐鄉士山本琢磨，以及桃井道場塾生田那村作八（旗本出身），返回築地中屋敷時，從一位同樣喝得醉醺醺的商人手中搶奪懷錶，兩人把搶來的懷錶拿去典當，將換得的錢作為酒錢。

懷錶在當時屬於舶來品，當鋪不可能不對拿來典當的窮酸武士起疑心，經過多日查訪，查出懷錶的原主是淺草經營骨董店的佐川屋金八，當下通知失主。失主在被搶奪時聽出土佐口音，八月十三日直接前往鍛冶橋門土佐藩邸提出控訴，藩邸受理佐川屋的控訴後立即往下追查，不久便查出山本琢磨的名字，至於田那村作八由於是旗本出身，土佐藩沒有查辦他的權限。

山本琢磨的祖父與龍馬生父八平是親兄弟，在輩分上龍馬是山本琢磨的叔父，而其生母則是半平太之妻富子的親戚，這一層關係使得半平太與龍馬無法對山本琢磨闖的禍置身事外。半平太與龍馬連夜討論決定將懷錶歸還佐川屋，但即使歸還懷錶，藩邸仍堅持懲處山本琢磨，最後兩人決定讓山本琢磨逃亡，其他土佐鄉士也同意半平太與龍馬的決定，於是互相掩護在十六日夜裡讓山本琢磨逃出江戶。

在山本琢磨事件之前，半平太因祖母重病而向藩邸申請暫停劍術修行，事件之後急忙在九月趕回土佐，而在江戶修行劍術屆滿的龍馬提出延期一年得到許可繼續留在江戶。雖然司馬遼太郎《龍馬行》沒有提到山本琢磨事件，然而，包括《汗血千里駒》在內多本龍馬傳記都有收錄，而山本琢磨也確有其人，或許細節有所出入，想來應確有其事才是。

在『龍馬傳』裡半平太為達成與水戶、長州、薩摩共襄攘夷大業的目的，不惜逼迫山本琢磨切腹的冷血之人，最後卻遭龍馬私自放走山本琢磨而功虧一簣，雖然劇裡沒有明講，卻間接透露半平太是受到山本琢磨的逃亡之累才被遣回土佐。

逃出江戶的山本琢磨一路逃往奧羽，在那裡遇上要前往箱館向武田斐三郎學習蘭學的前島密，無處可去的琢磨接受前島密的建議作伴前往箱館，在箱館入贅箱館神明社（現為山上大神宮，北海道函館市船見町）神官澤邊家成為婿養子。慶應四年琢磨受洗為日本最早的俄羅斯正教會（Russian Orthodox Church，亦可稱為俄羅斯東正教會）信徒，教名保羅。

明治十七年（一八八四），經琢磨等人多方奔走，選定在駿河台興建尼古拉聖堂[2]作為日本東正教會總部，琢磨本人也成為首位東正教日本人神父。山本琢磨到大正二年（一九一三）方以八十高齡病逝，此時半平太、龍馬以及當日在築地中屋敷的土佐鄉士多已辭世，如果沒有半平太、龍馬等人的協力，山本琢磨的性命應該永遠停格在安政四年八月十六日晚上。

修行期滿

安政五年一月，龍馬得到千葉定吉授予〈北辰一刀流長刀兵法目錄〉（以下簡稱〈長刀兵法目錄〉），幾乎所有龍馬傳記一定會提到這一段，同時還附上長刀兵法目錄的局部照片。這一目錄是昭和三十八年（一九六三）住在芝加哥的竹內某返國之際捐贈高知縣廳，當時正在縣廳為《龍馬行》取材的司馬遼太郎恰好目擊這一幕，目前珍藏在高知桂濱龍馬會。

照片沒拍到的部分有交代流派的傳承，內容如下：

家傳北辰流千葉之介常胤

十一代　北辰夢想流開祖千葉平左衛門道胤

千葉吉之丞常成

千葉周之助良胤

千葉二郎政胤

2　正式名稱為東京復活大聖堂，東京都千代田區神田駿河台。

千葉勝右衛門常行
神子上典膳忠明
兩傳合法北辰一刀流開祖千葉周作成政

接著從照片右邊起依序為：
千葉定吉政道
千葉重太郎一胤
千葉佐那女
千葉里幾女
千葉幾久女

之後有定吉的署名花押，最後才是龍馬的名字。可能會有讀者疑惑：千葉里幾不是已在安政三年罹病去世，怎麼還會有她的名字？還有一點也頗令人玩味，〈長刀兵法目錄〉中的長刀指的是「薙刀」，來江戶修行太刀的龍馬怎會取得薙刀的兵法目錄呢？

北辰一刀流的目錄分成〈初目錄〉、〈中目錄免許〉、〈大目錄皆傳〉三種，不少龍馬傳記稱龍馬因定吉授予〈長刀兵法目錄〉而得到免許皆傳，可見長刀兵法目錄應屬於

〈大目錄皆傳〉。扣除掉返回土佐的時間，龍馬在桶町道場修行約兩年半，以他在劍術方面的天賦應已取得〈初目錄〉及〈中目錄免許〉，因此〈長刀兵法目錄〉成為龍馬最後挑戰的目標。

筆者手邊有本《龍馬が歩いた幕末地図》（朝日新聞出版，二〇〇九年11月）提出了另外一種見解，認為〈長刀兵法目錄〉裡的長刀並非薙刀，而是「長捲」（實際上應是「長卷」[3]）。到了幕末，長卷在實際作戰恐怕已無法發揮效用，但仍是劍術修行的一環。

年僅廿四歲便取得北辰一刀流免許皆傳資格的龍馬意味成為桶町道場的塾頭，同時也是定吉父子以外桶町道場的代表人物。原本便看重龍馬的定吉父子萌生招龍馬為婿的念頭，在道場主人父子的撮合下，而佐那顯然也對龍馬情有獨鍾，兩人的感情迅速升溫。

此次龍馬的劍術修行應於安政四年八、九月間屆滿，龍馬硬是向藩邸申請延長一年，一年的延長期限將於安政五年八、九月再次屆滿。據說在龍馬返回土佐之前，兩人在定吉父子的見證下訂下婚姻，甚至還交換信物，佐那給龍馬的信物為一短刀，龍馬則

3　屬於大太刀，全長六到七尺（約一八一・八到二一二・一公分），光是刀柄的長度便有三到四尺（約九〇・九到一二一・二公分）長，在室町時代與薙刀同為戰場主力武器，主要用在對抗騎兵，類似斬馬刀的功能。即使鐵砲傳入的戰國時代及安土桃山時代，長卷仍在戰場占有一定的地位。

撕下身上穿有桔梗家紋和服的一隻袖子贈以佐那，這隻和服袖子成為佐那晚年睹物思人的慰藉。

如果龍馬此時與佐那訂下婚約，不久即將返回土佐的龍馬至少應向當主權平以及乙女姊姊提及此事，但根據現存的龍馬書信來看，龍馬寫給乙女的書信中最早出現佐那是在文久三年六月十四日，安政五年訂下婚姻卻拖到文久三年才向最親密的乙女姊姊提及有違常理，可能與之後的龍馬已捲進時代風暴不無關係。

大概在七月，龍馬先行寫信給乙女告知不久之後將會啟程返回土佐。之後龍馬向包含桶町道場在內的江戶友人辭行，最遲在八月初踏上返鄉的路程，根據《福岡家御用日記》在九月三日回到土佐。

番外篇（一）　安政御前試合的真偽

以龍馬為主人公的小說如《龍馬行》或《硬漢龍馬》提到，龍馬再次前往江戶修行劍術期間，曾參與一場對後世而言頗具謎團的試合（比賽之意），此即安政御前試合。不過，撇開歷史小說不談，記載這場試合內容的文獻並不多，如《山內家日記》及《木戶孝允公傳》等第一手史料隻字未提，不免令人質疑其真實性。

不僅如此，連最早的龍馬傳記《汗血千里駒》、千頭清臣《坂本龍馬》也都未提及這場試合，那麼安政御前試合的說法究竟從何時開始？土佐出身的維新歷史研究者平尾道雄得到土佐藩劍術指南役石山孫六的養子石山熊彥提供的安政御前試合表，昭和四年（一九二九）刊登在其著作《坂本龍馬　海援隊始末》。三十多年後，平尾道雄在另一部著作《龍馬のすべて》亦採用此一說法，可見平尾氏認為安政御前試合確有其事。

根據《龍馬のすべて》一書，熱衷各項武藝的山內豐信於安政四年十月三日召集江戶三大道場主人擔任評審，以江戶有名道場弟子為對象，於鍛冶橋門上屋敷舉行安政御前試合。說到「御前」，可能會有讀者為二戰期間的「御前會議」所惑，以為是在天皇面前比試，其實這裡的「御前」所指的是「殿樣」，亦即藩主。因此「御前試合」即是在藩主面前比試。

評審的人選計有神道無念流宗主齋藤彌九郎、鏡心明智流宗主四代目桃井春藏、北辰一刀流宗主千葉榮次郎（千葉周作已於安政二年病逝，周作長男奇蘇太郎早逝，故由次男榮次郎繼任），以及島村伊佐尾、石山權兵衛（上述兩人流派不詳）五人擔任。

根據石山熊彥提供給平尾道雄的資料，安政御前試合一共比試五十二場，資料如下：

1馬渕桃太郎、山脇熊四郎（平手）
2柏村源次郎、北村源藏（北村勝）
3安田勝馬、名古屋千吉（名古屋勝）
4美濃部民治、大草藤九郎（美濃部勝）
5平尾五八、森三治（平手）
6福富健次、桂小五郎（桂勝）
7相良雄藏、毛利荒次郎（平手）

8坂本龍馬、島田駒之助（坂本勝）
9山本卓馬、小村宗吉（小村勝）
10大門鎖、真貝寅松（平手）
11德弘周藏、西脇源六郎（德弘勝）
12宮崎榮五郎、高松直記（宮崎勝）
13市川元江、山岡左十郎（市川勝）
14久松喜代馬、羽鳥喜三郎（羽鳥勝）
15日根野弁馬、松岡小太郎（松岡勝）
16甲藤馬太郎、後藤逸作（平手）
17蒲生藤市、關脇作吉（平手）
18織田芳次郎、齋藤誠助（織田勝）
19上田馬之助、星野菊之助（星野勝）
20富岡鐵之助、五味政太郎（富岡勝）
21村上圭藏、村川宗助（平手）
22小野重四郎、奥田正五郎（奥田勝）

23松澤利太郎、林鐵太郎（松澤勝）
24淺田錄之助、笠井吉人（平手）
25松尾陳吉、中村重吉（松尾勝）
26遠藤才助、丹羽庫人（丹羽勝）
27菊地寅吉、石島喜太郎（石島勝）
28水野伊織、小原久之助（水野勝）
29永富第四郎、佐治榮之助（永富勝）
30越山勇太郎、西山富次郎（平手）
31丸山市之助、岩堀隼之助（平手）
32鈴木辰彌、加藤八太郎（加藤勝）
33齋藤歡之助、溝口八郎（齋藤勝）
34石垣文次郎、富田能次郎（富田勝）
35坂部大作、小菅駒之助（平手）
36島村伊佐尾、石山孫六（石山勝）
37織田芳次郎、星野菊之助（星野勝）

38上田馬之助、村川宗助（上田勝）
39松澤利太郎、中村案太郎（松澤勝）
40足達武之助、川村雄藏（川村勝）
41齋藤四郎助、村上圭藏（村上勝）
42齋藤彌九郎、海部帆平（齋藤勝）
43上田馬之助、早田千助（早田勝）
44桂小五郎、齋田尾三郎（平手）
45吉村為八郎、松澤利太郎（吉村勝）
46井上尾次郎、小川武藏（小川勝）
47西山熊次郎、松尾陳吉（西山勝）
48田島左右見、蒲生東市（田島勝）
49福留健次、芝井運次（芝井勝）
50關根彌吉、石山孫六（石山勝）
51吉永木工藏、山田廣衛（吉永勝）
52馬渕桃太郎、松岡小七郎（平手）

看完上述比賽結果，相信讀者一定會對賽制安排感到奇怪，身為評審的齋藤彌九郎及島村伊佐尾竟然下場比試，同為評審的千葉榮次郎、四代目桃井春藏卻沒有下場（石山權兵衛不知是否即為石山孫六，若是的話，他也下場比試了），這樣的安排顯然有失公正。整場試合出賽最多場次的有上田馬之助和松澤利太郎各三場，但上田馬之助只取得一勝卻能出賽三場，同樣取得一勝的龍馬反而只出賽一場。

除了《山內家日記》及《木戶孝允公傳》缺乏對這場御前試合的記載之外，也能從部分蛛絲馬跡看出端倪。第九場比賽的出賽者山本卓馬被認為似乎即山本琢磨（日文發音完全一樣），但他於八月十六日起已從江戶消失，不可能現身御前試合。

另一疑點為武市半平太十月廿九日寫給藩內上士小南五郎右衛門的信件，將桂小五郎寫成木戶準一，雖然木戶準一與桂小五郎是同一人，但木戶準一這個名字在慶應二年一月薩長同盟締結以後才開始使用，斯時半平太已不在人世，木戶準一之名不可能出現在半平太筆下。何況半平太已如前所述在山本琢磨逃出江戶後返回土佐照顧生病的祖母，就算他返回土佐後立刻趕回江戶，應該也趕不上十月三日安政御前試合。由此推測，安政御前試合時半平太人應該不在江戶，既然人沒有在江戶參與安政御前試合，如何能向藩內上士寫信介紹試合始末？

《龍馬のすべて》沒有提到安政御前試合最後的勝負，盛大舉辦御前試合最後卻沒有勝負（不是不分勝負，而是沒有勝負）的確令人覺得不自然，這也是安政御前試合的真實性遭到質疑的原因。

《龍馬行》及《硬漢龍馬》等以龍馬為主人公的小說自行補上龍馬在最後決賽擊敗桂小五郎獲勝的結局，桂小五郎當時是神道無念流塾頭，名氣凌駕在龍馬之上，擊敗桂的龍馬成為來年被授予〈長刀兵法目錄〉、當上桶町道場塾頭的關鍵點，《龍馬行》文庫版第一冊在龍馬獲勝的同時結束。

不過，有位名為あさくらゆう（專攻領域為新選組）的歷史研究者在二〇一七年10月30日，確認收藏在群馬縣立文書收藏館（群馬縣前橋市文京町三丁目）裡一份名為《安政四三月朔日　松平土佐守樣上屋敷ニ而御覽》的文件（寬約十六公分、長約一公尺），認定此份文件為安政御前試合。

在這份文件裡，安政御前試合提前在安政四年三月朔日（一日）舉行，地點依舊位於鍛冶橋門土佐上屋敷，明確交代共有包含桂小五郎（而非木戶準一）、坂本龍馬、石山孫六在內等四十三名劍客以及共二十二場對戰組合。最後的對戰組合也是龍馬和桂小五郎，只是不同於《龍馬行》及《硬漢龍馬》採用的說法，最後獲得優勝的是桂小五郎。

儘管有實際的史料佐證，あさくらゆう認為只憑這份史料無法斷定是否真的曾經舉辦過安政御前試合，應有更多的史料佐證才行。龍馬在日本民眾的印象裡普遍為劍術高超，然而在安政御前試合裡卻敗在桂小五郎之手，恐怕長久以來龍馬的形象會因此受到影響。

第五章　土佐篇（三）

永福寺門前事件

安政五年九月三日，回到土佐老家的龍馬發現，與他最親的乙女姊姊已經出嫁，以目前的龍馬傳記來看，乙女應在安政三年出嫁，但無法斷定是龍馬再次前往江戶修行劍術之前或是之後，筆者認為若能自行選擇出嫁時間，乙女會選在龍馬上路之後。由於乙女體格過於魁梧，儘管坂本家財力優渥，乙女的婚事始終乏人問津，到安政三年終於有所著落，對象是喪妻多年的土佐藩御典醫（也稱為藩醫）岡上新甫（號樹庵）。

能為乙女覓得良緣，當主權平內心想必放下心頭大石。岡上新甫雖是藩的御典醫，但他是喪妻後再娶，不僅與乙女年紀差距十七歲，兩人的身高據說差距頗大。大部分的龍馬傳記都有提到，乙女的婚姻並不幸福，老夫少妻並非主因，而是岡上好靜，乙女好動。雖是如此，這段婚姻也持續十一年，乙女為岡上生下一男一女，最後因為岡上對乙女有暴力之舉以及婚外情，而在慶應三年結束婚姻。

龍馬回到土佐後約兩個月（正確說來是十一月十七日），有兩名不速之客來到土佐國與伊予國國境立川關（高知縣長岡郡大豐町），此二人自稱水戶藩士，一人名為加藤於菟之助，另一人為菊地清兵衛。由於兩人沒有辦妥正式的入境手續，也未取得關所核發的手形（通行證）而被擋在立川關外，兩人不得已只得住在關所附近的宿屋。他們在江戶聽聞過龍馬的名字，於是要宿屋派人去請龍馬來。

兩人之所以聽過龍馬的名字，想必與劍術修行有關，但龍馬對這兩人卻毫無印象。儘管如此，龍馬立即在十一月十九日給加藤於菟之助與菊地清兵衛兩人，寄去一封文情並茂的問候信。不過，龍馬這封信太過矯情，實際上他根本不認識加藤於菟之助與菊地清兵衛，因為這兩個名字都是化名，加藤原名住谷寅之介，菊地原名大胡聿藏。

廿三日，龍馬偕同曾一起在日根野弁治道場修行劍術的藩士川久保為助、甲藤馬太郎，趕往立川關附近的宿屋，與住谷、大胡二人會晤。猶如被軟禁在宿屋般的兩人看到龍馬等人到來，露出獲救般的感激神情，對龍馬等人說出此行的目的。水戶藩老公德川齊昭、現任藩主德川慶篤父子，在今年六月因反對井伊大老自行與哈里斯簽訂《日美修好通商條約》而擅自登城，井伊大老立即對齊昭作出謹慎、對慶篤作出禁止登城的處分。

身為御三家之一且又有「天下副將軍」之稱的水戶藩，即使是隱居老公也有登城的權利，然而各藩大名登城都有固定的日期，在非登城的日期登城，從三家三卿到大身旗本也要受到處分。老公與藩主受到處分還不至於成為住谷、大胡前來土佐的理由，八月七日，前內大臣三條實萬跳過幕府直接向水戶藩下達密敕（「戊午密敕」），三條前內大臣何以會有此舉？實因孝明天皇對幕府未徵得敕許便逕自與列強簽訂修好通商條約的行為感到憤怒，一度傳出讓位以表內心的不滿。三條前內大臣對天皇的盛怒感到痛心，才有向水戶藩下達密敕的舉動。

井伊大老對三條前內大臣的行為非常不諒解，認為已逾越《禁中並公家諸法度》規範的權限，授意當時的京都所司代酒井忠義逮捕相關人士。從九月開始，酒井忠義轄下的所司代、町奉行，以及伏見奉行所的與力、同心，在線人的帶領下，一一緝捕「戊午密敕」的相關人士。不僅如此，在將軍繼嗣問題上與井伊大老立場相左的一橋派成員也在緝捕範圍內。

眼見這場被稱為「安政大獄」株連範圍愈來愈廣，水戶藩內也出現被稱為鎮派和激派的對立。鎮派認為老公與藩主有錯在先，理應一肩扛下幕府的懲處。激派則認為老公與藩主的錯歸錯，大老不應就「戊午密敕」針對水戶。激派決定派出還未被幕府盯上的住谷寅之介、大胡聿藏，遊說一橋派成員的西南諸藩，致力於打倒井伊大老的運動。

一橋派成員之一越前藩主松平慶永已於七月自行提出隱居，住谷、大胡二人遂跳過越前直接來到土佐，沒想到卻因為沒有辦妥入境手續與取得關所核發的手形而被拒於關所之外。住谷對來訪的龍馬暢談當時天下局勢，龍馬等人無法回應住谷的熱情，對其談話內容不明所以。住谷對龍馬的反應感到失望，當晚便在日記寫道：

……龍馬乃誠實可也之人物，而且還是個擊劍家。但遇事漫不經心，一問三不知。

廿四日，龍馬又來宿屋與住谷面談，雖然住谷未在當日的日記記下談話內容，推測應該還是話不投機。廿五日，龍馬又上門拜訪，住谷、大胡以還有其他行程為由辭別。住谷對此次土佐之行抱以厚望，土佐藩主山內豐信不僅是四賢侯之一，其正室還是三條前內大臣的養女，而三條前內大臣的正室則是第九代土佐藩主山內豐策之女，利用層層的姻親關係或許能夠打動豐信加入打倒井伊大老的陣營。

水戶激派的盤算卻栽在一個一問三不知的劍客龍馬身上，如果住谷等人遇上的是武市半平太，雙方應該會徹夜長談直到天明，不過，幕末的歷史或許就此改寫。

住谷離開立川關後，十二月八日來到了更西邊的宇和島，繼續尋求打倒井伊大老陣營的成立。宇和島藩士以藩主伊達宗城已遭到隱居謹慎的處分為由拒絕加入，宇和島藩士的想法不難理解，宇和島藩石高只有十萬石，與其擔任領航毋寧更適合響應的角色。住谷此行的終點是薩摩，照理應繼續往西，不過薩摩的英主齊彬已在數月前去世，此時掌控實權的是齊彬之父齊興，保守的他想必不會對打倒井伊大老感興趣，住谷、大胡決定提前返回江戶，打倒井伊大老運動落得無疾而終的結局。

安政六年二月廿六日，土佐藩主山內豐信眼見安政大獄的懲處遲早會蔓延到自己身上，因此主動向幕府提出隱居，此時他才三十三歲。豐信的繼任者是年僅十四歲的養子豐範，如第一章所言，從家督相續那日開始，豐信便知自己只是豐範成年前的過渡時期藩主，不如當個沉湎於佳釀、美女與漢詩的風流藩主。

隱居後豐信以容堂為號，「容堂」的由來有其典故。豐信家督相續伊始曾題字「忍堂」作為書房之名，已在安政大地震亡故的水戶藩學者藤田東湖認為，一藩之主者不應只是「忍」，還要有容人之量。豐信接受東湖的建議，將忍堂改為容堂。附帶一提，比豐信略早半年隱居的越前藩主松平慶永以春嶽為號，本書之後便以春嶽、容堂代替二人的名字。

不過，幕府並未因容堂的隱居而既往不咎，查出容堂與三條前內大臣有數次書信的往來，無視公儀[1]的威信，十月作出與已隱居的春嶽同處謹慎之處分。容堂受到謹慎處分的消息傳回土佐，下士的反應反倒比上士來得激烈，下士們認為出身山內家旁系的容堂，與本家出身的藩主會有所不同，名列四賢侯之一足以顯示其非凡的才能。然而，除了龍馬外，幾乎沒有幾個下士能看出容堂與其他本家出身的藩主並無不同，必須等到大量下士付出性命作為代價，才讓其他倖存下士看穿容堂的本性。

容堂受到謹慎處分的安政六年，龍馬身邊發生值得一提的事，只有九月廿日正式進入德弘孝藏門下學習砲術[2]。對比之後忙碌不已的生活，安政六、七年（三月十八日改元萬延）可說是龍馬生命中相對安定的時期，龍馬也趁這段時間讀書以彌補少年時期的空白。和漢書籍方面有《史記》、《資治通鑑》、《日本外史》及《日本政記》（以上兩書均為賴山陽的著作），顯然龍馬對歷史已產生興趣。

和漢歷史之外，龍馬也著手學習蘭學中的法律概論，或許這才是他正式進入德弘孝藏門下的主因。龍馬並不重視死背法律條文，而是著重在法律的精神上。據說某次上課老師即時翻譯法條內容，龍馬聽了幾句直覺認為譯文誤譯，龍馬認為若不是老師誤譯便是法條違反立法的精神。老師聽到龍馬提出的疑問後重讀法條，果然發現是自己翻譯有誤。

安政七年三月三日，井伊大老離開位於櫻田門旁的上屋敷，準備進入櫻田門登城謁見將軍。未料，上屋敷到櫻田門這段兩公里多的路途上，埋伏了十八名脫藩浪士（十七名水戶藩、一名薩摩藩），等到井伊大老的隊列悉數離開上屋敷，浪士朝井伊大老所在的駕籠直撲而來。漫天飛舞的雪花及呼嘯的風聲混淆了大老身邊護衛的反應，讓僅有十餘名的浪士得以取下受六十餘名護衛的井伊大老首級，此即有名的「櫻田門外之變」。

「櫻田門外之變」數日內便成為江戶人盡皆知的話題，再經往來各大街道的飛腳、旅人的散布，一、兩個月後差不多已傳遍全國，堂堂幕府大老竟在登城過程中死於非命、身首異處，其震撼力自然非同凡響。

井伊大老的死大大振奮以攘夷為志向的人，例如武市半平太，他不僅要土佐舉藩攘夷，也要所有志在攘夷的藩都能結盟起來，因此他打算前往西國結交盟友以利於未來推動攘夷大業。然而，半平太的祖母在此時過世，推動攘夷的宏圖不得不暫時擱置。

七月，辦完祖母的後事，半平太帶著道場門人岡田以藏、久松喜代馬、島村外內等人，踏上武者修行之途從土佐出發。根據《維新土佐勤王史》一書，半平太曾邀約龍馬

1 讀作「こうぎ」或「くうぎ」，原指朝廷或天皇，室町時代開始為幕府和將軍使用。江戶時代為了與使用公家的朝廷並立，公儀成為正式的用法。

2 依據《德弘孝藏砲術門人帳》。

一起修行，龍馬恐怕是看穿半平太此行醉翁之意不在酒，因此說道：現今之時勢並不適合武者修行。

半平太聽出龍馬的話中之話，遂不再勉強與之同行。半平太一行北上來到讚岐丸龜藩（外樣大名，石高五萬一千石），從其支藩多度津藩的港町多度津町（香川縣仲多度郡多度津町）出海，在備前國下津井町（岡山縣倉敷市下津井）上岸。半平太此行的實際目的為視察西國諸藩之形勢，沿途經過備前、美作、備中、備後、安藝各國諸藩（岡山、津山、勝山、足守、新見、備中松山、鴨方、福山、藝州），對於攘夷似乎不是很熱衷。

接著半平太一行人進入長州，文久・元治年間，長州可說是攘夷派的大本營，但在萬延元年，藩主毛利慶親青睞的是直目付長井雅樂提出的「航海遠略策」，在接下來的一年「航海遠略策」可說達到全盛期，攘夷在這段期間沒有發揮的舞台。半平太繼續前往九州，一進入九州岡田以藏以生活拮据為由滯留豐後國岡藩的道場，到該年年底才返回土佐，至於半平太與久松喜代馬、島村外內等人返回土佐的時間不詳，惟，應在以藏之前。

半平太在文久元年（萬延二年二月十九日改元，一八六一）收到人在江戶的鄉士大石彌太郎的來信，邀請他前往江戶結識諸藩的攘夷派。大石彌太郎曾於安政三年與半平太一同前往江戶修行劍術，萬延二年年初奉藩命前往江戶學習砲術與航海術，進入勝海舟門下。不過，大石卻與長州的桂小五郎、薩摩的樺山三圓、水戶的岩間金平等尊王攘夷派密切往來，寫信邀半平太前往江戶，便是要他認識這些人。

半平太決定赴約，他以劍術修行為由向藩申請再次前往江戶，然而，在半平太向藩遞出申請期間發生了「井口村刃傷事件」（也稱為「井口村永福寺前事件」或「永福寺事件」）。

因三月三日的節句[3]喝到爛醉的上士小姓組山田廣衛，四日深夜與茶道方益永繁齋步履蹣跚經過井口村永福寺（高知市井口町）前，山田似乎與方才擦肩而過的人有肢體上的碰撞。這一撞讓爛醉的山田清醒，立即拔刀朝與他碰撞的人砍下，一刀直接讓對方斃命。

3 傳統年間的節日，大多從中國傳入。宮廷中最重要的節句有五個，又稱為五節句，分別是：一月七日人日（七草之節句），相應料理為七草粥。三月三日上巳（桃之節句或雛祭），相應料理有菱餅、白酒。五月五日端午（菖蒲之節句），相應料理為菖蒲酒、柏餅或粽子。七月七日七夕（七夕），相應料理為素麵。九月九日重陽（菊之節句），相應料理為菊酒。

突然山田聽到有人急促跑步離去的聲音，原來死者並非單獨一人，如此匆忙跑走想必是去通知死者的家人。遭到殺害的土佐下士名為中平忠次郎，匆忙跑走的是與他同行的宇賀喜久馬，他急忙趕去通知忠次郎的兄長池田寅之進，寅之進趕往現場看到正在河邊以河水清洗刀身的山田，寅之進直覺認為這就是殺害忠次郎的凶手，拔出刀來兔起鶻落，山田迅速倒地身亡，一旁的茶道方益永也不能倖免。

天亮後山田的屍體被發現，從山田屍體的傷口認定遭到劍術高強的下士殺害，下士中具有如此身手的人屈指可數，同時間池田寅之進之弟中平忠次郎遭到殺害的消息也傳進上士耳裡，於是上士們鎖定殺害山田的凶手為寅之進，聚集在山田家準備前往寅之進家要人。另一方面，池田寅之進家也聚集大石彌太郎（此時他應在江戶才是）、門田為之助、望月龜彌太、池內藏太以及龍馬等眾多下士，雙方一觸即發。《汗血千里駒》便是從這一事件開啟序幕，前四回內容都在敘述此事件，第五回再倒敘龍馬的出生；而《硬漢龍馬》更安排地下浪人岩崎彌太郎躲在寅之進家，為上士打探情報的情節，不難看出井口村永福寺門前事件的重要性。

那麼井口村永福寺門前事件有何重要性呢？

關原之戰結束後，山內一豐因為戰功（帶頭將居城掛川城交給家康，連帶使東海道諸城盡為家康所有），從遠江掛川六萬石的小大名，一舉成為土佐一國二十四萬石的國持大名，一豐帶來的掛川家臣以及小部分長宗我部家臣成為上士，大部分長宗我部家臣以及所有的一領具足[4]成為下士，上士自恃身分地位高人一等，鄙視一領具足的後裔，不把他們視為武士。下士的服飾穿著、住家，不能與上士相同規格，遇上下雨也不能撐傘，道上遇見上士，下士要與農民、町人一樣退到路旁跪在地上，待上士離去後才能起身。其他藩雖多少也有上士與下士的對立，但是很少演變成井口村永福寺門前事件這樣殺害對方的衝突。這樣的衝突在土佐藩並非偶發事件，山本大的《坂本竜馬》另外舉出在寬政九年（一七九七）二月六日以及文政四年（一八二一）五月十日也曾發生類似上士殺害下士的事件，藩廳最後的處置都是有利於上士，有了兩次前例也難怪下士聚集在池田寅之進家，拒絕聽從上士的要求交出寅之進。

《龍馬行》、《硬漢龍馬》，以及『龍馬傳』，為凸顯龍馬非凡的氣魄，安排他獨自一

4　戰國時代長宗我部元親時期支配的下級武士，平時為農民，耕種約二到三町（一町等於十反等於三千坪，將近一公頃）的農地。耕種時會將槍、草鞋、兵糧、具足（簡易的甲冑）置於身旁，一旦有戰事便能立即著裝奔赴戰場，是長宗我部元親平定土佐甚至統一四國的主力。山內一豐入主土佐後大肆屠殺反抗的一領具足，未被屠殺的成為鄉士、庄屋以及農民，是土佐下士的主要成員。

人前往山田家與眾上士周旋，『龍馬傳』更讓龍馬單槍匹馬、赤手空拳進入山田家與上士們談判，其深入敵境的勇氣得到參政吉田東洋的讚賞。不過，《龍馬行》與《硬漢龍馬》可能參考坂崎紫瀾的《汗血千里駒》，山本大指出，下士聚集在池田寅之進的家裡，以及龍馬單槍匹馬進入山田家等情節，是坂崎紫瀾的創作，而非有真憑實據。

真實的狀況為在慎重的下士勸說之下，寅之進以大局為重，與宇賀喜久馬一起切腹，化解上士與下士進一步的對立。寅之進生年不詳，因此不清楚切腹時的年齡。宇賀喜久馬切腹時年僅十九歲，兄長寺田知己之助為他介錯，附帶一提，知己之助的長男即日後的物理學家兼隨筆家寺田寅彥。

與寬政九年、文政四年的判例一樣，藩廳最後的判決為：山田廣衛生父遭到隱居謹慎的處分，但准許廣衛之弟家督相續；至於益永、宇賀、中平、池田四家均處以家祿沒收的處分。

下士當然不服這樣的判決，井口村永福寺門前事件激起他們對上士的同仇敵愾之心，半年後半平太成立土佐勤王黨，包括龍馬在內幾乎所有下士都加入了這一組織。

土佐勤王黨

井口村永福寺門前事件結束後，四月左右（正確日期不詳），半平太與其外甥小笠原保馬（半平太姊姊的兒子）作伴踏上前往江戶的路程。六月到達江戶土佐藩邸的半平太，隨即在大石彌太郎的介紹下設宴，與長州的桂小五郎、高杉晉作、久坂玄瑞和薩摩的樺山三圓、水戶的岩間金平暢飲，之後半平太再透過這些人認識更多的攘夷成員。

八月左右，半平太本人及大石彌太郎都認為應該成立一個訴求攘夷的組織以團結土佐的下士，名稱決定為土佐勤王黨。由大石彌太郎起草盟約書，全文如下：

堂堂神州，受辱於戎狄，自古相傳之大和魂今已不復見，帝深感嘆息。然而長久以來天皇的治世沿襲因循怠惰之俗，無人抱持振作之心一舉攘除危害皇國的禍端。惟我老公[5]誠惶誠恐對此感到憂心，向有司之人據理力爭，卻因此獲罪。如此難能可貴的誠心遭到冷落，甚至因此而有罪在身，君受辱則臣死，況乎皇國現今受制於他人之手。奮起其大和魂，結為異姓之兄弟，不帶一絲私心，相謀為國以使國家復興。錦旗若一揚起，團結一致以踏水火，

5 隱居的前任藩主，此指山內容堂。

向神明立誓，上奉帝之誠心，繼承我老公之心志，下除萬民之患。若此過程中別有私心或互相爭鬥者，神明必因此發怒進而降罪，人心也會就此遠離，各自簽上自己的名字以示不忘。

與半平太在江戶藩邸的土佐下士在這份盟約書之後簽上姓名，半平太列於首位，底下依序為大石彌太郎、島村衛吉、間崎哲馬、門田為之助等人，為了舉藩勤王，半平太認為不光是江戶，連人在土佐的下士也必須加入土佐勤王黨才行。為此，甫於六月抵達江戶的半平太，在八月捧著盟約書離開江戶。

九月廿五日回到土佐的半平太等人，立即讓這份盟約書在土佐下士間傳閱，下士們對於半年前井口村永福寺門前事件記憶猶新，就算對攘夷缺乏興趣，至少也會出於想改變下士受上士欺凌現狀的心理加入土佐勤王黨。

結果共有一百九十二人在盟約書上簽名，其成員如下：

姓名	名諱	加入時年齡	附註
1武士半平太	小楯	三十三	
2大石彌太郎	元敬	三十三	

3	島村衛吉	重險	二十八	
4	間崎哲馬	則弘	二十八	
5	門田為之助	穀	二十四	
6	柳井健次	友政	二十	
7	河野萬壽彌	通明	十八	河野敏鎌
8	小笠原保馬	正實	二十	
9	坂本龍馬	直陰	二十七	
10	岡本恒之助	俊直	二十八	
11	川原塚茂太郎	重幸	三十二	
12	上田楠次	元永	二十五	
13	弘瀬健太	年定	二十六	
14	多田哲馬	則孝	二十二	
15	曽和傳左衛門	正直	三十	
16	島本審次郎	仲道	二十九	
17	中岡光次	為鎮	二十四	中岡慎太郎

18	島村壽之助	壽榮	四十一
19	吉井茂市	即行	二十七
20	望月清平	彌塩	?
21	土方楠左衛門	久元	二十九
22	小畑孫三郎	和	二十七
23	安岡實之丞	正方	?
24	島村壽太郎	雅董	二十九
25	吉本善吉	守成	?
26	高橋牛之助	介吉	?
27	鎌田菊馬	張楯	?
28	吉田省馬	篤明	?
29	山本三治	重時	?
30	石川喜久馬	義秀	?
31	依岡權吉	弘毅	二十
32	宮田賴吉	貞亮	二十七

33	森脇唯次郎	重成	？
34	千屋寅之助	考訓	二十
	菅野覺兵衛		
35	濱田清藏	正敏	？
36	仲彥太郎	正幹	十六
37	谷嶹太受郎	恒誠	二十二
38	岩崎馬之助	維慊	二十八
39	檜垣清治	正路	二十三
40	村上保次	守行	？
41	藤本駿馬	正和	？
42	千頭嘉源次	重固	？
43	大利鼎吉	正義	二十
44	宮崎勝藏	保之	三十一
45	北代忠吉	恕	？
46	三瀨八次	峻明	？
47	村田忠三郎	克復	二十一

48	田所助次郎	元晶	二十六
49	小畑五郎馬	敏行	？
50	池田卯三郎	義道	？
51	島地磯吉	義石	十九
52	吉松恒吉	恒敬	？
53	野野村庄吉	利敬	？
54	沖野平吉	信篤	二十四
55	尾崎幸之進	直吉	二十六
56	田所莊之助	愛敬	二十七
57	志和寅之助	履	？
58	岡田啟吉	宜稔	十八
59	小松熊市	樂盛	十九
60	伊藤四十吉	弘長	二十四
61	土居左之助	金英	二十一
62	中島與市	光尹	二十一

63 安岡覺馬	正慎	二十	
64 山本四郎	義忠	十九	
65 山本兼馬	正義	二十	
66 田口文良	明正	二十三	
67 岡野佐五郎	義正	？	
68 伊藤甲之助	和義	十八	
69 田岡祐吾	正路	二十七	
70 平石六五郎	雄	二十	
71 西山直次郎	盛城	二十	西山志澄
72 北川平馬	善道	二十七	
73 楠本文吉	安茂	？	
74 岡崎山三郎	茂樹	？	
75 上田官吉	正秋	二十二	
76 中城益次郎	政信	？	
77 石川潤次郎	正之	二十六	

78	佐井松次郎	正民	三十三
79	板垣寬之助	高幸	二十四
80	島村源六	義路	？
81	中澤安馬	正和	二十八
82	南部展衛	忠成	十七
83	千頭小太郎	久胤	？
84	宮川助五郎	長春	十五
85	粟井兔之助	正穗	？
86	白石馬之助	盛忠	十七
87	秋澤清吉	貞道	二十一
88	安岡權馬	正德	二十四
89	矢野川龍右衛門	為雄	四十三
90	尾崎源八	忠治	三十一
91	濱田良作	秋登	？
92	田內衛吉	茂稔	二十七

93	深瀨鐵馬	和直	？
94	吉永良吉	正則	？
95	三宅謙四郎	幹正	十八
96	田中作吾	茂藝	？
97	村田馬太郎	有尚	二十四
98	村田角吾	貞宜	四十二
99	公文藤三	景高	三十八
100	武政左喜馬	定敬	二十七
101	中村惠三郎	義直	二十一
102	中平菊馬	定純	十八
103	長尾省吾	直行	？
104	觀音寺	智隆	四十六
105	山崎喜藏	正良	四十二
106	千屋菊次郎	考健	二十五
107	今橋權助	重秦	二十六

108	千屋金策	考成	十九
109	谷脇清馬	修彝	三十一
110	高橋俊助	重利	二十八
111	片岡左太郎	正雄	十八
112	海路十寸吉	安行	?
113	戶梶直四郎	秦敬	四十
114	竹村猪之助	敬義	三十三
115	山崎廣馬	正義	四十一
116	片岡盛藏	實純	二十九
117	北添佶摩	正信	二十七
118	江口參太	定長	三十六
119	中村左右馬	政茂	十九
120	片岡團四郎	好直	二十九
121	中平喜之助	忠治	二十七
122	中平大治	忠表	二十四

123	市川長三郎	祐成	三十	
124	今橋武之助	重昌	二十三	
125	西田可藏	共治	四十	
126	近藤龜彌	為美	二十二	
127	宮田節齋	秀貫	二十六	
128	和食牛馬	龍虎	？	
129	安岡斧太郎	直行	二十三	
130	上田蜂馬	元春	二十四	
131	川久保健次	成清	？	
132	井原應輔	德道	二十	
133	濱田辰彌	光正	十九	田中光顯
134	岩神主一郎	正路	二十二	
135	鳥羽謙三郎	勝益	？	
136	下方彌三郎	範為	？	
137	中山刺擊	光儀	？	

138	古澤迂郎	光迂	十五	古澤滋
139	橋本鐵猪	有藏	二十七	
140	土方佐平	直行	三十	
141	那須盛馬	利和	二十六	
142	堀見久庵	輔勝	二十五	
143	清岡治之助	正道	三十六	
144	阿部多司馬	正幸	？	
145	小畑孫次郎	綽裕	三十三	
146	久松喜代馬	重和	二十八	
147	松山深藏	正夫	二十五	
148	田邊豪次郎	義溫	二十二	
149	高松太郎	清行	二十	
150	柏原禎吉	義勝	二十四	
151	筒井米吉	清與	二十八	
152	五十嵐幾之助	敬正	二十五	

153	佐井寅次郎	忍石	二十五
154	川田貞七	正敏	？
155	堀內賢之進	直正	？
156	山本喜三之進	重孝	二十五
157	平井收二郎	志敏	二十七
158	森助太郎	為政	三十三
159	森田金三郎	維種	二十七
160	中平保太郎	定晴	二十七
161	三原兔彌太	正亮	十八
162	岡本八之助	忠保	三十一
163	上田宗兒	則正	十七
164	坂本榮十郎	忠光	？
165	浪越肇	宗義	十八
166	服部東藏	雅世	？
167	川田乙四郎	義德	二十四

168	吉本平之助	祐雄	?
169	楠瀨六衛	直樹	二十
170	都賀田文八	茂穗	?
171	安岡覺之助	正美	二十七
172	上岡膽治	武雄	四十
173	弘光明之助	利條	?
174	田所駒吉	元道	二十三
175	岡甫助	澄明	四十六
176	島村左傳次	雅文	三十三
177	西山平馬	秀幸	三十二
178	池知退藏	重胤	三十一
179	安東真之助	好成	十九
180	島村外內	重正	二十九
181	岡本猪之助	正利	二十四
182	安岡金馬	忠綱	十八

183	足達行藏	貞正	？
184	細木核太郎	榮敦	二十四
185	楠目民五郎	正幹	二十一
186	一瀨源兵衛	正蕃	？
187	岡本瀧馬	元貞	？
188	森下幾馬	茂晴	二十八
189	宮地宜藏	正覺	二十四
190	山田三藏	房清	三十五
191	庄村良達	正房	？
192	西村廣藏	治家	四十九

＊本列表參考網站「幕末歷史散策」修改而成

依山本大的研究，上述一百九十二名土佐勤王黨成員大多為下士（尤其是鄉士）、庄屋、豪農，以及村役人。上士雖寥寥可數，並非完全沒有，例如名單第一百五十七名平井收二郎，便是上士階層中的新留守居組（上士末席）。還有部分上士對土佐勤王黨中的勤王主張抱持認同的態度，但是因為各種原因不便直接加入該組織，維新回天後曾任司法大輔的佐佐木高行有如下的回憶：

……自身關於勤王等主張，自信絕不落在下士一派之後，然而由於與藩公的關係，而不能輕舉妄動。說到底自身提倡的勤王論，在推動大義名分上與輕格並無雷同。

或許佐佐木高行的回憶有為過去的事溢美之處，不過土佐上士的確也有像是乾退助、谷守部等人主張勤王，上士之所以不公然揭櫫勤王旗幟，主要原因在於不便與佐幕的藩主山內氏公然決裂，因此「勤王黨成員等同於下士，等同於長宗我部氏舊臣；土佐的佐幕派等同於上士等，同於山內氏在掛川時的家臣」這種說法只存在於歷史小說，並不完全等同於真實的情況。

值得一提的是，龍馬簽名的順序在小笠原保馬之後，在整份名單上位居第九位，扣除掉與半平太在江戶的下士外，龍馬可說是半平太返回土佐後在盟約書上簽名的第一人，與『龍馬傳』裡眾下士跪地懇求龍馬加入的情景差異甚大。

還有一事必須一提，半平太返回土佐前十餘日（九月十三日），龍馬寫信給青梅竹馬平井加尾，目前現存一百四十餘封龍馬親筆書信中，寫給加尾的僅只這一封（兩人的書信往來應該不只如此），但該信件的內容卻無一語提及兒女私情：

首先問候你是否一切平安，目前時勢已到迫切之時。

一、馬乘袴

二、鞭裂羽織

三、宗十郎頭巾

此外，大小配刀各一，以上之物請事先備妥。

龍馬信裡提到的馬乘袴、鞭裂羽織，以及宗十郎頭巾都是男性衣物，龍馬為何要加尾準備男性的衣物，其動機著實令人捉摸不清。

為何這麼說呢？因為加尾是在安政六年（月份不詳）被山內家選上成為京都公卿三條公睦未亡人信受院的侍女，以侍女的身分待在京都。為何會是三條家呢？前文提過三條家與山內家互為姻親，容堂的正室是三條實萬的養女，而三條實萬的正室是第九代土佐藩主山內豐策之女，除此之外容堂還將其妹友姬（恒姬），以第十二代藩主豐資養女的身分，嫁給三條實萬長男公睦。然而，三條公睦在嘉永七年二月短命早逝，友姬落飾，法號信受院。附帶一提，公睦逝後，三條實萬指定次男家督相續，次男即三條實美。

公睦去世六年後，山內家才選出平井加尾前往京都服侍信受院，『龍馬傳』交代加尾是土佐藩安插在三條實美身旁的密探，如實將三條實美的舉動傳遞回土佐。筆者不是很認同這種說法，文久元年九月土佐勤王黨成立後，派加尾前往京都如實傳遞三條實美的舉動還能說得通，但在這之前土佐的攘夷勢力尚未整合、凝聚，應無派加尾前往京都的必要。因此加尾最初應該只是派往京都單純服侍信受院，土佐勤王黨成立後才增加她傳遞訊息的任務。

換言之，早在安政六年龍馬與加尾便已兩地分離，而不是到了文久元年九月左右土佐勤王黨成立之前，這對青梅竹馬才遭到拆散。

龍馬這封書信內容只提到要加尾準備的物品而無其他內容，當事人加尾應該無法明瞭龍馬的用意，加尾有沒有遵從龍馬的規定備妥這些物品呢？由於龍馬與加尾現存書信往來僅有這一封，無法得知此事件的後續。菊地名在《坂本龍馬的夢與冒險：從下級武士成為國民英雄之謎》(「英雄」坂本龍馬はなぜ生まれたのか）一書中，提到這些物品是龍馬要加尾先行準備好，以便女扮男裝與龍馬一起脫藩。筆者認為這應是作者的猜測，但是這樣的猜測並非不可能。

『龍馬傳』裡平井收二郎向加尾說道，她恐怕得終其一生都待在京都，不過，平尾道雄從《坂本龍馬關係文書》判定，加尾在文久二年十月八日離開三條家返回土佐，這一年正是攘夷聲浪的巔峰。然而，翌年風雲變色，平井收二郎奉藩令切腹，平井家因此家道中衰。慶應二年（一八六六），招土佐勤王黨倖存成員之一西山直次郎為婿養子（小加尾四歲），加尾直到此時（廿九歲）才得到遲來的幸福。

坂龍飛騰

文久元年十月上旬，龍馬取得日根野弁治道場的〈小栗流和兵法三箇條〉目錄，至此龍馬取得日根野弁治道場的全部目錄完成免許皆傳。

此時龍馬手上已握有北辰一刀流桶町道場與日根野弁治道場的免許皆傳，只要他願意，在土佐開設道場以教授劍術謀生完全不是問題。當然，若走上這一步，龍馬的人生固然從此安定下來，相對的也許他的生涯從此不再波瀾壯闊。

取得日根野弁治道場〈小栗流和兵法三箇條〉的目錄後，龍馬立即向藩提出前往讚岐丸龜藩向真清流達人矢野市之丞劍術修行的申請（劍術詮議），此時龍馬已是高知城下數一數二的劍術名人，向藩提出劍術修行自無遭到駁回之理。十月十一日，根據

《福岡家御用日記》的記載如下：

> 十月十一日御預鄉士坂本權平弟龍馬儀，為劍術詮議前往讚州丸龜矢野市之丞進行劍術修行。

龍馬名義上前往讚岐丸龜藩修行劍術，然而他的活動範圍不侷限於丸龜藩，甚至也不止於讚岐國，龍馬此行的真正目的是奉半平太之命前往各地查探，半平太派出的對象不限龍馬，十一月起又陸續派出大石團藏、山本喜三之進等人前往長州。

雖未在土佐勤王黨盟約書上簽名，但形同該黨成員的幡多郡中村（高知縣四萬十市中村）鄉士樋口真吉，察覺龍馬劍術修行的真正意圖後，在其日記《遣倦錄》寫下「坂龍飛騰」四字，筆者也以這四字作為本節之名。

十四日，龍馬寫信向管理坂本家山林的管理人田中良助商借金二兩作為旅費。高知市北郊有一名為柴卷村（高知市初月）的村落，屬於坂本家的山林地，負責管理的田中良助在此有座宅邸。附近有一片名為八疊岩的岩石，據說天氣晴朗時可以遠眺太平洋。柴卷村正好位在龍馬前往丸龜藩的路途上，管理此地的田中良助也是龍馬的舊識，因而成為龍馬商借旅費的人選。十四日龍馬很可能在此過夜，而他寫給田中良助的信件目前也由其後人收藏。

由於讚岐丸龜藩只是個石高五萬一千石的外樣小藩，不會是半平太要龍馬查探的對象，因此龍馬在這裡專注在劍術修行上，這段期間似乎只有土佐勤王黨成員望月清平從大坂來探望他[6]。

在丸龜藩一個月期滿後，龍馬並未返回土佐，但似乎也無法清楚掌握龍馬的行蹤，丸龜藩的劍術修行應該在十一月廿日前結束，而龍馬與長州藩士久坂玄瑞會面商談的時間為文久二年一月十四日。從丸龜附近的多度津渡海前往倉敷的下津井，再沿山陽道一路前往長州，並不需要這麼長的時間，可見龍馬應該還有其他的行程。

根據久坂的日記《江月齋日乘》，文久二年一月十四日龍馬帶著半平太的信函來訪，這一天可能只是寒暄而無具體交談，因此久坂沒有記載詳細的內容，結束後龍馬託松下村塾門生松浦松洞幫他尋找旅宿。

兩人正式會談是在翌日，對此《江月齋日乘》只記載寥寥數語：

十五日晴，龍馬來話，午後前往文武修行館。

看來久坂與龍馬初會面，與三年多前水戶藩士住谷寅之介、大胡聿藏與龍馬會面，

6 根據《望月清平陣營日記》。

同樣都是話不投機，下午久坂便領龍馬前往文武修行館（隸屬於藩校明倫館的劍術、槍術稽古場，大正年間改名有備館）。同日，久坂在松下村塾的學友佐世八十郎（前原一誠）、中谷正亮、寺島忠三郎、岡部富太郎與松浦松洞前來，見到稀客龍馬到來無不與之交談。晚上久坂與寺島忠三郎丟下龍馬，前去拜訪薩摩藩士樺山三圓派來的使者田中藤藏，直到半夜才返回自家。同樣都是去年六月在江戶認識的攘夷同志，久坂面對薩摩藩士樺山三圓與土佐藩士武士半平太派來的使者有著不同的接待方式，倒不是久坂差別待遇，應該是龍馬無法與久坂就攘夷的話題進行交談。

此後，久坂的日記裡龍馬只出現兩次，分別是：

廿一日晴　與中谷（正亮）同行拜訪土人入住的（文武）修行館。

廿三日晴　是日土州人離去。

完全不提龍馬的名字，而以土人、土州人代替，不難看出與高杉晉作並稱「松下村塾雙璧」並娶松陰之妹[7]的久坂此時對龍馬的鄙夷。

文久二年一月廿三日離開萩的龍馬，二月廿九日才回到土佐，與結束在丸龜的劍術詮議一樣，沒有直接前往下一個目的地。當初離開萩時，久坂曾寫封信函託龍馬轉交給半平太，久坂在這封信函裡正式提出「草莽崛起論」：

……諸侯不足恃，公卿不足恃，捨草莽志士糾合，義舉之外再無其他良策……

久坂的「草莽崛起論」認為攘夷並不需要依賴諸侯與公卿，因為他們都不足以依恃，唯有草莽足以擔負攘夷之事業。「草莽崛起論」所指的「草莽」是什麼樣的人呢？久坂在信函裡沒有多加解釋，但似乎有暗指不受藩的拘束之意。龍馬造訪萩的期間，來訪的薩摩藩使者田中藤藏，帶來了薩摩藩國父島津久光將於三、四月間率兵上洛的消息，一時之間九州鼎沸，有志於勤王攘夷的九州諸藩藩士紛紛脫藩，以草莽之身先行前往京都，以待島津久光率領薩摩精兵到來。

半平太在主張勤王攘夷方面與久坂的立場一致，但在具體執行方面存在著程度上的差異。半平太以「舉一藩之君臣以勤王乃半平太之責」，主張勤王運動須由土佐全藩共同承擔。不過，舉藩一致勤王在其他藩有可能做到，但對幕府感恩戴德而嚴令底下藩士不能做出違逆德川家行為的土佐藩，勤王意味著削弱幕府權力，山內家無論如何不會做出這種行為。因此，半平太在不削弱幕府權力前提下的攘夷，土佐藩勉強可以接受，一旦逾越這一前提，不僅碰觸藩的底線，半平太便成為被追究的對象。

7　二〇一五年大河劇『花燃ゆ』的主人公杉文。

脫藩

龍馬離開萩之後，久坂與另一位土佐藩士吉村寅（虎）太郎見面商談，寅太郎二月十七日回到土佐後，把他與久坂談話的內容，包含島津久光即將舉兵上洛、九州攘夷志士紛紛脫藩前往京都準備一舉響應的消息，向半平太傳達，並提到他也有意脫藩前往京都追隨福岡藩士平野國臣、久留米藩士真木和泉、熊本藩士宮部鼎藏・轟武兵衛等人。

半平太當然反對寅太郎脫藩，不過寅太郎並沒有在土佐勤王黨的盟約書上簽名，得以不受半平太的約制，而於三月七日與勤王黨成員之一宮地宜藏脫藩。寅太郎是高岡郡芳生野村（高知縣高岡郡津野町與檮原町之間）的庄屋之子，芳生野村位於土佐國與伊予國國境附近，脫藩後寅太郎當然就近遁入伊予國境以避開土佐藩兵的追捕。

寅太郎「一家一國焉足患，宜使本朝為本朝」[8]的主張，招致半平太「吉村急於求取功名，然時勢不是人力所能控制，他隻身一人前去加入平野等人的舉兵，對現在的情況毫無作用」的批評。

寅太郎脫藩，龍馬從萩返回後表現出異樣的神情使他成為被關注的對象，眾人認定同樣受久坂玄瑞「草莽崛起論」影響的龍馬會是下一個脫藩的對象，而對他加以戒備。不過，龍馬萌生脫藩之志不假，但未必是受「草莽崛起論」影響。

與其說龍馬萌生脫藩的念頭與此次長州之行有關，倒不如說他從嘉永六年首次前往江戶修行劍術以來的種種見聞所致，當中影響力最大的，捨結束江戶劍術修行後返回土佐遇到的河田小龍外，不作第二人想。

兄長權平似乎也風聞龍馬即將脫藩的消息，他以當主的身分沒收龍馬的配刀，此外還交代本家才谷屋以及管理坂本家的所有管家不准借錢或刀給龍馬，在權平看來沒了刀沒了錢，應該可以斷絕龍馬脫藩的行動。與權平相較之下，龍馬的姊姊們對於龍馬脫藩反倒採取較為開明的態度，乙女感嘆自己不是生為男兒身，不然一定脫藩跟著龍馬到各處遊歷。

廿三日龍馬向親戚廣光某借得十兩金，解決脫藩後的金錢來源，若能再取得配刀便能斷然脫藩。傍晚在本町筋一丁目的家裡，離異的二姊榮取來一把寶刀送給龍馬，龍馬一看原來是權平密藏的業物[9]長二尺八寸餘（約八十五公分）的名刀肥前忠廣。榮早已從其他人口中得知龍馬有脫藩之志，為了成全龍馬不惜偷出權平珍藏的寶刀。

8 寅太郎詩句中的「國」指的是藩，「本朝」指的是日本。這兩句譯成白話為：「哪裡需要擔憂一家或一藩呢？應該致力於讓日本成為獨立的日本」。

9 讀作「わざもの」。江戶幕府的刀劍試斬兼死刑執行人第五代山田朝右衛門，在寬政九年（一七九七）編纂評價日本刀匠的專門書籍《懷寶劍尺》，將日本刀匠分為最上大業物、大業物、良業物、業物四個等級。

有了十兩金再加上業物等級的名刀肥前忠廣，喜孜孜的龍馬天亮後告別二姊榮；當龍馬離開家門的那一刻，榮已有自刃的覺悟。龍馬與事先約定好的脫藩同志澤村惣之丞前往檮原村那須信吾的家裡過夜，展開脫藩之路。

以上是《汗血千里駒》關於龍馬脫藩的敘述，坂崎紫瀾動筆《汗血千里駒》距離龍馬脫藩只有廿一年左右，由於年代相近，其真實性在很長的時間裡不曾受到質疑。《龍馬行》與《硬漢龍馬》也採用《汗血千里駒》的說法，只是將脫藩時攜帶的愛刀從肥前忠廣改成陸奧守吉行（等級不詳），寶刀的主人也從權平改為榮的先生柴田作左衛門，換言之即龍馬的二姊榮偷了前夫作左衛門的寶刀陸奧守吉行為作龍馬脫藩時的配刀。

龍馬脫藩之地濤原町（右下角有當時縣知事橋本大二郎署名）。

犯下私自放行家中成員脫藩以及偷取前夫名刀這兩項罪名的榮，自知罪行不輕，她在廿四日天亮龍馬離去之後便自刃結束性命，龍馬的二姊榮一生的事跡以此事最為有名，以往龍馬的傳記如山本大《坂本竜馬》、宮地佐一郎《龍馬百話》提到龍馬脫藩必定也隨之提到榮的自刃。

昭和四十三年（一九六八）一月，改修位於丹中山坂本家墓園（高知市山手町）時，發現了一具沒有墓碑的遺骨，高知鄉土史家們認定這具遺骨的主人是榮，藉著此次的改修為她興建「文久二年三月歿 坂本直足二女」的石碑。

然而，昭和六十三年高知的地方報紙《高知新聞》，刊登了一篇〈發現疑為榮的墓碑若能證實此墓為榮的墓則將顛覆以往通說〉的報導。這篇報導提到在丹中山坂本家墓地東南方約三十公尺處發現一座墓碑，其正面無法判讀，但兩邊側面分別題有「柴田作衛門妻 坂本八平女」與「弘化□□九月十三日」等字。該篇報導說道這一墓碑其實早在昭和四十八年便已發現，發現時正面的內容是「貞□院榮妙墓」，側面無法判讀的內容為「弘化乙巳二年」。

解讀到此差不多已能證實這塊墓碑的主人是龍馬的二姊榮，她早在弘化二年九月十三日便已香消玉殞，比龍馬生母幸還早一年，也更短命（不到三十歲），死因不詳但可確定非自刃，去世時的身分還是柴田作（左）衛門之妻。這些新發現的證據足以推翻《汗血千里駒》、《坂本竜馬》、《龍馬百話》、《龍馬行》與《硬漢龍馬》的內容，或許因為這樣，二〇一〇年大河劇『龍馬傳』索性省略了這一段。

龍馬脫藩第二天便在高知城下傳開，當然也傳遍土佐勤王黨每一位成員。半平太對於龍馬脫藩並沒有很意外，反而說道：

如果土佐容不下龍馬，那麼他會去更遼闊的地方。

同時還寫下一首名為〈坂龍〉的漢詩稱讚龍馬：

肝膽元雄大，奇機自湧出。
飛潛有誰識，偏不恥龍名。

同日，平井收二郎得知龍馬脫藩後，立即寫信給人在京都的妹妹加尾，信裡寫道：

> 坂本龍馬昨廿四日夜亡命，沒有提到將亡命何方。龍馬出國（離開土佐）前有跟我談到要商量你的事，不論他要跟我商量什麼我都會答應。

即使龍馬已經脫藩，但從平井收二郎的信件裡看不出他對龍馬有絲毫的怨懟之言，與『龍馬傳』視龍馬如不共戴天的仇敵迴然有異。

再把焦點回到龍馬脫藩上。廿四日龍馬離開本町筋一丁目的家之後，來到守護坂本

濤原町的維新群像。

家的和靈神社（高知市神田）參詣，祈求脫藩沿途平安，然後途經伊野（高知縣吾川郡伊野町）、佐川（高知縣高岡郡佐川町）、朽木峠（高知縣須崎市桑田山乙）、東津野（高知縣高岡郡津野町），然後在廿五日抵達檮原（高知縣高岡郡檮原町），並在當地的那須信吾家過夜。

筆者在二〇一九年前往高知旅遊，特地撥出一天仿照龍馬的脫藩之旅，先是搭乘早上六點多的土讚線，途經伊野、佐川而在八點左右抵達須崎站，出車站後轉搭高知高陵交通巴士，沿著國道一九七號在早上九點半左右到達檮原町。雖然路徑不完全一致（尤其是朽木峠到東津野這一段），但筆者只費時三個半小時左右，龍馬和澤村卻耗上一天多的時間。

完成於平成七年（一九九五）的「維新之門　幕末八志士群像」可說是檮原町的地標，所謂幕末八志士指的是龍馬、澤村惣之丞、吉村寅太郎、那須俊平．信吾、掛橋和泉、前田繁馬、中平龍之助等八名曾經由此地脫藩或逃亡的土佐藩士。除了龍馬與澤村之外，皆抱持攘夷志向，但是經由檮原脫藩或逃亡後

維新群像的志士們。

數年內，八名志士均死於非命，除了那須俊平之外，都在二十多歲到三十多歲死去。

廿六日在那須俊平・信吾的帶領下，由檮原啟程通過宮野野關，然後沿四萬十川的上游四萬川來到茶之谷、松之峠番所[10]、韮之峠，進入伊予國來到宇和島藩藩境。之後由於那須信吾另有任務在身而先行離去，雖然已脫離土佐藩，龍馬沒有因此鬆懈下來，在那須俊平的帶領下，在男水（愛媛縣西予市野村町小松，現為男水自然公園）稍作休息，然後行走將近十公里來到三杯谷瀑布（愛媛縣大洲市河邊町川上），最後趕在日落前在泉之峠（愛媛縣大洲市河邊町山鳥坂）附近的宿屋投宿。這日行走約五十公里的山路，即使年輕如龍馬、澤村也感到吃不消。平成年間在三杯谷瀑布南邊興建了「坂本龍馬脫藩之日記念館」，紀念這日龍馬等人的脫藩，在其附近還建造一座龍馬、澤村、那須三人趕路姿態的銅像，名曰「飛翔之像」。

宿泊一夜後龍馬恢復精神，先是來到宿間村（愛媛縣喜多郡內子町），這裡是大洲藩蠶繭、薪炭、木材等物產的集散地，有船運可沿小田川而下，時年五十六歲的那須俊平在此與龍馬、澤村二人分別。小田川在成能（愛媛縣大洲市成能）附近注入肱川，龍馬與澤村悠然地在船上享用午食，並欣賞包括大洲城在內的沿岸景色。日落前龍馬來到肱川注海口伊予長濱，在大洲藩的勤王家富屋金兵衛的宅邸過夜。抵達伊予長濱意味龍馬順利完成脫藩，從高知城下本筋町一丁目的家到伊予長濱，據統計約一百七十二公里，這一段路途被稱為「脫藩之道」，亦有將「脫藩之道」界定在檮原到韮之峠或檮原到泉之峠。

廿八日一早，龍馬在伊予長濱搭船離開四國，目的地是長州藩境上關（山口縣熊毛郡上關町）並在那裡夜宿一泊，廿九日從上關前往三田尻（山口縣防府市）也在當地過夜，三十日再從三田尻出發前往下關，四月一日龍馬已在下關白石正一郎宅邸（山口縣下關市竹崎町，JR下關站附近）作客。白石正一郎為何會招待素昧平生的龍馬呢？原因之一與白石本人好客有關，幕末時期薩、長、土未受過白石接濟的志士恐怕不太多。原因之二為薩摩藩國父島津久光才剛於三月廿八日率領一千藩兵離開下關，白石恐將龍馬誤認為跟隨薩摩藩兵上洛的九州脫藩浪人。

龍馬成功脫藩來到下關後的數日，土佐發生一大事件。

先前提過土佐前藩主山內容堂眼見井伊大老遲早會清算隸屬一橋派的自己，搶先在遭清算前，於安政六年二月廿六日主動向幕府提出隱居。成為老公的容堂在江戶鍛冶橋

10 江戶時代幕府及諸藩在交通要所設置關口以監視往來的行人，有時會徵收過路費，也稱為關所。一旦有要犯脫逃，番所便可成為檢查哨，嚴格查詢通過的人。

門上屋敷過著愜意的隱居生活，絲毫無意返回土佐輔佐年僅十四歲的新藩主山內豐範，於是輔佐的重責便落在去年一月重新被容堂啟用為參政的吉田東洋身上。

吉田東洋實名正秋，通稱元吉，其號東洋，其先祖乃長宗我部國親．元親二代的重臣吉田備後守重俊，是土佐上士中少數非山內一豐從掛川帶來的家臣，據說山內一豐採取三顧之禮才讓吉田重俊點頭願意出仕山內家。

東洋生於文化十三年（一八一六），身為四男的他因為兄長早逝而意外家督相續。嘉永元年（一八四八），東洋正室的兄弟病逝，遺孤交由東洋撫育，此即日後令土佐下士恨不得能生啖其肉的後藤象二郎。之後東洋跟隨容堂參勤交代前往江戶，卻在酒宴過後毆打旗本以致遭到減俸處分，為避開政敵的追究，東洋索性自我放逐到高知郊外，與被逐出井之口村的岩崎彌太郎比鄰而居。或許是為日後東山再起做準備，安政二年起，東洋成立學塾（少林塾）以教育上士子弟，後藤象二郎、乾退助、福岡藤次、由比猪內、神山左多衛（郡廉）、井上佐一郎、朝比奈泰平、麻田楠馬、市原八郎左衛門、野中太內、深尾弘人、福岡宮內（孝茂）、福岡精馬（藤次兄長）、真邊榮三郎、渡邊彌久馬（齋藤利行）、岩崎彌太郎等人，皆受教於東洋，之後部分成員更受東洋提拔組成所謂的「新虎魚組」，在維新回天之前掌控土佐藩實際的政權。

重新被容堂啟用的東洋不改跋扈自大的習性，藩政上大權獨攬更引起部分上士的反感，他們以容堂之弟山內民部（豐譽）為首，家老山內下總（酒井勝作）、深尾丹波（成質）、柴田備後（勝守）及深尾鼎、小南五郎右衛門等，若干有勤王傾向的上士密謀打倒東洋。半平太剛成立土佐勤王黨他們還不以為意，然而當勤王黨成員擴大到將近二百人，這些上士的態度立即丕變，認為可與之合作打倒東洋，為此提拔半平太為上士格。

如同容堂並非出自山內氏嫡系，東洋也並非出自山內氏譜代家臣，照理而言這兩人應該要比其所屬的階級更為開明才是，然而，東洋的表現一如容堂，非但不因此破除階級，反而表現出比嫡系更為保守的態度，或許這才是容堂、東洋如此契合的原因吧！

半平太多次求見東洋商談舉藩攘夷之事，東洋對於攘夷興趣缺缺，對於始終扣緊攘夷話題的半平太同樣也興趣缺缺。薩摩藩兵已在島津久光率領下上洛聽從天皇的差遣，長州也已推翻長井雅樂的「航海遠略策」達成舉藩攘夷的藩論，只有土佐還未能讓攘夷成為藩論。無法與薩摩、長州齊頭並進，以及部分上士因此而對半平太的手腕抱持懷疑的雙重焦慮，終於使半平太下定決心以非常的手段除去吉田東洋，「非常的手段」亦即暗殺。

半平太的暗殺計畫在龍馬脫藩前便已成形，取得日根野弁治道場與北辰一刀流桶町道場免許皆傳的龍馬，當然是最適合的人選。不過，龍馬不願採取暗殺行刺的手段，半平太沒有勉強龍馬，而是另從勤王黨成員中尋覓人手，最終選定大石團藏、安岡嘉助、那須信吾三人。在勤王黨盟約書簽名的一百九十二人中，並無大石、安岡、那須三人的名字，可見這是半平太刻意的挑選，以防萬一事敗被追究，不會連累其他勤王黨成員。

半平太決定將暗殺的日期訂在四月八日，因為這日是東洋登城為年輕藩主講課之日，讀者或許可以從這一日子聯想到前文提到龍馬與澤村惣之丞脫藩後，於三月廿五日來到檮原投宿在當地那須信吾的家裡，翌日那須信吾只為龍馬、澤村二人引路到國界處韮之峠便自行折回的原因。正是因為那須信吾要去執行暗殺吉田東洋的任務，不宜在暗殺之前耗損太多體力，因此從韮之峠到宿間村的路程，才由年近六十歲的那須俊平代勞，將龍馬、澤村二人平安帶領到宿間村。

四月八日從傍晚便下起濛濛細雨，那須信吾出發前找來外甥田中顯助（維新回天後改名光顯），告知今晚自己將參與吉田東洋暗殺行動，事後請他轉告岳父一家人，因為不管事成與否，那須信吾都無法再返回檮原的岳父家。

另一方面在高知城裡，東洋正在為山內豐範講述《日本外史》，今晚講述的內容為天正十年六月二日破曉的本能寺之變。辯才無礙的他滔滔不絕地還原本能寺之變的經過，精彩之處讓山內豐範屏氣凝神，隨侍在旁的後藤象二郎、福岡藤次、由比猪內等人也陶醉在東洋的講述之中，以致於忘了時間。

結束時已是夜四時（晚上十時）[11]，比往常晚了近一刻（約兩個小時），可見東洋講授本能寺之變有多麼賣力。走出城壕向左轉，在第一個路口與由比猪內、福岡藤次分手，來到帶屋町後藤也告辭離去，只剩東洋與一名家僕。那須等三名刺客下手之處在現在日曜市附近（高知市追手筋二丁目），現屬鬧區但在當時已是郊外。

大石等三人看到有燈火從遠處逐漸接近，認為應該是東洋到來，脫下身上的簑衣屏息以待。大石率先砍倒舉著燈火的僕役，然後趁著東洋還未適應四周的黑暗，率先朝他身上砍去。東洋雖有神影流（屬一刀流）免許皆傳的資格，但一來尚未適應黑暗的環境，

11 江戶時代時間的表示方式如下：零時（夜九時、子之刻、子時）；一時（夜九時半）。二時（夜八時、丑之刻、丑時）；三時（夜八時半）。四時（曉七時、寅之刻、寅時）；五時（曉七時半）。六時（明六時、卯之刻、卯時）；七時（明六時半）。八時（朝五時、辰之刻、辰時）；九時（朝五時半）。十時（晝四時、巳之刻、巳時）；十一時（晝四時半）。十二時（晝九時、午之刻、午時）；十三時（晝九時半）。十四時（晝八時、未之刻、未時）；十五時（晝八時半）。十六時（夕七時、申之刻、申時）；十七時（夕七時半）。十八時（暮六時、酉之刻、酉時）；十九時（暮六時半）。二十時（宵五時、戌之刻、戌時）；二十一時（宵五時半）。二十二時（夜四時、亥之刻、亥時）；二十三時（夜四時半）。

二來三名劍術好手同時向他出招難以防範，東洋冷不防右胸中了一刀緩緩倒下，倒下後由安岡嘉助割下首級，享年四十七歲。

三人協力將割下的東洋首級用布包起來帶走，前往南邊的鏡川河岸，在那裡將首級用事先備好的樹枝插入，此即梟首（或獄門），然後三人開始逃亡。大石等三人逃亡的路線大致上與半個月前脫藩的龍馬一致，儘管逃亡時也與當初龍馬脫藩一樣大費周章，最終三人都順利逃出土佐藩境。可惜的是，三人中只有大石團藏活到維新回天之後，安岡嘉助與那須信吾來年參加在大和舉兵的天誅組之變，事敗戰死。

吉田東洋遭暗殺之地。

文久二年三月下旬到四月上旬短短二十日左右，便有龍馬、澤村惣之丞、大石團藏、安岡嘉助、那須信吾五名下士選擇脫藩，除了劍術造詣較差的澤村，其餘四人均被視為暗殺參政吉田東洋的凶手。

除掉東洋之後，「新虎魚組」中非勤王傾向的成員如後藤象二郎、福岡藤次、由比猪內等人盡遭罷黜，反對東洋的上士邀請半平太執掌土佐藩政。半平太雖如願進入土佐的決策圈，但未能做到像長州那樣舉藩攘夷，因為在藩主山內豐範之上還有兩位老公：一是現任藩主的前任山內容堂，因為安政大獄謹慎處分尚未解除，故目前人還在江戶鍛冶橋門上屋敷；一是現任藩主的生父——第十二代藩主山內豐資，目前人在土佐。只要有這兩位老公在，現任藩主豐範再怎麼信任半平太，土佐藩也不可能搖身變成舉藩攘夷，而半平太始終無法看清這點。

《龍馬行》文庫版第二冊在東洋遭到暗殺後結束，『龍馬傳』第一季也在此畫上句點。

第六章　江戶篇（三）

松平春嶽與勝海舟

四月一日龍馬在下關接受豪商白石正一郎的招待後從此失去蹤影，《坂本龍馬歷史大事典》引用《維新土佐勤王史》的記載，指出六月十一日龍馬在大坂與澤村惣之丞重逢。《維新土佐勤王史》顯然認為四月一日以後龍馬便與澤村分手，直到六月十一日才又重逢，那麼，這兩個多月的時間龍馬去了哪些地方？

《維新土佐勤王史》約略提到龍馬離開下關後，前往九州查看諸藩情勢，甚至一路南下到薩摩，遭到薩摩阻絕於境外才折返（『龍馬傳』採信此說），然後前往大坂。不過，龍馬前往九州並無文字記載可供佐證，是以《維新土佐勤王史》的說法未必可信。

二〇一八年8月日本上映一部名為《RYOMA 空白の三か月》（龍馬　空白的三個月）的獨立製作電影，導演發揮絕佳想像力，交代文久二年四到六月中這段期間（實際上不到三個月）龍馬其實是穿越到現代，當然，龍馬絕對不可能穿越到現代來。

六月十一日之後龍馬又銷聲匿跡，直到七月廿三日才出現在樋口真吉的日記《遣倦錄》（日記記載樋口贈龍馬一兩），從樋口的日記看來龍馬此時人還在大坂，從六月十一日到七月廿三日這段期間，或許龍馬都待在了大坂。

龍馬此時出現在大坂並非毫無原因，想必與半平太不無關係，而半平太的行動又與當時的政局息息相關，是以先行簡單介紹龍馬脫藩後的政局。

攘夷志士引領期待的島津久光，在四月中旬率一千藩兵進入京都後，十六日與權大納言近衛忠房、權大納言兼議奏中山忠能、正親町三條實愛三卿提出九條建言。九條建言側重在解除安政大獄對一橋派公卿、大名的處分，及借重朝廷之力要求幕府進行改革上，不僅無一語提及攘夷，還強調自己此行與攘夷浪士的目的並不一致。四月廿三日，久光獲報派出數名藩士前往伏見寺田屋鎮壓盤據當地抗命的藩內攘夷派，以實際行動證明自己與攘夷派毫無關聯。

先行脫藩進入京都準備響應久光的真木和泉、平野國臣等九州攘夷浪士，難掩心中的失望，他們暫時退出京都，向高舉攘夷旗幟的長州、土佐靠攏。

久光的提議開始在朝廷內發酵，五月九日朝議任命大原重德為敕使人選，十一日朝議結果要大原敕使向幕府轉達以下三事：

一、將軍上洛共議國是。

二、以沿海五大藩[1]為五大老，參與國政。

三、以一橋慶喜為將軍後見，以松平春嶽為大老。

三代將軍家光在寬永年間（一六二四~四五）上洛以後，將軍上洛成為絕響。第二點任命沿海五大外樣為五大老，或第三點任命親藩松平春嶽為大老，均違反大老必須出自譜代大名的規定。在十二代將軍家慶以前，任何藩若敢向幕府提出類似的建議，大概會落得改易或藩主謹慎隱居的處分，但在歷經櫻田門外之變與坂下門外之變[2]的衝擊後，幕府的威望大不如前，自也談不上對藩主的懲處，這點從無官無位的久光竟能率領藩兵上洛便可看出。

五月廿二日，薩摩藩國父島津久光率領六百餘名藩兵，保護大原敕使沿東海道東下江戶。久光一離開京都，對久光感到失望而離去的攘夷浪士立即聚集京都，半平太認為這是土佐舉藩勤王攘夷的良機，於是運用關係說服與山內家有姻親關係的攘夷派

1 薩摩、長州、仙台、金澤、土佐五藩。

2 文久二年一月十五日朝五時（早上八時）左右，五十多名護衛保護幕閣安藤正睦老中首座登城，在坂下門外（介於紅葉山與西丸下之間的城門）遭到七名刺客砍傷。事後幕府無法嚴懲行刺的凶手（所有刺客均當場斃命），卻將遇刺的安藤老中首座免職，此舉無異折損幕府的威望。

公卿領袖三條實美，由他親筆寫信催促土佐藩主山內豐範率兵上洛。

在半平太與上士們的鼓動下，六月廿八日，山內豐範率領包含半平太及眾多土佐勤王黨成員在內共六百名藩兵上洛，龍馬應該是聽到這則消息才會在六月初出現在大坂，並在那裡待到七月下旬。七月十二日，土佐藩兵抵達大坂，原本應該只是短暫停留，卻因為山內豐範罹患痲疹而變成長期滯留，至少在大坂滯留到七月廿三日的龍馬應該與勤王黨成員有所接觸才是。

土佐藩主上洛不僅吸引龍馬前來，也吸引「新虎魚組」派人前來調查暗殺吉田東洋的凶手，新虎魚組派出上士下橫目（藩的監視武士舉止的職務）井上佐一郎，以及破格在少林塾受教的地下浪人岩崎彌太郎。如果彌太郎沒有在安政二年安藝奉行所的牢獄事件與龍馬見過面，最遲在此次滯留大坂期間兩人應有會面，因為龍馬正是井上、岩崎二人調查的對象之一。

真正行刺東洋的大石、安岡、那須三人，此時已脫藩而未能跟隨半平太前來，但井上仍圍繞土佐勤王黨成員及其他土佐藩兵，打聽、探訪消息。半平太本身固然口風很緊，然而並非所有勤王黨成員都是如此，與勤王黨無關的土佐藩兵更靠不住。半平太深恐井上繼續查探會查出不利於他或勤王黨的證據，為了不讓井上繼續查探下去，半平太派出岡田以藏行刺井上。

武田鐵矢的《硬漢龍馬》設定龍馬與半平太、以藏在幼年時曾代表日根野弁治道場，接受上士代表後藤象二郎、乾退助、清岡剛次郎（應是虛構的人物）的比試。撇開虛構人物清岡剛次郎不談，龍馬、以藏、後藤、乾四人年齡差距在三歲以內，幼年時彼此切磋雖然不可能（畢竟是上士、下士之別）但還算不為過。不過半平太比龍馬年長六歲，比乾年長八歲，比以藏與後藤年長九歲，這樣的年齡差距在幼年不太可能會有比試的機會。

儘管設定上可能啟人疑竇，但作者的用意應該在於傳達半平太、龍馬、以藏三人間的友誼，以藏願意為半平太殺人應該也是基於這層友誼。以藏後來曾在半平太的道場修行劍術，對以藏而言，半平太不只如同兄長一般，更是劍術師範及人生的導師，因此半平太的吩咐，以藏自無拒絕之理。

八月二日，爛醉的井上在心齋橋（大阪市中央區）遭到以藏殺害，以藏將屍體投入橋下的道頓堀以毀屍滅跡。根據《維新土佐勤王史》的記載，龍馬在八月抵達江戶桶町千葉道場，依本章所述，七月廿三日龍馬與樋口真吉在大坂會面後數日內（最遲在七月結束前）應已離開大坂，而在八月下旬前抵達江戶[3]，因此井上的死應與龍馬無關。儘管歷史小說言之鑿鑿，然而實際上以藏並未參與暗殺吉田東洋，因此井上佐一郎才是岡田以藏第一個殺害的對象，這一年以藏廿五歲，這樁暗殺事件在幾年後讓以藏付出了慘痛代價。

得知井上死去的彌太郎無意為他復仇，不管暗殺井上的是誰，既然殺得了井上，就不是劍術一竅不通的彌太郎所能復仇的。早在安政二年安藝奉行所的牢獄裡，無名獄友傳授的經商之道已激起他經商的熱情，但礙於東洋的知遇之恩，在象二郎的命令下，不得不扛起打探凶手下落的任務，如今井上已死，他趁此良機脫離武士的世界，回家與新婚燕爾的妻子喜勢一同經商。附帶一提，喜勢在元治元年（一八六四）生下長女春路，是大正十三年（一九二四）第二次護憲運動領袖之一憲政會總裁加藤高明（之後組閣）的夫人，慶應元年（一八六五）生下長男久彌是第三代三菱財團負責人。

遇上龍馬或以藏，我拔刀也只是死路一條。

羅患痲疹的山內豐範到八月廿五日終於痊癒，當日土佐藩兵從大坂啟程，廿六日抵達伏見，是日以土佐藩祖山內一豐正室見性院（名為千代）的墓所妙心寺塔頭大通院（京都市右京區花園妙心寺町）為下榻處。

半平太與土佐勤王黨暫且介紹到此，接著談龍馬抵達江戶後的行蹤。

由於龍馬已經脫藩，不能住進先前兩次在江戶修行劍術的棲身地木挽町築地土佐藩中屋敷，八月抵達江戶後的龍馬，唯一去處只剩桶町千葉道場。另外，改編知名漫畫家村上もとか（紀香）作品《JIN—仁—》的連續劇『仁醫』（JIN—仁—）中，穿越到幕末的南方仁（大澤隆夫飾演）醫師，首度與龍馬（內野聖陽飾演）見面大致上也在此時。

自安政五年八月初龍馬二度前往江戶修行劍術，然後又延期一年屆滿後離開以來，睽違四年再次踏上江戶的土地。雖是如此，但早已視龍馬為一家人的桶町千葉道場主人千葉定吉・重太郎父子依舊熱情招待龍馬，而四年來癡情等待的佐那終於等到龍馬的到來。癡癡等待龍馬四年的佐那並未因此次龍馬歸來而盼到幸福，龍馬在江戶每天與土佐和長州的攘夷志士聚會、聯繫，佐那與他雖只有咫尺之距，往往一天也見不上一次。

這段期間經常與龍馬聚會的土佐藩士間崎哲馬，在閏八月廿六日與龍馬的聚會後寫下：

壬戌秋日，與門田為之助、坂本龍馬、上田楠次會飲，時值新令頒布。（出自《滄浪遺稿》）

3 在《龍馬行》中，龍馬與清河八郎作伴前往江戶，不過沒有其他記載可以證明。

內文中的新令應是指前文提及的大原敕使東下江戶，在八月十九日對新上任的將軍後見職一橋慶喜與政事總裁職松平春嶽，要求幕府進行改革的內容，此即文久年間幕政改革。扣除掉對安政大獄受害者的赦免與加害者的懲處，還有制度面及軍事面的改革，軍事面的改革不易立竿見影，間崎所指應是制度面的改革。

制度面的改革為緩和參勤交代制，原本一年在江戶、一年在領地的參勤交代，改為三年一次，在江戶參勤的期間縮短為百日，允許在江戶等同於人質的大名正室與世子返回領地。之所以放寬是希望可以把花在參勤交代上的開銷省下，以用於充實軍備，不過，省下的開銷雖是有用在充實軍備上，幕府與諸藩（特別是西南雄藩）的形勢卻也因此逆轉。

在與間崎、門田、上田的聚會後，到文久二年結束前，根據目前的記載，龍馬至少還參與了兩次類似的聚會，其中一次是九月三十日在京都，換言之，龍馬結束閏八月廿六日的聚會後不久，便趕往京都赴另一次聚會。

這次龍馬在京都聚會的對象是年初與他話不投機、以「土州人」作為代稱的久坂玄瑞，弔詭的是，與龍馬及久坂聚會的不僅不是間崎、門田、上田等人，甚至也不是包含半平太在內的勤王黨任何成員，而是上士福岡藤次。不過，對象是福岡藤次倒也不是完全不能理解，長期以來鄉士坂本家與才谷屋坂本家皆隸屬於家老福岡家，每逢過年，兩家當主都有前往家老家裡拜年的義務。從嘉永六年三月十七日龍馬首次前往江戶修行劍術起，龍馬每次離開與返回土佐福岡家均予以如實記載，成為後世研究龍馬的重要參考資料。

正因坂本家與福岡家有這層關係，因此司馬遼太郎在《龍馬行》設定喜歡上龍馬的女性田鶴出身福岡家（家老之妹），雖然田鶴應該是虛構人物，但是司馬遼太郎的設定其來有自，正是看中坂本家與福岡家的隸屬關係。但也因為平白虛構出一個喜愛龍馬的女性，使得《龍馬行》已無平井加尾存在的空間，因為田鶴最終的歸宿便是前往三條家。

此時福岡家的當主是孝茂，通稱宮內，在《龍馬行》中是田鶴的兄長，孝茂無子，收養旁系出身的孝順為養子，孝順的次男即此時與龍馬一同在京都和久坂玄瑞聚會的藤次，雖然在當主的繼承順序上差了兩任，但藤次只小宮內八歲（與龍馬同年）。儘管坂本家與福岡家有深厚的關係，但脫藩乃重罪，而且龍馬此時還被視為殺害吉田東洋的嫌犯，身為「新虎魚組」成員且受教於少林塾的藤次，卻與龍馬一同在京都與長州攘夷派領袖之一久坂玄瑞聚會，的確有其不合理之處。

三人聚會的記錄見於昭和十九年泰山房出版的《久坂玄瑞傳》所附年譜（作者武田勘治，年譜由妻木忠泰撰寫），武田勘治的《久坂玄瑞傳》被視為最公正的久坂傳記，年譜收錄的內容想必應有其事。

龍馬參與的另一次聚會在十一月十二日，長州的久坂玄瑞、高杉晉作拜訪半平太及龍馬，然後一起聚會暢飲[4]。久坂日記雖未點出聚會地點，但對照史實可知十月十二日攘夷敕使三條實美、姉小路公知，在土佐藩主山內豐範及土佐藩兵的護衛下從京都出發，半平太則扮成姉小路的隨從，一行於廿八日抵達江戶，是以此次聚會地點必然是江戶。換言之，龍馬在閏八月廿六日與間崎、門田、上田聚會後數日啟程前往京都，於九月三十日與福岡藤次和久坂聚會，之後應該是在京都待了一陣子，然後再返回江戶與半平太及久坂、高杉等人聚會。值得一提的是，筆者在《幕末》一書談到，龍馬於慶應元年十二月三日在下關白石正一郎宅邸首次與高杉會面，但根據《江月齋日乘》，兩人首次會面應提前至文久二年十一月十二日。

繼六月七日大原敕使後，十月廿八日又有三條敕使前來，整個江戶時代朝廷從未像文久二年，在一年內派出兩次敕使來到江戶的前例，而且兩次敕使的目的截然不同。大原敕使是為督促幕府進行改革（包括赦免安政大獄受到處分的親王、公卿及大名）而來；而三條敕使的目的是讓幕府承諾將軍在來年春天上洛提出詳盡的攘夷方案。

這三次聚會到底在談些什麼？雖然沒有書籍記載全部的內容，但已知的部分內容可能會讓讀者感到意外，是與土佐藩的海軍改革有關，簡言之是要向藩進言購買蒸汽船。受到歷史小說、大河劇或以幕末為背景的戲劇、電影及動漫的影響，不少讀者或許對於土佐勤王黨是尊攘組織、勤王黨成員除龍馬外個個都是把攘夷掛在嘴邊的頑固保守份子深植於心。然而，這種貼標籤式、非黑即白的二分法，往往無助於正確的認清歷史事實。

土佐勤王黨雖是以攘夷為訴求而成立的組織，由於半平太在下士之間崇高的聲望，吸引大批景仰其為人的下士加入。不過，前文也提到土佐勤王黨成員除了下士之外，還有不屬於武士階級的庄屋、豪農及村役人，亦有少數如平井收二郎出身上士。這些成員固然有近似文盲的無知之徒，但也有間崎哲馬、平井收二郎這類長於學問的知識份子，此外還有不願在盟約書上署名以免日後成為把柄的若干上士，如深尾丹波、柴田備後、五藤內藏之助、小南五郎右衛門、乾退助、谷守部等人。他們未必認同土佐勤王黨的所有主張，而是在某些方面有共同的利益而採取合作。在吉田東洋死後，正是這些上士的協助，半平太才能擁有目前的地位。若從這點來看，正是雙方的合作才取得暫時雙贏的結果。

十二月四日，龍馬與間崎哲馬、近藤長次郎，三人前往位在常盤橋的越前藩上屋

4 出自久坂日記《江月齋日乘》。

敷（千代田區大手町，皇居大手門東約四、五百公尺），通報希望明日能拜會政事總裁職松平春嶽。根據越前藩士村田氏壽、佐佐木千尋撰述的《續再夢紀事》[5]，五日三人再次前來越前藩上屋敷，他們獲准得以拜會松平春嶽。

讀者想必感到納悶，三人中龍馬脫藩，近藤長次郎不過是賣饅頭商店之子，為何堂堂一介相當於大老的政事總裁職願意與之會面？其實松平春嶽想見的人並不是脫藩的龍馬或饅頭商之子的近藤，而是『龍馬傳』從未出現過的間崎哲馬，因為他是以土佐藩代表的身分前來，請求松平春嶽推薦能增進土佐海防的人選。既然是土佐藩派來的使者，與土佐前任藩主山內容堂並稱「幕末四賢侯」的松平春嶽自無不見的理由，春嶽當下向三人推薦剛上任的軍艦奉行並（軍艦奉行次官）勝海舟，並答應會為三人寫介紹信。

除了間崎哲馬之外，身為鳥取藩劍術師範的千葉重太郎，也與龍馬一起前往越前藩上屋敷拜會松平春嶽（沒有留下確切的拜會時間，筆者認為應該在十二月五日之前），鳥取藩劍術師範帶來的人當然不會是可疑份子，也為龍馬能夠拜謁春嶽起了加分作用，『龍馬傳』上演的正是這一幕。附帶一提，大多數幕末的戲劇都是找老年演員飾演松平春嶽，因此讓人有春嶽上了年紀的印象。其實松平春嶽此時才三十五歲，比伊達宗城、勝海舟、西鄉吉之助、山內容堂等人還小了幾歲，由於政事總裁職相當於大老，春嶽可說是所有擔任大老中最年輕的一人。

十二月九日，只有龍馬與近藤長次郎（間崎缺席）前來越前藩上屋敷拿取松平春嶽寫好的介紹信，間崎缺席可能與六日半平太拜會春嶽有所關聯。取得春嶽的介紹信，龍馬雀躍不已，立即與近藤長次郎，以及另一名勤王黨成員門田為之助，前往位於赤坂本（元）冰川坂下（港區赤坂六丁目）勝海舟的住處（冰川神社）拜訪，根據《海舟日記》的記載，拜訪勝海舟同日龍馬進入其門下。

專攻日本近代政治史的學者松浦玲教授引用十二月十一日的《海舟日記》：「當夜，門徒門田為之助、近藤昶（長）次郎來……」，松浦教授指出這是《海舟日記》首次提到門田、近藤二人，看來門田應該也是在九日與龍馬一起進入海舟門下。不過，近藤長次郎入門的時間似乎有疑問，根據河田小龍的《藤陰略話抄錄》，近藤長次郎早在文久元年便已是海舟的門徒（另有一說為文久二年十一月）。

松浦教授另外還提到勝海舟在政治上雖表現傑出，但在某些方面的表現並不優秀，例如他使用半紙[6]書寫日記，往往寫完一張才會更換新的半紙繼續書寫，如此一來便會出現同一張半紙的內容不見得都是同一日的記事。進入明治時代勝才開始整理日記，

5 敘述文久二年四月到慶應三年十月五年半的政壇事件，共廿二卷。

因而出現日記內容與日期對不上的情形，有可能弄錯近藤長次郎入門的時間。

弄錯近藤長次郎入門的時間還可以理解，畢竟人的記憶會隨著年齡的增長而退化。不過，另一件事會弄錯便讓人難以理解。明治廿三年，勝海舟在《追贊一話》（收錄在《冰川清話》）提到：

坂本氏與劍客千葉周（重）太郎結伴，造訪余在冰川僑居處。時為半夜，談論話題為我邦海軍不可不振與的理由，話題一開啟便無法遏止。氏（龍馬）謂余曰：「對今宵之事暗中有所期待，視公說明之內容決定是否要行刺公。方才聽公一席話方知自己之固陋，懇請讓我成為公之門下生」……

勝在《追贊一話》的內容成為《龍馬行》的素材，再經過司馬遼太郎一番加枝添葉，成為龍馬與千葉重太郎表現出的殺意，一進海舟宅邸便被海舟看穿來意，海舟將聽來的世界史知識及真材實料的海軍素養整合成滔滔不絕的演說，打動了龍馬，不僅免去殺身之禍，龍馬還反過來成為海舟的門徒。

如此近乎傳奇的表現，照理坂崎紫瀾應會在《汗血千里駒》大書特書，然而，《汗血千里駒》對於龍馬與勝海舟初次會面卻是如下的內容：

……當時龍馬亦透過小千葉（重太郎）的介紹，才有坐在其對面觀察一舉一動的機會。他與尋常幕吏截然不同，其風采恰似昂昂乎飛向雲霄的仙鶴，宛如本領高強的羽林八萬騎中的第一人。……不覺萌生欣羨之念。

該書勝海舟是這樣看待龍馬：

慧眼如光芒般銳利，龍馬的器量人品有其特別之處……

完全沒有前來行刺的高度張力，畢竟《汗血千里駒》的成書時間早了《追贊一話》數年，坂崎紫瀾當然不曾聽過這種說法。

上述內容參考了《劍橋日本史》主編馬里烏斯・詹森（Marius B.Jansen）的著作《坂本龍馬與明治維新》，二〇一〇年大河劇『龍馬傳』捨棄龍馬與重太郎藉拜訪之名行刺勝海舟的不實說法。

接下來龍馬的行蹤有兩種說法，一是根據《千葉一胤家譜》（一胤為重太郎實名），龍馬與重太郎於十二日循陸路前往京都，《坂本龍馬歷史大事典》收錄此說。另一說為

6 寫書法最常使用的和紙規格，其尺寸約為中世紀流通最廣的和紙——杉原紙的一半，即八寸（約二四・二公分）×一尺一寸（三三・三公分）。

龍馬與重太郎、近藤長次郎，十七日以勝海舟隨從身分搭乘順動丸（向英國購入的蒸汽船，排水量四〇五噸），護送老中格小笠原圖書頭長行從品川出發，池田敬正、平尾道雄、松浦玲、山本大等學者皆採用此說，但這些學者都沒有標明此說的原始出處，筆者猜測大概是出自《海舟日記》。

由於廿九日龍馬、重太郎及近藤長次郎另有前往兵庫的行程，第一種說法的話，龍馬與重太郎沿途都在趕路，要先和近藤長次郎在某地會合再一起前往兵庫。第二種說法的話，順動丸在廿一日晚上便已抵達兵庫，可省下從京都前往兵庫的路程，而且又能獲得充裕時間的休息，筆者認為第二種說法的可能性較高。

不管龍馬採取哪一條路徑，十二月廿九日他與重太郎、近藤長次郎在兵庫與勝海舟會合，文久三年到來時他人並不在江戶。

赦免脫藩之罪

敘述本節的內容前，請容先簡單介紹勝海舟。

勝海舟於文政六年（一八二三）生於江戶本所龜澤町（東京都墨田區兩國橋一帶），是旗本小普請組勝左衛門太郎惟寅（幼名小吉）與信的長男。根據《冰川清話》一書附錄的〈勝海舟傳〉（作者為勝部真長）提到，勝這一家族是德川家還在三河時期的旗本。

雖是如此，勝的家祿只有四十一石一斗二合六勺九，換算成現代人的薪資，只相當於剛出社會的新鮮人，然而，社會新鮮人還有調薪的機會，江戶時代除非遇上極大的機緣，不然世代相傳的俸祿都是固定的。

勝小吉與龍馬生父八平都是入贅妻家的贅婿，並以婿養子身分繼承妻家。勝小吉之生家為男谷家，也是下級旗本，小吉七歲時成為旗本勝甚三郎的末期養子[7]而娶甚三郎之女信。晚年勝小吉撰寫回憶錄《夢醉獨言》（夢醉乃其隱居後的號），提到十四歲離開江戶，沿途搶奪路人與乞討雙管並下前往伊勢神宮，返家之後又曾一度離開，被生父男谷平藏監禁三年，勝海舟便是在生父被監禁期間出生。

即使長男出生（日後又生下一女順子），勝小吉依舊不改好吃懶做、逞凶鬥毆的本性，不過勝小吉也有其專長本領：刀劍鑑定與買賣贓物，光是這兩強項獲得的收入已遠遠超出年俸甚多。

天保九年（一八三八），三十七歲的勝小吉隱居，長男海舟成為當主。海舟幼名麟

7 武家當主沒有嗣子而又面臨事故、急病瀕臨死亡時，為避免家系斷絕而臨時收養養子的緊急措施，一旦緊急情況得到改善便會取消臨時的養子。幕府最初禁止這種臨時養子制度，但由於有些藩因為沒有繼承人而斷絕，其家臣淪為浪人造成社會問題，因此從四代將軍德川家綱起，放寬限制到五十歲以下；八代將軍德川吉宗時，取消所有的年齡限制。

太郎，實名義邦，海舟為其號，安房守乃其官名，維新回天後改名安芳。海舟在父親虛擲歲月的情形下度過幼年，稍長跟隨父親家族男谷信友（通稱精一郎）以及其門徒島田虎之助學習劍術兼學禪學，取得直新影流免許皆傳的資格。男谷信友、島田虎之助都是比龍馬還早一個世代的名劍客，就算勝海舟的劍術不如龍馬，一般武士要行刺他也非易事。明治時代，海舟提到早年學習劍術曾有如下的回憶：

……寒冷天候不穿足袋，袷[8]也只一件足矣，根本不知所謂的冷熱。身體受到如此鍛鍊與鐵塊無異，到現在為止身體還算健壯，步伐也還很踏實，可說是拜年輕時的修練之賜。

學習劍術期間，海舟娶幕臣岡野孫一郎的養女民子（或民江）為妻，實際上民子乃深川的藝妓，而且還比海舟大兩歲，她為海舟生下兩男兩女。取得直新影流免許皆傳資格後，海舟的興趣轉移到了蘭學上，他曾跟隨幾位蘭學者學習蘭學，直到遇上蘭學重鎮佐久間象山才真正為海舟開啟蘭學的世界。雖然海舟也不屑象山高傲的性格，依舊把自己的妹妹嫁給象山締結姻親關係，『龍馬傳』龍馬拜訪海舟住處，高懸在牆上的「海舟書屋」便是出自象山的墨寶。

不過，學習蘭學的先決條件是先得學會荷蘭語，海舟的荷蘭語據說並不靈光，但海舟還是成立蘭學私塾藉學生的束脩以餬口。某日來了一位名叫杉亨二（明治時代明六社成員之一，日本統計學之祖）的年輕人，他與海舟聊了幾次後知道其荷蘭文程度，便對海舟說道他認識一個精通荷蘭文的人，希望海舟可以雇用為助手。海舟問杉亨二此人是誰，杉亨二立即說道是自己，此後杉亨二便成為海舟私塾裡真正的荷蘭文教師，海舟私塾因為有杉亨二而學生人數大增，但相對地私塾收入必須撥出兩成分給杉亨二。黑船事件後勝海舟逐漸得到重用，便推薦開成所聘杉亨二為該所教授。

開國後，海舟受目付兼海岸防禦御用掛（簡稱海岸掛）大久保忠寬（明治時代以一翁為號）提拔，於安政二年（一八五五）一月被任命為蠻書翻譯勤務，七月成為安政改革新成立的機構長崎海軍傳習所的學監，偶爾還會兼任傳授荷蘭語。長崎海軍傳習所的經歷是日後勝歷任軍艦奉行並、軍艦奉行、海軍傳習掛、海軍奉行，甚至維新回天後在太政官任海軍大輔、海軍卿的最主要憑藉。

勝海舟在長崎海軍傳習所前後學習五年，不僅充實海軍的專業素養，且因具有學監身分，海舟擁有比其他學員更多時間操作傳習所的練習艦咸臨丸，光是九州沿海便已航行無數次，甚至還曾在安政五年航行到薩摩與島津齊彬會晤[9]，論航行技術之熟

8 指裡外各一片布料縫製而成，有分表層與裡層的衣物，若只穿袷則過於單薄。

9 請參見拙作《幕末：日本近代化的黎明前》。

練，在當時幕府內無出其右。

因此，安政七年一月幕府派出一使節團為交換《日美修好通商條約》的批准書，同時決定不假手美國人，從艦長、航海員到所有的水手都由日本人包辦，航行的船艦是長崎海軍傳習所的練習艦咸臨丸，負責載運這一使節團的艦長正是對咸臨丸駕輕就熟的勝海舟。於是以勝海舟為軍艦操練所[10]教授方頭取，操作排水量二百五十噸、配有十二門砲的咸臨丸，搭載正使新見豐前守正興、副使村垣範正、軍艦奉行兼艦長木村攝津守喜毅，及包含福澤諭吉在內的從員共約八十人的使節團赴美（史稱萬延遣美使節團），此乃日本人首次橫渡太平洋。

結束咸臨丸航行歸來已是六月，不僅井伊大老在櫻田門外喪命，年號也從安政改為萬延。表現傑出的勝從父祖傳承的旗本小普請組家格，榮昇天守番頭過人[11]，家祿從原本的四十一石激增至四百石，但勝卻被調離海軍，改任蕃書調所頭取助[12]。

一般人只要職位能得到提昇，就算尸位素餐也甘之如飴，他多次向老中上書強調海軍的重要，並應由自己來擔任建立海軍的任務。勝每次上書總是石沉大海，在蕃書調所度日如年的他天天曠職，希望能藉此重回與海軍相關的工作崗位上，只是他散漫的工作態度，惹怒了蕃書調所頭取古賀謹一郎，勝最終遭到免職的下場。

直到文久二年幕政改革，勝才見到復出的曙光，七月九日松平春嶽出任政事總裁職，在此之前勝已先行在七月五日被任命為軍艦操練所頭取，曾經提拔勝的大久保忠寬也約略在同時出任御側御用取次[13]。閏八月十七日勝出任軍艦奉行並（俸祿千石），是軍艦奉行木村攝津守喜毅、內田主殿頭正德的副官，差不多掌控了幕府的海軍，而龍馬正是在這個時候成為勝的門生。

接著接續到前一節結尾，龍馬等人在兵庫與勝海舟會合後前往大坂。文久三年過

10 繼安政二年在長崎成立海軍傳習所後，幕府於安政四年成立講武所海軍教育部門，稱為軍艦教授所，不久改稱軍艦操練所，由於地點位在築地，故也稱為築地軍艦操練所。部分在長崎海軍傳習所學習的幕臣，如永井尚志，因為職務之故無法久留長崎，便搭乘海軍傳習所練習艦觀光丸返回江戶。培養海軍對幕府的財政耗費極大，安政六年關閉了長崎海軍傳習所，訓練海軍的地方僅剩築地軍艦操練所，元治元年勝海舟雖有意在神戶另設海軍操練所，但旋因同年禁門之變有海軍操練所成員參與，而為政敵小栗忠順藉機詆毀以致關閉。慶應三年軍艦操練所遷徙至濱御殿（現為濱離宮恩賜庭園），隨後的維新回天使軍艦操練所走入歷史。

11 守衛江戶城天守稱為天守番，定額四十名，分成四組，每組首領稱為番頭，定額以外的番頭稱為過人，受留守居所支配。然而，江戶城天守早在明曆年間（一六五五～五八）的明曆大火時燒毀，當時幕府大政參與、會津藩藩主保科正之認為應把資金挹注在市容整備上，而不是無端耗費在天守的重建，江戶城從此成為沒有天守的城郭，但卻保留守衛天守的天守番。

12 頭取是一個機構的最高負責人，頭取助相當於頭取之助手。

13 將軍側近，地位雖不高但可直達天聽。

年後不久，京都土佐藩邸的藩士高松太郎、千屋寅之助、望月龜彌太，透過龍馬的引介，於一月八日進入海舟門下。

高松太郎是龍馬大姊千鶴的長男，龍馬大姊千鶴在龍馬脫藩之前的文久元年年底病逝（《龍馬行》與『龍馬傳』在龍馬脫藩時，還出現千鶴與權平的對話並不正確），已是土佐勤王黨一員的高松太郎投身尊攘運動，並跟隨半平太前往江戶督促幕府攘夷，在江戶似乎已與龍馬有所接觸。不過，高松等三人並不是脫藩進入海舟門下，而是事先便已徵得藩的同意，換言之，是土佐藩要他們拜在海舟的門下，目的是為學習航海術。

高松太郎小龍馬七歲，此後他的命運與龍馬相繫，與龍馬成為海軍塾成員之一，八・一八政變後跟隨龍馬的腳步脫藩，與龍馬前往長崎成為龜山社中的創始成員。若非如此，高松太郎大概會與部分勤王黨成員一樣，不是在京都死於幕府附屬組織如新選組、京都見廻組之手，便是在返回土佐的路途上被上士緝捕拷打致死。

在京期間，龍馬巧遇一起脫藩的澤村惣之丞，連同新宮馬之助、安岡金馬、田所壯輔等勤王黨成員，在龍馬的勸說下一同成為勝的門生。《龍馬行》裡成為勝海舟保鑣的岡田以藏，大概也在此時加入海舟門下，不過，除了近藤長次郎，龍馬與上述土佐藩士都沒有與勤王黨中止聯繫。

成功完成護送小笠原老中格上洛任務的勝，於一月十三日與龍馬等人搭乘順動丸從兵庫返回江戶。十五日航行至遠州灘東緣進入伊豆半島時，因天候惡劣被迫在下田港上岸，適逢搭乘向福岡藩租借船艦上洛的山內容堂此時也在下田躲避風雨，勝打探出容堂下榻地寶福寺（靜岡縣下田市一丁目）後，前往與之會面。

勝與容堂會面談論的內容只有一點：要求容堂赦免龍馬的脫藩之罪，並允許龍馬等九名土佐藩士進入自己門下。容堂雖仍握有土佐藩大權，但對外而言，他終究只是隱居的老公，海舟提出的要求也只能點頭同意。

勝在明治十一年編纂《亡友帖》對於此事有如下回憶：

文久三年春，將軍上洛。正月松平慶永侯循海路上洛，余與之同艦。歸途入下田港，時容堂山內侯正循海路上洛，於同港滯留。他歡迎我的到來並問起京都的情形，我據實以答種種見聞。之後余說道：「侯家之士，近來過激而亡命、獲罪者多矣！坂本龍馬以下八、九名現潛匿在我門下，彼等並無惡意，願侯施以寬典赦其罪。若不得已，可將彼等託於余，如承允許，實為望外之幸。」侯不答，照往例斟滿一瓢酒道：「首先乾完這杯，不然我不回覆。」余只好一飲而盡。侯撫掌大笑：「彼等之事交由君處理，請勿再有過激之事。」余謂：「侯醉中之言，余難以取信，以此酒瓢作為後日證物。」侯仍維持笑意取下腰扇揮毫「歲醉三百六十回　鯨海醉侯」遞給余，謂「以此為證」，大笑而止。侯外貌英偉，胸襟開闊，固一世之雄也，醉中之戲謔足能蓋見其生平。

海舟的回憶栩栩如生，讀者讀來想必也會對容堂印象深刻。十六日天候好轉，順動丸起錨駛出下田港，當日便抵達品川沖並返回海舟宅邸。十八日，海舟登城與大久保忠寬談論關於將軍的政權奉還論，言談時勝順便向大久保介紹龍馬。前文已提及大久保是最早提拔勝的伯樂，之後勝始終與大久保維持良好的關係。藉由此次的會面，龍馬在廿五日又單獨與大久保會面，會談的具體內容雖不清楚，據山本大《坂本竜馬》一書所言，應與幕政返上、議會政治有關。幕末最早提到將軍歸還政權應屬此時的大久保忠寬，只不過三河旗本出身的他並非提出的適當人選，龍馬接受大久保的幕政返上說，於慶應三年讓土佐藩參政後藤象二郎以大政奉還論，說服山內容堂作為土佐藩論，並以之上書德川慶喜使其主動提出政權歸還朝廷。

山本大的著作指出，龍馬在遇上勝海舟、大久保忠寬之前，已結識松平春嶽的智囊橫井小楠，惟，結識時間並不確定。結識當代一流的開國論學者橫井、勝、大久保並向他們請益，龍馬不僅一掃內心的矛盾與疑惑，也確信當下攘夷聲勢雖然浩大，但終究不可能化為實際的武力一舉擊倒歐美列強。脫藩雖讓龍馬從此脫離安定生活，但也讓他識見提升至幕臣等級，走上與半平太及其他未脫藩的勤王黨成員（甚至包含日後結識的薩長藩士）截然不同但孤寂一身的人生。

去年幕府曾允諾三條敕使將軍會在來年春天上洛，年底將軍後見職一橋慶喜與京都守護職松平容保先行循陸路上洛，進入文久三年，整個幕府為了將軍上洛一事忙得不可開交。身為幕府軍艦奉行並的勝屬意讓將軍循海路上洛，為此他先於一月廿三日說服政事總裁職松平春嶽搭乘順動丸上洛，一來節省時間，二來也節省經費，後者對財政吃緊的幕府尤顯重要。

年輕的將軍家茂被勝說動，願意以實際行動支持勝。然而，勝一離開江戶，反對將軍搭乘船艦上洛的聲浪便從大奧鋪天蓋地襲來。大奧雖是女流之地，由於有前任將軍生母、現任將軍生母，以及前任將軍和現任將軍共兩位御台所在內，其影響力不容忽視，家茂能夠在將軍繼嗣問題中勝出，正是井伊大老與大奧通力合作的結果，井伊大老尚且不敢怠慢大奧，井伊之後的老中首座當然更不用說了。

勝一回到江戶（應該是在二月初），發現將軍已決定率領三千隨從，依照三代將軍家光的前例上洛，既已決定便不容更動，何況一個微不足道的軍艦奉行並，根本也沒有權力置喙將軍已排定的行程。

二月廿五日[14]，京都土佐藩邸（京都市中京區，位於木屋町通與蛸藥師通交界處）貼出如下的布告：

右者（指龍馬）於戌年[15]三月離開藩國，周旋於京攝並九州、關東周邊諸國。今二月十二日於御屋敷，考量方今形勢，念其忠憤憂國之至情不能遏止，不予追究擅自離開藩國的行為，僅處以御叱，而不另行處分。

這紙布告公然宣告龍馬脫藩的罪行不予追究，等於赦免其脫藩之罪，可視為是容堂兌現上個月十五日在下田寶福寺對勝的承諾。不過，龍馬並非無條件的赦免，布告最後的「御叱」即是對他的處分，那麼，「御叱」是怎樣程度的處分呢？簡單說來是監禁在京都藩邸七日，以程度而言算是很輕微的處分。從文久二年三月廿四日起，歷經十一個月的脫藩，龍馬終於得到藩廳的赦免，然而，龍馬對此似乎沒有特別的喜悅，因為赦免意味著龍馬又必須過著受藩限制的生活。

從本節的敘述可知龍馬脫藩的赦免過程分成兩個階段：先是一月十五日勝主動前往碰巧也因躲避惡劣天候而下榻下田寶福寺的容堂，向他提出赦免龍馬脫藩的要求。容堂並沒有露出為難或刁難的神情，只要求勝乾完一杯酒便爽快應允，勝擔心容堂日後反悔，還特地要容堂署名保證。容堂到了京都之後先處理身邊大小雜事，二月十二日在京都土佐藩邸向其他上士提到龍馬脫藩的處置，容堂事先應有提及一月十五日之事，因此與會的上士毫無異議同意赦免，再於二月廿五日（或十五日）於藩邸正式公告赦免龍馬。

不過，『龍馬傳』卻是另一幅場景：一月十五日的口頭承諾不見了，直接定格在二月廿五日，勝帶著龍馬前往品川下屋敷請求容堂赦免。容堂絲毫不給海舟情面，而且當著勝和龍馬面前數落半平太的不是，最終也沒有赦免龍馬。

筆者在《幕末》一書第九章提到文久三年一月七日容堂從江戶出發上洛，實際動身的日期應比一月七日晚了數日，才造成一月十五日與勝在下田不期而遇的事實。一月廿五日進入京都的容堂不太可能為了赦免龍馬在二月廿五日之前趕回江戶，二月廿五日將軍已啟程上洛，容堂理應在京都等候、迎接將軍的到來才是，豈有可能在將軍啟程後還待在江戶只為赦免脫藩浪士？何況容堂也無法預知勝何時會帶龍馬造訪。

服完七日「御叱」，三月六日起龍馬與安岡金馬奉藩廳之命學習航海術，此舉正中龍馬下懷，暫時拋開重歸藩的限制的不滿。

14 根據日本史籍協會編纂的《武市瑞山關係文書》收錄的年表為二月十五日。

15 指文久二年，該年干支為壬戌年。

第七章　京都篇（一）

順動丸上的將軍與公卿

被赦免脫藩之罪的龍馬並未表現出欣喜之情，理由之一是原本已掙脫藩的束縛又重新加諸在身，理由之二是他選擇幾乎與所有的志士都不相同的道路，面對茫茫不可知的未來產生的一種徬徨感。

大概在脫藩得到赦免後，仍往返於江戶、京都甚至大坂三地的龍馬，一日若有所思吟詠出如下和歌：

不管世人如何說我，就由他們去吧！我所做的事只有我自己最清楚。

（世の人は　我を何とも　言わば言え　我が成す事は　我のみぞ知る。）

現存龍馬的和歌大概有二十多首，與專業的歌人相較，二十多首連零頭尾數都不到，不過若將比較對象限定在幕末志士，龍馬創作的和歌便不能算少，這首和歌頗能引起筆者共鳴而深深喜愛。

三月廿日，脫藩後將近一年，龍馬終於寫了家書（或許脫藩後也有寫信，但是沒有保留下來），收信者是乙女姊姊。若依時間排序，這封是現存龍馬寫給乙女的第二封信，在現存一百四十餘封書信中，龍馬單獨寫給乙女姊姊的信件多達十四封，高居所有對象之冠，若把已銷毀與未發現的信件算入，數量鐵定不只如此。

信件開頭提到人的一生很難理解，運氣差的人離開浴桶也會因為睪丸被浴桶邊緣割傷而死。相較之下，龍馬自認強運之人，在該死之時屢屢險中求生。接著話鋒一轉，說道自己如今已成為日本第一號人物勝麟太郎的弟子，每天為學習海軍而精進不已，四十歲以前不打算返鄉，為了國家、為了天下盡心盡力。結尾要乙女為自己感到高興，並說這封信可私下傳閱給親近的人看。

文久三年因將軍上洛，使得去年十、十一月後逐漸沉寂下來的京都又熱鬧起來，不過，這些與勝海舟、龍馬無關。勝於一月十三日搭載龍馬等人從兵庫返回江戶（十五日在下田與山內容堂會晤）後，廿三日又搭載松平春嶽上洛，原本返回江戶要繼續載送將軍上洛，但因大奧反對作罷。雖是如此，勝在將軍二月十三日上洛前，二月六日又啟航順動丸前往大坂（不清楚龍馬此次有沒有跟在船上），二月結束前勝似乎又在江戶、大坂間往返了一次。

接下來三、四月，甚至到五月，勝（龍馬此時還不會開船）每個月幾乎都開啟順動丸往返江戶、大坂二到三次。除了一月廿三日搭載政事總裁職松平春嶽上洛之外，勝其他幾次往返是在忙些什麼呢？

原來勝是在視察攝海（大坂灣）地形，列強若在攝海登陸不出一日便能對京都造成威脅，為了護衛京都，勝認為有必要在攝海安置砲台（台場），因此他多次視察大坂便是在尋覓適合設置砲台的地點。除了設置砲台外，勝更將眼光放在培養海軍上，這也是勝多次視察攝海的另一原因。《龍馬行》文庫本第三冊大概到此結束，結束前龍馬在京都邂逅了他一生中最重要的女性阿龍。然而，這應是作者司馬遼太郎刻意讓阿龍提前出現，實際上兩人初次會面的時間應該是在一年後的元治元年五月。

對攘夷興趣缺缺的大名松平春嶽、島津久光（久光不是大名，而是大名之父，但他受到的待遇及本身的權力等同大名）、山內容堂、伊達宗城等公武一合派大名紛紛離去，攘夷派控制下的朝廷認為既已把將軍召來京都，不認同攘夷的大名便任由其離去。整個三月下來，將軍兩次參內並陪同天皇前往賀茂神社（上賀茂神社與下鴨神社）行幸，這三次將軍與天皇近距離的接觸都沒有明確回覆攘夷期限，不僅攘夷派有微詞，天皇也不甚滿意。

四月十一日，攘夷派又策劃一次行幸，此次行幸目的地為距離御所更遙遠的石清水八幡宮，八幡宮與皇室和源氏都有深厚的淵源，可說是同時受到皇室與武家尊崇的神社，撇開攘夷，將軍其實應與天皇同框一起參詣才是。結果將軍以感冒、發燒為由缺席，改由將軍後見職一橋慶喜代為出席，察覺攘夷派企圖的一橋慶喜也在男山山下藉口腹痛硬是不上山。

將軍雖有返回江戶的意圖，但對攘夷派而言，沒有得到將軍親口承諾攘夷期限之前不可讓他離開京都，因此絞盡腦汁假天皇之命以種種名義強行扣留在京都。適逢四月十六日前往越前拜會松平春嶽的勝與龍馬，在廿一日返回大坂時，順道入京向將軍報告這段時間視察攝海的心得。勝見將軍悶悶不樂，遂邀約翌日一同視察兵庫、西宮沿岸台場，可藉此名義擺脫攘夷派的糾纏。

攘夷派懷疑將軍藉視察攝海沿岸台場的名義逃回江戶，也表示要派人前來，依《維新土佐勤王史》，攘夷派公卿姉小路公知於四月廿三日在勝的陪同下，巡視攝海沿岸台場。由於巡視完時間已晚，在勝的建議下當晚夜宿東本願寺（現為天滿別院，大阪市北區東天滿）。廿五日，勝邀請姉小路搭乘順動丸從海上巡視攝海，由不同角度觀看攝海海岸，想必帶給姉小路不同層面的思維，也讓他認知海防的重要性，以及建立海軍的急迫性。接下來廿八日在勝的安排下，姉小路與將軍同框登上順動丸，龍馬、望月龜彌太、千屋寅之助等土佐出身的海舟門人（其他土佐出身者是否也在船上不清楚），也跟著上船從堺浦（大阪府堺市堺區）出發。朝南前往加田港（應為加太港，和歌山市加太）時遇上風浪，姉小路的從者皆暈眩，獨姉小路精神奕奕完成阿波、淡路、和泉、攝津、播磨沿岸的巡視。

《硬漢龍馬》有一幕為將軍、攘夷派公卿姉小路公知與勝海舟，及包含龍馬在內的海舟門生，開開心心搭乘順動丸出航，想必是出自這日的真實經歷。將軍也感受到黑船的震撼，由於幕府持續與歐美諸國購買黑船，勝不再對將軍提出購買黑船的迫切性，轉而對將軍說明成立海軍人員養成學校的重要性，並說到自己已在生田川河口相中校地，希望將軍予以同意。將軍對於黑船亦感興趣（此次上洛結束便搭順動丸返回江戶），於是同意勝的提議，結束此次上洛後，勝著手進行成立海軍人員養成學校的實際行動。

勝相中的生田川出海處神戶村（兵庫縣神戶市中央區新港町），當時只是一個人口不多的漁村，先前在《日美修好通商條約》，神戶（兵庫）被指定為四個開放口岸之一，然而，天皇遲遲未對該條約敕許，所以神戶村依舊只是個以捕魚維生的漁村。不久的將來，神戶將會出現一座海軍人員養成學校，勝將此視為近代海軍的發祥地。

第八章　越前篇（一）

結識三岡八郎

將軍、姉小路公知，以及包括龍馬在內部分海舟門生，已在四月下旬登上順動丸巡視攝海沿岸，勝邀請他們登船應該有抱持「用言語說服，不如讓他們實際去感受」的心態；與其費盡唇舌之力要他們放棄攘夷，不如請他們到黑船上自己主動醒悟攘夷有多麼無知。與三條實美同為攘夷派公卿龍頭的姉小路公知，四月廿五日、廿八日兩度登上順動丸，目睹黑船在無遠弗屆的大海上展現出的機動力，以及船艦上配備的高破壞力的大砲後，痛感過去將攘夷看得太過簡單，光憑刀劍及血氣之勇不可能實現攘夷。

五月二日，龍馬陪同姉小路公知返京覆命後，姉小路絕口不提攘夷，立場顯然從攘夷轉向開國。然而，在天誅盛行的當時放棄攘夷主張，反而為姉小路帶來殺機，五月廿日姉小路公知步出御所後，在禁裏北門朔平門附近的猿ヶ辻遭到三名刺客暗殺，當場死去。

就在將軍搭乘順動丸視察攝海期間，身為將軍後見職的一橋慶喜在攘夷派進逼下，隨口說出五月十日為攘夷期限。雖不是將軍親口說出，但對攘夷派而言，將軍後見職說出等同於將軍親口說出。五月十日喜出望外的長州藩開始對經過下關海峽的美國商船採取砲擊，令人洩氣的是長州船艦不僅砲彈未能準確命中船隻，連派出船艦追擊也追趕不上。但長州仍因把外國船艦驅逐出下關海峽而得意洋洋，朝廷對此無謀行為的褒獎更加深攘夷派的氣焰。

既然在神戶設置海軍操練所已成定局，接下來勝的煩惱轉為如何籌措資金，他將首要目標鎖定松平春嶽。前面提到勝與龍馬曾在四月十六日前往越前，雖然《海舟日記》沒有明確記載所為何事，但春嶽已在三月九日因提出辭去政事總裁職，遲遲等不到幕府批准而自行返回越前，勝和龍馬來到越前沒有不拜訪春嶽之理。連同去年十二月，龍馬與春嶽至少有三次見面記錄，放眼海舟門下龍馬應是最適合的人選，遂於五月十六日派龍馬前往越前。

龍馬離開兵庫後翌日，可能晚上在某處宿場休息時寫信給乙女，一開頭便提到他已成為天下無二的軍學者勝麟太郎大先生的門人，近來更在距離大坂十里（四十公里）餘一處名為兵庫（神戶村）之地，從各地來的四、五百名學生，聚集在四、五十間（約七十二到九十公尺）的船上，大張旗鼓地學習海軍。

對比三月廿日的信件龍馬稱勝為日本第一號人物，不到兩個月的時間龍馬改稱勝為天下無二的軍學者，從這也可看出龍馬愛吹噓的一面，把勝海舟吹捧到極高的境界，言下之意為自己身為這麼一位了不起人物的弟子，自也非泛泛之輩。不過，龍馬卻沒在信裡吹噓他與將軍同船之事，可見龍馬吹噓歸吹噓，倒不會想要特別蹭政治人物（這點與現代人很是不同），除非政治人物身上有值得他學習之處。

龍馬在信裡繼續提到他與榮太郎（高松太郎）在海軍操練所學習並鑽研學問，經常有搭乘練習船（蒸汽船）的機會，近期便會搭船前往土佐。今年若能無事，到四十歲時想起以前說過的話[1]，應該會掛著「得意洋洋的神情」（ヱヘンの表情）。

龍馬在信件裡（尤其是寫給乙女姊姊）可說無話不談，不僅提到乙女也認識的高松太郎，還提到他也與自己一起在海軍操練所學習海軍。在龍馬寫信前不久才為將軍拍板定案在神戶村設立海軍操練所之事，別說一般人不知，連島津久光、山內容堂這些外樣大名也不見得知情，但龍馬卻輕易地在信件裡透露出來。對此磯田道史教授在《龍馬史》一書是這麼形容龍馬：

1　指前節引用三月廿日的信件內容：「四十歲以前不打算返鄉，為了國家、為了天下盡心盡力」。

……龍馬的書信坦率真誠到驚人的程度，最貼切表現出他真摯的心情。前近代的人們習慣將感情與思想寄託在漢詩及和歌裡，而其書信大多淡然無味。龍馬則不然，直接為書信灌注感情，以這點而言，龍馬或許更接近近代人。……雖未留下著作，但龍馬的思想透過書信留存下來，要了解龍馬的思想只能讀其書信……

不過，龍馬與海舟同樣都有在現實與信件裡吹噓的毛病，連正式校地都還未興建的海軍操練所（其實應是海軍塾），充其量只有數十名學生，哪裡會有四、五百人？配給操練所學生練習用的練習艦，在龍馬寫信的此時可能八字還未一撇，哪可能會有四、五十間的長度？更遑論經常有搭乘練習船的機會，近期便會搭船前往土佐？然而，或許正是都有此一共通點，兩人才會如此意氣相投。

《海舟日記》只記載龍馬於五月十六日從京都出發，沒有交代何時抵達（以路途來看，大概十八日可到），而根據越前藩士撰述的《續再夢紀事》記載，十八日越前藩士中根雪江前來京都拜訪海舟。中根到來，以及龍馬前往越前，所為的都是同一件事，亦即神戶海軍操練所的成立。

龍馬在拜會松平春嶽前，先行與春嶽的智囊橫井小楠會面，前文已有提及龍馬結識小楠的時間早於春嶽，惟，無法確定確切的結識時間。龍馬在流經福井城的足羽川旁小楠私宅會談時，發現有一不速之客在旁，一問之下才知原來是向小楠學習財政多年的越前藩士三岡八郎（由利公正）。小楠有意讓龍馬結識大他六歲的三岡，刻意讓他與龍馬攀談。三岡逮住機會將學習多年的財政學一股宣洩出來，龍馬似乎有種魅力，能讓與他攀談的人如沐春風、侃侃而談。這次的交談讓龍馬留下深刻的印象，到了八月下旬，三岡因攘夷的言論遭藩幽禁，龍馬第二次前來越前找三岡，便是將他推薦給新政府，時為慶應三年十、十一月之間，距龍馬暗殺僅有數日。換言之，龍馬僅憑此次交談的印象，便在四年半後推薦他負責新政府的財政，進而成為三岡在明治時代獲得榮華富貴的基礎，不難想像三岡此時談論的內容讓龍馬留下多麼深刻的印象！

龍馬之後數日應該與松平春嶽見過面，甚至還讓他掏錢贊助海軍操練所。然後龍馬一路趕路返回京都，總計他在越前滯留的時間應該不會超過七日，大概在滯留越前期間聽到姊小路卿遭到暗殺的消息。根據《續再夢紀事》，龍馬於五月廿七日在京都越前藩邸（京都市中京區土橋町，元離宮二條城東大手門附近）與中根雪江會談，內容想必還是與神戶海軍操練所有關。

第九章　大坂篇（一）

海軍塾

將軍四月下旬搭乘順動丸巡視攝海時，曾允諾每年給予海軍操練所三千兩金的補助，五月龍馬前往越前藩向松平春嶽募款，依照《維新土佐勤王史》的說法，春嶽同意贊助五千兩金（《龍馬行》與不少龍馬傳記採用此說）。五千兩金不是一筆小數目，已在三月九日辭去政事總裁職的春嶽，光憑越前藩的收入可能難以支付這筆鉅額，因此現在大多認為《橫井小楠關係史料》裡記載的一千兩金左右比較接近真實（松浦玲《坂本龍馬》以及『龍馬傳』採用此數字）。筆者認為龍馬與春嶽會面談及贊助海軍操練所時，橫井小楠人應該在現場，他的記載應該會比人不在現場的坂崎紫瀾更為可信。

根據幕府的規劃，海軍操練所在生田川河口附近，占地共一萬七千一百三十七坪，並配備觀光丸、黑龍丸兩艘船艦，供海軍操練所專用。不過，這只是規劃中的願景，即使立即動工也很難在短時間內完成，因此勝在四月廿七日，另於大坂北鍋屋町專稱寺（大阪市大正區三軒家東二丁目）臨時住處成立海軍塾。不少以龍馬為主人公的戲劇或傳記多搞混兩者，把海軍塾誤植海軍操練所。

據磯田道史的見解，想進神戶海軍操練所的主要以旗本・御家人子弟與西日本諸藩藩士，對此勝計劃讓海軍操練所的經營費用逐步轉由諸大名共同負擔。亦即勝有意讓海軍操練所成為「一大共有之海局」，雖為幕臣出身，卻致力於超越幕府框架的事業，勝的視野之廣闊、構想之宏大由此可見。

既然勝有意讓海軍操練所的經營費用由諸大名共同負擔，占去一部分浪人的勝的門生，恐怕便無法進入海軍操練所，為了讓這些對海軍的熱情遠在旗本・御家人子弟之上的脫藩浪人也能學習海軍，勝於是在四月廿七日在大坂臨時住處專稱寺成立海軍塾，以區隔兩者。

海軍操練所正式運作前，先由非正式的海軍塾運作，但因為非正式，故不對外招生，成員只有龍馬等脫藩浪士約數十名，不過兩者之間仍有多處細節不甚清楚。勝門下的門生（包括龍馬以外的其他八名土佐藩士），與畿內、山陰、山陽、四國、九州諸藩藩士（照理諸藩藩士應該要加入海軍操練所，但似乎也有加入海軍塾），以及脫藩浪人加入的是海軍塾，他們之中或許也有對海軍感到興趣者，但更多是看在管吃管住還有薪資可領的份上才來的。

龍馬被勝任命為海軍塾的塾頭（而非海軍操練所塾頭），至於海軍操練所的塾頭則由佐藤與之助（實名政養）擔任。佐藤雖也是勝的門生，同時也是出羽庄內藩藩士，從資歷來看佐藤應是長崎海軍傳習所第二期學員，結識勝的時間比龍馬早了好幾年。雖同是勝的門生，似乎看不出龍馬與佐藤合得來的跡象，兩人雖有幾次同框，但都是出於建立海防的需要。五月三十日與六月廿五日，龍馬與佐藤兩度前往石高八萬石的譜代大名明石藩（相當於兵庫縣三木市、明石市，及神戶市西區、垂水區），視察該藩東境舞子濱台場（兵庫縣神戶市垂水區東舞子町）改修工程，這是為防範黑船經明石海峽進入攝海而設置的防衛台場，因此在明石海峽南端淡路島北岸松帆崎也設置台場（兵庫縣淡路市岩屋，歸德島藩管轄）。

根據《明石藩日記》，五月三十日這次，龍馬與勝、佐藤以及其他海軍塾塾生一同前往，六月一日返回。六月廿五日那次，則是龍馬、佐藤以及高松太郎三人前行（同樣出自《明石藩日記》），這一次帶來砲台的設置圖在現場指揮如何組裝，與上次一樣在明石過夜一宿後，再於翌日返回。

兩次前往明石之間，龍馬在十四日似乎寫了封信給乙女姊姊，為何使用似乎這樣的字眼呢？因為這次信件的落款日期有別以往，只寫日期而未註明月份，在龍馬現存的一百四十餘封信件中，沒有確切落款日期的信件大概有將近二十封，這一封是首次出現這樣的情形。

《坂本龍馬歷史大事典》認為這封沒有註明月份的信件應寫於六月十四日，磯田道史《龍馬史》則推定為八月十四日，無法判定何者為是，筆者在《幕末》一書第四部介紹千葉佐那時有引用一封信，正是這封推定寫於六月十四日的信件。這一信件內容如下：

……此人為佐那，原本也叫做乙女，今年廿六歲。會騎馬，會劍術，長刀也難不倒她，力氣不輸一般男性，她便是先前在道場打敗我的那位女子。論起臉蛋與身材略勝平井一籌，彈起十三弦琴頗具架勢，十四歲便取得免許皆傳資格，也略懂繪畫。個性之堅毅猶如大丈夫，不與一般男子打招呼，在其面前異常沉靜……是現今的平井。

在寫給親近的人的信裡談論喜愛的女人，在說完她的優點後，不忘對其容貌身材品頭論足，這點龍馬可說與現代男性沒有太大的差別。長時間保持運動習慣的佐那流露出的健康美，與雖然相貌也不差但只有靜態美的平井加尾，相信多數男性讀者會選擇佐那。

既然龍馬明顯傾向佐那，卻又說她是「現今的平井」，或許可視為便於向乙女說明在龍馬的心中，佐那的地位已取代平井（畢竟乙女不曾見過佐那），但也未嘗不可視為龍馬對於平井仍有餘情，才會把前後喜愛過的女人一起拿來比較。

只是這時的龍馬（若此信寫於六月十四日）可能還不知道，在這封信裡被他拿來與佐那做比較的平井，此時應該沒有被龍馬拿來比較的心情，因為她的哥哥收二郎在數日前被山內容堂下令切腹。與收二郎同日切腹的還有間崎哲馬、弘瀨健太二人，這兩人與平井收二郎都是土佐勤王黨成員，容堂選在此時對土佐勤王黨下手，代表他不再容忍勤王黨的尊攘行為，接下來兩節便是介紹攘夷派敗北的過程。筆者在動筆本書之前抱定只撰寫與龍馬相關的人事物，然則攘夷的敗北對龍馬的心態有所影響，再三思考後認為有敘述上的必要，不過前作《幕末》也有提及攘夷的敗北，在敘述時盡量不出現與前作重複的文字。

第十章　京都篇（二）

青蓮院宮令旨事件

說到攘夷派為何會潰敗，不少讀者可能會指出因為八・一八政變之故，使得長州被解除堺町御門的警備任務，進而導致長州藩兵與三條實美等七名攘夷公卿被逐出京都。不過，八・一八政變只導致長州的失敗，攘夷的另一主力土佐在八・一八政變之前已經失敗。雖然同屬攘夷派，土佐與長州並非同時挫敗，而且遭致失敗的原因也不盡然相同，是以本節先談土佐的失敗，下一節再談長州的失敗。

土佐失敗的主因為青蓮院宮令旨事件，在談這個事件之前，要先要介紹青蓮院宮其人。

青蓮院宮是伏見宮邦家親王第四王子，幕府末期皇室及其他三家世襲親王家都因男丁稀少面臨絕嗣的危機，惟獨伏見宮邦家親王及其生父貞敬親王多產到令人生羨，貞敬親王育有十六男十九女，邦家親王不遑多讓，也有十七男十五女（將近半數夭折）。

文政七年（一八二四），青蓮院宮生於京都室町錦小路的並河丹波介（不詳）宅邸，幼名富宮，生母為邦家親王女房[1]鳥居小路信子，鳥居小路並非堂上公卿，可見青蓮院宮生母的家格並不高，有些書籍甚至以生母不明一語帶過。

天保七年（一八三六），十三歲的富宮成為仁孝天皇猶子，隔年親王宣下，賜名成憲。天保九年成為奈良興福寺塔頭一乘院門主，可能會有讀者對一乘院門主感到熟悉，因為將近三百年前室町幕府最後的將軍足利義昭也曾任過此職。

嘉永五年（一八五二），成憲成為青蓮院（京都市東山區粟田口三條坊町，圓山公園正北方）門跡門主，改名尊融，習慣上稱為尊融入道親王。由於青蓮院位於山科進入京都的京都七口之一粟田口，因此歷代青蓮院門跡門主除青蓮院宮外，也多被稱為粟田宮。之後尊融入道親王成為第二百二十八世天台座主，但在安政大獄遭到御慎永蟄居的處分，不僅被迫辭去天台座主，青蓮院門跡門主一職也遭剝奪，孤獨的隱居在相國寺（京都市上京區相國寺門前町）塔頭桂芳軒（現已不存），被稱為獅子王院宮。

文久二年大原敕使造訪江戶，幕府接受敕使建議，赦免包括青蓮院宮在內所有安政大獄的受害者，但已經被迫辭去的天台座主與青蓮院門跡門主再也無法復職，此時的青蓮院宮沒有宮號，僅稱為尊融入道親王。

同年十月廿八日，以三條實美為正使的第二次敕使抵達江戶，這一次敕使的目的是督促將軍於來年春天上洛共商攘夷之事。敕使完成向幕府傳達來意後，十二月九日朝廷增設議論國事的機構國事御用掛，總共任命廿九名皇族、公卿，尊融入道親王正是其中一員。

在八．一八政變前後，尊融入道親王可說是最受孝明天皇信任的人，不過從筆者敘述的簡介看來，到了文久二年即將結束時，親王與天皇尚未出現交集，可見天皇在接下來的八個月內對親王產生近乎絕對的信任。

尊融入道親王雖是國事御用掛之一，但他本人既不認同也不支持攘夷，雖是如此，卻不表示親王對於國際局勢的認知有像勝海舟、大久保忠寬那般透澈，應該只是出於對攘夷派的厭惡。就在尊融入道親王成為國事御用掛的該月十七日，土佐勤王黨成員平井收二郎、間崎哲馬、弘瀨健太三人聯袂拜會尊融入道親王，希望親王能將藩政改革令旨，下達土佐藩主山內豐範生父景翁（山內豐資的號）。親王雖然滿足他們的要求，

1 平安時代到江戶時代原指出仕於朝廷（如東宮、齋宮、齋院、攝政、關白、上皇）或顯貴人家的女官或女性僕役，朝廷或顯貴人家宅邸會提供房間以供她們居住，故稱為女房。女房的工作性質，從貴人幼兒的奶媽到負責貴人子女的教育、清掃等雜務都有，並非單純只是體力上的勞務。有些相貌姣好或具有文采的女房，甚至還會被雇用的主人納為側室，如邦家親王便納數名女房為側室，這些女房為他生下多數子女。在現在的日文，女房成為妻子（正室）的代稱。

然而想必對於區區三名藩士越級要求親王一事感到憤怒。

文久三年一月三日，武市半平太前往拜會親王，請求他放棄公武一合的主張，改支持攘夷。半平太這席話讓親王聯想到半個月前三名勤王黨成員近乎脅迫的要求，對半平太放下狠話：

日前，有志之輩疑心余有貳心。余今後決定不參與朝議，打算脫下朝服隱居山林。

親耳聽到親王說出此話，即使是半平太也只能哭著求親王收回成命。

由於文久三年將軍即將上洛，幕閣以及主張公武一合的大名松平春嶽、山內容堂等人，必須在將軍上洛之前，先行前往京都等候將軍到來，因此早在文久二年四月廿五日便已獲得赦免的容堂，不得不結束自己在江戶「醒時佐幕、醉時勤王」的生活。

容堂循海路上洛途中，為躲避不佳的天候，而在伊豆下田與勝海舟不期而遇，勝主動向容堂提出赦免龍馬的脫藩得到許可。廿五日容堂抵達京都，宿於智積院（京都市東山區東瓦町）。廿八日容堂住進位於河原町的藩邸，二月一日免去平井收二郎藩的應接役，這被視為容堂清算勤王黨的第一步。

二月起，容堂與同樣主張公武一合的尊融入道親王有多次接觸，對平井等三人的作為瞭然於心，特別不能諒解平井等三人提出將藩政改革令旨下達山內豐資一事。對容堂而言，山內豐資既是貴人也是讓他倍感壓力的人，沒有他，容堂終其一生只是五家分家之一南邸山內家的當主；但也因為他的存在，讓容堂時時警惕自己只是過渡時期的藩主，隨時要有讓位給豐範的準備。

二月廿四日起，容堂開始針對青蓮院宮令旨事件向勤王黨究責，平井、間崎、弘瀨三人只得自首，以待罪之身等候發落。容堂雖早早上洛，但他只有三月十一日參與賀茂行幸以及十九日參內，這兩次都是隨侍在將軍身旁，而非自己的獨立意志，換言之，這段期間容堂可說毫無作為。

不過，容堂並非真的毫無作為，而是他大半的時間都用在對付勤王黨上，三月十五日容堂任命半平太為京都留守居役，十九日參內取得將軍同意返回土佐，廿六日動身啟程，已經自首的平井、間崎、弘瀨三人也被帶回土佐。四月十二日回到土佐後，容堂開始著手調查吉田東洋暗殺事件，分別在十二日及廿五日罷免平井善之丞和小南五郎右衛門的大目付職務，這兩人既是上士，也都與土佐勤王黨保持友好的態度而成為容堂開鍘的對象。

五月二日，容堂任命小笠原唯八繼任大目付，小笠原素與土佐勤王黨不和，顯然這一人事任命是針對勤王黨。五月廿四日容堂下令監禁平井等三人，同時貼出布告：

提倡勤王者之中，有忘卻父子之親、君臣之義，甚至進而亡命者……一旦締結朋黨盟約者，痛改前非歸於正道者，既往犯下之小過可不予追究。

此布告言下之意，是要勤王黨成員背棄勤王黨盟約，以換取既往不咎的機會，若不遵從，將與平井、間崎、弘瀨三人一樣成為階下囚，成立超過一年半的土佐勤王黨遂在這日遭到容堂解散。

容堂解散土佐勤王黨大致上有兩個理由，一是平井、間崎、弘瀨三人哀求尊融入道親王向已隱居的老公山內豐資下達藩政改革，容堂無法咎責山內豐資，只好向勤王黨開刀。不過，容堂回到土佐後發現山內豐資無意進行藩政改革，或許這時容堂才意識到豐資畢竟上了年紀（七十歲），早已沒有天保年間主導藩政改革時的親力親為，只想安安穩穩過完餘生。尊融入道親王的令旨看來應該是沒有發揮出作用，若改由天皇親自下令，或許會是另一番情景。

另一解散土佐勤王黨的理由，是容堂認定暗殺吉田東洋乃勤王黨所為，就算前一個理由容堂可就此揭過，他也無法原諒這種暗殺行為。為了將勤王黨人一網打盡，容堂重新起用被罷免的後藤象二郎及新虎魚組成員，八．一八政變後他們在土佐藩境布下天羅地網，等待因攘夷挫敗而逃回土佐的勤王黨人。

容堂動身後，半平太也在四月初離開京都，回到土佐後半平太數度上書容堂進行藩政改革，可惜半平太最終等到的不是容堂的回信或召見，而是平井、間崎、弘瀨三人被下令切腹，這一日是文久三年六月八日，與龍馬同年的平井收二郎及弘瀨健太得年廿九歲、間崎哲馬享年三十歲。三人的切腹未能讓半平太看穿容堂想將勤王黨成員一網打盡的用意，仍不斷上書容堂，雖然在七月廿九日半平太終於一償宿願為容堂召見，但容堂也僅止於讓半平太陳述己見而已。

另一方面，儘管將軍在老中格小笠原圖書頭長行率軍上洛威嚇朝廷之下得以安然返回江戶，不死心的攘夷派仍汲汲於策劃讓天皇前往大和行幸。攘夷派一再操控天皇督促幕府，朝全面攘夷的目標邁進，最終引起尊融入道親王與其他公武一合派合作，導致八・一八政變發生。

攘夷派的敗北

攘夷聲勢正酣的文久三年五、六月，也許有部分長州藩士及其他九州攘夷浪人驚覺，以半平太為首的土佐勢力悄悄消失。不過，攘夷派並不因此而中止攘夷的行為。五月十日攘夷期限一到，長州立即對經過下關海峽的美國商船展開砲擊，沒有配備武器的商船對於長州的砲擊當然無法還擊，只能選擇逃遁，長州卻把商船逃遁視為攘夷的勝利，接下來長州在廿三日及廿六日持續對法國通信艦及荷蘭商船採取同樣行為。

雖然長州接二連三對外國船艦的砲擊行為得到朝廷的褒獎，但朝廷的作為也僅只於此，長州希望朝廷能對攘夷有更積極的作為，因而策劃天皇攘夷親征之舉。姑且不論上一次天皇親征，已是公元六七二年大友皇子（明治晚期追諡弘文天皇）與親叔父大海人皇子（勝利後即位，是為天武天皇）的壬申之亂，天皇親征的風險遠高於將軍上洛或天皇離開御所參拜神社。提出此議的是被尊攘派尊為「今楠公」的尊攘派理論家久留米水天宮（福岡縣久留米市瀨下町）神主[2]真木和泉守保臣，然而，就連尊攘派內部也認為真木的提議不妥，但在沒有更好的方案下，由長州家老先行私下遊說。

果不其然，八月七日提出的攘夷親征除了少數攘夷派公卿如三條實美外，舉凡從尊融入道親王、鷹司輔熙關白、三大臣（一條忠香左大臣、二條齊敬右大臣、德大寺公純內大臣）、國事御用掛、議奏、武家傳奏，以及幕府與諸大名幾盡反對，他們無法同意將天皇置身於險境。攘夷親征不成，八月十三日，攘夷派改為籌劃讓天皇再次走出御所，行幸與第一代天皇神武天皇的相關處所，然後在據說是神武的陵寢（奈良縣橿原市大久保町）與春日大社（奈良縣奈良市春日野町）前祈求攘夷順利。由於將軍已悄悄在六月十三日返回江戶，因此此行（大和行幸）的重點為天皇在神武陵寢祈求攘夷順利的同時，同日任命的學習院出仕益田右衛門介、桂小五郎、久坂玄瑞（以上三人為長州）、真木和泉（久留米）、平野國臣（福岡）等人簇擁天皇討幕，跟隨天皇行幸的薩摩、長州、土佐、加賀、熊本、鳥取、岡山、德島等十餘藩，搖身變為討幕先鋒。

攘夷親征一事似乎曾透過攘夷派公卿傳入天皇耳裡，由於天皇身邊充斥攘夷派公卿，當時四世襲親王家雖有多位親王，但不是成為各門跡門主（聖護院宮嘉言親王），便是因各種緣由遭到蟄居處分（濟範入道親王與有栖宮幟仁親王・熾仁親王父子），在朝為官的只有身處國事御用掛這一攘夷派公卿聚集之地的尊融入道親王。天皇遂對尊融入道親王轉達自己對該事的看法：

前月起，公卿、諸大名對於幕府不遵從敕旨，至今仍未實行攘夷。其原因雖完全是在仰仗朕的親征，不過和宮人在德川方，若要親自征討德川，便不得不與和宮為敵。若如此對於先帝，或對於骨肉至親，都是難以忍受之事。雖是如此，但為了皇國，萬不得已時也只能進行討伐，但仍需三思。慶喜、容保等人上奏的內容為幕府武備尚不充分而不能開戰，時機尚早也。因此，朕的親征雖時日迫近，但朕想暫時延期，討幕也不得不暫時停止，你非常理

2 負責神事之人，或是祭祀諸神的巫覡，等同於祭主。易與宮司混淆。宮司乃神職之一，可分為大宮司、權大宮司、少宮司、權宮司，只有伊勢神宮、熱田神宮、香取神宮、鹿島神宮、香椎宮、宇佐神宮、阿蘇神社有大宮司。宮司一職為世襲，其職務除了祭神之外，尚有營造、收取賦稅等職，與純粹負責神事的神主有所區別。

解我的心意，好好計劃一下該怎麼做。（引自小西四郎《開国と攘夷》，中央公論新社）

上述內容前半段不難看出天皇似乎有親征幕府的念頭，與天皇給人攘夷但不討幕的形象大異其趣，或許這是天皇內心的抱負。天皇不排斥攘夷親征，甚至為了攘夷親征，必要時可以犧牲和宮。不過天皇親征畢竟不切實際，因此在後半段回到現實面，說到依將軍後見職、京都守護職上奏的內容，目前並非親征開戰的時機，對於攘夷親征只能將其延後。

對於天皇的信任及委託，尊融入道親王惶恐之餘亦感激不已，他立即以親王的身分拉攏朝廷內一年多來遭攘夷派公卿排擠的諸如近衛忠熙・忠房父子、二條齊敬右大臣等公武一合派公卿。光只有公卿不足以成事，適逢此時（十三日）鳥取藩主池田慶德（一橋慶喜異母兄）、岡山藩主池田茂政（池田慶德同母弟）、米澤藩主上杉齊憲，以及德島藩世子蜂須賀茂韶四人，透過議奏與武家傳奏要求參內，他們強烈反對天皇大和行幸，因為此舉將導致將軍失去立場，進而招致武家社會秩序崩壞。

四位藩主・世子的意見，與親王、天皇的見解不謀而合，立即取得共識，但是尊融入道親王尚有隱憂：如果萬一演變成兵戎相見，鳥取、岡山、米澤、德島四藩在京是否擁有足以平定局面的兵力？身為京都守護職的松平容保率領近兩千會津藩兵駐京，這是在京兵力最多的藩，若能把會津也拉攏進來，相信更增添與攘夷派攤牌的本錢與信心。

親王的擔憂在同日得到解決，薩摩藩士高崎左太郎奉久光之命，前往會津藩士秋月悌次郎住處尋求合作，會津、薩摩二藩都對以長州為首的攘夷派之肆虐感到憤懣，當下立即締結排除長州等攘夷派的會薩同盟。當高崎左太郎是夜來到親王宅邸通報求見，向親王陳述與會津結盟的經過，聽完左太郎的敘述親王已見到勝利的曙光，為求謹慎，他需要再一次確認天皇的心意。

八月十七日，尊融入道親王與二條右大臣，以及已改變心意支持驅逐長州的近衛前關白三人參內，天皇眼見親王在短短數日內便將反長州的勢力團結起來，這幾日的奔波辛苦不難想像。事已至此，政變的成功毫無懸念，天皇驅逐長州的態度更顯強硬。十八日夜九時半（凌晨一時），以尊融入道親王為首，近衛父子、二條右大臣、京都守護職松平容保、京都所司代稻葉正邦（淀藩第十二代藩主）急忙參內，會津、薩摩、淀三藩藩兵全副武裝緊跟在後，先是緊閉內裏六門，確保天皇的安全。

鳥取、岡山、米澤、德島四藩亦率領藩兵前來支援，土佐也在容堂的授意下派出其弟山內兵之助助拳，到曉七時（清晨四時）完成整個御所九門的警備配置。等到天亮，親王立即宣布廣幡忠禮、德大寺實則、三條實美（以上為議奏）、飛鳥井雅典、野宮定功（以上為武家傳奏）等尊攘派公卿禁止參內、任意行動以及與他人會面，並廢除國事參政、國事寄人這兩個幾乎為尊攘派公卿包辦的職務，但對於自己任職的國事御用掛卻予以保留。

接下來尊融入道親王與公武一合派公卿、松平容保、稻葉正邦、池田慶德、池田茂政、上杉齊憲等人舉行朝議，朝議的結果如下：

一、大和行幸無限期延期。
二、解除長州堺町御門的警備，恢復薩摩乾御門之警備。
三、在此之前以天皇名義發出的詔敕均為無效。

根據朝議，在堺町御門警備的長州藩兵遭到驅離，退出整個御所，御所外九門及內六門，全為薩摩、會津等公武一合派牢牢掌控。撤出御所的長州藩及其支藩藩兵、尊攘派公卿，以及各地脫藩浪士，約二千六百人，聚集在洛東的妙法院（京都市東山區妙法院前側町），眾人思考再三認為當下的形勢對長州不利，與其在此孤軍作戰不如先撤回長州從長計議。不過，公卿內部出現雜音，並非所有尊攘派公卿都願意遠赴長州，滋野井實在、東園基敬（以上國事寄人）、烏丸光德、豐岡隨資（以上國事參政）

四卿選擇返回住家接受朝廷處分，而三條實美（議奏）、三條西季知（國事御用掛）、東久世通禧（國事參政）、四條隆謌、錦小路賴德、澤宣嘉（以上國事寄人）、壬生基修等七卿於十九日晝四時（上午十時）在綿綿雨勢中，與其他長州藩兵沿著伏見街道前往兵庫。

以上便是八．一八政變的大致經過，孝明天皇是個即使與攘夷派相比也毫不遜色的攘夷論者，但就連天皇也無法容忍攘夷派，便可知攘夷派的胡作非為到何種程度。不過，八．一八政變之後的政治氛圍雖指向公武一合，天皇倒也未因此放棄攘夷，這可從政變後翌日及廿五日天皇向幕府及諸藩發出督促進行攘夷的敕令便可證明。

八月廿七日，八．一八政變立下大功的尊融入道親王還俗，天皇賜名朝彥親王，並賜予新宮號中川宮。翌年敘彈正尹，彈正尹乃彈正台長官，向來只授予親王，任彈正尹的親王通稱尹宮（與任太宰帥的親王通稱帥宮一樣道理），尹宮也成為朝彥親王的通稱（並非宮號，只是通稱）。

此後，朝彥親王成為天皇最信任的親信，拜朝彥親王之賜，其兄長濟範入道親王與有栖宮幟仁親王．熾仁親王父子，於翌年得到赦免，並被任命為國事御用掛，濟範入道親王還俗賜名晃親王，並賜新宮號山階宮。如此一來朝彥親王也成為攘夷派（尤其是長州）的死敵，翌年長州不惜冒險深入已遭到逐出的京都，據說原因之一即是除掉朝彥親王，結果反而淪為朝敵。慶應二年十二月廿五日孝明天皇崩御，朝彥親王頓時失去依靠，隨著時局的演變，公武一合逐漸為武力討幕所取代，親王的地位也因長州成為新政府一員而顯得芒刺在背。最終在慶應四年八月，朝彥親王宅邸被搜出與慶喜私通的書信，當下朝彥親王被解除親王身分、逐出京都押往藝州藩幽禁，直到戊辰戰爭結束後才於明治三年閏十月獲釋。

第十一章　神戶篇（一）

航海術練習生

六月廿九日，龍馬寫給乙女一封長信，這封信因為有提到「此時的日本需要再次清洗」（日本を今一度せんたくいたし申候事）而被稱為「日本的清洗」。龍馬在信件一開頭便說，這封信是為了極重要的大事而寫，因此不會以喋喋不休的語氣說個不停。話雖如此，此信的長度在龍馬現存一百四十餘封信件中，僅次於慶應二年十二月四日寫給權平與乙女姊姊報平安（共兩封）、慶應三年三月六日寫給印藤肇與同年六月廿四日寫給乙女等四封信。

龍馬所謂的極重要的大事，是越前藩老公松平春嶽帶頭為海軍操練所的成立捐贈資金（但未寫明金額），接著提到從上月起進行六次戰爭（指五月十日攘夷期限後，長州砲擊航行在下關海峽的外國船隻），但是卻出現在長州作戰的外國船隻於江戶進行修理，這是因為幕府惡官與外國人勾結之故。因此龍馬與兩、三家大名約定，召集同志，先確立朝廷乃神州的大方針，然後把江戶的旗本、大名及其他同志匯聚成一股力量，再與惡官廝殺，此時的日本需要再次清洗。

龍馬在信裡誤將長州砲擊經過下關海峽的外國船隻視為戰爭，這是從攘夷派的觀點看待事件。若以國際公法的角度來看，對沒有武裝的商船與通信艦不宣而戰的開砲已嚴重違反國際規範，不僅是國際爭端，甚至會引發真正的戰爭。至於在長州作戰的外國船隻（實際上是受到長州砲擊而逃走的商船和通信艦）卻在江戶修理，是基於《神奈川條約》條文中「合眾國船隻漂流到日本海濱時給予援助……」（第三條）與「漂流或渡來之人民，與他國受同樣的待遇……」（第四條），及《日美修好通商條約》第十二條規定「……神奈川簽訂的條約與本約有所衝突的部分，以及……於下田簽訂的條約一律廢除」之規定。換言之，《神奈川條約》未與《日美修好通商條約》衝突的條款仍有遵行的必要。因此受長州砲擊逃離的船艦在江戶修理乃是基於《神奈川條約》內容的規定，而《神奈川條約》這方面的內容，與《日美修好通商條約》的條款並無衝突之處，因此幕府的處置並無不當。

這封信件寫完後數日發生的薩英戰爭，比長州在下關海峽砲擊美、法、荷船艦更可視為戰爭，可惜龍馬現存的信件無一語提及此役，這應與龍馬此時還未與薩摩藩士產生交集有關。

龍馬在這封信裡凸顯出他對國際公法的無知，的確，此時的龍馬可能還未曾聽聞國際公法或是僅聞其名而已。然而，龍馬這一缺點在幾年後迅速修正，手持《國際公法》的他在長崎的訴訟官司打贏御三家之一紀伊家，取得巨額的海難賠償。

這封信還有許多後文，內容幾為瑣碎之事，容筆者不一一詳述。

寫完給乙女的信件後，龍馬與近藤長次郎再次造訪位在二條城附近的越前藩邸，上次拜訪時接待龍馬的中根雪江此刻不在京都，於是兩人改與撰述《續再夢紀事》的村田氏壽會面。據松浦玲《坂本龍馬》引用高木不二撰述的《横井小楠と松平春嶽》（二〇〇五年，吉川弘文館出版），認為此次龍馬與近藤的造訪是出於勝的意志，要他們對松平春嶽在五月慨然贊助海軍操練所資金（不管是一千兩金或五千兩金）帶來謝禮，謝禮是一挺騎兵銃。

依松浦玲《坂本龍馬》一書，此日龍馬向村田轉達海舟的意見，讓春嶽・茂昭父子、長岡良之介（長岡護美，熊本藩主細川韶邦異母弟）、山內容堂四人上洛，向朝廷提出讓幕府與外國人達成談判使其退去，以便專心整對國內的政策。龍馬此舉似乎呼應寫給乙女信件上的「與兩、三家大名約定，召集同志」，但此舉頗為草率，村田無法贊成，最後不歡而散。

翌日（七月一日），龍馬偕同近藤再次造訪，談論的話題與昨日大致相同，但較昨日實際，經過數次的討論達成三點共識：

一、長州之事委由天下公論。

二、外國之事會竭盡全力的與之談判。

三、國內之事力求人心一和，若走向戰爭之路也要全國團結匯聚成必死之力。

可惜該月越前藩發生變故，藩主松平茂昭認為此舉會危害幕府，開始逮捕藩內的改革派，中根雪江、村田氏壽、三岡八郎紛紛遭到蟄居謹慎的處分，春嶽的智囊橫井小楠被遣回出生地熊本。掌握藩的實權的松平茂昭一改春嶽的方針，走向保守的步調，越前藩因而失去獨自推動幕府歸還政權、一舉成為維新政府元勳的良機。

也約略在此時，容堂對土佐藩攘夷派已從先前姑息的態度轉為鎮壓，他在七月寫給伊達宗城的信函已明確表現出如下的態度：

……拙家與毛利家大異其趣，萬然不會因為不想背上朝敵之名而背棄德川家。毛利家特別在關原之役後，因遭到削地而種下對德川家的仇恨，與德川家將拙家從區區六萬石提拔至二十萬石的恩情有天淵之別。無故支持長州者難再任用，又或者萬一德川家成為北條（應該是指鎌倉幕府執權北條氏）之儀時，如前文所謂的勤王之志又該如何……

文中的「無故支持長州者難再任用」依山本大的見解為彈壓尊攘派，七、八月間，容堂透過京都藩邸發出布告，要京都一帶的藩士或已脫藩的浪人停止參與攘夷活動返回土佐。八．一八政變後，攘夷派在京都如過街老鼠，隸屬於京都守護職底下的京都所司代、京都町奉行所、伏見奉行所，以及剛成立的新選組，開始大肆捕殺藏匿在京都的攘夷派浪人。藏匿在京都的土佐攘夷藩士及浪人不願每天過得膽戰心驚，紛紛離開返回土佐，然而，重新被容堂起用的新虎魚組成員在土佐藩境布署兵力，等待返回的攘夷派下士自投羅網。

八、九月間，陸續有土佐勤王黨成員被捕，九月廿一日半平太在自家與妻富子用餐時被捕，由於半平太出身白札，前來逮捕的捕吏不敢強行帶走，耐心等他吃完餐說聲「得罪了」才將其帶走。田內衛吉、河野萬壽彌、島村衛吉、山本喜三之進、久松喜代馬、村田忠三郎等人陸續被捕，然後進行慘無人道的拷打。

雖然內容應該出自虛構，但筆者認為對半平太的形容非常貼切而予以引用，那是『龍馬傳』第廿二回岩崎彌太郎巧遇坂本乙女，談到半平太被捕時自己的感想：

我一點也不同情武市先生，而且還覺得他很可笑。命令平井收二郎切腹的人，是大殿下（山內容堂）；把武市半平太關到牢裡的人，也是大殿下。但武市先生卻還是對大殿下忠心耿耿。

在土佐，下士絕對不能自以為是。愈說要對大殿下盡忠，愈會讓大殿下感到不舒服。人就是這樣子的。他竟然對這樣的大殿下忠心耿耿，真是讓我無話可說，隨便他了，我管不了。

論才智，半平太當得起土佐志士之首，如果他能像龍馬那樣脫藩不受土佐藩的拘束，就算成就未能不可限量，相信也一定比此時此刻好上許多。然而，過於拘泥在舉藩一致勤王，而且還推戴不可能對幕府產生貳心的容堂一起攘夷，終於讓容堂忍無可忍，下令清除土佐勤王黨。

高松太郎、千屋寅之助、望月龜彌太、澤村惣之丞、新宮馬之助、安岡金馬、田所壯輔、近藤長次郎，以及龍馬，共九名土佐出身的海舟門生，除田所前往長州之外，都聽從海舟與龍馬的規勸，沒有貿然返回土佐送命，倒是有一陣子做為勝保鑣的岡田以藏不知去向。據勝海舟在十月十二日的《海舟日記》記載，門生千屋（寅之助）、望月（龜彌太）告以半平太等人遭到逼塞（類似謹慎），土佐勤王黨員大為激憤，以致於有約三十人出走前往長州，這些人中有土方楠左衛門久元、中岡慎太郎在內。

八到十月間，龍馬和勝及佐藤與之助留下往返江戶、大坂間的記錄，《龍馬行》提到龍馬專程前往桶町千葉道場與佐那見面。這段期間龍馬往返兩地大概有兩、三次（也許更多），有勝和佐藤與之助在場，內容必然與創立海軍有關，大概是三人一起說服幕閣們，以實際行動（訂定政策、擬定預算或直接捐款）支持神戶海軍操練所，想來每天都過得很忙碌，是否能撥出時間前往桶町千葉道場不得而知。但讀者鐵定不排斥他與千葉佐那會面的橋段，因此《龍馬行》也好，《硬漢龍馬》也好，都加入這段「額外的」劇情（反而是『龍馬傳』省略這一幕）。

目前所知他在大坂、江戶兩地，與大坂町奉行[1]松平大隅守信敏以及大久保忠寬會談，九月廿三日結束與大久保忠寬的談話（依據隔日大久保的書信），應該在九月底左右返回大坂。十月初，折騰多時、多次與勝及其他海軍同好勸說幕府高層而來回奔波，得到包含將軍、松平春嶽及多位幕閣慷慨解囊，神戶海軍操練所終於風光運作（海軍塾在操練所成立後應結束其使命，海軍塾塾生併入操練所），龍馬大概是勝以外付出心力最多的人，因此被任命為塾頭，原先的塾頭佐藤與之助則晉升該校教授。

1 屬於江戶幕府遠國奉行之一，受老中支配，從知行高一千石到三千石的旗本中選出，任期不固定，分為東西町奉行，定額各一名，每月輪替。最初僅掌管大坂市政、裁判、警察等權，後來增加收租權。東西町奉行各配有與力三十騎、同心五十人，出任町奉行期間增加一千五百石石高及支付六百石現米，並敘任從五位下。享保（一七一六～三六）以降，支配範圍擴大至攝津、河內、和泉、播磨四國。

包括多位土佐出身的海軍塾成員，幾乎都加入海軍操練所，當中土佐出身之一的千屋寅之助，即筆者在《御一新：近代日本的光與影》介紹西南戰爭的導火線曾提及的菅野覺兵衛，當私學校生與指揮工人搬走草牟田火藥庫彈藥的陸軍省官員爆發衝突，接著便去襲擊鹿兒島縣內的海軍造船所，事先弄濕火藥庫彈藥導致私學校生無法得逞的菅野是該造船所次長。

海軍操練所的規模比海軍塾大得多，所謂大得多也包含人數，未返回土佐的勤王黨成員北添佶摩、越後長岡藩脫藩浪士白峰駿馬等人加入。但若說到海軍操練所最有成就的成員，應為薩摩藩士伊東祐亨與紀伊藩脫藩浪士伊達小次郎兩人，前者是首任聯合艦隊司令長官、第二位海軍元帥（西鄉從道之後），及第三位海軍大將（西鄉從道、樺山資紀之後），在日清戰爭的黃海海戰，率領聯合艦隊大敗清國的北洋艦隊。至於伊達小次郎，筆者在《幕末》與《御一新》曾多次介紹，他在海軍操練所期間改名陸奧陽之助，明治時代又改名陸奧宗光，曾在西南戰爭期間與土佐士族密謀顛覆太政官被捕。出獄後受伊藤博文資助前往歐洲，之後入閣任農商務大臣，第二次伊藤博文內閣轉任外務大臣，協助伊藤總理大臣簽訂讓日本獲利豐碩的《日清講和條約》（中方稱為《馬關條約》）。

第十二章　京都篇（二）

邂逅阿龍

當上海軍操練所塾頭後，龍馬在十月廿六日與勝前往江戶，同年十二月廿七日再次與勝前往江戶，到了文久四年一月八日才返回大坂，這兩次都是循海路前往江戶，十二月那次是為了護送將軍上洛應該沒有閒暇，十月那次不清楚是否有順道前往桶町千葉道場，拜訪千葉定吉、重太郎或佐那。八．一八政變後到文久四年初，龍馬大概往返大坂、江戶有五到六次（扣掉十二月那次則有四到五次），按常理而言，總該特別撥出一次專程拜訪培育自己的千葉道場，龍馬應該也有這樣的舉動，只是至今的史籍或個人的日記、書信，並未見到這方面的記載。

前述提到容堂在七、八月間發出布告，要京都一帶的藩士或已脫藩的浪人返回土佐，龍馬認為這是容堂設下的陷阱，藩士或浪人返回土佐哪還有活命的機會？因此他與勝力勸因容堂的布告而動搖心志的門生，總算留住除了田所壯輔之外的所有土佐藩士。然而，田所離開海軍操練所並非返回土佐，而是前往長州，翌年參與長州藩兵上洛為藩主父子申冤的禁門之變。

雖已有不少土佐藩士返回土佐，但尚未返回的仍有多數，對此感到不滿的容堂透過藩邸向勝轉達要他們返回土佐的命令。由於勝與容堂有十餘年的交情，無法無視容堂的命令，只能虛與委蛇一番。這段期間受大和天誅組之變而藏匿在京坂一帶、約三十名左右以土佐勤王黨成員為主的土佐藩士，逃往了長州，這批人以土方楠左衛門久元、濱田辰彌、中岡光次為首，逃往長州後中岡光次改名中岡慎太郎，並於十月十九日脫藩，濱田辰彌也改名田中顯助，其餘人等也約略在中岡脫藩日期後陸續脫藩。

十二月六日，勝寫信給土佐藩御目付眾，要求延後龍馬等人返回土佐的信函，說道龍馬身為海軍操練所塾頭，肩負重責大任而本身也必須精進航海術，因此不能輕易離開。勝提到他本人會善盡督促之責，不會讓塾生參與過激之輩的暴亂之舉，容堂日後若有上京議事，勝將就此事與之詳談。表面上勝的內容懇切、開明，但是勝擺明抱持自己就是不交人的態度，文末提到容堂，其言下之意為要談我也只與容堂談，不屑與你們這些藩吏打交道。勝的信函惹惱土佐藩吏，修書一封要龍馬等人限期返國的強硬回信。

為收拾八．一八政變後的政局，朝廷邀請協助政變有功的島津久光、松平春嶽、伊達宗城、山內容堂等大名上洛，與在京的一橋慶喜、松平容保及朝廷公卿參加朝議共商國是。由於這些大名的政治光譜，剛好與還俗的中川宮朝彥親王相去不遠，也意味著攘夷派的時代已經過去，京都政壇正要迎接公武一合的到來。

十二月起，上述大名陸續抵達京都，與會的大名相繼被任命為參預，薩摩藩國父島津久光因為沒有官位，在進行參預會議之前必須先讓久光取得官位（文久四年一月敘從四位下左近衛權少將）。年關將屆時，才在半年前結束首次上洛的將軍再度上洛，增添即將舉行的參預會議的重要性。

參預會議的經過及結果與勝和龍馬並無直接關聯，在此略過不提。對勝與龍馬而言，有直接關聯的是將軍再度上洛將採取海路，勝的任務為負責運載將軍前往大坂。文久四年一月八日，勝完成搭載將軍進入大坂的使命，塾生之一安岡金馬想返回土佐看看現狀，為此勝專程折往土佐，安岡在安藝郡下船打探消息，龍馬等其他土佐藩士在船上等待。十一日安岡金馬平安回到船上，向眾人回覆這幾日看到的內容，土佐藩政已重回新虎魚組的掌控，後藤象二郎出任藩的大監察，土佐勤王黨成員不是被捕下獄便是被迫出亡，一切又回到吉田東洋在世時的樣子。

之後約一個月的時間龍馬的行蹤缺乏相關記錄，不過據二月五日《海舟日記》的記載，海軍操練所差不多在此時全部完成。七日，水野和泉守忠精老中首座親自造訪，向勝提出海軍操練所的營運計畫，顯然水野老中首座從中嗅出商機。勝還在思考如何讓海軍操練所獲得最大利益之時，九日卻接到幕府的命令前往長崎，十日勝帶著海軍操練所塾生從兵庫搭乘翔鶴丸（排水量三五〇噸，英國製木造蒸汽船，安政四年下水，文久三年才在橫濱交船）前往長崎，不過，當日風浪過大以致無法航行，延至十四日才真正出航。

據《海舟日記》所載，二月十五日勝抵達佐賀關（大分縣大分市佐賀關）下船，改採陸路朝西南方向前進，經鶴崎（大分縣大分市鶴崎）、野津原（大分市野津原）、久住（大分縣竹田市久住町）、內牧（熊本縣阿蘇市內牧）、熊本搭船經島原前往長崎，此時已是二月廿三日。根據《維新土佐勤王史》一書，龍馬再次脫藩的時間是文久四年二月（確切日期不詳），從筆者列出勝的行程來看，龍馬再次脫藩的日期應該不會是從兵庫出發以後，可以推定在二月十四日啟程之前（也有可能在原訂的十日之前）。文久四年因是甲子年，於二月廿日改元元治，既然龍馬再次脫藩的日期幾可推定在十四日之前，因此其脫藩的時間可視為文久四年二月。

龍馬再次脫藩，距容堂在下田當勝的面赦免龍馬約一年多一點，亦即他恢復為土佐藩士身分的時間只有一年多一點，若距京都土佐藩邸貼出布告的時間則不到一年。順帶一提，『龍馬傳』乙女的信裡提到昨夜聽聞龍馬又脫藩了，這個時間點在半平太被捕後不久，大概在文久三年九月廿一日以後到十月之間，顯然與龍馬實際上再次脫藩的時間有所出入。

那麼，勝前往九州的目的為何？正確說來應該是幕府為何派勝前往九州？這與去年五月十日攘夷期限一到，長州砲擊經過下關海峽的外國船隻有關，當時遭到砲擊的法、美、荷三國，如今與未遭受砲擊的英國組成四國聯合艦隊前來復仇，長崎奉行服部長門守常純應該是聽到四國聯合艦隊即將到來的傳聞，趕緊聯繫幕府請教對應之策。幕府派出有實際造訪外國經驗的勝前往長崎，要他協助長崎奉行與之交涉。

勝抵達長崎當日與服部主動拜訪英、荷兩國船艦艦長，兩國艦長態度強硬，說道法國艦隊數日內即將到來，屆時將一舉進攻下關。服部和勝無法與英、荷艦長取得共識，只好轉而與長州進行交涉，長州派出小田村文助（維新回天後的楫取素彥，其妻為吉田松陰之妹杉文）與玉木彥助（玉木文之進之子，松陰堂弟），在廿九日拜訪服部和勝。

對國際局勢了解較為深刻的勝對兩人說道四國聯合艦隊實力強大，長州應務實採取迴避戰爭的對策，即使必須招致屈辱的對待，長州也應表現出反省的態度並持續與之交涉。小田村、玉木二人對勝的建議不以為然，重申長州素來的勤王立場，雙方毫無交集之處，最後不歡而散。

由於外國方與長州方態度都很強硬，毫無讓步轉圜的餘地，勝認為沒有讓他們坐下來商談的必要，勝能做的只有加強九州各地的防禦，不要讓四國艦隊與長州的戰爭擴散到下關以外之地。為此，整個三月勝帶著塾生巡防九州各地。

四月六日，已在能力所及內做好應盡本份的勝，帶著塾生按來時之路回去，途經熊本時留下龍馬，其餘跟著勝踏上歸途。勝刻意在熊本留下龍馬一人，是要讓他專程去拜訪目前賦閒在家的横井小楠，這是因為勝在三月廿三日於長崎拜讀小楠的《海軍問答書》[1]。横井小楠在文久二年年底因一時疏忽而遺失大小配刀，不得不辭去在越前藩的職務，文久三年五月中旬龍馬來到越前藩時，小楠還是一介武士之身。文久三年十二月小楠則被剝奪武士身分，為了不給春嶽帶來困擾，小楠萌生返回熊本的念頭。

之前龍馬已經拜讀過小楠於萬延、文久年間撰述的〈國是三論〉、〈國是七條〉等策論[2]，對小楠的洞見卓論深感嘆服，他來到熊本郊外沼山津村（熊本市東區沼山津）小楠住處四時軒（現為横井小楠紀念館）拜訪小楠，藉此機會向小楠請教若干政治上的問題。

小楠在越前只是被剝奪武士身分，回到熊本又被處以蟄居謹慎，因此外表顯得不修邊幅，同樣不修邊幅的龍馬反而因此拉近兩者的距離。

小楠從龍馬的言談中聽出他思想上與行動上潛藏的危機，因此對龍馬告誡道：

坂本君，你的思想若稍有偏差恐會淪為亂臣賊子，務請注意。

以小楠的這番話檢視龍馬慶應二、三年間的言行，可說一語中的，只是此時的龍馬似乎沒有察覺小楠話中之意，終於在幾年後為自己招來殺身之禍。

《龍馬行》第四冊在龍馬前往熊本造訪橫井小楠時結束。

據《海舟日記》，勝與龍馬以外的其他塾生於四月十二日返回兵庫，龍馬比勝等人晚一日回到兵庫。龍馬在熊本打探到長州意圖在京都密謀暴動的傳聞，龍馬在長州有桂小五郎、久坂玄瑞、高杉晉作等多位好友，深恐他們的無謀之舉讓長州藩陷入更為不利的地位。因此龍馬一路趕回兵庫，然後迅速前往京都，不料，卻在京都遇上一生中最重要的人。

進入五月，龍馬變裝潛入京都，表面上住宿在明保野亭（京都市東山區清水），實則聚集在大佛（方廣寺大佛）南門河原屋五兵衛（京都市東山區本瓦町）的家裡。附帶一提，明保野亭有一道菜為軍雞鍋，是龍馬住宿於此經常點來享用的料理，如今軍雞鍋與明保野亭都因龍馬之故增添人氣。

1 日期出自《海舟日記》。

2 關於橫井小楠的內容請參照拙作《御一新》第四章。

五月某日，龍馬往返兩地之時巧遇了一名為楢崎龍的女子。《龍馬行》與《硬漢龍馬》採用東山區發生火災，見義勇為的龍馬搶在阿龍（《汗血千里駒》名為阿良）之前，救出了一位身陷火海的小男孩，該男孩為阿龍之弟；而『龍馬傳』則是龍馬慨然贈金資助阿龍因付不出贖金而被擄走的妹妹，以日後龍馬的信件來看，『龍馬傳』似乎較為正確。

安政大獄期間，楢崎將作被捕關在離家不遠的六角獄舍，雖然翌年獲釋，楢崎將作從此失去青蓮院宮侍醫的工作，身為長女的阿龍只能毅然決然地扛起全家七口（父、母、阿龍以及底下的二男二女）的生計，在七條新地的旅館扇岩（京都市下京區木屋町）工作。

楢崎將作於文久二年病逝（舊說死在獄中，『龍馬傳』也採此說），父親的喪葬費以及全家的生計，不是阿龍一人負擔得了，能典當的家具及衣物都已典當，小阿龍七歲的次女光枝也必須出外工作，三女與長男則寄養在別處。阿龍得知寄養在別處的三妹君江被地方惡霸所騙，將被賣到大坂的遊廓時，氣得拿起刀子要去與惡霸理論，因而意外與龍馬邂逅。

龍馬似乎被盛怒的阿龍吸引住，立刻為阿龍代墊贖回君江的贖金，並護送她們姊妹返回扇岩。河原屋五兵衛的家距扇岩並不遠，龍馬只要住在這裡，便會順道去扇岩對阿龍噓寒問暖，幾日下來阿龍似乎也頗為期待龍馬的到來。

六月一日，阿龍一如往常期盼龍馬的到來，不久龍馬雖然出現在扇岩，卻一臉沉重的表情。原來翌日龍馬有要事前往江戶一趟，必須暫離京都一段時間，對互有好感的兩人而言，此行前往江戶是痛苦的分別。龍馬更想不到的是，這次離開京都對已開始運作的海軍事業將蒙上一層陰影。

攘夷派反撲行動

龍馬與阿龍感情升溫的期間，五月十四日，軍艦奉行並勝海舟升任軍艦奉行，同時還敘從五位下安房守，這一職務從安政六年十一月起定員兩名，除了勝以外，另一軍艦奉行名為堀伊賀守利孟。廿九日，幕府頒布海軍操練所招募塾生的覺書，凡居住在京、坂、奈良、堺、伏見等地的旗本．御家人子弟，甚至連四國、九州、中國等地諸家家來也符合資格可前來學習。

六月二日，龍馬率領黑龍丸與翔鶴丸出發前往江戶。依據《維新土佐勤王史》，從這日起到接下來的三、四兩日，海軍操練所塾生土佐脫藩浪士望月龜彌太、北添佶摩，二人擅自離開海軍操練所。勝與龍馬不在便無人攔得住望月、北添二人，他們雖未交代離去後的行蹤，但其實也不難猜，他們此時離去必與近來甚囂塵上祕密潛入京都的長州藩士有關，應該是在京都某家旅籠或料亭商量對策。

六月五日是京都一年一度祇園祭的宵山祭前夕[3]，到夜四時（晚上十時）市區仍喧鬧不已，在三條通與木屋町通交會處的池田屋（京都市中京區中島町），聚集了約四十名長州、土佐以及脫藩的尊攘派志士。根據前一晚為新選組諸士取締兼監察山崎烝所逮捕的古高俊太郎刑求取得之自白，這批攘夷派是抱持「趁祇園祭風強之日朝御所縱火，趁亂之際幽閉中川宮，暗殺一橋慶喜、松平容保，並強行挾持天皇前往長州」。山崎烝將古高的自白轉述新選組局長近藤勇，但對於攘夷派聚集之地點則無法確定。雖是如此，近藤仍堅持率領除身體不適外所有隊士傾巢出擊，他不願放過這一可讓新選組一戰成名的良機。

為了確保今晚的戰果，近藤不惜將僅有的三十人兵分兩組，一組由新選組副長土方歲三率領二十人，前去包圍攘夷志士可能的所在地：位於姉小路通與木屋町通的四國屋。近藤僅率領包含沖田總司、永倉新八、藤堂平助在內共十人，前往另一可能所在地池田屋。

近藤來到池田屋分配好各人的位置後，與沖田衝上二樓拉開拉門拔刀便砍（有關這一幕可參照電影『燃燒的劍』），靠近拉門處立即有位攘夷派志士應聲倒地。近藤也不落於沖田之後，拔出名刀虎徹砍倒一名志士。池田屋二樓的攘夷志士人數多出近藤、沖田甚多，但近藤、沖田二人一拉開拉門便以精湛的劍術壓制攘夷志士，心生畏懼的志士們紛紛下樓。志士們一到樓下又遭埋伏在此的新選組成員狙擊，有數名志士在一樓倒下，其餘見狀趕緊奪門而出。

先前前往四國屋的土方，發現撲空後立即朝池田屋的方向趕來，正好遇上從池田屋逃出的攘夷志士，雙方又是一場激戰，甚至還有部分攘夷志士逃到鴨川東岸的河床上，與追擊在後的新選組隊士血鬥。

這一晚血鬥的結果，除了少數幾人逃脫之外，不是當場戰死、傷重切腹，就是束手就縛死在獄中。少數逃脫的幾人在一個多月後加入長州藩兵向京都御所進軍的禁門之變，而在該役捐軀，活到明治時代的只有河田佐久馬（實名景與）、北村善吉、大澤逸平（維新回天後改名和田義亮）、松山良造、國重正文（通稱德太郎）等人。

3 本祭的前夜之祭，一般稱為宵宮祭，祇園祭則稱為宵山祭。祇園祭可分為前祭與後祭，幕末時的前祭是六月七日（現為七月十七日），故六日為宵山祭（現為十四到十六日）；後祭為六月十四日（現為七月廿四日），故廿三日為宵山祭（現為廿一到廿三日）。

殘存者之一大澤逸平日後回想起這一夜，心有餘悸地說道：

以槍突刺天井，以刀、槍突刺床下，頻繁數次搜索殘黨，躲藏在鍋內也沒能生存下來的感覺。

當日死去的志士之中有北添佶摩、望月龜彌太二人的名字，他們兩人在池田屋內被砍中要害，掙扎逃出池田屋來到長州藩邸，卻因藩邸大門深鎖，在絕望之下傷重切腹結束性命，北添享年三十歲，望月得年廿七歲。

另一方面如前文所述，龍馬於六月二日率領黑龍丸與翔鶴丸從兵庫出發，原來龍馬率領兩艘船的用意是要徵求勝的同意，搭載數十名到一、兩百名可能危及京都治安的攘夷志士到蝦夷地墾荒。不巧的是，勝接到進行橫濱鎖港談判的任務，無法與龍馬同行。兩人十七日在下田碰面，根據當日《海舟日記》的內容：

換乘船翔鶴丸、長崎丸以及拖引船黑龍丸入港，坂本龍馬東下江戶，搭乘上述船艦而來。聽其言是為了將京、攝過激人士約二百人，為了皇國而開發蝦夷地通商，此輩皆從神戶搭乘黑龍丸出航。此一議論御所以及水泉公（老中首座水野和泉守忠精）也有所耳聞，並贈以募集同志所需資金三、四千兩，並說盡速實施此策，龍馬聞言意氣軒昂。

從《海舟日記》的內容來看，顯然水野老中首座認為花費三、四千兩資金換來為數約兩百名攘夷志士前去蝦夷地墾荒，讓京都得到安定一事是非常划算的交易。蝦夷地移墾開拓計畫在老中首座首肯之下成為定案，龍馬帶著振奮的心情返回兵庫。然而，龍馬廿日在大坂上岸時卻聽到池田屋騷動的消息，北添佶摩死在池田屋騷動更令龍馬萬分沮喪。

為何這麼說呢？因為最早向龍馬提出蝦夷地移墾開拓計畫的便是北添佶摩，而且北添不是口頭說說而已，文久三年五月二日，他與能勢達太郎、小松小太郎、安岡斧太郎四人脫藩後，相偕到越前敦賀港（福井縣敦賀市）乘船前往蝦夷地考察。即使江戶時代已有航行日本海的西迴航路，沿日本海北上蝦夷地仍是極為危險的航程。小松小太郎在去程中途病逝，北添、能勢、安岡三人獨力考察箱館、中富洋、江差（北海道檜山郡江差町）三地，考察完畢後從箱館乘船在奧州大間（青森縣下北郡大間町）上陸，然後一路循陸路南下，七月十日返回江戶來到桶町千葉道場，報上了龍馬的名號，在此借住一段時間。

北添等人迫不急待想對龍馬轉達他們考察的內容，此時人在兵庫海軍操練所的龍馬並未立即趕赴江戶與北添見面。前節開頭提到，文久三年八・一八政變後到翌年年初，龍馬大概有五、六次往返於大坂、江戶之間，當中應有一次是聽取北添的蝦夷地考察報告。龍馬尤其看重北添提出的蝦夷地移墾開拓計畫，移墾開拓可將想在京都滋事的攘夷志士之心力，轉移到遙遠的蝦夷地，而開拓事業既可墾荒闢田，移墾開拓的人力面對素來對蝦夷地抱持侵略野心的俄羅斯，又能立即搖身變為防禦的兵力，可謂一舉數得。

移墾開拓需要大量資金，而海軍操練所本身的開銷也不在少數，若沒有得到幕府資金的挹注，蝦夷地移墾開拓的立意再好也是紙上談兵。六月這次前往江戶，原本預定由勝向水野老中首座拿資金，入手後轉交在下田等待的龍馬，再由龍馬帶著在船上等候的攘夷志士遠離京都、前往遼闊的蝦夷地進行開墾。

詎料，蝦夷地移墾開拓計畫的提出者北添佶摩卻在池田屋現身，而且還與維持京都治安的新選組交手，遭砍成重傷後切腹。數日後，京都守護職松平容保，將聚集在池田屋的攘夷派志士，定位為打算趁亂挾持天皇的暴徒，已死去的北添、望月也成為暴徒的成員，幕府自無採納暴徒的計畫之理，蝦夷地移墾開拓計畫遂遭到擱置。

池田屋事件一戰成名的新選組，繼續在事件後追查攘夷派的餘黨，十日，五名會津藩士與武田觀柳齋率領十五名新選組隊士，來到位於東山產寧坂（也稱為三年坂）附近的明保野亭。前節曾提及明保野亭是龍馬在京都的藏身處之一，此時龍馬正率領約兩百名攘夷派航行海上，二十名會津藩士與新選組隊士的追查自然撲空。會津藩士柴司進到裏間展開進一步搜查，突然有一武士背對柴司，柴司覺得可疑立即拔刀將其砍傷，被砍傷的武士表明身分，並非流竄在京都內的攘夷志士，而是名為麻田時太郎（或時次郎）的土佐藩士。同行的土佐藩士證實麻田所言不虛，整起事件看來顯然是柴司誤傷麻田，自知理虧的會津藩不再追究麻田，任其返回土佐藩邸。

翌日土佐藩邸以士道不覺悟（遭砍傷後還逃走）為由下令麻田切腹，藩邸的作法激起以上士為主的土佐藩士不滿，使得與土佐藩友好且共同支持公武一合，並在八・一八政變攜手合作打擊攘夷派的會津藩，成為了眾矢之的。京都守護職松平容保對此感到苦惱，為維持與土佐藩的和諧及山內容堂的面子，決意採取雙方皆有處分的方式（亦即中世紀以來武家的傳統處分方式喧嘩兩成敗[4]），對柴司也處以切腹，此即明保野亭事件。

池田屋事件的消息傳回長州已是六月九日，舉藩上下無不目眥盡裂，以來島又兵衛為首的藩內主戰派紛紛向藩主請纓，願意率領藩兵上洛前往御所為藩主父子，以及三條實美、三條西季知、東久世通禧、四條隆謌、壬生基修五卿申訴冤屈。桂小五郎、高杉晉作表示反對，桂與高杉二人認為率領藩兵上洛，美其名是為藩主父子與五卿申冤，實則是想與被長州藩兵稱為「薩賊會奸」的薩摩、會津二藩一較高下，桂與高杉擔心在天子腳下動武將會讓自己淪為朝敵。

福原越後、益田右衛門介、國司信濃三位家老也請求藩主出動藩兵，松下村塾出身的久坂玄瑞、入江九一、寺島忠三郎等人也跟進在後。被司馬遼太郎形容沒有世界觀、甚至也沒有自己獨創力，只有與生俱來超乎常人的包容力是唯一優點的藩主毛利慶親，對三位家老及眾多主戰派家臣說道：

就這麼去做吧！

（そうせい候）

於是出動藩兵上洛一事便確定了下來，而此舉也為長州招致近乎毀滅性的傷害。主戰派領袖之一的來島又兵衛在文久四年新春當日寫了如下的俳句：

此首將留或將去，今朝之春

（この首を　とるかとらるか　今朝の春）

司馬遼太郎認為來島在文久四年新春已抱定必死的決心，因為在值得慶賀的新春之日反而吟出不吉的俳句，似乎來島自己也覺悟到今年是應死的年頭。

六月中旬起，長州藩兵陸續在三田尻港集結，然後搭船前往大坂。上岸後，來島與三位家老開會，決定兵分三路朝御所前進，總計長州藩兵加上攘夷浪士大概是兩千人，這樣的兵力便要前往御所為藩主父子及五卿申冤，福原等三位家老和來島，甚至長州藩兵與其他攘夷浪士都過於看輕幕府而把結果想得太天真。

該年一月起的參預會議歷時近兩個月，始終無法在長州處置問題與橫濱鎖港問題取得一致的意見，最能與一橋慶喜抗衡的島津久光在三月廿二日辭去參預，其餘參預數日內紛紛跟進，一橋慶喜也在三月廿五日辭去將軍後見職，轉任攝海防禦指揮及禁裏御守衛總督。四月十一日，桑名藩主松平定敬出任京都所司代，於是一橋家當主一橋慶喜、會津藩主京都守護職松平容保、桑名藩主京都所司代松平定敬的「一會桑體制」成形，

4 日本中世紀以來到近代之前法律的原則，只要一有喧嘩（紛爭），不問對錯是非，雙方均予以處分，也稱為「喧嘩兩成敗」。室町初期的基本法《建武式目》將「喧嘩兩成敗」納入條文，到了戰國時代，今川氏的《今川假名目錄》、武田氏的《甲州法度之次第》，以及長宗我部氏的《長宗我部氏定書》，均將「喧嘩兩成敗」列入條文內要家臣遵守。

「一會桑體制」成立後面臨的首度威脅便是此時上洛的長州藩兵。

由於將軍已在五月十六日離開京都，駐京兵力雖因此抽掉一大部分，但也還多過進逼的長州藩兵。朝廷公卿的反應可說肝膽俱裂，連忙在六月廿七日召開朝議，向來最看重家世、官位的公卿此時也都不計較，讓在參預會議後已無參預身分的慶喜、容保以及松平定敬參與朝議。

公卿再次展現出大敵當前畏縮怕死的傳統，與會的公卿如一條權大納言實良、國事御用掛中山忠能、正親町三條前大納言實愛，主張對長州寬大。反倒是中川宮與松平兄弟堅決主張討伐，一橋慶喜因尚未掌握天皇意向而默不作聲，甚至還傾向公卿的立場。然而，天皇於廿九日表態，力陳阻絕長州於京都之外的決心（實際上長州藩兵已進入京都）。既然天皇已明確表達立場，包括慶喜在內的公卿如同變形蟲般若無其事、自然而然地改變對長州的態度。

七月十九日的禁門之變，拙作《幕末》已有講述其經過與影響，不再贅述，在此介紹禁門之變後在土佐發生的另一起攘夷志士聚集的訴求事件。自半平太於文久三年九月被捕下獄後，景仰其為人的安藝郡鄉士、綽號獨眼龍的清岡道之助決定繼承其志，禁門之變後的七月廿五日，連同清岡在內共廿三人，聚集在安藝郡田野村（高知縣安藝郡田野町）的旅籠，翌日，占領野根山街道上的岩佐關番所（高知縣安藝郡北川村）後，向藩廳傳達陳情書，希望能釋放半平太並舉藩勤王。

遵從「只要山內家在土佐的一天，絕不允許土佐有違逆德川家的行為」祖訓的容堂，完全不為清岡請願的內容所動，派出大監察小笠原唯八率領八百名藩兵前往平亂。儘管清岡占有地利，只有廿三人參與終究難敵八百藩兵，清岡當下決定放棄作戰往北遁入德島藩境，再伺機循海路前往京都。

八月一日，清岡等廿三人在進入德島藩境的宍喰關所（德島縣海部郡海陽町）時，因攜帶武具遭到扣押，關所通報海部郡奉行所，海部郡奉行所派出藩兵將這廿三人幽禁在附近的寺院，長達一個月。這一個月期間，海部郡奉行所層層上報，由於德島藩去年起也在清除攘夷派（明治七年自由民權運動發端的《民選議院設立建白書》起草者之一小室信夫，在此時遭到囚禁），不願因收留他們而得罪土佐藩，在與土佐藩交涉後，於九月三日將他們引渡給安藝郡奉行所。

這廿三人並沒有被帶回高知城，以藩主山內豐範名義下達的藩令，直接交代安藝郡奉行所，將他們帶往奈半利川河原處決，廿三人盡於九月五日遭到斬首。

據前文的敘述，六月廿日龍馬在大坂登陸，長州派出藩兵上洛的消息，在數日後應該會傳進他的耳裡，雖然接下來一個月的龍馬行蹤無法掌控，但打從內心不認同尊攘派作風的他鐵定不會參與其中。不僅龍馬，與長州一同作戰的海軍操練所塾生亦僅只安岡金馬一人，他加入長州軍後，與土佐脫藩浪士池內藏太，被編在以天王山為本陣的益田右衛門介隊，天王山的長州軍遭擊潰時，他們兩人護送高杉晉作撤回長州，然後前往長崎成為龍馬成立龜山社中的助手。

根據明治時代阿龍的口述、川田瑞穗（號雪山）記錄的〈千里駒後日譚〉（明治三十二年十一月三日起刊登在《土陽新聞》，前後共六回），有如下記載：

……六月一日（元治元年）的傍晚，龍馬來到扇岩，對我說道明天必須前往江戶，要留守的我萬事保重，乾了道別的酒，翌晨便動身啟程……龍馬雖前往江戶，就在我日夜擔心他是否會在途中遇上萬一，八月一日他突然歸來，談及這場騷動，無論如何非常危險，要把我的妹妹君江寄放在神戶的勝先生、弟弟太一郎寄放金藏寺、母親寄放在杉坂的尼寺，我則帶往伏見的寺田屋。寺田屋女將登勢是個意志堅定的人，我一到寺田屋便幫我備好工作服[5]與前垂[6]，對我說道剛來或許不習慣，忍耐一下就好，視我為女兒和她的家人住在一起。儘管如此，還是有可能被會津的傢伙發現，登勢索性剃掉我的眉毛，如此一來我的面相便出現變化……

《龍馬行》與『龍馬傳』沒有交代龍馬將阿龍安頓在寺田屋的日期，只知是在禁門之變之後，透過由阿龍口述的〈千里駒後日譚〉，可知是在八月一日（這是阿龍晚年的回憶，日期不見得正確）。從內文來看，可知六月一日以後到八月一日兩個月的時間，阿龍與龍馬沒有見過面，依前文所言，龍馬在六月廿日已返回大坂，筆者認為龍馬這段時間應該都在大坂、兵庫一帶，至少沒有進入京都，若有進入京都，應該會去見上阿龍一面。

沒有回到京都的龍馬，想必在大坂、兵庫一帶受到什麼事情的羈絆走不開，具體事項會是什麼呢？原來是海軍操練所塾生中，有一部分以勝海舟家來的身分臨時受雇共乘幕府軍艦觀光丸，依據七月廿九日海舟交給大坂城代松平伊豆守信古的名單，勝的家來如下：

5 漢字寫作「襷」，原指不讓和服的衣袖（袖）或下垂的衣襬（袂）造成妨礙，以線或布條穿過肩或腋下，斜十字交叉打結。古代作為祭祀的裝飾品，材質從藤蔓、木棉、香蒲到勾玉、管玉都有。進入江戶時代，襷從神壇走入民間，成為不分町人、職人或男女老幼的工作服。

6 在商家工作或女中（在旅館、料亭工作的女性）為避免衣服髒污，在和服帶子底下掛上長方形的布，也可單稱為前掛，功用與性質頗為類似現代的圍裙。

黑木小太郎（鳥取藩浪士）
多賀松太郎（高松太郎）
千頭義郎（千屋寅之助）
近藤長次郎
新宮並樹（新宮馬之助）
鵜殿豊之進（不詳）
以上六人月薪金一兩一分

橫井左平太
橫井忠平
岩男內藏之助
（皆為熊本浪士）
以上三人月薪金一兩

照這名單來看，龍馬沒有跟隨勝海舟共乘觀光丸的可能性頗高的，沒有跟隨勝海舟的龍馬應該是留守在海軍操練所。因為海軍操練所塾生先是有北添佶摩、望月龜彌太，之後又有安岡金馬參與長州的暴動，幕府查出這三人背後有海軍操練所這一共通點是遲早的事，屆時若將海軍操練所視為培育叛亂份子的巢穴也不是不可能，讓龍馬留守以防幕吏找上門來。

海舟在七月廿九日交出家來名單一事來看，推測應是那天才結束共乘觀光丸的航程，海舟及其帶去的塾生在當日或翌日才回到海軍操練所，龍馬交代完這段時間留守的事情後便火速趕往京都，然後於八月一日與阿龍見面。

前文提及龍馬初次前往江戶劍術修行，曾在伏見的船宿住上一晚，但不確定是否住在寺田屋，如果是的話，龍馬早在嘉永六年便與登勢見過面。之後修行期滿歸國以及再次前往江戶、再次修行期滿歸國，伏見都是龍馬往返的必經之路，在多家船宿中選擇寺田屋並非不可能。龍馬或許因為曾住宿在寺田屋而對女將登勢有印象，相對地每天要面對眾多旅客的登勢，對於僅住過一次（最多應該也只有四次）的龍馬沒有深刻印象（或是全無印象），也不足為奇。

當然，四次往返都未曾在寺田屋投宿也是有可能。『龍馬傳』安排登勢與龍馬生母幸有著同樣的相貌，這一情節設定讓龍馬一見到登勢便不自覺靠了過去。登勢有流傳相片下來，但是幸並無相片流傳，要說相貌相同可以，要說完全不同也是可以，不能以此認定『龍馬傳』的劇情設定有誤（雖然實際上錯誤的可能性相當高）。

因為龍馬與登勢有這一層「關係」，因此『龍馬傳』裡龍馬回到禁門之變結束後滿目瘡痍的京都，看到因扇岩燒毀而生活沒有著落的阿龍一家，當下便將阿龍一家老少六口帶往十餘公里外的寺田屋，請求登勢代為安頓。

在龍馬近乎撒嬌的求情下，登勢答應幫忙為阿龍一家尋找落腳之處，同時也雇用阿龍在寺田屋工作，雖然劇情設定不見得正確，這個結果大致符合真實的史實。《伊藤痴遊全集第十七卷 坂本龍馬與中岡慎太郎》（昭和五年出版）收錄一篇名為〈寺田屋和坂本〉的文章，該文作者殿井力是登勢的長女，她寫下從元治元年起觀察到的龍馬：

坂本先生來的話穿著絹製的和服，再披上黑羽的二重羽織（似為羽二重），總是穿著仙台平製成的袴，有時會穿上顯得大膽的玉蟲色袴，一見恐會有帶女人味的感覺。

殿井力的年紀大概介於阿龍的兩個妹妹光枝與君江之間，也就是小阿龍約十歲、小龍馬約十六歲。在她眼裡的龍馬是個重視穿著打扮的人，真實生活裡的龍馬應該也是這樣的人吧！

將阿龍一家安頓在寺田屋附近，此後寺田屋所在的伏見取代東山，成為龍馬在京都的活動重心，他只要一來京都幾乎會在寺田屋過夜。登勢是否真的與龍馬生母幸長相相似且先不論，這段時間與龍馬和阿龍的相處，讓她真心喜歡上這對男女，容忍龍馬幾乎在寺田屋白吃白喝，後來還認阿龍為義女。以登勢的閱歷，不會看不出龍馬對阿龍的心意，龍馬與阿龍的感情進展在寺田屋之後迅速竄升，當然與登勢的撮合有關，說到在龍馬背後支持他的女性，首推乙女姊姊，不過也不應忽略寺田屋的女將登勢。

歷史性的會面

文久四年一月起召開的參預會議，到了元治元年三月初，在一橋慶喜與島津久光的對立下不歡而散，該會議的兩大議題——長州處置問題與橫濱鎖港問題，皆未得到令人滿意的解答，自去年十月上洛以來，目睹朝廷及幕府處理事務的顢頇無能，久光對此不免有使不上力之感。

如今已是久光心腹的大久保一藏，他將久光的焦慮傳達給其他已受重用的精忠組成員，在一藏巧妙的引導下，眾人達成共識：請求久光赦免西鄉吉之助，由他帶領薩摩走出參預會議後的困境。

之後，有十餘名精忠組成員簽名的連署書呈送到了久光面前，久光雖百般不願，但迫於形勢只好向精忠組成員說道，由藩主忠義決定是否赦免西鄉，忠義向幾位家老徵詢意見後決定赦免西鄉，於是流放近兩年的西鄉終於得以返回薩摩。

事實上，這次赦免是針對西鄉第二次的流放，早在安政五年年底，西鄉已被流放一次，那次流放歷時三年多，到文久二年一月得到赦免。不久，率領藩兵上洛的久光命西鄉先行前往下關，觀察九州各地的形勢，察覺到九州各地浪人的躁動後，西鄉與隨行的村田經滿（通稱新八）自行離開下關前往京都。久光對西鄉自行離去的舉動非常不諒解，再次將他流放外島，因此從安政六年到元治元年二、三月間，西鄉都在外島過著流放的生活，對薩摩以外的人而言（包括龍馬在內），西鄉可說是個近乎完全陌生的人。

然而，這位在外藩眼裡近乎完全陌生的西鄉，三月十四日抵達京都，被久光任命為掌控薩摩藩軍事與外交的軍賦役與諸藩應接掛，一下子成為藩內炙手可熱的人物。這個男人在四月以後，與家老島津圖書（久光次男，實名久治）・小松帶刀、軍奉行伊地知龍右衛門（維新回天後改名正知）、小納戶頭取吉井幸輔（維新回天後改名友實），管轄駐京約兩千名薩摩藩兵，七月禁門之變西鄉率領藩兵趕赴御所馳援已露敗象的會津藩兵，一舉扭轉禁門之變的結果，流放外島五年默默無聞的西鄉，一夕之間名滿天下。七月底朝廷發布征討長州的敕命，等於宣判長州為朝敵，可預見在不久的將來將會有征討長州之舉。

勝認為有必要接觸這位最近竄起的大人物，而且這位大人物還是故人島津齊彬一手拉拔的，於是他寫了介紹信讓龍馬前往京都薩摩藩邸拜會西鄉。薩摩在京都有兩處藩邸：一是位於御所北側的二本松（京都市上京區岡松町，今出川通與烏丸通交會處）藩邸，另一是位於寺田屋正北約六百公尺處的伏見（京都市伏見區東堺町）藩邸，龍馬前去的薩摩藩邸應是前者而非後者。

不過，『龍馬傳』卻是龍馬前往大坂薩摩藩邸拜訪西鄉，薩摩在大坂有三處藩邸：土佐堀二丁目上屋敷（大阪市西區土佐堀二丁目）、江戶堀五丁目中屋敷（大阪市西區江戶堀），以及立賣堀高橋南下屋敷（大阪市西區立賣堀町），無法判斷是位於何處的藩邸。

在《龍馬行》裡，九月十六日吉井幸輔領著龍馬來到書院（沒有清楚交代是哪裡的藩邸）後，龍馬旁若無人的抓起鈴蟲，並向隨後到來的西鄉要盒子裝鈴蟲。龍馬在這樣的場合作出這種事感覺太不真實，然而，《龍馬行》是歷史小說，史籍沒有明確提及的內容允許作者自行創作。

『龍馬傳』則是龍馬來到大坂藩邸，薩摩藩兵正為即將征討長州，而在藩邸內的廣場加緊米尼葉槍（Minie）的射擊練習，龍馬在槍聲大作之下等待西鄉到來。等待時鏡頭轉到主位後方掛上的「敬天愛人」匾額，「敬天愛人」雖被認為是西鄉一生言行的總結，但在幕末並未從他口中說出，遑論成為揮毫的墨寶。

一段時間後，西鄉拄著拐杖拖著右腳緩緩走近龍馬，然後放下拐杖坐在地上帶著笑意向龍馬寒暄。龍馬連忙自報姓名，西鄉對龍馬說道他曾與勝見過一面，是幕府中最了解時勢的人。接著龍馬以喜歡的女人類型為話題開啟話匣子，隨著龍馬說道阿龍因蛤御門之戰的戰火而失去生活依靠，因此非常痛恨在該役縱火的幕府及薩摩，最後龍馬向西鄉提到希望能中止討伐長州。

西鄉似乎懷疑起龍馬來訪的目的，掛在臉上的笑容消失，厲聲質疑龍馬：

坂本先生站在長州那邊嗎？

西鄉的語調不容龍馬逃避回答。龍馬毫不躲避西鄉銳利的視線，說道：

我站在日本人這邊。

西鄉聽到龍馬的回覆，不怒反笑：

對我而言，任何事物都不及薩摩重要，因為我是薩摩人。對薩摩來說，不管是長州、土佐，還是德川都大意不得。勝老師藉著「日本」一語，企圖統一全國的想法，我認為太天真了。難怪他會被拔除軍艦奉行，海軍操練所被關閉，也是理所當然之事。

語畢，剛剛的笑容已完全不見。接著又對龍馬說道：

坂本先生，你現在是完全沒有後台的一介浪士。說實話，你沒有立場對薩摩藩參謀提出任何意見。

眼見已用言語懾服龍馬後，西鄉才放軟音調說道：

我不會把你剛才說過的話放在心上。此外，薩摩現有十幾艘軍艦，船員人數嚴重不足，非常需要新船員加入，像坂本先生這種會開蒸汽船的人，正是我們所需要的。

似乎這段話才是西鄉與龍馬見面的主因。最後西鄉又補上一句：

勝老師來拜託我，希望我能收留坂本先生與海軍操練所的塾生們。不過，坂本先生似乎不喜歡薩摩，如果坂本先生沒有為薩摩效力的意願，就當我沒有說過這些話，一切由坂本先生自己決定。

以上是『龍馬傳』第廿六回龍馬與西鄉初次見面的經過，與《龍馬行》可說是完全不同的內容。『龍馬傳』的對話看似合理，不過似乎是以現代的觀點詮釋當時的立場。例如，龍馬剛與西鄉見面便向他提出停止征討長州，龍馬應該知道自己並無立場提出這樣的要求，而且從目前可見的史料來看，龍馬似乎沒有為中止征長之役盡過心力，貿然向初次見面的西鄉提出中止征長不合情理。

在這次的見面內容中，觀眾應已充分領教到西鄉是個十足的現實主義者，與掛在牆上「敬天愛人」匾額的精神完全不符。據西鄉自己所言，他與勝只見過一次面，只憑這樣的交情西鄉竟會接受勝（而且還已被拔除軍艦奉行）的拜託，收留坂本和海軍操練所塾生，與先前營造的現實主義者形象有所出入。

是以筆者不僅不採信《龍馬行》，也不採信『龍馬傳』的說法。令人奇怪的是，最早的龍馬傳記《汗血千里駒》竟無一語提及龍馬與西鄉的會面。

根據《大西鄉全集》以及山本大《坂本竜馬》引用《維新土佐勤王史》，龍馬在八月中旬手持勝寫的介紹信，前往二本松藩邸拜會西鄉（拙作《幕末》是如此交代，至今筆者仍採用此說）。在這次歷史性會面中沒有留下兩人交談的內容，因此不清楚具體的細節，從之後龍馬回答勝關於此次會面的心得，可推測出兩人觀察彼此的時間應多過交談。

結束此次拜會的數日後，勝問及龍馬對西鄉為人的看法。龍馬略微思索，然後說道：

西鄉這個人不是容易看穿的人，好比敲鐘一樣，小力地敲發出小小的聲音，大力地敲發出極大的聲音。說他笨倒像是個大笨蛋，說他聰明則是個大智者。

西鄉則對龍馬作出如下的評價：

直柔乃天下真英傑也！

兩人完美的詮釋「唯有英雄，方識英雄」。透過龍馬的評價，勝彷彿已能想像出西鄉人格的特質，在日記裡勝先是稱讚龍馬很有識人眼光，接著寫道：

評者非凡人，被評者亦非凡人。

勝內心萌生與西鄉會面的念頭，據《冰川清話》所言，他是作為兵庫開港延期的談判委員，從神戶前往京都途中下榻大坂旅館，時任（京都）留守居格的西鄉主動前來與之會面。在此之前，勝與西鄉應有聽聞過彼此的名號，但到此時才真正首度會面。《龍馬行》有提到一則傳聞，筆者引述如下，是真是假相信讀者看完自能分辨。

這是勝的隨從新谷道太郎（弘化三年〔一八四六〕生），在昭和十二年（一九三七）六月三日九十二歲時，對明治女學校[7]創辦人之一巖本善治提過，兩人早在會面三年之前，即文久元年六月見過面。當時勝拜訪鹿兒島，新谷以勝的隨從身分隨行，勝一聽到西鄉被判流罪流放到奄美大島，立刻雇船與新谷、船夫三人在黃昏前趕到大島。

來到大島的勝很快找到西鄉的住處，經過簡單的介紹後，勝直接說明來意是想看看西鄉過得如何。西鄉毫不隱瞞的說他在做賺錢的生意，當晚招待勝和新谷兩人在大島的住處過夜。隔日一早，西鄉主動帶領兩人前往海邊，去看他昨日所說的「賺錢的生意」。

海邊共有七座倉庫，西鄉一座一座地打開讓二人觀看，原來七座倉庫裡面盡是走私的彈藥武器，若在幕府威望強大之時，光是這些彈藥武器便足以讓薩摩藩遭到改易的命運。回程勝對目瞪口呆的新谷說道：「西鄉雖是做被禁止的生意，也是為了國家，本身並無惡意，但你若說出去，可是會沒命。」不僅勝在明治時代沒說出口，新谷也一輩子三緘其口，直到昭和年間才對巖本和盤托出。

前文簡單介紹了勝的經歷，文久元年六月其職務為天守番頭過人兼蕃書調所頭取助，這兩個職務都不是可以半途放下工作前往距江戶甚遠的薩摩，新谷的回憶到底有多少可信度頗令人質疑。

拙作《幕末》引用《冰川清話》內容，提到西鄉與勝會面的契機為兵庫開港延期，然而也如前文所言，西鄉此時在薩摩藩出任的職務為軍賦役與諸藩應接掛，兵庫開港延期與他的職務無直接關聯，《冰川清話》說西鄉擔憂兵庫開港延期才主動找上勝，應是托詞。

那麼西鄉為何而來？

收錄在《冰川清話》一書的附錄〈勝海舟傳〉記載勝對西鄉提及以下三事：

一、幕府沒有人才，已經日薄西山，毋須視幕府為對手。

二、因此以「賢明的諸侯四、五人，使其會盟」，儲備兵力、擊破外國船艦，開橫濱、長崎二港，依循正常步驟談判，如此則非簽訂屈辱的條約，而是外交交涉。

三、為能實行上述方針，雄藩諸侯入京應以一己之力制止外國人。

7　明治十八年成立，同四十二年關閉。

勝對幕府腐敗的闡述、停止國內對立紛爭、藉由雄藩聯合勢力謀求國內統一的論點，此外還滔滔不絕地講述外交方針及開港論，無一不讓西鄉為之傾服。一個多月後，西鄉願意收容因海軍操練所關閉而無處可去的龍馬等二十餘人，正是基於這層對勝的敬重，而不是龍馬擁有會開蒸汽船的技術。與勝會面五日後，即九月十六日，西鄉寫信給已返回薩摩的大久保一藏：

勝是個令人驚嘆的人物，最初與他見面時並不清楚其底細，一旦面對面談話，不禁對他的智略佩服不已。他真是個英雄人物，不但比佐久間高明甚多，學問與見識更是佐久間不能及。現在我對勝先生甚是景仰……

西鄉信裡提到的佐久間，即兩個月前在京都三條木屋町遭到暗殺的佐久間象山。平心而論，佐久間對西洋的認知比勝還要深刻，不過象山較偏重學理，因此雖滿腹經綸，卻不容易讓蘭學基礎薄弱、甚至毫無蘭學基礎的民眾了解。加上象山恃才傲物的性格，一般人避之惟恐不及，應該也不會想聽他的長篇大論。

以上是八月中旬龍馬與西鄉會面，以及九月十一日西鄉與勝會面的大致經過，『龍馬傳』隻字不提勝與西鄉的會面，僅是由西鄉對龍馬說道曾與勝見過一面草草帶過；而《龍馬行》則是顛倒龍馬、勝與西鄉會面的順序。

本節定名「歷史性的會面」並不光指龍馬與西鄉，也包含西鄉與勝的會面。若無這兩次會面，日後也不會有龜山社中的成立、薩長同盟的締結、江戶無血開城，那麼往後日本歷史必然會是不同的面貌。若此時龍馬與西鄉的會面結果如『龍馬傳』那樣，西鄉對龍馬的第一印象將是鄙夷大於敬重，也就不會說出「直柔乃天下真英傑也！」這樣的讚賞之語。

慶應二年十二月四日，龍馬寫給兄長權平的家書中，列出幾個他認為夠格稱得上天下的人物：

德川家——大久保一翁、勝安房守
越前——三岡八郎、長谷部勘右衛門
肥後——橫井平四郎
薩摩——小松帶刀（家老統領海軍，是惣大將）
西鄉吉之助（掌管國內軍事之事，出兵與否由此人決定）
長州——桂小五郎（掌控國家之進退，當時名為木戶寬次郎）
高松晉作（此人掌控軍事，此人出下關，是進攻小倉的惣大將，當時名谷潛藏）

＊桂小五郎在慶應二年的名字是木戶貫治，寬次郎應是同音異字。

＊介紹西鄉、桂的文字中所指的國家皆指藩國，而非日本國。
＊高松晉作應是龍馬筆誤。

到元治元年九月為止，龍馬列出的天下人物中，只有小松帶刀還不曾見過面，約一、兩個月後，龍馬在大坂薩摩藩邸與小松把酒言歡，比較有疑問而且對讀者而言可能完全陌生的，就屬長谷部勘右衛門。

龍馬何時見過此人？與他的交情又是如何？

筆者手上有本新人物往來社出版的《幕末維新大人名事典》（安岡昭男編，二〇一一年），這本具有辭典性質的工具書對長谷部勘右衛門的介紹如下：

長谷部恕連（文化十五年～明治六年；一八一八～七三）

福井藩士，通稱甚平。長於財政，對給同藩思想上影響甚鉅的橫井小楠富國論頗有共鳴，因而推動藩政改革。文久三年提倡過激的尊王開國論遭到蟄居命令而隱居。維新後被新政府徵召出任岐阜縣令，墓位於福井市足羽町心月寺。

前文提過，龍馬前往越前與橫井小楠見面時，順便與向小楠學習財政的門生三岡八郎見了面，也提到八月下旬三岡便因攘夷的言論遭藩幽禁。另外也提到該月（七月）越前藩發生變故，藩主松平茂昭逮捕藩內的改革派，中根雪江、村田氏壽、三岡八郎紛紛遭到蟄居謹慎的處分，春嶽的智囊橫井小楠被遣回出生地熊本。這兩件事，與《幕末維新大人名事典》長谷部恕連（此為實名，勘右衛門乃通稱）條提及的「提倡過激的尊王開國論遭到蟄居命而隱居」是同一件事，可見長谷部在政治上的主張與中根、村田、三岡相同，因此同遭現任藩主的處分。長谷部重新被啟用是在慶應四年五月，此時龍馬已不在人世，因此龍馬若與長谷部見過面，時間必然在文久三年七、八月之前，很有可能是在文久三年五月龍馬前往越前拜訪橫井小楠那次，不僅與三岡初次見面，同時也見著長谷部。

比較令人意外的是，這份名單沒有日後被尊為「維新三傑」的大久保一藏。的確在元治元年九月，龍馬還不識大久保一藏，但同樣也不識小松帶刀。然而，在寫這封稱得上天下的人物的家書時，龍馬不僅已與小松熟識，而且曾在薩摩居住數月養傷，不可能沒聽過大久保一藏的名字，甚至應該也見過數次。不僅應該見過數次面，對一藏的才器也應有一定程度的了解，但是卻未將一藏的名字列在天下的人物裡。這可能與龍馬對一藏的了解不夠澈底有關，龍馬應該看出一藏的不凡之處，但是可能認為還不到西鄉、小松的地步，既然還不到西鄉、小松的地步，便不具備天下的人物的資格。

只是世事往往出人意料，不被龍馬列入天下的人物之中的大久保一藏，進入明治時代在政治上的成就遠勝上述九人，成為大隈重信口中「維新時代唯一的大政事家」。

海軍操練所關閉

前節引用了『龍馬傳』西鄉與龍馬初次會面的對話，西鄉有提到勝被拔除軍艦奉行，以及神戶海軍操練所遭到關閉的內容。當然，勝被拔除軍艦奉行與神戶海軍操練所遭到關閉確有其事，但與『龍馬傳』的內容有所出入，因此前節刻意不提這兩件事，留到本節再作敘述。

池田屋事件後，幕府查出參與其中的北添佶摩、望月龜彌太兩人，具有海軍操練所塾生的身分，對勝主持的海軍操練所已產生質疑的態度。接著七月的禁門之變又有塾生安岡金馬參與其中，禁門之變後四日（七月廿三日），朝廷下達征討長州的敕命，北添、望月以及安岡的行為開始被放大解釋。

前文提及勝在七月帶領了部分塾生共乘幕府軍艦觀光丸，返回後奉命於八月十二日前往豐後國姬島（大分縣東國東郡姬島村），介入四國艦隊與長州的戰爭，但勝到來後，長州已與四國進入議和階段，前節提及龍馬與西鄉的會面大概在此時。按『龍馬傳』勝與西鄉先前有過會面的話，日期只能在八月一日到十一日之間。

筆者並不相信『龍馬傳』的內容：勝在龍馬之前先行與西鄉會面，並把龍馬之後的去向託付西鄉。雖然勝也知道北添、望月及安岡三位塾生的作為幕府絕不輕饒，但在勝的認為裡，處分或許會及於自己，如軍艦奉行的職務遭到免除，海軍操練所不至於被關閉，只要海軍操練所不被關閉，便不會危及龍馬等人的安身立命之處。

不過，雖說北添、望月及安岡三名塾生的行為早晚會被幕府查到，然而，幕府追查的方向真正著眼在海軍操練所上，據山本大《坂本竜馬》一書是在九月十九日左右，這個日期也比『龍馬傳』晚了一個月以上。十月廿二日，幕府透過大坂城代松平信古傳達召還勝回江戶的命令，顯然幕府在這一個月已查出北添、望月及安岡三人的作為。

勝接過松平的命令，對幕府的召回內心已有定數，也很清楚海軍操練所最終的命運，身為幕臣的勝無法抗拒召回的命令，在整理行裝返回江戶的同時，也要思考塾生之後的出路。總計約兩百名塾生，將近九成是來自畿內、山陰、山陽、四國、九州諸藩藩士，這些藩士即使沒有海軍操練所也都能回到自藩，但是以龍馬為首的二十名浪士將無處可去。

依《海舟日記》所載，勝在廿五日從神戶啟航返回江戶，而西鄉在十月十二日被任命為征長參謀輔佐，作為征長總督前尾張藩主德川慶恕與副總督越前藩主松平茂昭的諮詢對象。廿六日西鄉從大坂出發前往征長的前線，這個日期正好是勝返回江戶的隔日，筆者認為這並非單純巧合，勝在廿二日接到命令後到啟航前，一定有針對龍馬等人的安頓問題與西鄉會談，而且勝應該是主動拜訪西鄉。

依《維新土佐勤王史》記載，勝出發返回江戶之際，寫信給薩摩藩家老小松帶刀，請他收容照顧自己門下的脫藩浪士坂本等人。小松雖未曾與勝謀面，但一個多月前與勝見面的西鄉對勝讚不絕口，並且在先前已同意勝收留龍馬等人，小松對此並無異見，收留龍馬等人遂成定案。小松認為有必要主動寫信通知留守在薩摩藩的大久保一藏：

潛居神戶勝處之土州人，欲借用異船，有航海之企圖，其人名坂本龍馬，吾人商討借用暫停於關東之船。同藩高松太郎亦是脫離其藩國者，然則當前土佐國政甚為嚴苛，有取締不法之事，歸國則絕命。若能得前述船隻，乘坐之間亦須潛藏。西鄉滯京時已有商談，若能得到上述浪人團體，可使其為航海之手，暫令其居於大坂御屋敷內。

勝清楚知道只要久光人不在，京坂地區的薩摩藩邸，惟小松、西鄉二人說了算，因此勝除了在十月廿二日到廿五日之間主動拜訪西鄉，希望他能收留龍馬等人外，還在廿五日當日寫了封措辭懇切的信件給小松拜託同樣事項，可見勝對於自己被免職後龍馬等人的去向之關懷程度，已超過一般的師生關係。小松向來敬重西鄉，既然西鄉已經同意收留龍馬等人，小松自然不會提出反對的意見。於是在小松與西鄉作主之下，將龍馬、高松太郎、千屋寅之助、澤村惣之丞、新宮馬之助、近藤長次郎、中島作太郎、陸奧陽之助、白峰駿馬、佐柳高次等人留在大坂薩摩藩邸，但也如前節所言薩摩在大坂有三處藩邸，無法判定收留龍馬等人的是哪一處。

西鄉接下來必須以征長參謀輔佐的角色前往征長前線，故而實際上關照龍馬等人的是小松帶刀。由於西鄉臨去時再三交代，小松也刻意表現出熱情，因此龍馬一行人在大坂薩摩藩邸吃住都得到完善的款待，但是除了小松、吉井幸輔等幾名地位較高的藩士外，一般平士幾乎不與龍馬等人交談。或許一般平士認為既是西鄉特別交代，必然是尊貴的貴人，自己的身分不足以與之交談。

十一月二日勝回到江戶，十日即遭到免去軍艦奉行一職及減俸兩千石的處分，並且還被下令蟄居。慶應二年五月，勝的蟄居處分才得以解除並被重新啟用，這一次勝與龍馬的別離成為永別。勝被免去軍艦奉行後理應在數日內任命新人選，然而，繼任人選直到一個多月後才確定是小栗上野介忠順。對於這一人事任命馬里烏斯・詹森在《坂本龍馬與明治維新》一書提到：

……征討長州計畫也即將準備啟動。在這樣的情形下，聚集在勝底下的浪人與勤王派便顯得可疑。勝被解職後，在兵庫的門生也完全的解散，新海軍的建設重任便交到小栗忠順的手上。

不過，馬里烏斯．詹森顯然高估小栗忠順在海軍上的才能，文政十年（一八二七）出生的小栗，在幕末時期的幕臣中的確算得上能力出色。但「能力出色」是指外交與陸軍方面，對於海軍，小栗只是個一竅不通的門外漢。小栗在勝被免職後的一個多月，於十二月十八日上任，翌年二月廿一日便主動求去，任期之短不說，任內也毫無建樹可言，與馬里烏斯．詹森所言的負起新海軍建設的重任相去甚遠。

征長之役的結局可說頗出意料之外，在兵力上占有絕對優勢的征長軍竟然主動提出謝罪條件：

一、處決引發禁門之變的元凶福原越後、益田右衛門介以及國司信濃三位家老，及宍戶左馬介、竹內正兵衛、中村九郎、佐久間佐兵衛四位參謀。

二、長州藩主父子親筆寫下謝罪書，毀壞山口城並返回萩蟄居。

三、在長州受到庇護的三條實美、三條西季知、壬生基修、四條隆謌、東久世通禧五卿（錦小路賴德已於四月去世，澤宣嘉去年參與生野之變後行蹤不明）離開長州，由幕府交由九州薩摩、熊本、福岡、佐賀、久留米五藩看管。

以長州因向御所開砲以致淪為朝敵的罪行而言，謝罪條件可說寬容到不真實的地步，而且還是由征長參謀輔佐西鄉與征長總督德川慶恕討論後，主動由西鄉親口對長州藩境內岩國領主吉川監物提出。既然是參謀輔佐西鄉主動提出，吉川監物當然不會對其真實性有所質疑，他立刻返回長州轉達西鄉的內容，長州藩主及其他家老對征長總督的處置也都感到不可思議，福原等三家老獲悉征長的議和條件後欣然同意切腹，四參謀不久也獻上首級。

五卿的引渡是三個條件中最不易做到的，五卿雖在長州接受庇護，但五卿周遭的護衛兵力卻是以土方楠左衛門久元、中岡慎太郎、安岡金馬為主的土佐人，而土方楠左衛門是土佐勤王黨的成員。換言之，五卿不僅受到長州人，也受到土佐下士階級的庇護。儘管已被剝奪官位且是待罪之身，但五卿在長州受盡貴人般的待遇，一旦離開長州說不定會被送回京都或是江戶問罪。在彼此互相需要的情形下，奇兵隊與長州諸隊約七百五十名簇擁五卿，來到下關長府的功山寺（山口縣下關市長府川端一丁目），不願將五卿引渡給征長軍，《龍馬行》第五冊在談及五卿問題時結束。

眼見五卿的引渡問題將使征長之役陷入漫長的僵局，征長總督德川慶恕反而沉不住氣，在十二月廿七日宣布征長軍撤兵。進入元治二年，駐紮在廣島的各藩藩兵紛紛解散，動員廿一個藩，總計約十五萬人的征長之役卻在未交一兵、未發一彈的情形下草草收場。

征長之役雖已結束，但西鄉還無法從長州抽身，因為議和條件之一的五卿尚未帶離長州交給九州五大藩看管。自十二月十五日起，高杉晉作領導奇兵隊在五卿所在的功山寺舉兵，欲推翻藩內主政的恭順派，長州境內於是遍地烽火。或許正因如此，西鄉才能在元治二年一月十四日順利將五卿帶離功山寺。然而，原本應將五卿分配九州五大藩，一藩看管一卿的議和條件，實際上有實行的困難，西鄉不得不修正原先的想法，將五卿集中引渡到太宰府延壽王院（福岡縣太宰府市宰府四丁目）。

經過如此折騰，西鄉完成使命回到大坂最快也在三月之後。在西鄉返回之前，龍馬已從派出查探長州局勢的中島作太郎與池內藏太，回報征長之役與高杉晉作指揮的功山寺起義之結果，更詳細的情報如五卿的處置，則要等到西鄉返回後才能知曉。

元治二年三月十二日，徒然剩下空殼的海軍操練所遭到廢止。

下巻

飛龍在天

第十三章　薩摩篇（一）

前往薩摩

龍馬在文久四年（或元治元年）二月二度脫藩，隨著勝的失勢被遣回江戶撤除軍艦奉行一職，失去勝庇護的龍馬等土佐脫藩浪士塾生，立刻遭到土佐發出限期返回的命令。千屋寅之助的同族、同時也是土佐勤王黨成員千屋金策（實名孝成），在勝接到召回江戶命令的同時，其手記《千屋金策手記》記載被藩列入召回的浪士名單：

呼返，在逃江戶	坂本龍馬
在神戶	千屋寅之助
如上	新宮馬之助
呼返，潛匿在浪花	高松太郎
在神戶	近藤長次郎
在江戶	澤村惣之丞

＊呼返有召喚之意。
＊浪花意同浪華、難波，皆指大坂。

這份名單上的人員都是海軍操練所塾生，在上卷已多次介紹，相信讀者應已熟稔。龍馬等人當然不會響應土佐藩的召喚，因此龍馬等人又淪為藩的緝捕對象，加上京都也有緝捕攘夷浪士的京都所司代、京都町奉行所、伏見奉行所、新選組（此時還不確定有無京都見廻組）等維持京都治安的組織，這也是為何勝要將龍馬等人的安危託付薩摩藩的原因。

如此一來，龍馬便無法自由進出京都，日夜思念的阿龍，也將有一段時間無法見面。龍馬應該萬萬沒想到，「有一段時間」竟然持續到西鄉從長州返回的元治二年三、四月間，之後甚至還繼續下去，前後約有半年左右。

西鄉返回大坂後帶來兩件令人震撼的消息，一是幕府對於此次征長的結果並不滿意，幕府內的主戰派醞釀再次征長。另一為幕府打算恢復參勤交代制度，以利於幕府削弱諸藩的經濟實力。

幕府打算再次征長並不令人意外。對幕府而言，征長既能響應朝廷敕命征討在禁門之變砲轟御所的朝敵長州，還能透過征討除去不順從的長州。說到長州的不順從，相信不少讀者聽過以下軼事：

關原之後，毛利氏從原本十國百二十萬石的領地，削減至周防、長門二國共三十六萬九千石，從家老到一般家臣無不對德川氏充滿怨恨，所思所想的均是洗雪關原之恥。家臣都有就寢時腳朝關東方向的習慣，有暗喻將江戶踩在腳下之意。每年過年時家老們在萩城穿戴鎧甲，由首席家老請示藩主：「一切就緒，請問主公今年可以討伐德川嗎？」歷代藩主的回覆都一樣：「時機尚早。」

姑且不論這則軼事的真實性，光是長州與幕府近兩、三年來結下的樑子，幕府當然會趁朝廷頒布敕命的機會公然除去長州，既然元治元年征討長州無法將其消滅，再次籌劃征長之役並非不可能。

參勤交代可說是幕府控制諸藩最有成效的利器，不僅把大名的正室、世子牢牢束縛在江戶當人質，每年定期往返領國、江戶間，也讓諸藩的財政吃足苦頭。好不容易在文久幕政改革，做出三年參勤一次、一次只需百日，甚至連正室·世子都毋須在江戶當人質的改變，幕府原先的立意是希望諸藩能省下花在參勤交代上的金錢，用在國防上以對抗外國勢力的進逼，但無形中卻讓長州、薩摩這些距離江戶遙遠的雄藩，有擴張勢力的機會，一旦西南雄藩實力強大，勢必成為幕府的威脅。一念及此，幕府決定取消近三年前的幕政改革。

龍馬無法自由進出京都的期間，身處長州、太宰府的同藩脫藩浪士中岡慎太郎、土方楠左衛門，搭乘薩摩的船艦悄悄進京。中岡、土方雖不在藩的召回名單上，不用擔心藩吏追捕，但進入京都與龍馬同樣要躲避京都守護職轄下諸單位的緝捕。依據中岡的日記《海西雜記》[1]，中岡在二月潛入京都滯留十日後離去。稍後在長州以身護衛五卿直到太宰府的土方，於四月五日現身京都，有《維新土佐勤王史》及土方的日記《回天實記》等史料記載，應確有此事。

土方不僅潛入京都，他還宿於吉井幸輔的住所，照這情形看來，五卿從功山寺遷移至太宰府這段期間，土方與薩摩相處的關係還算不錯，當然也可視為薩摩極力懷柔五卿及五卿身邊的土佐人。

根據《回天實記》，四月五日龍馬、千屋寅之助、高松太郎（《回天實記》只列出這三人，不清楚新宮、近藤、澤村是否也前來），偕同吉井幸輔前往嵐山（京都市右京區、西京區）與土方會面。土方在《回天實記》記載一則堪稱具代表性的龍馬逸話：

當龍馬一行人結束在嵐山的赴會，歸途迎面遇上一群會津藩士，千屋、高松二人擔心自己的服飾、口音會被會津藩士識破而顯得躊躇不前。這時，龍馬突然從路旁抱起一隻出生沒多久的小狗，驟然從會津藩士中穿行而過。龍馬此舉讓會津藩士不由自主分散到兩旁，千屋、高松二人見狀趕緊跟在龍馬之後，會津藩士始終沒有想到要追上去盤查。

龍馬的臨機應變以及臨危不亂的氣勢，想必震懾住現場的會津藩士，不僅讓自己以及千屋、高松二人安然度過危機，也讓會津藩士忘了要上前盤查。只是如此一來，龍馬當日大概無法再滯留京都，當然也不太可能特地前往寺田屋見上阿龍一面。

嵐山會談的內容留待後續再談，會談後兩日，即四月七日，年號從元治改為慶應，不僅是幕府時代最後的年號，也是孝明天皇治世的最後一個。

事實上，西鄉帶回幕府有意再次征討長州的情報並非空穴來風，西鄉返回大坂之前，姬路藩主、前老中首座酒井忠績已在二月一日出任大老，這是幕末自井伊直弼後的第二位大老，同時也是幕府最後一任大老。征長之役才剛結束又計劃再次征長，幕府高層（特別是京都的一會桑）認為，若能讓將軍坐鎮京都甚至親征，應能說動某些不打算動員的藩出兵。

鑑於前兩次將軍上洛滯留的時間都超出預期甚多，因此老中們並非都贊成將軍上

1 中岡慎太郎的日記，但並非每日都寫，故以《海西雜記》稱之。記述時間從元治二年一月起到慶應三年八月底，慶應元年六月十六日到隔年十一月十五日，有超過一年以上沒有記載。

洛。自將軍四月同意三度上洛，老中牧野忠恭（越後長岡藩主）、諏訪忠誠（信濃諏訪藩主），四月十九日因勸阻不成主動辭去老中，加上十一日辭職的淀藩藩主稻葉正邦，一下子幕閣少掉了三位老中（但同時遞補陸奧棚倉藩主松平康英），原本便需要長時間準備的將軍上洛於是往後推延。五月十六日，準備就緒的將軍第三次上洛，由於勝已在家蟄居，時任軍艦奉行木下大內記利義無法承擔航行之責，是以此次將軍上洛採取陸路的方式。

將軍三度上洛的消息理應保密到家，卻意外（或不慎）被薩摩知曉，西鄉與小松討論後認為應返回薩摩請示久光。西鄉與小松同時也做出帶著龍馬一行人前往薩摩的決定，若只是請示久光，沒有帶龍馬一行人的必要，可見西鄉、小松此行返回薩摩，不光是請示久光這一目的而已。由於薩摩在江戶時代仍厲行與外界隔絕的政策（即司馬遼太郎所謂的「雙重鎖國」），不少幕府派出的密探在肥後進入薩摩的玄關出水（鹿兒島縣出水市）關所為當地武士團所阻絕，如今，「雙重鎖國」狀態的薩摩卻為龍馬等人而開。

依龍馬的《手帳摘要》，四月廿五日龍馬一行人與西鄉、小松，以及若干薩摩藩士，在大坂搭乘薩摩藩剛買進的蒸汽船胡蝶丸，這艘蒸汽船正是去年駛入沖永良部島，搭載被流放在該地的西鄉返國復職。從大坂天保山出發航行在瀨戶內海上的胡蝶丸，理應在瀨戶內海西南端伊予灘南下進入速吸瀨戶（介於大分縣佐賀關半島與愛媛縣佐田岬半島之間，神武東征時名速吸之門，現名豐予海峽），沿豐後水道、日向灘南下，通過大隅海峽後，再掉頭北上進入錦江灣，然而實際上卻是從瀨戶內海西北端周防灘進入下關海峽，穿過響灘、玄界灘，穿過平戶、瀨戶，筆直南下，於廿九日停泊長崎。

『龍馬傳』第三季一開頭，香川照之的旁白說道「龍馬一行人乘坐胡蝶丸前往薩摩，途中在長崎滯留了數日」便是指此時之事。然而「在長崎滯留了數日」並不正確。根據龍馬的《手帳摘要》記載，龍馬在五月一日抵達薩摩，胡蝶丸最遲應於該日一早離開長崎，在長崎最多只住兩晚。至於四月廿九日晚（最多再加上三十日晚）的下榻處，是否如『龍馬傳』所述住在當地貿易商人小曾根乾堂的宅邸，難以確認。

以目前的龍馬傳記來看，此次造訪長崎與龍馬無直接關係（但並非毫無關聯），而是出於西鄉、小松或薩摩藩的需求。五月一日胡蝶丸駛進錦江灣，櫻島火山不久出現在視線的右前方，視線左側映入眼簾的則是甲突川與天保山砲台（鹿兒島市天保山町，在天保山公園內），該地砲台與更北邊的祇園之洲砲台，在前年薩英戰爭與英國作戰時發揮功效。

前文提過薩摩在江戶時代仍對外隔絕，如今驟然湧入龍馬等二十餘人，造成的轟動恐怕會傳到久光耳裡，西鄉與小松商議後，認為只讓龍馬一人下船，其餘留在船上較為可行。於是由僕役划著小舟，載著西鄉與龍馬溯甲突川而上，過高麗橋便是西鄉的家，大久保一藏的家也在附近[2]，當晚龍馬在西鄉的家裡享用來到薩摩後的第一餐。

身為掌控薩摩藩外交與軍事，且又是征長之役的參謀輔佐西鄉，其名聲天下無人不知，然而西鄉在甲突川旁的住家卻顯得無比寒酸。龍馬在數日後才知道，為了招待他，西鄉打發吉二郎、信吾與小兵衛三個弟弟，以及未出嫁的妹妹安暫住親戚家。當晚西鄉向龍馬介紹小他十六歲的新婚妻子糸子（這也是為何西鄉在征長之役結束後沒有立即返回大坂的原因），隔年戶籍上的西鄉長男寅太郎出生。

龍馬來到薩摩談論的主題有二：一為成立獨立於藩之外的貿易團體（當時尚無「公司」這一名稱），一為促成薩長訂定祕密同盟。這兩個主題都與薩摩有密切的關係，而且在大坂藩邸龍馬已與西鄉、小松談論過，只是若要讓這兩個議題成為薩摩藩論並順利推行，勢必得讓人在薩摩的大久保一藏點頭才行。西鄉、小松認為若能讓龍馬說服一藏，進而得到他的全力支持，其他家老、藩主，甚至國父久光，大概也不會持反對意見，這才是西鄉、小松帶龍馬返回薩摩的真正原因，至於途中短暫停靠長崎，想必與成立獨立的貿易公司不無關聯。

據山本大《坂本竜馬》一書，龍馬在薩摩滯留到五月十五日，十幾日的時間裡，龍馬與一藏見面詳談想必不只一次。龍馬一如與西鄉初次見面，在交談的同時也在觀察一藏的性格，他認為要說服一藏這個人不能採取慣用的誇張加戲謔的手法，必須明確地剖析利害關係，唯有如此才有可能得到一藏的同意。幾次交談下來，一藏逐漸被龍馬說服，但是在獨立貿易團體這點因有部分爭議而暫時擱置。

值得令人玩味的是，擅於觀察人的龍馬沒有留下對一藏的評語，而一藏也未留下對龍馬的評價。前文曾提及，龍馬在慶應二年年底寫給兄長權平的家書中，列出了幾個稱得上天下的人物，薩摩部分只有西鄉與小松，這封家書距此時與一藏見面有一年半以上的時間，龍馬依舊不認為一藏稱得上天下的人物。

雖然一藏在龍馬看來稱不上天下的人物，但並不表示龍馬不認同一藏的器量，慶喜返還政權後，龍馬帶著連夜起草的新政府成員名單，前往二本松薩摩藩邸，與西鄉等人會面。龍馬草擬的新政府成員名單當中，「參議」是藩士能出任的極官，有幸被龍馬列入「參議」的諸藩藩士僅只九人，其中有五人與龍馬家書列出的天下的人物重疊，而剩下的四人當中便有大久保一藏的名字。可見龍馬或許與一藏性格不合（或是不喜歡其為人），卻沒有否定一藏的才能。

十六日，龍馬搭乘小船來到甲突川口，與在船上等待的前海軍操練所塾生會合，

2　兩人出生地附近現建有鹿兒島市維新ふるさと館，鹿兒島市加治屋町。

龍馬等人肩負新任務即將離開薩摩，他們被賦予的新任務為與長州和解。自八・一八政變以來，歷經池田屋騷動、禁門之變等事件，薩摩與長州結下極深的仇恨，長州人稱薩摩藩為「薩賊」，與被稱為「會奸」的會津藩，同為長州人的深仇大敵。要與這一視己如仇寇的藩訂定同盟無法一蹴可幾，必須先減輕長州對薩摩的仇恨，減輕到一定程度後，方能談得上結盟，龍馬認為減輕長州對薩摩仇恨最快也最直接的方法，是拉攏人在太宰府的五卿。長州身上背負的冤屈，五卿完全能感同身受，若五卿能放下對薩摩的仇恨，將有助於薩長的和解，而且在五卿身邊負責護衛職責的是土方楠左衛門等土佐浪士，這似乎也註定土佐人是最適合擔任斡旋薩長進行和解、甚至訂定同盟的角色。

第十四章　筑前篇（一）

太宰府延壽王院

與來時不同的是，龍馬等人離開時搭乘的是薩摩藩另一艘蒸汽船「開聞丸」（胡蝶丸則開往大坂另有要務）北上，通過天草灘本應繼續北上前往長崎，龍馬卻下令船艦轉向早崎瀨戶（長崎縣島原半島與熊本縣天草諸島間的海峽）進入有明海，在熊本停靠，原來他獨自下船來拜會橫井小楠談論天下局勢。

十九日，龍馬來到熊本郊外沼山津村，此時依舊是在野之身的小楠，身邊同樣只有德富一敬等幾位學生。連同去年四月六日，一敬與龍馬見面的次數不過兩次，但這兩次足以成為一敬永遠的記憶。一敬次男健次郎（號蘆花）在執筆小說處女作《不如歸》之前，於明治三十一年（一八九八），在兄長猪一郎（號蘇峰）成立的「民友社」[1]出版隨筆集《青山白雲》，當中有篇〈沼山津村〉短文，轉述父親對當時的回憶：

坂本龍馬來沼山津拜訪老師，我剛好在場而聽到了兩人的對話。坂本當時從薩摩返回的歸途說道，現今思之當時他正撮合薩長聯盟中，坂本穿著白色琉球絣[2]的單衣[3]，並插上大小雙刀，是個皮膚黝黑的高個子、所到之處說起話來令人感到愉快的男人。據他所云，大大小小的衣服皆出自大久保的贈送[4]，端酒出來後開始談論人物。客人與主人都盡歡，大久保如何如何，西鄉如何如何，某某如何如何。當時先生右手持酒杯說道：「那我又如何？」龍馬莞爾一笑，緩緩說道：「先生應坐在二樓御座，與美女舉杯共飲，舉酒看西鄉、大久保在戲台上演出。大久保塞在戲台上進退不得，先生再出聲向他下指示。」先生笑得開懷點頭稱是。

結束熊本的行程，龍馬於廿三日來到福岡東南方約十四公里的太宰府。

常到日本旅遊的讀者想必對太宰府不陌生，這是王朝時代負責九州地方的軍事、外交（中國．朝鮮）機關，有「遠端的朝廷」之稱。延喜三年（九〇三）謫居至此的太宰權帥菅原道真抑鬱而逝後，平安京接連出現疫病與異常的天象，當時普遍認為這是道真的怨靈在作祟，朝廷派出敕使前往道真在太宰府的墓地建造社殿。

然而，光是建造社殿無法平息道真的怨靈，醍醐天皇（在位期間為八九七年到九三〇年）的幾位皇子相繼夭折，朝廷下令恢復道真生前右大臣的官職，並追贈正二位官位（生前為從二位）。道真不愧是日本史上三大怨靈之一，朝廷這點心意無法平息其怨氣，十世紀末朝廷追贈正一位太政大臣，甚至晉封為「天滿大自在天神」才使怨靈不再作祟。

1 明治二十年（一八八七），廿五歲的猪一郎得到姊夫兼實業家湯淺治郎的贊助，成立言論團體、出版社「民友社」，及綜合性月刊《國民之友》。「民友社」及《國民之友》都標榜平民主義，批判歐化主義，並與國粹主義對抗。明治二十三年，因《國民之友》銷售量大增，而發行日刊報紙《國民新聞》，儼然在言論界成為一股不可小覷的勢力。日清戰爭後，蘇峰對三國干涉還遼感到憤慨，痛感平民主義無法改變日本的國際地位，轉為支持對外擴張、支持山縣有朋及桂太郎等軍人內閣。明治三十一年，《國民之友》與《國民新聞》合併，成為政府的御用報紙，「民友社」至此已失去監督政府的功能。不過，包含生涯代表作一百卷《近世日本國民史》，及大多數猪一郎與健次郎的著作，都由「民友社」或《國民之友》出版，在文化上仍有其貢獻。

2 「絣」為織物染織模樣的一種，也寫成「飛白」。將各種顏色的絲線在織布上織出的直線、橫線能表現出圖案的技巧，這種技術最早見於印度，經泰國、柬埔寨、越南、琉球傳至日本，江戶時代成為部分藩的專利。伊予、久留米、備前三地的絣最為有名，戰後洋服為大眾接納，隨著和服的需求銳減，絣的產量也跟著受到影響。

3 也寫作「單」，但若作為公家的服飾，則只寫作「單」，而不寫作「單衣」。狹義的「單衣」單指長袖，主要在夏季著用，材質為綿織物與絹織物。

4 龍馬認識的大久保主要有大久保忠寬與大久保一藏二人，此時德富一敬所指的大久保很有可能是後者。

到此為止的敘述相信多數讀者了然於心。不過，多數讀者以為太宰府天滿宮為神社，最初的名稱卻是安樂寺天滿宮，原先是佛道（神道）不分，在明治初年神佛分離後才成為現在的樣貌，龍馬造訪時天滿宮充斥眾多僧侶。就所在位置而言太宰府應在福岡藩藩境內，實際上卻屬於神領[5]，包括幕府獻納千石、福岡藩獻納兩千石、久留米藩獻納二百五十石、柳川藩獻納五十石，太宰府天滿宮實際上是個擁有多達三千三百石的神領。

延壽王院原為安樂寺天滿留守別當的宿坊，位於太鼓橋與心字池的右手邊。「延壽王院」乃桃園天皇於寶曆四年（一七五四）所賜的院號，現為天滿宮宮司西高辻家的宅邸。西高辻家乃公卿高辻家的分家，其家格屬堂上公卿最低階的半家。

在五卿身邊充當護衛都是土佐浪士，如前文提過的土方楠佐衛門，此外還有島村左傳次、山本兼馬（實名忠亮）、南部甕男（實名忠成）、清岡半四郎（實名公張）等人（『龍馬傳』沒有上述角色，因此由中岡慎太郎充當），除清岡半四郎外皆是土佐勤王黨成員，清岡雖未加入，但其兄長道之助也是勤王黨成員。上述數人除了山本兼馬因不堪病痛折磨於翌年切腹外，其餘都活到明治時代並在太政官謀得一官半職。

龍馬經由這幾位護衛五卿的土佐浪士，於廿三日到廿七日間，順利與五卿中的三條實美、東久世通禧會談，至於三條西季知、四條隆謌、澤宣嘉三卿是否有深入會談則不得而知（見面應是毫無疑問）。

龍馬透過護衛五卿且又是同藩浪士與五卿見面，應該是再自然不過了，因此上述說法長久以來成為通說，《龍馬行》便是採用此說，『龍馬傳』則根本未提到土方等人，而是龍馬與陸奧陽之助前往太宰府延壽王院與五卿及高杉晉作會面。

松浦玲教授在《坂本龍馬》一書提出新的說法：龍馬在太宰府先接觸當地的薩摩藩士澀谷彥介，由澀谷帶領龍馬前往太宰府延壽王院與三條等五卿會面。龍馬為何能接觸澀谷彥介呢？龍馬從薩摩出發時，西鄉便派出藩士兒玉直右衛門跟隨在旁，透過兒玉認識澀谷，再透過澀谷與五卿會面。

松浦玲教授引用龍馬的《手帳摘要》提到，與五卿會面的時間為廿四日到廿七日，廿三日只是抵達延壽王院而未立即拜會五卿。至於與龍馬會面並深談一樣是三條與東久世二卿，對照《手帳摘要》與《東久世通禧日記》，可知龍馬廿四日拜謁五卿後，與剛好來太宰府探視五卿的長州藩士小田村素太郎、長府藩士時田少輔會談。廿五日，龍馬正式與三條、東久世二卿會談，廿六日休會，廿七日再與三條會談，然後廿八日

5 神社的領地，也稱為社領。維新之前神社擁有獨立的地位以及行政權與司法權，擁有獨自的經濟來源，這些經濟來源包括神地、神田、神戶、神郡、御廚、御園、朱印地、黑印地，其收入作為神社神事、祭典或營造的費用。明治四年頒布《社寺領上知令》，清查全國的神領與寺領，中世紀以來的神領與寺領因此而消滅。

離開延壽王院前往下關。

這幾次會談的內容沒有留下文字記載，因此不清楚確切的內容，但是與小田村素太郎、時田少輔會談的主題不難推測，一定與薩長和解甚至結盟有關，這可從廿八日之後龍馬、土方楠左衛門的行為得到證實。至於龍馬與三條、東久世二卿會談的內容比較不好推測，考量到公卿對朝廷以外的世界缺乏深刻認識，或許圍繞在比較輕鬆、詼諧的話題，因此東久世通禧（一說是三條實美）在其日記寫下：與土州藩坂本龍馬面會。偉人也，奇說家也。

龍馬既與護衛五卿的土佐浪士熟識，來太宰府為何不直接透過土方等人與五卿會面，反而是透過澀谷彥介、兒玉直右衛門兩位不熟稔的薩摩藩士的引見呢？筆者手邊的《幕末維新大人名事典》查不到澀谷彥介、兒玉直右衛門兩位薩摩藩士生平及事蹟，無法確定是否確有其人，但就算確有其人，恐怕兩人的生平也是乏善可陳。龍馬離開延壽王院後，於閏五月五日親自提筆寫信給澀谷彥介，內容如下：

土方楠左衛門久元自土佐出走一事想必足下已經知悉，以後若與土方會面請向其致意，希求其能愈益安泰順心。此次土方楠左衛門久元離京來此，依他所言，是為了打探關於將軍家的傳聞。行進在東海道上的幕軍，人數據說為五萬，岩下左次右衛門兄早先已將蒸汽船開回薩摩，本月十日左右與西鄉吉之助、小松帶刀等人上京，以致我寫的書信無法送往貴藩國。總之，在思考時雅兄（澀谷彥介）應請土方楠左衛門久元兄詳細傳達長州時勢的轉變給貴藩國，祈能盡早進行。（閏）五月五日我將再通知您，（閏）五月六日將與從山口來的桂小五郎會面。這個人與長州一般尊攘派不同，是個可以信任的人，當時桂小五郎採取調解過的國論而得到各方的擁戴。

龍馬這封親筆信證實澀谷彥介確有其人，松浦玲教授依照此信推論出上述的說法，可見正因為土方此時人不在太宰府，龍馬才需要澀谷、兒玉兩人的引見（難道龍馬不能憑藉島村、山本、南部等人的引見與五卿會面嗎？澀谷、兒玉與五卿的交情有深到可以介紹龍馬與他們會面的程度嗎？筆者對此抱持高度懷疑）。

五月廿八日，龍馬離開太宰府後向南走到長崎街道，經過追分[6]後，循該街道往東北而走去，途經山家（福岡縣筑紫野市大字山家，現JR筑豐本線筑前山家驛附近）、

6 幹道與幹道的分歧點。幕府時代日本名為追分的地名相當多，以甲州街道與青梅街道的分歧點新宿追分（東京都新宿區新宿一丁目到三丁目一帶），以及中山道與北國街道的分歧點信濃追分（長野縣北佐久郡輕井澤町追分）最為有名。

內野（福岡縣飯塚市內野小深田，現ＪＲ筑豐本線筑前內野驛附近）、飯塚（福岡縣飯塚市本町）、木屋瀨（福岡縣北九州市八幡西區木屋瀨，筑豐電器鐵道線木屋瀨驛附近）、黑崎（福岡縣北九州市八幡西區黑崎，現ＪＲ鹿兒島本線黑崎驛附近），於閏五月一日抵達下關。

第十五章　下關篇（一）

薩長和解的可能性

元治二年四月五日，龍馬、千屋寅之助、高松太郎偕同吉井幸輔與土方楠左衛門在嵐山會面（《回天實記》沒有提及西鄉、小松二人，想必不在場），土方力倡薩長必須和解，進而締結同盟才能避免長州遭到滅亡的危機。土方自八．一八政變以來與長州患難與共，當然不希望長州在已不是祕密的再次征長之役遭到消滅，要確保長州不被消滅，捨與薩摩締結同盟外別無他法。雖然長州視薩摩如仇敵，但為求生存也只能與仇敵和解，長州若拉不下臉來，可由身受長州庇護的土佐人來代為斡旋。

這日行程結束後，土方繼續潛匿京都，而龍馬等人則返回大坂薩摩藩邸，向西鄉分析當前局勢。西鄉對於幕府再次征長採取不置可否的態度，既不加入幕府的陣營，也不出手幫助長州，任由長州自生自滅。龍馬指出若任由幕府消滅長州，幕府會因消滅長州而提升威望，如此一來幕府或有可能推動比恢復參勤交代制更為嚴苛的法令，如此一來放任幕府消滅長州於薩摩有何助益？更甚者，消滅長州後，難保幕府不會以對付長州的手段來對付薩摩，若真如此，有了幕府消滅長州過程中薩摩不理不睬的前例，幕府來消滅薩摩恐怕也不會有任何藩願意伸出援手，這麼一來，孤立無援的薩摩能對抗幕府嗎？

聽完龍馬一席話，西鄉才驚覺原來任由長州被幕府消滅，無形中也在斷絕薩摩的生路，為了薩摩的存續，與長州和解進而結盟實有必要。然而，自八．一八政變以來雙方結下極深的仇恨，長州人恨不得生啖薩摩人，如讓薩摩人冒然進入長州藩境，還沒說明來意應該已被大卸八塊。看見西鄉逐步被自己牽引至薩長和解的話題裡，這時龍馬才說出土佐浪士早已在為薩長和解奔走，只要薩摩有與長州和解的意願即可。

西鄉將龍馬的分析與小松談論，小松也同意龍馬的觀點，不過與長州和解茲事體大，小松認為有必要與人在薩摩的大久保協商，把龍馬帶去薩摩由他出面更增添說服大久保的可能性。龍馬前往薩摩的對象雖然只有大久保一人，但大久保一人足以抵得過孔明在江東的所有對手。

以上簡單介紹與前兩節同一時間但未提及的部分，接著繼續談龍馬離開太宰府後的局勢。

龍馬在太宰府動身前數日，中岡、土方剛於五月廿四日離開京都（依《海西雜記》

中岡三月前往太宰府、福岡一帶，四月都在長州且與桂小五郎會談；而依《回天實記》土方似乎都藏匿在京都），廿五日兩人一同參詣石清水八幡宮，土方想起文久三年四月的八幡行幸，在《回天實記》不免有如下的感慨：

……一昨年初夏中旬至尊行幸之時，有幸被任命為隨員，擔任姉小路殿的扈從。如今回想當時盛大儀式，實浩歎不已，不覺血淚下千行。

廿八日二人來到大坂，發現薩摩藩蒸汽船胡蝶丸早已停泊在該港等待他們。由於長州相當怨恨薩摩，薩摩船艦若接近三田尻、下關等長州任何港口，哪怕是長州農民也會拿著鋤頭蜂擁而上。因此胡蝶丸特地繞了遠路，於閏五月二日停靠豐前田野浦（福岡縣北九州市門司區田野浦），這裡雖是下關海峽的對岸，但已是小倉藩境內，薩摩的船艦及人員停靠此處沒有性命之虞。土方與中岡上岸後立即分手，中岡前往薩摩遊說西鄉，土方則前往下關赴龍馬之約。

龍馬一到下關上岸，便有像是等待已久的長州武士為他帶路，當晚宿於腰綿屋彌兵衛住處。依龍馬的《手帳摘要》，翌日他似乎因身體微恙而被移往別處靜養，因此二、三、四日都未與土方或其他長州藩士會面。閏五月五日，復原的龍馬與土方及長府藩士時田少輔，在下關豪商白石正一郎宅邸會談，文久二年四月一日初次脫藩的龍馬正是在此接受白石正一郎的招待。時田少輔只是長府藩士，與他的會談不會觸及重要內容，會談結束後，龍馬寫信給澀谷彥介（即前節所附的信函）。

依《回天實記》所載，龍馬與土方在六日與桂小五郎會談。去年底高杉晉作在功山寺發動政變，歷時近兩個月的作戰，成功推翻主張對幕府順從的恭順派，高杉自認沒有掌管藩政的才能，因此派出伊藤俊輔前往但馬出石，迎回亡命此地的桂小五郎。五月廿七日，桂被任命為政事堂用掛兼國政方用談役心得，成為藩論調整為武力倒幕後的長州藩政最高負責人，龍馬與土方可說是桂主掌長州藩政後，最先接見的外藩之人（桂在之前雖已見過中岡，但會面時桂尚未執掌藩政）。

上次（四月下旬）桂已從中岡口中聽聞幕府有意再度征長的傳聞，這次土方帶來包括將軍已經上洛等更為確實的情報，幕府再次征長應毫無疑問。雖說長州已確定以武力倒幕為藩論，長州藩士也願意為武力倒幕付出性命，但是掌管長州藩政的桂必須正視更為現實的問題：一、一旦幕府軍攻打過來，長州得不到其他藩人力與物力的奧援。二、長州朝敵的身分讓外國武器商為之卻步，不願販售武器給長州，在人力上已經吃虧的長州若不能透過武器彌補這一缺點，與幕府的作戰將毫無勝算。

中岡到來給桂點燃希望，與龍馬和土方的會談讓桂認為，跟薩摩和解才是長州唯一的生存之道，因而對中岡離去時提到下一次將會帶西鄉前來的諾言抱持期待。桂雖有意與薩摩和解，但考量到在池田屋事件與禁門之變死去的眾多藩士可說是因薩摩而起，若未與其他藩士商量便驟然同意，必定引起藩內的不滿，因此他對龍馬與土方的意見不動聲色。

不料，這一日的會談內容似乎走漏，會談結束後有一位名為野村和作的年輕藩士拜訪龍馬，要求撤回薩長和解。野村和作在明治時代稱為野村靖，歷任神奈川縣令、農商務省博物局長、驛遞總官、遞信次官、樞密顧問官、駐法兼西葡全權公使、第二次伊藤博文內閣內務大臣、第二次松方正義內閣遞信大臣等職務。野村能歷任這些職務在於他不僅出身長州藩，而且還是長州藩嫡系松下村塾，其兄長是松陰四天王之一入江九一。入江在禁門之變戰死，雖非死於薩摩藩兵之手（越前藩兵），但薩摩藩是禁門之變獲勝的主力，如今長州因現實因素欲與薩摩達成和解，雖說是迫於現實，但野村和作終究難以對此釋懷。

既然野村已知龍馬到來的目的是尋求與薩摩的和解，代表其他長州藩士也差不多都知道了，為平息藩士內心的不滿，翌（七）日，桂找來數名藩士前來聆聽龍馬的見解。據《回天實記》記載，土方在這一行程結束後返回太宰府，畢竟土方離開太宰府已超過兩個月。龍馬則選擇留在下關，他要等待先行前往薩摩的中岡帶著西鄉到來與桂締結薩長盟約。

在龍馬等待中岡到來的同時，閏五月十一日宵五時（約晚上八時），土佐藩廳南會所大廣庭（高知市帶屋町二丁目）正在進行可說是日本史上最悲壯的切腹。被下令切腹的是土佐勤王黨領袖武市半平太，他的家格是白札，在藩裡的地位形同準上士（上士格），即使被判處死刑也能享有切腹的待遇。同日結束生命的岡田以藏，因為只是土佐身分制中武士階級最低階的足輕出身，被捕之後從刑求到在牢裡的環境都是最差的待遇，連結束性命也不配享有切腹，只能接受斬首的對待。

享用完最後一餐的半平太被帶到藩廳南會所大廣庭，向在場每個人點頭行禮，感謝他們一年八個多月來的關照。然後拿出事先寫好的辭世：

無法回到過去的歲月，即將消逝的虛幻無常生命無須感到可惜。

（ふたたびと　返らぬ歳を　はかなくも　今は惜しまぬ　身となりにけり）

半平太隨即說道他要以三文字切的方式完成切腹。一般切腹是指在小腹附近以短刀或脇差刺進肚子，再由左朝右橫切，此謂之一文字切。三文字切，即是在小腹附近橫切三次，光一文字切便會對肉體造成難以忍受的痛苦，三文字切的痛苦程度更是難以想像，據說從未有人嘗試過。半平太毅然選擇三文字切結束性命，藩廳也特別破例安排兩名介錯人為半平太介錯，以減輕肉體上的痛苦。半平太咬牙苦撐完成三文字切，完成後半平太倒在血泊中，無法維持斬首的姿勢，介錯者只好持長槍刺入其心臟結束其性命，享年三十七歲。

在半平太切腹稍早之時，以藏與村田忠三郎、久松喜代馬、岡本次郎等三位土佐勤王黨成員一起遭到斬首。『龍馬傳』第二季在半平太切腹後接近尾聲，最後一幕是龍馬與高松太郎、近藤長次郎、千屋寅之助、新宮馬之助、澤村惣之丞、陸奧陽之助共六人從土佐搭船前往長崎。讀者若對照前文提及『龍馬傳』第三季一開頭香川照之的旁白：「龍馬一行人乘坐胡蝶丸前往薩摩，途中在長崎滯留了數日」，便可發現第三季開頭的日期（四月廿九日），竟早於第二季結束（閏五月十一日）！在『龍馬傳』劇裡，除第四季每一回結束時對龍馬暗殺日期的倒數及全劇最後岩崎彌太郎死亡外，前三季幾乎很少附上確切的日期，因為日期不清楚，出現了第三季開頭比第二季結束還早一個月以上的時空錯亂現象，也就不足為奇。

比對前面的敘述便可得知，半平太切腹時，龍馬根本不可能現身土佐。且先不說二度脫藩的龍馬一進入土佐藩境便會被捕，而是此時的龍馬正在下關，與桂翹首等待中岡偕同西鄉前來，在中岡尚未到來前，身為薩長

武市半平太切腹之地。

和解的倡導人之一，龍馬不能拋下桂及長州藩士離開下關。最後中岡抵達下關的日期是閏五月廿一日，亦即就算龍馬事先得知半平太切腹的日期（龍馬聽到半平太切腹的消息可能要等到離開長州之後），但為促成薩長的和解，他也無法中途離開。

『龍馬傳』第二季結束還有一不合理之處，老公山內容堂紆尊降貴來到關押半平太的牢獄與他交談，最後對半平太說了一句：「你是我的好家臣。」半平太對於自己終於得到容堂的肯定相當感動，跪伏在地啜泣不已。這一幕的目的似乎是為了交代容堂感受到半平太的忠心而滿足其心願賜他切腹，但前文已提過，半平太的家格是下士最高階白札，在藩裡被當成準上士看待，上士犯錯的處分即是切腹，與容堂的恩賜無關，何況以容堂的性格是否願意前往牢獄探望半平太還是未知數。筆者認為安排這一幕的真正目的，是要凸顯半平太性格上的侷限：過於拘泥在藩的框架上，因此無法像龍馬一樣選擇脫藩以在野之身推動攘夷。

閏五月十三日，即半平太切腹後過兩日，容堂寫信給伊達宗城，內容提到「小南五郎右衛門、武市半平太等人一昨日已予以處置。小南剝奪名字帶刀[1]，以町人生涯過完餘生。武市已在政府切腹，此外斬首四人，關押者有七、八人……。」信件內容感覺像迫不急待且鉅細靡遺的交代處置經過，如果容堂真的視半平太為家臣，不應採取這樣的態度。

再把場景拉回到下關。自閏五月八日起，龍馬便與桂在下關癡癡等待搭載中岡與西鄉的薩摩船艦到來。龍馬、土方與桂會面的閏五月六日，中岡才剛抵達薩摩，一下船中岡便直奔西鄉家，簡單寒暄後，中岡向西鄉開門見山的提起與長州結盟，並要西鄉與他前往下關。西鄉先前已被龍馬的言論說服，聽到中岡的邀請立即於翌日安排船艦，擇定閏五月十六日啟程。

當日，西鄉與中岡搭乘胡蝶丸離開薩摩。原本還與中岡有說有笑的西鄉，到了十八日神情突然變得嚴肅起來，對中岡說道他有急事要前往京都，不能去下關。中岡直覺認為西鄉在說謊，若真有急事非去京都不可，上船前就應說出，而不是下關已在眼前才臨時說有急事，顯然西鄉不願前往下關。中岡無法說服西鄉打消前往京都，不得已只得獨自在豐後佐賀關下船，然後雇條小漁船於廿一日抵達下關。

龍馬看到只有中岡單獨到來，再聽中岡的說明後，清楚明白西鄉臨陣脫逃的原因在於不敢孤身進入長州，長州人對薩摩的恨意可會要了西鄉的命。原本滿懷期待西鄉

1　也寫作「苗字帶刀」，是江戶時代武士兩大特權之一（另一為「斬捨御免」）。「名字」（或「苗字」）相當於中文的「姓」，在江戶時代只有武士與貴族（包括堂上公卿與地下人）擁有。「帶刀」，指的是插在腰間的雙刀，最初純屬武士的特權（後來也允許商人有此特權）。剝奪「名字帶刀」，亦即被逐出武士階級，然而到了慶應二年，容堂便恢復小楠五郎右衛門武士的身分，而且還官復原職。

到來的桂，看到獨自一人的中岡，認為又再次遭到薩摩的愚弄而怒不可遏，充分顯現出桂性格中歇斯底里的一面。相較於中岡一個勁地賠不是，龍馬反而要桂冷靜下來才願意道出打破眼前僵局的妙策。桂為了聆聽龍馬的妙策，不得不讓盛怒的自己平心靜氣，龍馬眼見桂已撫平情緒後才說出他已在長崎成立了一個名為龜山社中的團體，可以薩摩藩的名義向當地的外國商人購買槍砲，再將購入的槍砲武器轉售長州，如此一來長州便能取得與幕府作戰的新式武器而立於不敗之地。

桂認為龍馬接下來應該會前往長崎，但龍馬卻拖到廿九日夜裡才出發，而且還是跟中岡一起出發，若是前往長崎理應西行，實際上龍馬與中岡卻是東行。依《海西雜記》所記，龍馬與中岡在這日夜間出航，六月十四日宿於備前西大寺。

第十六章　長崎篇（一）

龜山社中

依照傳統說法，龍馬前往太宰府身邊帶的是海軍操練所塾生陸奧陽之助。不過，從《維新土佐勤王史》、《手帳摘要》、《回天實記》，以及東久世通禧日記等多部第一手史料，似乎都缺乏對陸奧的記載，紀州藩出身的陸奧不僅不認識五卿，而且也不認識護衛五卿的土佐浪士，劍術不靈光的他也當不了龍馬的保鑣，口若懸河的口才不見得能為龍馬此行增添可行性（以龍馬的口才以及與土佐浪士的交情已足以完成任務），似乎沒有與龍馬同行的必要，不免令人懷疑陸奧前往太宰府的真實性。

離開太宰府後，龍馬與陸奧分手，單獨前往下關，陸奧則返回長崎。而龍馬因為等待中岡帶西鄉前來與桂結盟之故，幾乎在下關待上一個月，結束下關行程後，卻又出人意料並未前往長崎，而是反其道而行前往岡山，真正前往長崎大概是在十月左右。然而，長州派出的井上聞多、伊藤俊輔，已在近藤長次郎的斡旋下，於七月下句向長崎的英國商人哥拉巴（Thomas Blake Glover）購買新式的米尼葉槍與坎貝爾槍（Gewehr），可見龜山社中是由龍馬在場才成立的傳統說法不能成立。

目前的看法認為，龍馬在前往薩摩之前，即已得到西鄉、小松的同意，由薩摩出資在長崎成立一個代為與西洋商人貿易的窗口，此外還必須將訂購的商品運回薩摩或薩摩指定之處。由於薩摩出資包含購買一艘耗費數萬兩的蒸汽船，西鄉、小松必須返回薩摩徵得久光及大久保的同意，這是西鄉、小松除了該如何因應將軍三度上洛外返回薩摩的另一原因。前文提過，若只是向久光請示如何應對將軍三度上洛，沒有帶龍馬一行人前往薩摩的必要，正因為成立一個獨立於薩摩藩之外的窗口同樣重要，所以才有龍馬一行人前往薩摩之行。

在薩摩的十餘日，龍馬提出更為詳盡的細則給西鄉、小松以及大久保，窗口選定長崎，不光因為長崎是幕府鎖國之下唯一的對外開港地，而是長崎乃開國後僅有的幾個有外國人租借地的港口（當時僅有長崎、橫濱與箱館，神戶及新潟到王政復古以後才陸續開放），有外國人租借地的港口才能吸引外國商人來此長住，也才能帶入西洋新文化以及新資訊。

由於龍馬還有要務必須前往太宰府，五月十六日與海軍操練所塾生搭乘開聞丸從薩摩出發，龍馬中途在熊本下船一事已在前面提及，與龍馬分手後的其餘海軍操練所塾生之去向便留待本節敘述。龍馬拜訪橫井小楠的同時，海軍操練所塾生應已抵達長崎，這些塾生中以陸奧陽之助口才最好（陸奧的口才在太宰府派不上用場，但在長崎卻很需要，這也是筆者認為陸奧沒有與龍馬前往太宰府的原因）、近藤長次郎英語能力最強、高松太郎與龍馬有血緣關係，成立龜山社中的過程中這三人可能位居主導的地位。

大概在慶應元年五、六月間（根據前文，龍馬都不在長崎），海軍操練所塾生（或陸奧、近藤、高松三人），得到與薩摩藩有生意往來的長崎富商小曾根乾堂，提供位於龜山（長崎市伊良林二丁目）高地的屋敷作為根據地，該地可遠眺西北方的諏訪神社（長崎市新大工町），此即後人稱為龜山社中的開始。不過，從近藤長次郎的信件或岩崎彌太郎的日記來看，他們對於新成立的單位都僅稱呼「社中」，而非龜山社中，可見前者才是最初的稱呼。

為了避免被幕府的人認出，塾生皆使用化名，如新宮馬之助化名寺內信左衛門，近藤長次郎化名上杉宗（宋）次郎，高松太郎化名小野淳輔、多賀松太郎，澤村惣之丞化名前河內愛之助、關雄之助，千屋寅之助化名

龜山社中。

菅野覺兵衛。至於陸奧陽之助與白峰駿馬因為非土佐出身故不使用化名，之後還陸續加入池內藏太、中島作太郎（以上土佐）、小谷耕藏、黑木小太郎、佐柳高次、渡邊剛八、橋本久太夫、腰越次郎、野村辰太郎等人。

社中成員包含龍馬在內，每人每月可領到三兩二分的津貼，這個金額在當時算多還是少呢？宮地佐一郎在《龍馬百話》列舉文久三年新選組剛成立時的薪資作為對照：

隊長近藤勇　五十兩

副隊長土方歲三　四十兩

助勤沖田總司等人　三十兩

平隊士　十兩

嚴格說來還要把文久三年到慶應元年的物價波動幅度也考慮進去，只是本書並非學術專書，物價波動幅度可不列入考慮，純粹以金額作比較即可。宮地舉出的數字僅是平時的薪資，若有執行或支援任務如池田屋騷動或禁門之變，事成後得到的賞金也算入的話，近藤、土方兩人月薪會超過百兩，助勤視情況或許能到百兩左右，平隊士大多落在二十到三十兩左右。不過，重大的任務並非每月都有，而且只有完成任務的平隊士才能領到賞金，代價過於巨大，因此以平時薪資比較較為客觀。

龍馬毫無疑問是龜山社中的頭取，即使如此頭取也與尋常社員同酬，亦即在龜山社中裡沒有薪資的差別。但是陸奧陽之助對於三兩二分的津貼顯然不滿，抱怨道：

> 太廉價了。紀州藩連年輕的留學生一般也都有八到十兩的津貼，這根本連三一都不到。

陸奧口中的「三一」又稱為「三一侍」（念作「さんぴん」），是江戶時代身分最低的武士，年俸只有三兩一分而稱之，然龜山社中的社員是月俸三兩二分，已比三一的待遇好上許多。言歸正傳，月俸三兩二分在當時算是多還是少呢？宮地佐一郎在該書提到，三兩只相當於二石二斗的米價，就算二石二斗的米夠一人吃一年以上，對米價而言仍是偏高，顯然是受到開國後通貨膨脹的衝擊，難怪陸奧會有上述的抱怨。但抱怨歸抱怨，面對現實陸奧也只能「不夠的話，其餘要自己想辦法」。因此在『龍馬傳』，龜山社中成員尚須兼

龜山社中所在地風頭山龍馬銅像。

差製作並販售長崎名產カステラ[1]。必須說明的是三兩二分的薪資固然偏低，但因為龜山社中剛成立尚無承攬業務的能力，是以此時的薪資以現在的角度而言算是本俸或底薪，而非薪資的全部。

談妥下一節提及的交易後，龜山社中與長州藩的關係逐漸密切，在下關僅次於白石正一郎的豪商伊藤助太夫宅邸設置事務處（命名自然堂），之後也在京都酢屋（京都市中京區河原町三條）設置事務處。

『龍馬傳』第三十四回有一幕，龍馬與幾位龜山社中成員皆一襲白色和服及長袴，在長崎上野彥馬的照相館拍照，通說認為在海援隊時期才有制服，但依山本大《坂本竜馬》在龜山社中時期已有制服，只是無法確定是否如該劇所言是在談成聯合號的交易之後。至於上野彥馬相信不少讀者應有聽過這號人物，不少幕末志士前往長崎都會順道在他的照相館留影，最有名的龍馬照片便是出自上野彥馬之手。不過，『龍馬傳』第三十四回拍的這張照片是否真實存在頗令人疑問，龍馬最有名的照片是攝於慶應二年六月初，那是他首次找上上野彥馬拍攝照片。而龍馬與海援隊士間現存只一張合照，該張合照眾人採取坐姿，而非『龍馬傳』的站姿。而且，既然是與海援隊成員合照，照片裡不會有已在慶應二年初切腹的近藤長次郎。

雖然陸奧抱怨龜山社中的薪資連「三二」都不到（其實比「三二」多上許多），不過，龜山社中成立後的首筆生意很快便找上門來，為了在薪資上超越「三二」，龜山社中所有成員都卯起來談。

作起生意的武士

因西鄉未到，導致薩長結盟的嘗試遭致失敗，龍馬向桂小五郎指出，可透過他在長崎成立的龜山社中向外國購買新式武器，以防範隨時再起的再次征長之役。龍馬拖到閏五月廿九日才離開下關，想必與為龜山社中的首樁生意打點一切有關，畢竟三兩二分的薪資著實過於寒酸。

由於要與外國生意人洽談，長州派出曾有英國留學經驗的井上聞多與伊藤俊輔。井上、伊藤二人只在英國留學半年，便因耳聞英國即將對長州展開攻擊而匆忙回國，雖懂英語但恐怕只有洋涇濱的程度，不過，放眼整個長州大概也沒有比他們更懂英文的人了（「長州五傑」的另外三人山尾庸三、井上勝、遠藤謹助還要幾年後才返國）。

七月中旬井上、伊藤二人離開下關，十八日抵達太宰府拜會五卿，透過護衛五卿的土佐浪士楠本文吉（土佐勤王黨倖存者）與薩摩聯繫。廿一日井上、伊藤二人抵達

1 castella，長崎蛋糕。

長崎，龜山社中英文首屈一指的近藤長次郎負責接待他們。司馬遼太郎在《龍馬行》將上士的井上與農民出身的伊藤，比喻為彌次郎兵衛與喜多八，這兩人是享和．文化年間（一八〇一～一八）滑稽本作家十返舍一九之作《東海道中膝栗毛》的主人公，從江戶沿東海道前往伊勢神宮參詣的路上鬧出不少笑話。土佐浪士看到兩人結伴一起來到長崎想必感慨萬千，因為土佐兩百多年來始終不曾出現上士、下士破除身分上的藩籬、融洽相處的場面。

近藤當下向井上、伊藤二人介紹似乎專程在等待他們到來的薩摩家老小松帶刀，井上、伊藤二人終究有留學英國的經驗，見識比一般長州人來得廣泛，不會一見到薩摩人便視為薩賊會奸，然後不顧一切地拔刀相向。井上、伊藤二人此行的任務除了購買槍枝，也要購買船艦，於是井上與近藤偕同小松搭乘薩摩藩船開聞丸前往薩摩，留在長崎的伊藤由高松太郎帶領，沿著大浦海岸通來到南山手外國人居住區，找哥拉巴購買槍砲。『龍馬傳』第三十三回談的正是這樣的內容，劇裡近藤長次郎與澤村惣之丞帶著井上和伊藤與哥拉巴會面，而龍馬缺席的理由是太複雜的事他不懂（亦即人在長崎，只是沒加入談判），不過，實際上龍馬此時人在京都而不在場。

小龍馬三歲的哥拉巴，中學畢業後隻身前往上海，成為怡和洋行（Jardine Matheson）的職員，安政六年長崎開港後與友人來此，成立怡和洋行的代理商哥拉巴商會，此時他只有廿一歲（實歲）。哥拉巴商會最初的業務以出口茶葉及絲綢為主，文久三年八・一八政變後目睹日本政局不穩，遂擴大業務範圍到出售槍砲彈藥。

在與小松等幾位薩摩家老談論蒸汽船的購入之外，井上的話題還另行涉及海外留學生的派遣，之所以如此，想必與井上聽聞薩摩在該年三月左右，私下派出一批包含森有禮、五代友厚、寺島宗則、吉田清成、鮫島尚信在內共十九名留學生，前往英國留學有關。長州雖於文久三年，在英國協助下派出五名前往英國留學的留學生（即「長州五傑」），但淪為朝敵後，英國不願與長州這一燙手山芋往來，井上只能藉由購入蒸汽船的機會，提出長州的留學生混在薩摩裡一同前往英國留學的構想。

薩摩以茲事體大不易得到共識為由，拒絕了井上的要求，因此話題侷限在蒸汽船的購入，以及額外增加的薩長提攜上，這兩部分都得到薩摩善意的回應。另一方面，在長崎的伊藤也取得了重大成果，總共購入新型槍枝武器米尼葉槍四千三百挺、舊式槍枝坎貝爾槍三千挺[2]。

八月廿六日（一說為八月十六日），近藤、井上、伊藤三人搭乘薩摩藩蒸汽船胡蝶丸返回下關，桂前來下關港口迎接三人，並將他們帶往山口，毛利敬親・廣封父子親自設宴款待長次郎，毛利敬親親贈長次郎三所物[3]，可見長州舉藩上下對長次郎的感恩之情。因為有這批新武器，配合桂在五月向藩推舉村田藏六（十二月奉藩命改名大村益次郎）負責全藩近代化軍事訓練，以彌補人力上的差距，只要薩長之間能締結攻守同盟，面對幕府再次征長便不足為懼了。

十月十八日，長次郎以三萬七千七百兩的價格，為長州買下英國製三百噸木製蒸汽船聯合號。十一月上旬，聯合號載著四千三百挺米尼葉槍與三千挺坎貝爾槍，從上海駛進下關，龜山社中成功完成創立以來的第一筆訂單，『龍馬傳』第三季一開頭岩崎彌太郎對坂崎紫瀾和千葉佐那提及「身為武士竟然先我一步做起了生意」，指的便是此次為長州代購武器。

然而，真實的歷史永遠比戲劇來得複雜、繁瑣。聯合號的歸屬權便是一大問題，船上掛的是島津家家紋「圓形十文字」，平時由龜山社中作為通商航海之用，一旦有事則提供薩長在戰場上使用。龜山社中使用時稱為「聯合號」，薩摩自用時稱為「櫻島丸」。由於聯合號將有一段時間由龜山社中使用，為求慎重起見，長次郎與井上擬定一份名為《櫻島丸條約》的協議，全文如下：

一、旗號應拜借薩州侯御章。

二、船員為高松太郎、菅野覺兵衛、寺內信左衛門、早川二郎、白峰駿馬、前河內愛之助，水夫與伙夫亦應於航海前召齊。

母國應派出士官兩名為船員，其餘水夫、伙夫不足部分應補齊。

三、船中賞罰之權應掌控在士官之手。

但在抵達馬關前，前河內愛之助、上杉宋次郎、井上氏身邊的母國之人，可無差別的下達命令。

四、六百兩金子應由士官共同保管。

前述前河內愛之助、高松太郎、上杉宋次郎三人可與井上氏對談之事，其細節及販售之權應由士官共同掌控，至於尋常俗事可由船員自行判斷利害關係決定。

2 關於購入的槍械數字山本大《坂本竜馬》為米尼葉槍四千挺、坎貝爾槍三千挺；平尾道雄《龍馬のすべて》以及宮地佐一郎《龍馬百話》皆為米尼葉槍、坎貝爾槍共計四千三百挺；《坂本龍馬歷史大事典》則為米尼葉槍四千三百挺、坎貝爾槍三千挺。以上說法很難判斷何者為是，但應能認為兩種槍枝皆有購買，且數量至少在四千挺以上，因此可以優先排除『龍馬傳』一千挺米尼葉槍的說法。筆者採用《坂本龍馬歷史大事典》的說法是該書有提到米尼葉槍一挺十八兩、坎貝爾槍一挺五兩，共計九萬二千四百兩，再加上聯合號三萬七千七百兩（價格引自《龍馬百話》）的費用，總計超過十三萬兩。這種說法具體交代明細，是以筆者在拙作《幕末》及本書皆採此說。

3 指目貫（めぬき）、小柄（こづか）、笄（こうがい）三者的總稱。目貫是刀柄上的裝飾金具，小柄是刀鞘附屬約十五公分長的小刀，笄則是修整刀具的小道具。室町時代的刀裝金工後藤祐乘打造的三所物最為有名，其後人成為室町．江戶幕府御用的刀裝金工。

五、船內的修復、飲食、薪炭和清水等，以及士官、水夫、伙夫的薪資及其他開銷等種種雜支，應由母國支付。

六、母國有任何需要，應向薩州御用向提出。

慶應元丑十二月　　上杉宋次郎

中島四郎 殿

坂本龍馬 殿

＊早川二郎乃龜山社中成員，本名黑木小太郎。

＊中島四郎乃長州藩海軍局總管。

條約署名的日期為慶應元年十二月，適逢十二月三日龍馬從大坂來到下關，因此由他與長州海軍局總管中島四郎一起在條約上署名。長次郎帶著《櫻島丸條約》在下關上岸後，首先遇上高杉晉作，高杉看完後認為內容不利於長州，當下修書木戶（桂在九月廿九日奉藩命改名木戶貫治），要他不能同意這一條約。長次郎在山口與木戶針對《櫻島丸條約》做出修正，十四日改定後的新約內容如下：

一、旗號拜借薩州侯御章。

二、每日事務歸當番士官管轄，遇上賞罰事件須與總管商談。
三、從薩州共乘之士官只算共乘時日之部分。
四、水夫、伙夫等在薩州招募，此後工作對此可扣除先前差額。
五、商用之儀，以越荷方[4]一人為船員，附屬在處理方，若船上意見不一致或對於裝載貨物有異議可向當番士官商談。
六、當船之儀即使逾越海軍局規則，也應遵從海軍學校的定則。
七、除碇泊中外，月俸之外不合理的花費均須報備。
八、船中一切的耗費均需向會計方申報。
九、商用閒暇之時，應為薩州侯載運貨物，載運所需的花費應向薩州侯請領。

丑十二月　坂本龍馬

中島四郎

4 幕末主導長州藩家老村田清風進行藩政改革時新設置的藩營商社，具有金融兼倉庫業性質。日本海方面或九州地方的藩運送物資前往上方（京坂一帶）必會通過下關海峽，越荷方提供倉庫供其貯藏或接受其委託代為販售，從中收取佣金。由於利潤可觀，村田去世後，越荷方制度繼續實行。

多賀松太郎樣
菅野覺兵衛樣
寺內信左衛門樣
早川二郎樣
白峰駿馬樣
前河內愛之助樣

連同《櫻島丸條約》修正案的完成，此時已是慶應元年十二月中旬，龍馬之後先是前往長崎，然後再前往京都斡旋薩長同盟。若按時間順序而言，接著理應續談薩長同盟的締結，不過，下一章筆者想先交代龍馬與中岡前往備前之後的行蹤。

第十七章　京都篇（四）

伏見寺田屋

第十五章結尾提到，龍馬與中岡於閏五月廿九日夜裡離開下關東行，六月十四日宿於備前西大寺，依船艦航行的速度來看，這段航程不至於耗時半個月。依宮地佐一郎《龍馬百話》，龍馬出航後不久便在瀨戶內海遇上濃霧，有與其他航行的船隻相撞或撞上其他礁石之虞，遂就近靠岸改採陸路，十四日宿於備前西大寺。

翌日，兩人宿於藤井宿（岡山縣岡山市東區藤井，現JR山陽本線上道驛附近），這是西國街道（從京都往下關的方向）第十六個宿場，據《海西雜記》記載，當晚有津田彥左衛門（實名弘道）、伊木大夫臣小松原源治兩名岡山藩士夜訪。之後的行程在《手帳摘要》或《海西雜記》都缺乏記載，不過，應可認為兩人結伴繼續沿西國街道前往京都。

岡山距京都不到兩百公里，依當時人的腳程最多也只需六到七日，由於西鄉已在一個月前進入京都，多少降低龍馬與中岡進京的危險性（危險性還是存在）。兩人進京後的住處不得而知，但應該會避開鴨川以東、四條通以南，以及七條通以西、五條通以南的區域，因為上述兩區是新選組的巡視範圍。《龍馬百話》提到，六月廿九日，龍馬、中岡二人來到薩摩藩邸（應是位於二本松的藩邸），質問西鄉為何沒有履行前往下關的約定，但事實既已造成，究責西鄉並無助於改變現狀。

由於久光不允許外藩藩士住進藩邸，因此西鄉無權收容龍馬、中岡二人，但為了保護已被通緝的龍馬，西鄉讓龍馬化名西鄉伊三郎，允許他遇到幕府查緝時自稱薩摩藩士，此事可由九月九日龍馬寫給乙女姊姊的信，提及要她以後寫信署名給西鄉伊三郎得到證明。『龍馬傳』有一幕是龍馬回到睽違多時的伏見寺田屋找阿龍，卻發現阿龍已被新選組局長近藤勇看上，原本打算聽從登勢勸告前往別處投宿的龍馬，聽到阿龍在陪近藤喝酒後，昂然起身踏上階梯朝二樓而去。來到近藤所在的房間拉開門便走了進去，對近藤說道：「果然是近藤兄，在下西鄉伊三郎，是西鄉吉之助的遠房親戚……」，然後以喝酒為名支開阿龍。看似英雄救美的畫面卻存在致命的缺陷，打從秀吉的時代起，薩摩腔便被公認是難以聽懂的南蠻鴃舌，劇裡龍馬雖然刻意用薩摩腔說話，但薩摩腔除了難以聽懂外也難以模仿，已在京都兩年的近藤聽過的薩摩腔不計其數，龍馬講得愈多愈會露餡，近藤又豈會聽不出龍馬刻意的模仿？

龍馬在下關便已對西鄉不來的原因了然於胸，因此兩人甘願冒險進入京都，絕對不會只是為了質問西鄉，龍馬向西鄉提議以薩摩藩的名義為長州購買武器作為補救之道，可藉此減輕長州對薩摩的怨恨，以製造有利於薩長結盟的條件。龍馬另一個進入京都的原因，筆者認為應與收集幕府再次征長的詳細情報有關，當時不比現代，訊息的傳遞往往需要數日或十數日的時間，但也與現代同樣充斥難以辨認的各種真假訊息，與其費盡心思打探難以辨認真實性的新聞，不如直接前往訊息的來源地京都打探。另一個令龍馬非前往京都不可的原因，是他已有幾個月沒見到阿龍，對阿龍的思念或許才是龍馬前往京都的真正原因。

依宮地佐一郎的整理，這是中岡這一年第四次進入京都，可見他對薩長結盟的期待與熱情不輸龍馬。在京都來去匆匆的中岡於七月十九日離京，據日後成為中岡成立的陸援隊副隊長田中光顯撰述的《維新風雲回顧錄》，這日田中與龍馬在伏見送別中岡。

而龍馬則留在京都繼續打探幕府再次征長的消息，當然也與阿龍有更多見面的機會，與阿龍感情的升溫應該就在這段期間。九月九日龍馬寫給乙女的信裡正式向家人介紹阿龍，先前龍馬的家書也曾向家人介紹千葉佐那，光以這點來看不足為奇。然而，龍馬認識佐那超過十年才寫信向家人介紹，認識阿龍僅一年多便向家人介紹，光是這點應該會讓佐那徒呼負負。這封信的特殊之處在於龍馬不只向乙女介紹阿龍，還連帶向乙女介紹阿龍的家人，龍馬可從未向乙女介紹過佐那的家人，阿龍與佐那在龍馬內心份量之高低由此可見。

這封信裡龍馬向乙女提及阿龍時，說她是「有趣的女人，會彈月琴，和她相處沒有半點的不自由。」讀者不妨對照前文引用文久三年六月十四日龍馬寫給乙女的家書提到佐那的文字：「會騎馬，會劍術，長刀也難不倒她，力氣不輸給一般男性……論起臉蛋和身材略勝平井一籌……個性之堅毅猶如大丈夫……是現今的平井。」

兩相對照便可看出龍馬儘管只用幾句形容阿龍，而用較多文字形容佐那；但是龍馬形容佐那的文字不是說她多才多藝，便是稱讚她臉蛋、身材勝過加尾，完全是站在外人的角度看佐那，最後還說她是「現今的平井」，言下之意為儘管佐那的外在條件再怎麼勝過加尾，對我龍馬而言也僅只是加尾的替代品。

形容阿龍的文字雖只有短短三句，但無一句提及阿龍的外貌與身材，更沒有讓女性好感度瞬間歸零的「是現今的○○」。除了「會彈月琴」（這可能是阿龍唯一的才藝）這句外，龍馬是以站在情侶的角度介紹阿龍，尤其是「和她相處沒有半點的不自由」應該會讓乙女認為這就是龍馬認定的伴侶。

慶應元年九月九日的龍馬家書還有一點值得一提，這封家書的收信人除了乙女外，另有一位以假名寫作おやべ的人。現存龍馬的信件一共有三封是寫給おやべ，而且都是與乙女一起成為收信人（另有一封的共同收信人為權平），可見對龍馬而言おやべ的份量與乙女一樣重要。根據《龍馬書簡集》（高知縣立坂本龍馬記念館出版）的註釋，おやべ的真實身分是龍馬兄長權平的長女春猪[1]，她小龍馬九歲，相較於差距超過二十歲的兄長，對龍馬而言，春猪更有兄弟姊妹的感覺。『龍馬傳』裡的春猪總是坐在乙女身邊吃飯，台詞永遠只有一句「叔叔」。事實上，權平在文久三年為春猪招了贅婿清次郎（慶應三年加入海援隊成為龍馬的助手），元治元年生下長女，慶應元年又身懷六甲，『龍馬傳』慶應元年以後的春猪至少應該是一手抱著女兒的形象才是。

這封信裡還提到一則有趣的軼事，龍馬要乙女取下書箱裡小笠原流[2]禮式書籍十

1　現存龍馬的信件亦有四封寫給春猪，但署名為本名，而不用おやべ，因此筆者推測おやべ可能是龍馬和乙女共同對春猪的暱稱。另有一說是おやべ為龍馬的奶媽，這種說法有待進一步證實。

2　室町中期以降，武家社會中弓術、馬術、禮法的流派，被視為武家故實（指武家中的行事、法令、制度、習慣、風俗、儀式、裝束）的指導者，甚至及於兵法、煎茶道、茶道，與伊勢流、今川流並稱「禮法三家」。

冊，要春猪把友人放在家裡的歌集《新葉集》[3]，麻煩入道盈進（僧侶姓名）送來京都。可能剛好龍馬家裡只有《新葉集》，而該書收錄眾多的戀歌，可在寫給阿龍的情書時引用這一功能也說不定，不過，若說《新葉集》有在阿龍面前賣弄知識的功能，那麼小笠原流禮式書籍對龍馬有何用途，便令人百思不得其解。

家書最後龍馬留給乙女轉達給入道盈進送書的地址，一是寶（蓬）來橋附近的船宿寺田屋伊助，另一是寺田屋附近的京橋日野屋孫兵衛，據龍馬的說明，日野屋屬於旅籠屋。日野屋位於現今伏見區京橋町，土佐伏見藩邸便位於此處，寺田屋則位於隔壁的南濱町，連接該町寶來橋的道路如今被稱為龍馬通。龍馬說這兩處住起來就像在土佐順藏的家裡一樣舒服，龍馬信裡的「順藏」是指高松順藏，是龍馬大姊千鶴的丈夫，可見龍馬在日野屋與寺田屋都是熟客。

九月廿一日，朝廷終於下達再次征長敕許，「一會桑」自不用說，對自閏五月廿二日跟隨將軍三度進京的旗本．御家人，以及親藩、譜代諸大名而言，終於能從四國公使對兵庫開港交涉的壓力下解脫（關於四國公使對兵庫開港交涉的壓力，可參照拙作《幕末》）。朝廷對再次征長的敕許意味再次征長勢在必行，當天這則消息便傳出御所之外，翌日成為京都民眾議論紛紛的話題，龍馬不用刻意打探也已知悉，他立即前往二本松薩摩藩邸與西鄉商量對策，廿四日，兩人前往大坂搭船離開。

3 全名為《新葉和歌集》，是南北朝時代成立的準敕撰和歌集，撰者為後醍醐天皇第四皇子宗良親王，之所以稱為準敕撰和歌集是因為弘和元年（一三八一）成書時，政治上尚處分裂狀態之故。也由於是準敕撰和歌集之故，因此被排除在「二十一代集」之外（從醍醐天皇《古今和歌集》到後花園天皇《新續古今和歌集》，共二十一本敕撰和歌集）。全書二十卷，收錄皇族、廷臣、后妃、女官、僧侶達一百五十餘名，共一千四百餘首和歌，收錄最多和歌的是撰者異母弟後村上院以及撰者本身。如同所有「二十一代集」，《新葉集》收錄的戀愛和歌內容最多，達五卷之多。

第十八章　下關篇（二）

保鑣三吉慎藏

依龍馬的《手帳摘要》，他與西鄉離開大坂後前往兵庫，在該地搭乘薩摩蒸汽船胡蝶丸，廿八日在伊予青島（愛媛縣大洲市）過夜，廿九日再前往上關（山口縣熊毛郡上關町），那裡已是長州藩境。

此後約半個月的時間，龍馬在山口與木戶會面，朝廷已批准再次征長，薩長的結盟愈益急迫，再也不能像閏五月那次出現失誤。龍馬在京都期間已從西鄉口中得知慶應元年薩摩藩出現歉收，他認為這是長州的轉機，若能讓長州有資助薩摩的機會，或許長州人便不會有自己在乞求薩摩與之結盟而矮人一截的心理。龍馬將自己的想法告訴木戶，木戶十分認同龍馬的提議，認為稻米應能解救薩摩的歉收，木戶願意無償贈予薩摩稻穀，如此一來雙方便能站在對等立場談論結盟之事。

龍馬在長州大概待到十月十四日（或是更晚），然後前往京都。在龍馬離開長州前往京都期間，龍馬的繼母伊與於十月廿一日病逝，享壽六十二歲。前文提到龍馬生母幸病逝後當年到一、兩年內，龍馬生父八平再娶小七歲的北代伊與為後妻，這段婚姻持續約七到九年，因八平病逝而結束。八平病逝後，伊與似乎在坂本家沒有什麼聲音，特別是與龍馬的相處狀況似乎不佳。為何這麼說呢？現存龍馬的一百四十多封信件中，從未有單獨寫給繼母的家書，甚至連嘉永六年九月廿三日寫給父親八平的那封家書，以及其他寫給權平、乙女的，也沒有提及繼母或是向她問安的文字，令人覺得彷彿在龍馬的世界裡不存在伊與這個人。

離開長州後的龍馬去了哪裡或到過哪些地方呢？這個問題至今看來已是無解。不過，十二月三日龍馬寫了一封短信給長府藩士印藤聿，這封內容簡短的短信提到三個重點：一是十一月廿四日龍馬從浪華出航，浪華，即大坂。二是廿六日抵達上關。三則是寫下此信的這日，即十二月三日，龍馬已抵達下關，這次到來為前後兩次《櫻島丸條約》署名見證。

之後數日，龍馬在木戶的介紹下結識高杉晉作，《龍馬行》第六冊說這是龍馬與高杉首度的會面，不過，據前文引用久坂玄瑞日記《江月齋日乘》的記載，早在文久二年十一月十二日，高杉便曾與久坂在江戶與半平太及龍馬聚會時照過面。當時，聚會的重心主要是久坂與半平太談論攘夷事項，龍馬與高杉可能沒什麼深入的交談。三年後再次見面，高杉在功山寺舉兵推翻恭順派，確立長州武裝倒幕的路線，儘管不具備政治才能，但仍受到木戶、井上、伊藤等長州新政權核心要員的敬重。龍馬三年前只是一介剛脫藩的浪士，在久坂與半平太暢談攘夷大計中毫無插嘴的餘地，但是，隨著與一流飽學之士，如橫井小楠、河田小龍、佐久間象山、勝海舟、大久保忠寬等人的交往，既增添對於歐美甚至世界的知識，也逐漸擴大其眼界。在成功幫助長州購買新式武器後，如今更進一步要讓薩長這兩個死敵提攜結盟，以推翻幕府。

兩人年紀相近且意氣相投，好酒且酒量不斐，對於彼此的英雄事蹟皆瞭若指掌，不免有相見恨晚的感覺。明治時代受封伯爵的土方久元，在大正六年（一九一七）曾追憶道：

在維新各豪傑中，坂本龍馬、高杉晉作、西鄉隆盛三人是最英氣煥發的三傑。此三人可說是上天派來的，非常人能及。中岡也是一位至誠剛直的大丈夫，在同儕中屬於出類拔萃的人物。當時坂本三十一歲，中岡廿八歲。現在想來正是如此年輕，他們才能完成這樣的大事業。

大正六年，八十五歲的土方已進入人生的尾聲（翌年肺炎病逝），頂著維新元勳名號而在藩閥政府下享盡榮富貴的他，偶爾也會回想起年輕時的衝勁與勇於為理念而死的一面，這時他經常會想起已成故人的龍馬、高杉以及西鄉三人。

十二月十九日薩摩藩士黑田了介來到下關白石正一郎宅邸，請求木戶下定決心前往京都與西鄉結盟，黑田鑑於長州與薩摩的心結未解，刻意帶上池內藏太、田中顯助兩名土佐脫藩浪士在旁幫腔。對木戶而言，儘管還未完全放下與薩摩的仇恨，但是不能完全漠視土佐的恩情，因為若無土佐的協助，長州不可能買到之後與幕府作戰所需的四千三百挺米尼葉槍和聯合號蒸汽船。

在池內藏太與田中顯助的幫腔下，加上同藩的高杉、井上、伊藤也力勸木戶上京，木戶終於下定決心進京與西鄉長談。由於木戶此時已是長州藩政最高負責人，藩政的推動與執行使他不能輕易離開，不得不離開時也必須找好代理人代理職務，光是任務以及其他雜事的交代便耗去數日。慶應元年十二月廿七日，木戶與藩士品川彌二郎、三好軍太郎、田中顯助，跟黑田一起搭船前往京都。

龍馬送走木戶上船後才放下心來，高杉得知龍馬之後即將啟程前往京都時，贈以一把六連發的左輪手槍及子彈近百發防身。手槍在當時是稀有之物，高杉卻慨然贈予龍馬，他對與龍馬這段友誼的珍惜由此可見。《龍馬行》提到高杉贈送的槍枝是可爾特式（Colt's），『龍馬傳』則認為是史密斯威森（Smith&Wesson），不論屬於何者，都是美國武器製造商。何以高杉會持有這種在當時屬稀有之物的手槍呢？高杉曾於文久二年四月廿九日奉藩廳之命前往長崎，搭乘幕府船艦千歲丸前往上海，當時上海已被英、法、美等國劃定租界，已占領南京的太平天國多次強攻上海，反遭列強聯軍擊退。在上海兩個月，看到在列強勢力下的租界民眾毫無尊嚴與自由可言，讓高杉深感日本絕不能淪落到此等地步。幕末．維新時期的研究者菊地明在《坂本龍馬的夢與冒險——從下級武士成為國民英雄之謎》指出，高杉在上海期間撰寫的日記《上海淹留日錄》在六月七日（經筆者查證《上海淹留日錄》後，發現應是六月八日才是）記載：「午後到蘭館，求短銃及地圖」。另外在六月十六日又記載：「與中牟田[1]外行，至米利堅人店，求七穴銃」，菊地明認為這把七穴銃，即是送給龍馬的槍枝。

不過，龍馬的手槍應是六發才對，可見六月十六日購買的七穴銃並非送給龍馬的手

1 指佐賀藩士中牟田倉之助，曾於安政年間在長崎海軍傳習所學習海軍，參與戊辰戰爭的海戰部分，如北越戰爭、箱館戰爭等戰役，戰爭結束後投入草創時期日本的海軍教育，出任海軍兵學寮、海軍兵學校校長。歷任海軍大輔、橫須賀．吳鎮守府司令長官、海軍大學校校長、海軍軍令部部長，最終軍階為海軍中將。

槍。對此，菊地明認為高杉應該在六月七日（應是八日）與十六日各買了一支手槍，七日（八日）買的送給龍馬做為防身之用是六發的手槍，十六日買的是七穴銃。

木戶動身前往京都後，照理龍馬也應前往長崎，實際上卻是到慶應二年過完年後才動身。整理第十三章以來敘述的內容可發現，慶應元年龍馬有可能出現在長崎的時間只有四月廿九日（或許再加上三十日）、十月十四日到十一月中旬兩個時間點。為何要刻意強調慶應元年龍馬在長崎的時間呢？因為『龍馬傳』第三季新角色阿元是長崎丸山（長崎市丸山町、寄合町）的藝妓，劇裡締結薩長同盟之前，龍馬已與阿元嫻熟，甚至還發現阿元是「隱藏的天主教徒」（隠れキリシタン）的祕密。從筆者的敘述中可知，慶應元年龍馬只有上述兩個時間點可能待在長崎，當中的十月十四日到十一月中旬是比較有可能與阿元嫻熟的時間點（根據《龍馬行》，龍馬認識阿元的時間是慶應二年一月，其實這個時間點才符合史實）。然而，從龍馬給印藤肇的信可知，這一時間點的後半段龍馬人在浪華（或至少在上方），因此他實際上並非十月十四日到十一月中旬都在長崎，當然，要在這麼短的時間內嫻熟也不是不可能。

在《龍馬行》與『龍馬傳』都有出現的丸山藝妓阿元，雖然生平事蹟不詳處居多，但似乎確有其人，而且好像還與龍馬有著戀情的關係（也有可能是恩客之間的關係）。

『龍馬傳』設定阿元是為長崎奉行朝比奈昌廣打探消息的密探，同時也是「隱藏的天主教徒」，這種矛盾的設定雖具創意，但真實性不高。不過也因為阿元的生涯充滿謎團，因此沒有能推翻編劇設定的直接證據。

十二月廿九日寫信給印藤肇提及自己即將上京，希望印藤能提供一名同行者。同行者等同於護衛，亦即龍馬也看出此行前往京都充滿風險，光是高杉贈予的短槍可能還不夠。印藤肇在維新回天後改名豐永長吉，以商人身分在下關成立米商會所，成為地區性豪商，被推選為下關米穀取引所[2]理事長，之後競選山口縣眾議員當選。即使不看明治以後，印藤肇在幕末的經歷也非泛泛：馬關攘夷砲隊司令兼警衛肝煎役、五卿接待役、報國隊軍監，可見印藤在領導統御以及待人接物方面都算得上出眾，出身長州藩支藩長府藩是比較可惜之處。

慶應二年一月一日，印藤肇在下關向龍馬介紹同藩藩士三吉慎藏，在讓三吉成為龍馬的保鑣之前，印藤先讓兩人相處。根據《三吉慎藏日記》，二日起到五日，他都在龍馬身邊，五日印藤正式任命三吉慎藏為龍馬的保鑣（並非『JIN—仁—完結篇』的東修

2 取引為交易之意。

介）。由於是上司的命令，而且龍馬、中岡以及龜山社中成員為解救長州而努力的情形三吉都看在眼裡，他對於擔任龍馬的保鑣與其說是服從上司的命令，倒不如說是出於感謝的心理更強烈些。

慶應二年一月五日以後（確切的日期闕如），龍馬獨自前往長崎，這應該才是龜山社中成立後龍馬首度造訪，可惜的是，龍馬在長崎駐留的時間最多只有四、五日。一月十日（依據《三吉慎藏日記》），龍馬返回下關與三吉出發前往京都，龍馬的來去匆匆以致於未能阻止一場悲劇的發生，這場悲劇正是下一章的主題。

第十九章　長崎篇（二）

近藤長次郎切腹

位在高知城下上町鄉士坂本家，西邊約一町（約一〇九公尺）距離為水通町（高知市上町二丁目），該地有一名為「大里屋」的餅果子商。天保九年，「大里屋」長男出生，名為長次郎或昶次郎。長次郎自幼幫助父親傳次沿街叫賣，因此得到「饅頭屋長次郎」的稱號，長次郎當然也到過僅有一町之距的龍馬生家。

《硬漢龍馬》有一幕是厭惡上學的龍馬，發現在就學的學塾（小高坂南山庄助的學塾）外，有一年紀略小於他的小孩在偷聽。對上學不感興趣的龍馬便將父親為他準備好的書本與文具，送給在外偷聽的小孩，這個小孩即是近藤長次郎。筆者必須說的是，《硬漢龍馬》的劇情設定不符史實，龍馬早在學塾上學前便已認識長次郎。

雖然可能沒有受過正式的教育，不過，長次郎在學問方面展現出驚人的天分，當龍馬前往江戶修行劍術，長次郎即進入河田小龍門下研讀《日本外史》、《新唐書》等和漢史籍。安政六年，長次郎以山內家上士由比猪內僕役的身分前往江戶，進入安積艮齋門下學習儒學，同時也進入手塚玄海門下學習洋學（兼學英語）、入高島秋帆門下學習砲術，在不同領域均卓然有成。幾年下來，長次郎發現儒學無法因應開國後局勢上的需求，進而捨棄儒學，在文久元年或是下一年十一月改入勝海舟門下，比龍馬還早一個多月（或一年多）。

接下來如第六章所言，龍馬、長次郎與間崎哲馬三人在十二月五日前往常盤橋越前藩上屋敷，拜會已成為政事總裁職的松平春嶽，請求他為他們求見勝海舟寫推薦信。九日取得推薦信後，龍馬與長次郎立即拜會勝海舟，當日龍馬立即拜入海舟門下，此後長次郎的命運與龍馬緊緊繫在一起。

文久三年長次郎得到藩的特許，准許他苗字帶刀，他開始自稱上杉宋次郎，同時也在腰間配上雙刀。也在這一年勝海舟以大坂為據地的海軍塾時期，長次郎與海軍塾所在地北鍋屋町附近的鍋屋町商家大和屋彌七的女兒阿德（《汗血千里駒》的名字為阿幸）相戀，同年九月成親，翌年七月生下長男百太郎。之後勝因門下塾生參與池田屋騷動而被免去軍艦奉行職務，神戶海軍操練所隨之關閉，連同龍馬在內共二十餘名塾生，被勝委託由西鄉照料，搬進了大坂薩摩藩邸。

在大坂薩摩藩邸到龍馬等人前往薩摩的期間，龍馬與長次郎及其他塾生想必對於今後的出路討論不只一次，首先是這二十餘人必須要有自食其力的舞台，總不能一直仰薩摩人的鼻息維生，不管西鄉再怎麼佩服勝，情義總會有用完的時候。龜山社中便是在想有自食其力的舞台下構思出來的方案，這一構想雖是出自龍馬，但長次郎應也出了不少力，因為「company」的概念在英文書裡俯拾即是，精通英文的長次郎應有將在書裡讀到的概念說給龍馬聽。

照理說來，成立龜山社中時龍馬人應在長崎才是。不過龍馬有更多非他在場不可的場合，因此龜山社中的成立便委託長次郎代勞，與當地商人及外國商人的打理，便由精通英語、手腕高明的長次郎負責。之後木戶聽從龍馬建議，派出井上聞多與伊藤俊輔來到長崎，請龜山社中代為購買武器，來到長崎的井上、伊藤二人，在長次郎與高松太郎的協助下，總計花費超過十三萬兩，採購四千三百挺米尼葉槍與三千挺坎貝爾槍，以及一艘木製蒸汽船聯合號。

談成與長州的生意不光是長次郎一人，但是在協助長州的過程中，高松太郎的貢獻受到淡化，以致於伊藤在寫給木戶的信中只提及長次郎一人。十一月上旬，長次郎乘坐運有米尼葉槍及坎貝爾槍的聯合號進入下關，一夕之間長次郎成為長州的恩人，接受長州藩主父子的宴請以及三所物的贈予，這也難怪讓龜山社中其他成員不是滋味，認為長次郎獨占全部的功勞。

事後長次郎也沒有去弭平與其他成員間的裂痕，以致於除了龍馬之外，幾乎所有成員都對他感到不滿。如前章所述，龍馬在龜山社中成立的慶應元年，只有兩個時間點可能待在長崎，因此龍馬對於龜山社中內部的暗潮洶湧可能一無所悉，因而失去調解的機會。

為長次郎招致殺機的是在接受長州藩主父子宴請後，與井上、伊藤二人閒聊得知他們曾在英國留學半年，流露出欽羨的表情。以長次郎洋學的根基與流利的英語，若能前往英國留學，成就不用說一定勝過井上、伊藤這兩名半吊子，甚至連長州五傑的其他三人，以及薩摩的留學生森有禮、五代友厚、吉田清成等人，也要相形失色。

井上、伊藤從長次郎的眼神中看出他對留學的渴望，有意成全他的心願，遂主動向藩主提出，毛利敬親不僅一口答應，還主動支付長次郎留學英國所需的費用，甚至連船班也都幫長次郎訂好了。長次郎認為此次出國留學，幾年之內恐怕無法歸國，在離開之前應該拍一張以武士身分配上雙刀的紀念照。既然要拍照，長次郎當然選擇長崎最有名的照相師上野彥馬，但是當時拍照技術還停留在溼版攝影（collodion process）階段，拍完後到拿成品得等上近十日，長次郎的船期在即，於是他要上野彥馬連夜趕工。

上野彥馬好不容易趕出長次郎的相片（即目前僅有的一張長次郎照片），然後逕自拿到小曾根乾堂的住所來，這裡是龜山社中成員的居住地，如此一來，長次郎想私自出國留學的祕密遂公諸於世。慶應二年一月十四日，已經搭上英國船艦的長次郎因該日長崎風大浪大，所有船隻都取消出海，長次郎不得已只得返回岸上聽候通知，殊不知這一舉動使該日成為他的忌日。

回到小曾根乾堂住處的長次郎，發現所有社中成員都在，眾人一致指責他私自出國留學的行為，人緣不佳的長次郎得不到其他人的聲援，唯一能諒解他的龍馬此時並不在身邊。不曉得是誰率先說出要長次郎切腹，片刻後眾人便齊聲一致要長次郎切腹負責，長次郎眼見這些有志於航海的多年夥伴如今翻臉相向，一個個要求自己切腹，萬念俱灰下走進裏室切腹。

既然選擇切腹，就算平時再怎麼交惡，至少在此時也該一泯恩怨，為切腹者介錯以減輕痛苦。然而，竟無一人願意接下介錯的任務，長次郎等到血液流乾後才痛苦死去，得年廿九歲，葬於龜山社中山下的晧台寺（長崎市寺町）小曾根家墓群之中。

一般說法認為長次郎的死肇因於違反龜山社中的規定，然而，筆者遍尋不至龜山社中的規定，對於因違反社中規定而切腹的說法抱持懷疑。長次郎切腹之日，龍馬與三吉慎藏正在前往京都的海上（『龍馬傳』龍馬在締結薩長同盟之前，拿著長次郎的照片，向阿德報告其切腹經過並非事實），之後歷經締結薩長同盟、寺田屋遭襲、在薩摩藩邸養傷等諸多要事，得知長次郎的死訊恐怕是二、三月以後的事了。龍馬對於長次郎的切腹經過，應該來自於其他社員的口述或是其他管道，他聽完整起事件後，認為長次郎的死有很大原因是出於自身的性格，哀嘆道：（長次郎）術數有餘，至誠不足。

明治三十二年，阿龍口述的《千里駒後日譚》，第一回提到龍馬關於長次郎的死有如下反應：

> 手持寄來的信件得知饅頭屋長次郎已在長崎切腹的事，長次郎一人概括承受所有的罪過而死去，龍馬感到遺憾地說，若自己在的話就不用死了。

《千里駒後日譚》也無提到龍馬得知長次郎死訊的日期，筆者認為口述的阿龍本人可能忘記了（她若忘記也是很正常），或是社中成員向龍馬轉述整起事件經過時，她人不在現場。

第二十章　京都篇（五）

訂定薩長同盟

大概與龍馬在十二月三日抵達下關的同時，中岡也寫下自己觀察當時政局的《時勢論》（慶應三年六月對外發表之後，收錄在《汗血千里駒》），當中有部分內容如下：

天下之勢，不一而論，有志者應從何處著眼？應從天下之人傑往來著手。當時論及洛西人物，有薩藩西鄉吉之助，為人肥大不劣於後免之要石[1]，竊自認為如古代安倍貞任[2]之輩。此人有學識有膽略，經常寡言而思慮最是深刻，長於雄斷，偶一出言便能貫穿人之肺腑。且德行崇高令人拜服，屢經艱難處事

1　後免讀作「ごめん」，位於高知縣南國市後免町。要石原指在鹿島神宮（茨城縣鹿島市宮中）、香取神宮（千葉縣香取市香取）、大村神社（三重縣伊賀市阿保）、鹿島神社（宮城縣加美郡加美町）等神社的靈石，靈石的大部分埋入地中，據說有鎮護地震之用。中岡此文則是指住在後免的相撲力士，名字亦取為要石。

愈益老練。其誠實似武市而有學識者，實知行合一之人物也，是即洛西第一的英雄人物也。其次為有膽識，思慮周密，能耐廟堂之論者乃長州之桂小五郎。有膽略兵臨不惑，見機而動，以奇而勝人者高杉東行，亦是洛西一奇才。

不難看出中岡對西鄉、木戶、高杉的推崇。接著談開國以來日本面臨的危機以及解決這些危機的各種論說，如攘夷論、開國論、武備充實論，並分析其優缺點。繼而提到薩長二藩在文久年間與外國的局部衝突，看似無謀之舉，實則在與外國的衝突中凝聚人心、充實武備，已成長為不可忽視的勢力。最後中岡在結論提到：

自今以後與天下者必薩長也。吾思天下近日之內將會聽從此二藩之命如鏡懸以見，他日確立國體斷絕外夷之輕侮亦必此二藩，此又為封建天下之功。此外，士氣與武備如何相輔相成，國體不立所以招致敵國外患，且又國之大本將以何為本？吾曰：內明名分大義，祭政一致同歸朝廷，以立天下之大基本為急務。今日局勢為天下之大機會，上下齊心轉禍為福，今日之敵國外患，他日相見若能化敵為友，實乃天下之大功勞也……

中岡在薩長結盟之前已看出薩長在今後將撐起日本的一片天，正是因為有這層認知，中岡才會如此汲汲於薩長的結盟。

慶應二年一月十日，龍馬與三吉慎藏在下關搭上前往大坂的船隻，沿途風浪不平靜，而提前於十六日在兵庫上岸，十七日換乘便船前往大坂，進入大坂薩摩藩邸，龜山社中成員池內藏太、新宮馬之助提供這段時日打探到的消息。翌日，龍馬拜訪曾有數面之緣的幕臣大久保忠寬，大久保在元治元年七月反對幕府再次征長，據說當面頂撞一橋慶喜，事後主動辭去只上任數日的勘定奉行，剩下勤仕並寄合[3]這一閒差。去年二月讓

2 平安時代中期武將，是奧六郡（陸奧國中部膽澤郡、江刺郡、和賀郡、紫波郡、稗貫郡、岩手郡六郡總稱）俘囚長（陸奧、出羽二國的蝦夷族歷經朝廷的征討後，向朝廷降伏並遭遷居的蝦夷人，俘囚的首領稱為俘囚長，陸奧的俘囚長為安倍氏，出羽的俘囚長為清原氏）安倍賴時次男，前九年之役（永承六年〔一〇五一〕到康平五年〔一〇六二〕蝦夷俘囚與朝廷間的戰爭，雖歷時十二年，實際上作戰時間只有九年）蝦夷方面的主要領導人，後遭陸奧守兼鎮守府將軍源賴義，聯合出羽俘囚長清原武則．武貞父子平定。根據《陸奧話記》記載，安倍貞任身長超過六尺，腰圍七尺四寸，是個容貌魁偉的偉丈夫。另外，日本已故首相安倍晉三曾自稱是安倍貞任的後裔。

3 幕末增置的旗本．御家人家格。「寄合」是指三千石以上無役的旗本，或雖三千石以下但在布衣（官位相當於六位）以上的役職退職下來成為無役者之家格。幕末時規定無役的寄合（不管是旗本或御家人）每百石每年須向幕府繳納二兩金的寄合御役金，三千石一年則須六十兩金，以此金額增置勤仕並寄合。

出當主之位，隱居並落髮，以一翁為號。

當龍馬前來拜訪時，一翁已是無官無位的隱居之身[4]，無法提供龍馬實質的幫助，只是此時來拜訪一翁，龍馬可能也不是要尋求實質的幫助。龍馬聽說一翁早在文久二年便提出將軍將政權返上以及諸大名合議制政體，是幕府（也是當代）最早提出之人，這是龍馬未曾聽聞的說法，因此趁著上京之便特地來向一翁請教。

將軍返上政權即是一年多以後龍馬提出的大政奉還論，而諸大名合議制政體也見於龍馬在大政奉還論後草擬的新政府成員名單，雖然無法確定龍馬的大政奉還論是否在這次會晤中成形，但可確定一翁是龍馬後期生涯中影響較大的人物（可能還大於勝海舟）。

聽完一翁卓著見解後，龍馬拒絕一翁進京的勸告，因為進京讓薩長結盟，正是龍馬此行甘冒被通緝的風險進京的目的。十九日龍馬手持薩摩為他備好的通行手形（現代的通行許可），從大坂八軒屋乘淀舟[5]逆流而上，一路上風聲鶴唳，不斷有幕府的人馬在查探，在八軒屋有新選組（《龍馬行》安排藤堂平助負責，由於他與龍馬均出自北辰一刀流，而藤堂本身也打算與伊東甲子太郎脫離新選組，因故放鬆對龍馬的盤查。筆者認為若基於同門之情而放水或許可能，但在慶應二年初藤堂與伊東應還未有脫離新選組的想法），八幡到淀之間有淀藩，山崎方面有津藩，通往伏見豐後橋則有近江水口藩，如果沒有薩摩事先準備的手形，任憑龍馬劍術高強應也無法安然通過。

十九日夜，龍馬與三吉終於來到寶來橋邊的寺田屋，由於龍馬已是此地熟客，連與龍馬一同下榻的三吉，都受到老闆娘登勢及已成為登勢養女的阿龍厚待。由於薩摩實際藩主島津久光不准藩邸收容外藩藩士過夜，因此龍馬與三吉，以及池內藏太（變名細川左馬之助）、新宮馬之助（變名寺內信左衛門），於翌日黃昏朝安置木戶等人的薩摩家老小松帶刀私宅而去。

舊說小松帶刀私宅位於平安時代武將渡邊綱夜斬女鬼的傳說地一條戻橋[6]附近（確

4 平尾道雄《龍馬のすべて》指出，龍馬傳記記載一翁此時為大坂城代、大久保越中守，其依據為與龍馬同行的三吉慎藏之日記，該日記記載已被證實有誤。一翁不曾出任大坂城代，當時的大坂城代是笠間藩藩主牧野越中守貞明（《龍馬のすべて》誤寫成「忠明」）。平尾道雄書中的龍馬傳記即司馬遼太郎的《龍馬行》，該書尚有一處錯誤：「現在的大坂城代因為幕府處於非常時期，所以不同於以往，並非是由譜代大名而是由旗本之中選出來的。」事實上，從首任內藤信正到末任牧野貞明，大坂城代始終由譜代大名出任，而且多是五萬石到八萬石之間的譜代大名。此時一翁不僅辭去職務，也讓出當主之位，因此雖住在大坂城內，但化名為薩摩藩士的龍馬要見他並無困難，一翁再次復出是鳥羽．伏見之戰結束後的慶應四年一月中，當時龍馬已不在人世。

5 近世航行在淀川及其支流載客或載貨的船隻。

切所在地不清楚），從伏見到此約三里（約十二公里）路程，龍馬一行既要避開京都守護職底下種種單位的盤問，又不能離開市區太遠，如此迂迴前進，抵達一條戻橋時已過夜四時（晚上十時）。『龍馬傳』裡安排阿龍自行前往薩摩藩邸，再與吉井幸輔返回通知龍馬更改地點，伏見到二本松薩摩藩邸單程約十二公里，來回總得要三、四個小時，絕非龍馬與登勢告別時人不在場，而龍馬要啟程時便能趕回的距離。

如第十八章所述，木戶已在去年十二月廿七日與品川彌二郎、三好軍太郎上京，在龍馬看來，薩長結盟的成員都已聚集京都，還有土佐出身的浪士田中顯助可作為見證人，所有條件已俱全，薩長結盟應是理所當然之事。然而，龍馬於一月廿日踏進小松私宅卻發現並非如想像般美好，已於一月八日被安置在此的木戶依舊擺出哀怨的眼神，品川、三好也都不作聲。聽木戶說道，進來之後每天都受到殷勤款待，每餐內容也都優於一般藩士，在這兩方面沒什麼好挑剔。但是藩士都不與他們交談，更別提結盟之事了。木戶說他不是為了吃山珍海味才冒險進京，若薩摩還是抱持這種不理不睬的態度，天亮後便要與品川、三好返回長州。

龍馬聽完後認為雙方無法結盟的原因在於停留在藩的思考角度，有結盟之意卻不願率先釋出善意，以免有損藩的顏面。龍馬認為只要有一方不能跳脫藩的框架思考，薩長再怎樣也無法結盟。且容筆者先岔題一下，此時的小松私宅與薩摩藩邸聚集不少日後明治時代的維新元勳，他們之所以被稱為維新元勳，可追溯到薩長同盟締結的此刻。然而，日後的維新元勳卻對於此時他們功業的初始之點極度排斥。藩的框架即使到了明治初年廢藩置縣之後也未除盡，明治初年太政官還存在藩與藩間的對抗意識，最具代表性的是江藤新平與大久保利通之間的對立，之後的征韓議題可視為兩人對立的延伸。

龍馬認為必須由自己來打開僵局才行，於是他離開小松私宅，沿一條通通過東堀川通、油小路通、小川通、西洞院通、新町通、衣棚通、室町通，來到烏丸通左轉北上，經過乾御門、今出川通後，二本松薩摩藩邸便在眼前。

不過，這種說法在二〇一六、一七年間遭到推翻，現在認同的說法為小松私宅位於鞍馬口通與室町通交會處的近衛家別邸御花畑御屋敷[7]，因此龍馬出私宅後沿鞍馬口通而行，到烏丸通右轉南下，經寺之內通、上立賣通進入二本松藩邸。進入藩邸的龍馬叫

6 渡邊綱是源賴光底下四天王筆頭（其他三人為坂田金時、碓井貞光、卜部季武），話說源賴光一行人討伐大江山的酒吞童子歸來後，某日夜裡在一條戻橋遇見一位約二十歲的女子。渡邊綱親自護送女子返家，女子卻變成女鬼抓住渡邊綱的頭髮朝愛宕山的西北方向飛去，渡邊拔出名刀「鬚切」斬下女鬼手腕。謠曲〈羅生門〉亦記載渡邊綱的事蹟，只是地點從一條戻橋改為羅城門。

人喚醒已入睡的西鄉，醒來後的西鄉要中村半次郎（維新回天後改名桐野利秋）去叫醒大久保一藏、吉井幸輔等人，眾人到齊後一起去見龍馬，聽他要說什麼。

龍馬向眾人說道務必為日本人的將來著想，懇求西鄉放下藩的顏面，主動向木戶提出結盟之事，不然明天天亮木戶返回長州，薩長從此失去結盟的機會。龍馬的言談中超越薩長，而是直指日本人，可見在龍馬的構思裡，薩長結盟並非單方面為了薩摩或長州，而是當時的人們從沒聽過也從沒思考過的「日本人」，龍馬是最早提出「日本人」概念的日本人。

西鄉、大久保等人雖然不懂「日本人」的概念，但他們深為龍馬誠懇的態度所動容，於是由西鄉帶著眾人前往小松私宅。慶應二年一月廿一日（根據《三吉慎藏日記》）在小松私宅裡，龍馬為見證人而居中，薩摩方面出席者有家老小松帶刀、島津伊勢（本名諏訪甚六，慶應元年被任命為家老後改為現名）、桂久武三人，以及藩士西鄉吉之助、大久保利通、吉井幸輔、奈良原繁。長州方面出席者僅只木戶貫治、品川彌二郎、三好軍太郎三人。

實際進行討論並制定盟約者僅只小松、西鄉、木戶與龍馬四人（大久保負責藩的內政，與長州結盟屬藩的外交，故不實際參與）。依松浦玲《坂本龍馬》一書，盟約全文如下：

一、開戰之時，薩摩立即派遣二千藩兵東上，與派駐京都的藩兵會合，浪華駐軍千人，以鞏固京坂二地。

二、若長州處於有利形勢，薩摩應盡力向朝廷施壓，使朝廷出面調停，將事態導向對長州有利之局面。

三、萬一長州出現敗象，亦不至於在一年半載內覆亡，薩摩應在這期間內伺機出手解救長州。

四、集結京坂的幕兵東歸時，薩摩應竭盡心力向朝廷澄清長州的冤罪。

五、薩兵上京若遇上橋會桑（一橋、會津、桑名）的阻礙，立即擁戴朝廷以正義之名盡力與之周旋，必要時甚至與之決戰。

六、在冤罪的赦免上雙方應赤誠相待，為了皇國，雙方應全力合作以恢復皇威為目標。

7 該地在行政區屬京都市上京區。位於京都市營地鐵烏丸線鞍馬口驛往西約一百公尺處，立有「近衛家別邸 御花畑御屋敷跡」、「小松帶刀寓居跡」、「薩長同盟所緣之地」碑，原本在一條戻橋附近認為是小松宅邸的碑則去除。

《國史大辭典》對這六條盟約做了簡單的摘要：

一、第一條幕府即使和長州開戰，薩摩藩也不會與幕府結為盟友，而且還在京都與大坂布署兵力牽制幕府。

二、第二到第四條若幕府與長州藩交戰，不管勝負與否，薩摩藩都要在戰後為「取消長州藩朝敵之名」盡心盡力。

三、若一橋慶喜與松平容保等人在朝廷運作，使天皇不願寬宥長州藩的情形下，將不惜動用武力。

四、倘若朝廷願意寬宥長州藩，之後將與薩摩藩協力奉戴天皇。

自文久年間以來互相憎恨的薩長，在龍馬的斡旋之下締結攻守同盟，之後的歷史將以薩長為主軸而展開，決定之後歷史進展方向的竟是一介土佐浪士坂本龍馬。薩長締結同盟之後，歷史終於要朝近代統一的國家之路邁進，龍馬在歷史朝這一路途邁進的路上，立下難以抹滅的偉大功績。

廿二日，龍馬、三吉以及西鄉、小松一同送別木戶，去年已透過龜山社中的協助購進大批新式武器，如今又與死對頭薩摩化敵為友，結為牢靠的盟友，只要大村訓練長州諸隊有成，長州在不久之後即將到來的幕府再次征長之役，便能立於不敗之地。長久以來長州處於挨打的局面將為之改觀，一念及此木戶欣喜之情不覺溢於言表。

不過，木戶卻拖到廿五日才在大坂搭上薩摩的船艦，中途滯留廣島，二月四日在下關登陸，六日向藩主毛利敬親報告薩長盟約締結的經過。照理說來，完成重大使命的木戶應該歸心似箭，巴不得盡快返回藩廳向藩主報告這一好消息才是。但木戶卻沒有立即上船，如果是到廿五日才有船班還情有可原，實際上在廿四日已有一班船，木戶卻捨棄該船班多等一日。是什麼原因讓木戶延遲一天返回長州呢？

大久保利通也在廿二日龍馬、三吉、西鄉、小松送別的一行之中，廿四日帶著複寫的薩長盟約在大坂上船，他也要返回薩摩，向島津久光・忠義父子報告結盟的經過，木戶大可與大久保同船返回長州。然而，薩長雖因結盟而握手言和，但只是化解藩與藩之間的仇恨，個人與個人間的恩怨（至少對木戶而言）並未達到可以坐下來把酒言歡的程度，因此木戶選擇在大坂多待一日，以與大久保錯開。木戶此舉應是首次，卻非最後一次，筆者在《御一新》提及明治六年3月，收到留守政府要使節團成員中的大久保、木戶盡快返國，以解決留守政府面臨的內外困境。使節團結束在德國所有行程後，大久保立即南下，與在德、法留學的薩摩人聚餐後，前往馬賽（Marseille）乘船返國。木戶不願與大久保一起返回，繼續使節團的行程前往俄國，結束俄國的參訪行程後才獨自踏上歸途。

出於厭惡薩摩人的心理，使木戶不願與大久保一同返國，其程度甚至連與大久保同船都難以忍受。明治時代的木戶令人覺得空有「維新三傑」之名卻無實質的政治成果，恐怕與太政官充斥薩摩人不無關係。包括龍馬在內，與木戶交好的友人多半死於幕末，而倍受自己提拔的伊藤一進入明治時期，便向自己厭惡的大久保一面倒，木戶在明治時代過得不快活，經常受莫名的病痛所苦，究其根源在於他始終無法解開與薩摩人的心結。

儘管是在隱密的情形下完成結盟，似乎仍被幕府的密探察知，然後以飛快的速度傳播到江戶，連已是在野之身的勝海舟於二月一日也在日記寫道：

聽聞薩長結盟一事，不知是否屬實？……聽說坂龍（坂本龍馬）前往長州促成此事，如果是他促成應不會有錯。

結盟後不到十日，連遠在江戶且無官無位的勝都已知悉，在京都想必更是炸鍋般的傳開，京都守護職底下各個單位不會就此罷休，龍馬在慶賀完成薩長同盟之餘，忘了自身的安全已受到嚴重的威脅。

寺田屋遇襲

龍馬從兵庫上岸當日（十六日）便被幕府密探盯上，從兵庫前往大坂後的一切行動都在密探的掌控之中，只是密探此時並不知道龍馬的真實身分，也不曉得其進京目的，之所以盯上龍馬是因為他土佐出身的身分。原來去年一月八日，一位名叫大利鼎吉的土佐浪士（土佐勤王黨成員），夥同田中顯助、池大六、那須盛馬（本名片岡利和）、大橋慎三（本名橋本鐵猪）等人，寄身在大坂南瓦町善哉屋的主人政右衛門之處。大利以及其他四人打算選個風強之夜在大坂市區縱火，趁亂竊取大坂城，區區五人便妄想完成縱火與竊城等事，大利等人未免把事情想得過於容易。

五人都不是口風緊密之輩，縱火的意圖為在大坂的道場修行劍術的新選組隊士谷萬太郎所偵知，已加入新選組一段時間但始終只是平士（一般隊士）的谷萬太郎，想趁機立功在新選組出人頭地，於是與新選組七番隊組長，同時也是兄長谷三十郎以及兩位門徒正木直太郎、阿部十郎直搗善哉屋。詎料，善哉屋只有大利一人，原本應是多對多混戰的局面頓時成為四對一，大利當場戰死，得年廿四歲，田中顯助等其他四人躲過一劫，倖存至明治時代。

因此，當密探得知在兵庫上岸的人出身土佐，很自然會想起去年的善哉屋事件，他們認為來者是大利的餘黨，多半是要來執行大利未能完成的縱火事件。薩長結盟的消息很快（可能是當日）便傳到金戒光明寺（京都市左京區黑谷町）京都守護職松平容保，以及丸太町通與猪熊通交會處京都所司代（京都市上京區藁屋町）松平定敬之處，同時也查出促成薩長結盟的土佐浪士名為坂本龍馬以及其下榻處。由於寺田屋位於伏見，該地並非新選組負責的區域，松平容保．定敬兄弟便向伏見奉行所下令嚴密監視寺田屋，因此當晚便可見到伏見奉行所派出的同心出沒在寺田屋外圍。

龍馬廿一日返回寺田屋後與三吉縱酒狂歡（此時他還不知長次郎切腹之事），龍馬當然有資格縱酒狂歡，因為他幾乎憑藉一己之力促成薩長結盟，『龍馬傳』裡木戶非得等到龍馬出現才願意談結盟之事，在一定程度上反映出龍馬在薩長結盟的重要性。

不過，龍馬似乎因為薩長結盟的欣喜而忽略周遭環境的變化。伏見奉行林肥後守忠交派出的同心已將寺田屋團團包圍。伏見奉行林忠交是上總請西藩第二代藩主，是個石高剛好是大名下限（即一萬石）的藩。在德川將軍還以松平氏為苗字的時候，林氏已是松平氏的譜代，家康建立幕府，把效力數代卻未曾立下實質功勳的林氏提拔為旗本，到林忠交生父林忠英才為幕府從三千石旗本拉拔為大名（上總貝淵藩）。林忠英早年是十一代將軍德川家齊的小姓，元服後家齊對他的寵愛不滅，文政八年（一八二五）提拔為若年寄[8]，同時俸祿增至一萬石（最多來到一萬八千石）。

天保十二年（一八四一），大御所[9]家齊病逝後林忠英立即遭到十二代將軍家慶與

8　江戶幕府僅次於老中的職位（大老是非常設官職故不予列入），職權為支配直屬將軍家的旗本及御家人。若年寄的設置，學界普遍認為始於三代將軍家光提拔側近松平信綱、堀田正盛、三浦正次、阿部忠秋、太田資宗、阿部重次等六人為六人眾，真正制度化要到四代將軍家綱之時。若年寄定額四名，從一萬石到六萬石有過奏者番、寺社奉行資歷的譜代大名中選出，成為將軍親信側用人及老中的跳板。

9　最初是指親王隱居的處所及該親王的敬稱，之後成為對攝政・關白之父的敬稱。鎌倉時代開始將讓位後的攝家將軍（三代將軍源實朝遭暗殺後，賴朝的直系血統斷絕，執權北條氏迎有賴朝部分血統的關白藤原道家之子九條賴經為四代將軍，與其子五代將軍賴嗣稱為「攝家將軍」）、宮將軍（北條氏廢除九條賴嗣後，改迎皇室成員後嵯峨天皇皇子宗尊親王為第六代將軍，之後的惟康親王、久明親王、守邦親王依序為第七、八、九代將軍，這四位親王出身的將軍稱為宮將軍或親王將軍。攝家將軍也好，宮將軍也好，都只是傀儡，實權皆在執權北條氏手上）稱為大御所，室町時代大御所的稱號已廣泛使用，足利義滿（三代）、足利義政（八代）、足利義視（十代將軍生父）、足利義晴（十二代）都被稱為大御所。江戶幕府歷代將軍中，家康、秀忠、吉宗、家重、家齊亦有大御所的稱呼，不過，在江戶時代，大御所如無特別註明，一般是指家康與家齊兩位將軍，大御所時代則是指家齊的治世。現代則指從政界引退、但仍控有實權的人物，另外專精於某些領域而在該領域有勢力的人物亦可稱之。

老中首座水野忠邦的整肅，被削減八千石不說，也被迫辭去若年寄，最後還以年老為由強制隱居，把家督讓給次男忠旭（長男忠起早逝）。

第二代貝淵藩主忠旭於嘉永三年（一八五〇），將藩廳從貝淵陣屋[10]（千葉縣木更津市貝淵）遷移至請西（木更津市請西），藩名從貝淵藩更名為請西藩。嘉永七年忠旭以年邁為由隱居，家督讓給異母弟忠交，此時忠交年僅十歲。

同年，林忠交敘肥後守（與京都守護職松平容保相同官職），安政四年（一八五七）閏五月被任命為大番頭[11]。安政六年八月成為伏見奉行，此時林忠交才十五歲，甚至比元治元年被任命為京都所司代的桑名藩主松平定敬還要年輕（當時定敬十八歲）。附帶一提，慶應三年六月廿四日，林忠交於伏見奉行任內病逝，得年廿三歲。忠交遺孤年幼，由異母兄忠旭之子忠崇繼任（名義上為忠交養子），忠崇雖是忠交之侄，年紀卻僅差兩歲。忠崇繼任數個月後慶喜宣布大政奉還，繼而《王政復古大號令》、鳥羽．伏見之戰等一連串戊辰戰爭接踵而來，身為三河旗本後裔的他選擇佐幕再自然不過了，可是這一抉擇卻導致在戊辰戰爭結束後，遭到比長州最為痛恨的松平容保還要悲慘的改易下場（戊辰戰爭唯一遭到改易的大名）。

明治晚期到大正年間，幕府時代各藩最後的藩主紛紛凋零，到昭和時代僅存忠崇在內共廿一名最後的藩主，活到一九四〇年代更是僅有近江大溝藩主分部光謙（一九四四年）、但馬村岡藩主山名義路（一九四〇年），以及林忠崇（一九四一年）三人而已。

繼續回到伏見奉行派人包圍寺田屋的話題上。

寺田屋介於寶來橋與京橋之間，京橋的兩端是竹田街道，此為中世紀以來進入京都的「京之七口」（七口只是概稱，實際上應是九口）之一，幾年後的鳥羽・伏見之戰為激戰地之一，現今則為京都府道一一五號（起自竹田街道外環，迄京都車站東口）。不過，外國觀光客多半不會沿府道一一五號前往寺田屋，而是搭乘京阪鐵道京阪本線在中書島驛下車，再往北步行約五百公尺即可抵達。

10 江戶時代領地在三萬石以下無城的大名，其藩廳之規格稱為陣屋，本身則稱為陣屋大名或無城大名，但無城大名升格為城主格大名時，陣屋無法跟著升格為城郭。此外，大藩家老的領地或旗本領地亦可稱為陣屋。陣屋的構造與城郭相比簡略許多，一般說來役所（處理事務的場所）在中央，四周則由下屬居住的長屋或小屋所包圍，排列出本陣的結構，只允許擁有城門及仿天守閣的兩層建築，但沒有城郭那種高防禦性的設施。

11 大番與小姓組、書院番、新番、小十人組，同為幕府的軍事部門，稱為五番方。由旗本構成，平時守衛江戶城、二條城、大坂城等要地，戰時充當先鋒。寬永年間（一六二四～四四）分成十二組（兩組在二條城、兩組在大坂城，其餘八組在江戶）成為定制，每組由番頭一人、組頭四人、番眾五十人、與力十人、同心二十人所組成，只受老中支配。

廿二日晚，送別木戶返回寺田屋的龍馬仍沉浸在完成薩長結盟的喜悅中，與三吉喝酒談天。據說土佐人酒量之大在當時日本少有對手，容堂即是一例，自號「鯨海醉侯」的他，戲稱自己一年醉三百六十回，亦即大部分時間都處在茫然微醺的狀態下，因此被他藩志士揶揄為「醉時勤皇，醒時佐幕」。

龍馬的酒量或許不如容堂，但與其他藩志士相比應不遜色，他從廿二日晚上喝到隔日（松浦玲《坂本龍馬》記為廿四日，依龍馬自己的親筆信件為廿三日）。夜八時[12]左右，伏見奉行所派出約五十名（或許更多）捕吏團團包圍寺田屋，一進入寺田屋便對登勢表明身分，並說出要查探住在二樓的土佐浪士，可見伏見奉行所對於二樓房客的來歷調查得非常清楚。

當時正在一樓浴室盥洗的阿龍，聽到外面吵雜的聲音，從窗戶的縫隙往外看，發現大批提著奉行所燈籠的捕吏聚集在外，看似首領的人指揮下屬堵住寺田屋每個對外的出口。阿龍直覺是針對龍馬而來，奮不顧身離開泡澡的木桶衝上二樓通知龍馬大敵降臨。

那麼，阿龍此時到底是裸體還是有披上衣物？這一問題相信會是讀者好奇的焦點，筆者進一步來探討這一謎團。關於龍馬在寺田屋的遇襲，《汗血千里駒》第三十回後半寫道：

當時阿良（龍）正在澡堂沐浴，擦拭肌膚上水滴的動作突然暫停下來，戶外的喧囂聲與人聲似乎發生什麼事，阿良披在身上的浴衣沒結上帶子便上樓……

不清楚《汗血千里駒》這段內容的依據為何，當時（明治十六年）寺田屋襲擊的當事人阿龍與三吉慎藏兩人尚在人世，《汗血千里駒》的作者坂崎紫瀾或許有向他們取材也說不定。

阿龍在明治時代口述的《千里駒後日譚》，其第二回便是以寺田屋遇襲為主題，她先是提到一月十九日龍馬、池內藏太、新宮馬之助，以及一名阿龍不認識的人和一名下僕，在該日來到寺田屋，龍馬向阿龍介紹她不認識的人（即三吉慎藏），說他是長州藩士（應為長府）。龍馬對阿龍說明日他們三人要前往薩摩藩邸，三吉不便前往，希望能將他藏匿在二樓的祕密空間，以免被新選組查探時發現。

接下來阿龍還叨絮一些不是很重要的情節，筆者直接進入重點。

12 相當於凌晨二時。這個時間是根據二月六日龍馬寫給木戶的信所提及的內容。同年十二月四日龍馬寫給兄長權平的信件則為夜八時半，相當於凌晨三時。

阿龍在盥洗時聽到湯槽發出聲音，感到納悶時，突然有支槍從窗外刺進來，槍尖剛好就在阿龍的肩頭上。阿龍單手抓住槍尖並故意朝二樓大聲喊叫：「有人拿槍闖入女澡堂！」不曉得是誰低聲說道：「安靜點，不然殺了你！」阿龍趕緊跳出木桶，拿起一件給披在身上，來不及繫上帶子光著腳衝出澡堂，有位戴著陣笠持槍的男子抓住阿龍衣物的前襟，問道：「二樓有人吧！叫什麼名字？」阿龍說道：「二樓有兩名客人，一位是薩摩人，叫西鄉小次郎[13]，一位是今天剛到，我還不知道他的名字。」戴著陣笠的男子點點頭，便押著阿龍上二樓。

阿龍口述的《千里駒後日譚》顯然與《汗血千里駒》有不少出入，筆者認為坂崎紫瀾在寫這段應該未向阿龍求證。阿龍口述的內容是否可視為真實情況？單手抓住施力的槍尖，對於取得目錄的千葉佐那應是輕而易舉之事，但對於沒有劍術根底的阿龍而言可能有困難。其次，雖是口述，阿龍應也不會輕易在人前說出自己裸體之事，是以認為《千里駒後日譚》的敘述較不可信。

總之，阿龍得知伏見奉行所派出大批人馬包圍寺田屋後，隨手拿了一件浴衣便急忙衝上二樓通知龍馬。若是這種情形，雖然身上披著浴衣但與裸體並無兩樣。然而，拿起浴衣之際也可能順手拿起一條帶子，在衝上二樓的同時也在浴衣上繫好了帶子，這樣阿龍便不會裸體出現在龍馬與三吉面前，二〇〇四年東京電視台的新春ワイド時代劇『竜馬がゆく』與『龍馬傳』便採此說（飾演阿龍的女優分別為內山理名與真木陽子）。只是阿龍從一樓衝向二樓是裏階梯，會較一般階梯陡峭且狹窄，阿龍在走裏階梯的同時若要繫上帶子，多半會因此放慢腳步，恐怕不符合急於通知龍馬的狀況。

第三種情形是裸體直接衝上二樓，對受到儒家禮教影響的現代人恐怕很難認同，其實就與火災發生時有人為了逃命顧不得衣衫不整逃出火場一樣的道理，因此《龍馬行》、《硬漢龍馬》皆採此說。不僅如此，一九八九年『坂本龍馬』與一九九七年『竜馬がゆく』（兩者皆TBS大型時代劇スペシャル）也採此說（飾演阿龍的女優為名取裕子與澤口靖子）。

筆者認為第一種與第三種情形較接近真實的情況，只是並不符合全家觀賞的電視劇尺度，以後若再有以龍馬為主人公的電視劇，應該都會以第二種情形帶過。

龍馬聽到阿龍的通報後知道寺田屋已被包圍，要想逃出得經過一番打鬥才行。他與

13 第十七章提到龍馬與中岡於慶應元年六月進京與西鄉商量事情，為保護已被通緝的龍馬，西鄉允許龍馬對外自稱薩摩藩士並使用「西鄉伊三郎」的化名。此時龍馬應該是化名西鄉伊三郎，而非《千里駒後日譚》阿龍所言的西鄉小次郎。

三吉拆下與隔壁房間的紙門，以增加打鬥的空間，另外龍馬還拿出約一個月前高杉晉作致贈的手槍，以防不時之需。

不久，伏見奉行所的捕吏陸續登上二樓，根據龍馬在二月六日寫給木戶的信件，聚集二樓的捕吏約有二十人。身為保鑣的三吉施展寶藏院流槍術撂倒率先動手的幾名捕吏，此時龍馬拿出高杉贈送的槍開了一槍，捕吏們雖被巨大槍聲嚇到，立即朝龍馬撲來，龍馬接著又連開兩槍（連同先前的一槍，這三槍依後來的研究，傷及三名捕吏並導致其中二名傷重死去，埋下一年多以後龍馬暗殺的導火線）。

龍馬寫給木戶的信件提及，這一晚他只開三槍，十二月四日寫給權平的家書交代更為詳盡：「可裝六顆子彈的彈匣我只裝五發」。那麼龍馬在開這三槍是採取什麼姿勢呢？有看過克林．伊斯威特（Clinton Eastwood）主演的《荒野大鏢客》（A Fistful of Dollars）、《黃昏雙鏢客》（For a Few Dollars More）、《黃昏三鏢客》（The Good,the Bad and the Ugly）等「鏢客三部曲」電影的讀者便可知道，即使是早期的手槍（不管是可爾特或史密斯威森），也與步槍一樣有很強的後座力，如果沒有事先練習便貿然開槍，應該會受到後座力的震動導致無法命中目標。龍馬寫給木戶的信提及他有打中一人，當然可以視為僥倖，但也可視為龍馬有練習過手槍射擊（高杉贈送槍枝的同時也贈送約百發子彈）。這個時代的手槍不僅後座力強，槍枝本身也很沉重，要採立射的姿勢射擊雖不是不可能，但恐怕不容易。

龍馬在信裡指出開槍的不只有他，還包括保鑣三吉慎藏，三吉為何也有槍並沒交代，只見他以跪射姿勢命中敵人，看來他的射擊技術應在龍馬之上。『龍馬傳』第四十回有一幕是四境戰爭期間，阿龍在長崎小曾根英四郎宅邸練習手槍射擊，以立射姿勢在沒有後座力的情形下全部命中目標。藉由密集訓練有可能達成百發百中，但是槍枝的重量與後座力不會因為密集訓練而消失。而且從阿龍右手扣板機、左手托住右手的姿勢來看，就算使用現代後座力小的槍枝也不一定能命中目標。

手槍的槍聲及威力暫時震懾住奉行所捕吏，不一會兒又蜂擁而上。龍馬見狀找出子彈想要填滿彈匣，以便繼續射擊（此時彈匣應該還有兩發子彈才是），就在裝填子彈的過程中，龍馬右手大拇指被捕吏的刀削到，左手大拇指則被砍中，傷及左手食指指骨，頓時血流如注（宮地佐一郎《龍馬百話》、平尾道雄《龍馬のすべて》只提右手大拇指受傷）。由於雙手都流血，龍馬無法順利裝填子彈，最後彈匣甚至從手中掉落。至此龍馬已無法操縱槍枝，也無法拿刀作戰，但他勉強抱起火缽朝樓下丟去，樓下的捕吏為閃避丟來的火缽不得不讓開，龍馬與三吉便趁捕吏躲避火缽的空檔逃到樓下，進而奪門而出逃離寺田屋。來到戶外的三吉終於能發揮寶藏院流槍術的精髓，只會基本棍術的捕吏根本不是對手，在上司目光所及之處還會出聲嚷嚷助長聲勢，目光不及之處索性也懶得出聲，龍馬終能暫時躲掉捕吏的追擊。

這一日換算格列高里曆為一八六六年3月9日，儘管已過驚蟄，寒意依舊逼人。室內與戶外的溫差讓龍馬打了大大的冷顫，意識還很清楚的他想躲進伏見薩摩藩邸（京都市伏見區東堺町）避難，但是血流不止的傷口導致不斷流失的體力，讓龍馬認為以現在的狀況不只前往薩摩藩邸是奢求，還會連帶連累三吉。當他們沿著濠川來到大手筋通，看到有一廢棄的材木小屋（伏見區村上町），龍馬要三吉自行前往薩摩藩邸求救，在救兵到來前自己會躲在這一廢棄小屋。三吉當然不肯拋下對長州有恩的龍馬自行前往薩摩藩邸，但也如龍馬所言此時若不當機立斷，一旦追兵到來兩人便逃不了。

三吉安頓好龍馬後快步往薩摩藩邸而去。其實在龍馬、三吉與奉行所捕吏在寺田屋二樓劍拔弩張之時，阿龍早已悄悄溜出寺田屋前往薩摩藩邸求救，當然，阿龍不可能裸體前往薩摩藩邸。龍馬與三吉逃出寺田屋時，阿龍差不多已到達與寺田屋直線距離不到一公里的薩摩藩邸，就算阿龍刻意繞道避開伏見奉行所，也不會用到一個小時以上的時間。

薩摩重要人物，如小松、桂久武、西鄉、吉井幸輔、岩下左次右衛門等人，此時都在御所北邊的二本松藩邸，伏見藩邸留守居役大山彥八（實名成美，元帥、陸軍大將、公爵大山巖乃其弟）經由屬下通報會見阿龍，得知龍馬遭襲擊後，先是派人前往二本松藩邸通知西鄉並請求增援，接著派人保護阿龍前往寺田屋觀察情形。天色漸亮之時三吉也來到伏見藩邸求救，大山只留下一名留守人力，其餘皆跟隨大山搭乘木筏，在三吉帶領下，沿著濠川前去救援龍馬。

在三吉的帶領下，很快便找到躲藏在材木小屋的龍馬，雖然因為天氣寒冷且失血過多，好在還有生命跡象，大山趕緊命人將奄奄一息的龍馬裝上木筏，帶回伏見藩邸。阿龍滿臉擔憂站在伏見藩邸門口，直到躺在木筏上的龍馬被送進來後才放下心來，接著又開始擔心起龍馬的傷勢。龍馬當下雖無性命之憂，不過，失血過多且又近乎失溫的他，還不能說已完全脫離險境。

當龍馬遇襲的消息傳到二本松藩邸，西鄉最初以為龍馬被伏見奉行所俘虜，他第一時間下令動員，準備強攻該奉行所奪回龍馬。後來聽到進一步消息說龍馬只是受傷，如今已安置在伏見藩邸才打消出兵的念頭，但仍派吉井幸輔率領一支受過英國訓練的步兵小隊，以及駐在藩邸的外科醫生木原泰雲，前往伏見醫治龍馬。

龍馬雖然左手大拇指的傷口極深，但最主要還是失血過多，只要能止住傷口且不再失溫，基本上便不會有性命之虞。在木原醫生與阿龍的細心照料下，龍馬終於控制住傷勢，接著便是讓傷口復原。在鬼門關前走一遭的這幾天，龍馬對細心照料他的阿龍除了感激之外，更多的是想與對方長相廝守，阿龍也從原本的關懷昇華為愛情，到龍馬可以下床的三、四天後，兩人已視對方為終生伴侶。

眼見龍馬的傷勢已得到控制，在吉井幸輔的建議下，龍馬、三吉與阿龍三人決定遷往二本松藩邸，以得到更好的照顧，時為一月三十日。在二本松藩邸迎接龍馬的，都是幾天前才見過的熟面孔，然而，歷經此次的遇襲事件後，能再見到這些人令龍馬有恍如隔世之感。

當晚，小松、西鄉設宴款待龍馬，龍馬在十二月四日寫給乙女的家書提到「正因有此龍女在，才救了龍馬一命。被帶到京都細加照顧時向小松、西鄉介紹說，這是我的妻子」，應該就是這日。龍馬在家書裡特地提及這段十個多月前的往事[14]，其實也是向權平、乙女甚至春猪宣告：龍女（龍馬在家書中對阿龍的愛稱）已是我妻。

《龍馬行》提到龍馬遇襲之事很快傳遍京都，自然也傳到長州，木戶便寄來對薩長結盟表達謝意以及寺田屋遇襲的慰問之意，在『龍馬傳』裡木戶的信則是委託西鄉轉交。

木戶的這封信在龍馬回覆後，成為薩長同盟的見證書，目前由宮內廳珍藏。正是因為有這份歷史性的書信存在，《龍馬行》與『龍馬傳』才刻意提上一筆。那麼，《龍馬行》與『龍馬傳』有沒有錯誤呢？

前一節結束前提到，木戶在一月廿五日才從大坂上船，二月四日在下關登陸，最快在這天知道龍馬遇襲之事，就算當下立即動筆寫信，寄到京都最快也應該在七、八日左右。然而，這份歷史性書信上龍馬署名的日期是二月五日，可見木戶一定是在四日之前便已寄信。依前節所言，龍馬與三吉在一月廿二日，和小松、西鄉送別木戶，雖然無法確定是否送別到大坂，但既然龍馬在場，木戶大可直接將信件交給龍馬，何必透過西鄉轉交這多此一舉的行為？

筆者認為木戶的信件不是在一月廿二日送別到大坂前轉交的，也不會是二月四日抵達下關才動筆，而是在返回下關的船上動筆的，中途曾滯留廣島，應該會順道去寄信。三吉在龍馬獲救後或許有寫信向長州報告龍馬的情況，不過此時木戶尚在船上，三吉寫

14 『龍馬傳』第四十五回，龍馬在慶應三年九月才在寫給權平的家書，提到已與阿龍成親之事，不過，根據現存龍馬的書信中，慶應三年九月並沒有寫給權平或乙女的家書，因此『龍馬傳』此段敘述與史實並不相符。

信也不會讓木戶在二月四日之前得知龍馬遇襲的消息。

依龍馬目前現存的信件來看，龍馬在二月五日及六日各寫了一信寄給木戶。五日的信件，即是對薩長同盟盟約的回覆，龍馬刻意沾上紅墨汁寫道：

前所記述之六條是小、西及老兄、龍等列席討論所得，毫無相違。將來絕不更改，神明共鑒。

內文中的「小」即小松，「西」即西鄉，「老兄」即木戶，「龍」則指龍馬。意思即龍馬以見證人的身分確認薩長盟約六條內文內容無誤。有了龍馬的保證，木戶才真正放下心來，確信締結的盟約不會遭到薩摩的背叛。

六日的信件內容為龍馬向木戶簡單陳述遇襲的經過，高杉給的槍枝裝填五發子彈、開了三槍在這封信裡都有交代。由於龍馬的傷勢初癒，一天可能寫不了太多字，因此才會分兩天寫信。

第二十一章　薩摩篇（二）

龍之妻

之後龍馬與阿龍、三吉三人，便在二本松藩邸住下，儘管有阿龍陪在身旁，在藩邸待久了仍感到無趣，因此龍馬與阿龍有時會一起溜出藩邸。畢竟龍馬目前處在通緝狀態，一出藩邸隨時有被逮捕的危險，薩摩藩士時時要提防龍馬從他們眼前消失，可說苦不堪言。

這段期間龍馬在二本松藩邸遇上了兩件事。一是據桂久武的日記記載，二月十日當天，小松帶刀私宅的僕役錦戶廣樹，攜帶野村宗七（實名盛秀）的信簡來到二本松藩邸，該信內容提及上杉宗次郎（近藤長次郎）已在上個月切腹，龍馬至此方知長次郎的死訊。次日，龍馬前往小松私宅，要求錦戶廣樹透露更詳盡的長次郎死訊，不過，錦戶只是負責送信，而野村也不在小松私宅，龍馬無法得知更多的訊息。

廿二日，木戶寄來龍馬六日信件內容的回覆信，可見木戶在上一封薩長同盟盟約內容的信件時，還不知龍馬遇襲之事。

西鄉因薩摩藩士多次反應龍馬經常偷溜到外面，以及龍馬傷勢尚未痊癒，開始思考將龍馬留在京都是否為明智之舉，與小松以及其他藩士討論後，認為帶龍馬返回薩摩既可遠離幕府的緝捕，薩摩的溫泉對於龍馬的刀傷亦具療養功效。龍馬對於西鄉等人的提議並無異議，因此龍馬再次的薩摩行即將成行。

雖然前往薩摩勢在必行，但依三吉慎藏的日記，實際真正成行是在二月廿九日，換言之，等於龍馬、阿龍、三吉三人整個二月都在二本松藩邸度過。這一日，龍馬、阿龍、三吉，以及西鄉、小松、桂久武、堀仲左衛門（維新回天後改名伊地知貞馨）、吉井幸輔等人，從二本松藩邸前往伏見藩邸，然後改乘川船沿淀川而下來到大坂藩邸。三月四日，龍馬一行人在天保山搭乘薩摩藩蒸汽船三邦丸（排水量四一〇噸）航行在瀨戶內海上。六日，三邦丸停靠下關，完成保護龍馬任務的三吉慎藏，在此與龍馬、阿龍以及眾人分手（『龍馬傳』誤將三吉下船之地定為三田尻）。

平尾道雄《龍馬のすべて》提及，三月九日三吉在山口為長州藩主毛利敬親召見，三吉從長州藩主手中拜領名刀一振[1]以慰勞其功勞，這功勞指的是保護促成薩長結盟的龍馬。接著在十五日，長府藩主毛利左京亮元周為其增俸二十石，家祿總計達到六十石。

依《維新土佐勤王史》的記載，三邦丸並未直接駛往薩摩，三月八日停靠長崎。龍馬讓三邦丸停靠長崎，除了向澤村惣之丞、高松太郎、陸奧陽之助等龜山社中成員詢問長次郎切腹的始末，以及祭拜長次郎之墓外，還抱持一個重大目的而來（下一章再做說明）。此外，依龍馬的《手帳摘要》，三邦丸於十日抵達薩摩，因此就與慶應元年四月廿九日那次一樣，在長崎只逗留一到兩個晚上。在『龍馬傳』第三十七回裡，龍馬與阿龍此次返回長崎，受到龜山社中成員為他們的新婚舉辦慶祝會，不太清楚幕末日本是否有祭拜故人之墓後立即慶祝新婚的習俗，但以常理而言這種觸霉頭的事應該會盡量避免。

當晚（若有隔晚應該也是），龍馬與阿龍在小曾根乾堂宅邸過夜，半年多後的十二月四日，龍馬便是在這座宅邸寫信給兄長權平與姊姊乙女，向他們報告寺田屋遇襲、在霧島的蜜月旅行，以及馬關海戰獲勝的經過，後兩部分龍馬還親自繪圖解說。

『龍馬傳』該回還安排龍馬前來哥拉巴宅邸，向哥拉巴、小曾根乾堂、大浦慶等人報告來到長崎的消息，與此時藏匿在哥拉巴宅邸的高杉晉作會面的情節。筆者對高杉的

1　日文刀的計量單位，相當於中文的一口。

生平不甚了解，無法判斷是否確有其事或只是出於編劇的安排。

三月十日，龍馬睽違近一年再次在薩摩上岸，幕末像龍馬這樣兩次進入薩摩藩境的人不會太多（可能只有他一人）。與上次一樣，三邦丸停靠甲突川河口，然後也與上次一樣溯甲突川而上。不同的是，此次並非在西鄉家過夜，而是夜宿在家老小松帶刀家，筆者認為此行多了阿龍，不適合再到人口擁擠的西鄉家叨擾。不過，小松分別在山下町（鹿兒島市山下町，此為其生家肝付家之宅邸，附近有座小松銅像）與原良町（鹿兒島市原良四丁目）各有一處宅邸，據山本大《坂本竜馬》一書，龍馬投宿的是小松在原良町的宅邸，小船通過高麗橋後，接連通過今鹿兒島中央驛（舊稱西鹿兒島驛，二〇〇四年3月九州新幹線通車後改為現名）所在的高見橋（橋東有日本唯一一座大久保利通銅像），然後在西田橋上岸。之後沿西田本通往西直行，經過鹿兒島縣立鶴丸高等學校（鹿兒島市藥師二丁目），然後右轉經過鹿兒島市立西田小學校，小學校對面是幕府時代的千眼寺（鹿兒島市常盤二丁目），文久三年薩英戰爭以此地作為本陣。從千眼寺旁的小徑再往西北直走可先見到西鄉家墓地，過了墓地再往西北約四百公尺，即是小松家宅邸。

龍馬與阿龍在小松家裡叨擾數日，在吉井幸輔、小松的勸諫下，龍馬與阿龍在十六日來到日當山溫泉，療養雙手手指受到的刀傷。日當山溫泉的範圍相當廣泛，國道二二三號（起於宮崎縣小林市，迄於鹿兒島縣霧島市，全長約六十公里）在霧島市的部分幾乎都可涵蓋在內，包括鹿兒島縣霧島市隼人町和牧園町。龍馬、阿龍十六日從小松家出發，當晚投宿在日當山溫泉。日當山溫泉雖與龍馬有這層因緣，一般提到該溫泉想到的並不會是龍馬，而是明治元年北越戰爭結束後，來到此地療養四、五個月的西鄉吉之助。與龍馬有關的是翌日投宿的塩浸溫泉（霧島市牧園町），該溫泉現又稱為龍馬公園，入口處便有一座龍馬與阿龍的銅像歡迎觀光客。

龍馬的《手帳摘要》暫時記載到十七日，之後《手帳摘要》有超過十日內容一片空白，這十日一般被認為是龍馬與阿龍的新婚蜜月旅行，不少人認為這是日本最初的蜜月旅行，但近來亦有指出，安政三年小松帶刀與正室近婚後前往霧島山下的榮之尾

龍馬療養刀傷的塩浸溫泉。（劉京偉提供）。

溫泉進行約兩周的旅行，才是日本最初的蜜月旅行。

依龍馬寫給乙女的信件，《手帳摘要》空白的十餘日間，他與阿龍曾來到位於大隅國境內的和氣神社（霧島市牧園町），該社以奈良時代曾前往宇佐神宮請求神意反對稱德天皇傳授皇位給法王弓削道鏡，以致被流放到大隅國的和氣清麻呂為主祭神。龍馬在信裡提及看到一座有五十間（約九十公尺）高的瀑布，想必即是神社旁的犬飼瀧（瀧即瀑布之意）。

龍馬與阿龍的蜜月旅行碑（劉京偉提供）。

這十餘日龍馬所見之景不外是河川、深山、溫泉，但龍馬似乎樂此不疲，在給乙女信裡稱讚霧島一帶的景色是「世外難以比擬的珍奇之所」。《手帳摘要》再度恢復撰寫是在三月廿九日，內容為前一日撥冗前來塩浸溫泉探望龍馬的小松，歷經十餘日的溫泉療養，龍馬手指的刀傷幾已痊癒，他打算在次日挑戰攀登霧島山。

霧島山脈中的高千穗峰（位於鹿兒島縣與宮崎縣交界處），在日本創世神話裡，是天孫（天照大神之孫天津彥彥火瓊瓊杵尊）降臨葦原之中國[2]的最初之地。在高千穗岳

（海拔一千五百七十四公尺），有一支據說是火瓊瓊杵尊天孫降臨時筆直插入該地的天逆鉾，龍馬聽到這個傳說後，打算與阿龍攀登高千穗峰拔出天逆鉾。

現在要前往霧島山，可從鹿兒島機場沿國道五〇四號到霧島市立日當山中學附近，轉進國道二二三號，即可沿途欣賞和氣神社、犬飼瀧、塩浸溫泉，然後直接上霧島山（此為最快的捷徑，上霧島山不只這條路）。

在此且先容岔開話題。筆者曾在二〇一七年前往鹿兒島一遊，日本時間中午十二點多在霧島市區的鹿兒島機場下機後，先到緊鄰其後的西鄉公園觀賞日本境內最大的西鄉銅像，不敢在日本自駕的筆者，選擇搭乘機場附近的公車前往距離較遠的霧島神宮參

2 「記紀神話」（《古事記》與《日本書紀》的神代部分）中，位於高天原與黃泉之國（根之堅洲國）之間的世界，《古事記》稱為「葦原之中國」或「豐葦原中國」，《日本書紀》稱為「豐葦原千五百秋瑞穗國」。高天原與葦原之中國的界線不清楚，葦原之中國與黃泉之國的界線在「黃泉比良坂」（島根縣松江市東出雲町）。依「記紀神話」，伊邪那岐從黃泉比良坂返回葦原之中國之後，在筑紫國日向進行禊祓，從左眼生下天照大御神、右眼生下月讀命、鼻子生下速須佐之男命，是為「三貴子」。伊邪那岐讓天照大御神統治高天原，住在該地的神稱為天津神。讓月讀命統治夜之國（確切位置不詳），讓速須佐之男命統治海原。速須佐之男命的子孫大國主命（在《古事記》是六世孫，在《日本書紀》則為素戔嗚尊〔速須佐之男命在《日本書紀》的名字〕之子）平定葦原之中國，輔佐大國主命治理葦原之中國的神稱為國津神。

詣，原本計劃是先參觀較遠的霧島神宮，之後再參觀離機場不遠的塩浸溫泉、和氣神社。霧島神宮號稱南九州最大的神宮（比大隅國一宮鹿兒島神宮的規模還大），主祭神當然是天孫降臨的主人公天津彥彥火瓊瓊杵尊，相殿[3]神有以下幾柱（以下所列為《日本書紀》的名字，括弧內為《古事記》的名字以及與火瓊瓊杵尊的關係）：

木花咲耶姬尊（「神阿多都比賣」或「木花之佐久夜毘賣」，火瓊瓊杵尊之妻。）

彥火火出見尊（「火遠理命」或「天津日高日子穗穗手見命」，火瓊瓊杵尊三男。）

豐玉姬尊（「豐玉毘賣」或「豐玉毘賣命」，彥火火出見尊之妻。）

鸕鷀草葺不合尊（「天津日高日子波限建鵜葺草葺不合命」，彥火火出見尊長男。）

玉依姬尊（「玉依毘賣」或「玉依毘賣命」，鸕鷀草葺不合尊之妻，豐玉姬尊之妹。）

神倭磐余彥尊（「神倭伊波禮毘古命」或「若御毛沼命」或「豐御毛沼命」，鸕鷀草葺不合尊四男，即神武天皇。）

一場滂沱大雨將筆者困在霧島神宮進退不得，等待兩個多小時後，趁雨勢減小拖著行李前往日豐本線霧島神宮驛，搭往終點站鹿兒島中央附近的下榻旅館，塩浸溫泉、和氣神社最終也沒能參觀，甚感可惜！

如前文所述，龍馬與阿龍在廿八日於塩浸溫泉療養時小松前來探望，隔日清早要登霧島山的龍馬應該很有可能採筆者提及的國道二二三號路線，若真如此，龍馬與阿龍應會從霧島山西南方向上山。攀登許久，龍馬與阿龍終於來到插著天逆鉾的高千穗峰，最初的霧島神宮便坐落在天逆鉾附近，而這裡已是宮崎縣境。受到感動的龍馬畫下天逆鉾與高千穗峰，十二月四日寫給乙女的家書便附上這三幅圖（天逆鉾畫了兩幅）。龍馬應該很喜愛畫畫，十二月四日另一封寫給兄長的家書畫了下關的海戰，只是他的畫功應該不如武市半平太，半平太入獄期間畫了一幅與肖像畫齊名的自畫像，龍馬的畫作不僅說不上傳神，連逼真的程度也說不上。

根據龍馬的《手帳摘要》，當晚他與阿龍住在霧島神社附近，依霧島神宮官網記載，原本建在山上的神宮數次因高千穗峰噴火而燒毀，正德五年（一七一五），第二十一代藩主島津吉貴（應為第二十一代島津氏當主、第四代藩主才是）予以重建。島津吉貴重

3 複數神在同一殿裡接受祭祀之意，也稱為合殿或會殿。

建時，可能順便遷徙神宮到現在之地（也有可能在更早之前遷徙），因此，龍馬與阿龍投宿之地很有可能在霧島神宮現址附近。

四月一日，龍馬與阿龍回到塩浸溫泉，之後十日《手帳摘要》雖無確切記載，但大抵可推測都在今日霧島市境內。為何這麼說呢？因為《手帳摘要》確實記錄十二日與阿龍返回鹿兒島城下，從三月十六日到四月十二日這段期間，是為龍馬與阿龍的蜜月旅行，為期將近一個月且幾乎沒有花到龍馬自己的錢，著實令現代人羨煞不已！

第二十二章　長崎篇（三）

懷爾韋夫號沉沒

四月十二日回到鹿兒島城下的龍馬，當晚來到原良町小松帶刀家裡，龍馬遠離塵囂將近一個月，要不與世間脫節必須知道最新時事。當時首要之事為幕府加快再次征長的腳步，截至慶應二年三月底為止，接受幕府動員，如紀伊、彥根、松江、越後高田、福山等藩，不是親藩便是譜代。親藩與譜代不僅遵行已過時的甲州流、長沼流、北條流等，江戶時代幾個有名的軍事流派，連使用的武器也是大坂之陣後代代相傳的老舊火繩槍，以及對抵擋新式槍枝沒有太大幫助的笨重鎧甲，更重要的是這些被動員的藩士氣普遍低落。

關於幕府再次征長的消息留待下一章再談，本章要談的是聯合號的歸屬始末。

前文提到，慶應元年十一月上旬，近藤長次郎駕駛以三萬七千七百兩買下的英國製三百噸木製蒸汽船聯合號，載著四千三百挺米尼葉槍與三千挺坎貝爾槍，從上海駛進下關。照理而言，花錢買下聯合號的長州藩當然有使用權，然而，長州此時朝敵罪名尚未解除，長次郎以薩摩藩的名義才能買下聯合號。長州無法以自家名義購買船艦，當然也無法以自家名義駕駛聯合號，因此聯合號暫由薩摩藩使用，只是薩摩藩本身已有數艘船艦，便將聯合號暫借龜山社中使用。

為針對薩摩與龜山社中使用聯合號的相關權責，長次郎先是與井上聞多草擬《櫻島丸條約》協議，經過高杉晉作與木戶貫治的抗議，長次郎再與木戶就井上的協議做修正。依修正後的《櫻島丸條約》，龜山社中將面臨無船可用的窘境，龍馬在京都二本松薩摩藩邸靜養時，曾對此現況和小松協商，尋求解決之道。看出龜山社中重要性的小松，決定出資買船供社中使用。

大約與此同時，松浦玲《坂本龍馬》依《防長回天史》之記載，慶應二年二月廿四日（平尾道雄《龍馬のすべて》為二月十四日，不清楚其根據為何），薩摩藩正式將櫻島丸移交長州藩（改名乙丑丸），當日薩摩代表村田新八（實名經滿）、川村與十郎（實名純義）將這一消息寫成文字，通知社中的菅野覺兵衛、小谷耕藏（越前藩出身）二人。大意為乙丑丸即日將從下關運米到薩摩，由社中安排航行人員，此次任務完成後，乙丑丸便要歸還長州，作為海戰的戰力。

三月八日，停靠長崎的三邦丸，龍馬在了解長次郎切腹的經過與祭拜完其墓地後，與小松前往哥拉巴商會挑選替代乙丑丸的船隻。鑑於小松個人能運用的資金有限，以及船隻的用途明確，龍馬聽取哥拉巴的建議後，挑選普魯士製造的木製帆船。這艘船不像聯合號可以增置大砲成為軍艦，純粹只有運輸的功能，噸位應該也比三百噸的乙丑丸小上許多（估計不超過一百噸）。

這樣一艘只有運輸功能，且又不是由英、美等海上強國製造的木製帆船，平尾道雄《龍馬のすべて》與宮地佐一郎《龍馬百話》採用六千三百兩的說法，司馬遼太郎《龍馬行》則採用七千八百兩，兩種價碼應各有其依據，難以斷定何者為是，但應不難從兩者價格看出這是一艘不算昂貴的船隻。

四月十二日晚，小松向龍馬提到乙丑丸載著致贈薩摩的五百俵（一俵等於四斗，五百俵等於兩千斗、二百石）米，即將離開下關，離開後會前往長崎與三月份一起在哥拉巴商會訂購的船隻會合，然後再一同開來薩摩。依《防長回天史》之記載，乙丑丸離開下關的日期為四月十一日，亦即小松向龍馬談及此事的同時，乙丑丸應已抵達長崎，當然，龍馬此時並不知道此事。

一段時間後，薩摩外海即將出現兩艘與自己相關的船隻，其中一艘完全屬於龜山社中，龍馬光是想到此事便無比振奮。另外，雖然還未經過正式命名，但已決定船名為「懷爾韋夫」（Wildwave）號（『龍馬傳』電視小說繁體中文版譯成「巨浪號」）。

乙丑丸最遲應在十三日抵達長崎，依《坂本龍馬歷史大事典》在廿八日從長崎出發航向薩摩。為何在長崎滯留十五日呢？可能有幾個原因：

一、等待懷爾韋夫號的到來。

二、決定懷爾韋夫號的船長人選。

三、當時長崎天候惡劣。

懷爾韋夫號與乙丑丸都是從上海運來長崎，但若只是這個原因頂多也只耽誤數日而已。『龍馬傳』裡，池內藏太主動向其他成員提出，由自己擔任「懷爾韋夫號」一職，同時也交代原因是為了賺到足夠的錢，以便向引田屋的藝妓阿元贖身。前文曾提到阿元這個人，「生平事蹟不詳處居多，但似乎確有其人」。其實這樣的人物最適合編劇發揮，在編劇的巧思下，『龍馬傳』裡老的（龍馬）小的（池內藏太）都對阿元著迷。

不過，實際上跟隨乙丑丸從長崎到薩摩，只是懷爾韋夫號的航海練習，船長（當時稱為「船將」）的人選並非池內藏太，而是從未在『龍馬傳』出現過的黑木小太郎[1]，池內藏太僅只是船將底下的士官，此外還任命社中成員佐柳高次（化名浦田運次郎）為下級士官及十二名水夫。

解決前兩個問題後，此時長崎天候不佳應該也導致了懷爾韋夫號出航日期的延遲。

廿八日，儘管天候依舊不佳，黑木、池、佐柳與其他水夫討論後，決定冒著風雨出航。由於懷爾韋夫號與乙丑丸的航速不同，為避免在不佳天候中失去聯絡，由乙丑丸綁著懷爾韋夫號曳航。離開長崎港後因為風大浪大，以致乙丑丸偏離航道朝五島列島[2]而去。風雨的阻力使得綁著懷爾韋夫號的乙丑丸寸步難行，乙丑丸船長中島四郎只得忍痛下令切斷繩索，此舉等於任由懷爾韋夫號全船人員自生自滅。

五月二日，抵達薩摩的乙丑丸士官新宮馬之助哭喪著臉，對前來迎接的龍馬說道，懷爾韋夫號下落不明、船上乘員恐將全數罹難的消息。一時之間，龍馬只感到天旋地轉，好不容易擁有一艘船隻卻毀於暴風雨，更大的傷害是船上訓練已久的乘員生死未卜。

一段時間後，懷爾韋夫號倖存者佐柳高次來到薩摩，向龍馬說明詳細的經過。他們

1　生年不詳。原為鳥取藩藩士，萬延元年到文久二年，重太郎曾代替父親受鳥取藩聘任為劍術師範，黑木在脫藩前曾跟隨重太郎修行，可說與龍馬同門。大概在文久三年一、二月間，成為勝海舟的弟子，這一行動應是受到重太郎的影響，而且黑木應是海軍操練所而非海軍塾的塾生。

2　位於今長崎縣西部的列島，全部共一百五十個大大小小的島嶼，由北至南在行政區分別屬於佐世保市、北松浦郡小值賀町、南松浦郡新上五島町，以及五島市（以上皆屬長崎縣）。江戶時代，這裡是隱藏天主教徒的主要基地，隨處可見教會及天主堂。二〇一八年被登錄為世界遺產的「長崎與天草地方的潛伏基督徒關聯遺產」有多處位在此地。

離開長崎後便遇上暴風雨，中島船長下令切斷曳引的繩索後，懷爾韋夫號在五島列島的中通島與頭島交界處附近的潮合崎沉沒。據佐柳的說詞，死者名單如下：

船　將——黑木小太郎

士　官——池內藏太

水夫頭——虎吉、熊吉

水　夫——淺吉、德次郎、仲次郎、勇藏、常吉、貞次郎、加藏（另一人名字不詳）

以上共十二人

生存者只有佐柳與一太郎、三平兩名水夫，共三人。

六月二日，龍馬、阿龍以及新宮馬之助、佐柳高次等人搭乘返航的乙丑丸，四日在長崎下船。之後數日，龍馬在長崎請篆刻家將亡者姓名及船難事件經過刻成碑文，十四日出海前往五島列島立碑，碑銘為「慶應二丙寅五月二日撓天溺死各靈之墓」以弔唁罹難者，成為整個五島列島唯一與龍馬有關的景點。

第二十三章　下關篇（三）

小倉口海戰

自慶應元年九月廿一日朝廷下達敕許再次征長以來，幕府態度轉為積極，廣泛要求諸藩動員，幕府的動員對象自然也觸及到薩摩來。當時正值龍馬與中岡在斡旋薩長間的結盟，薩摩對於幕府的動員藉口推託，讓幕府對薩摩抱持希望，卻又得不到肯定的答覆。

薩長結盟後，薩摩逐漸表現出反抗幕府動員的態度。儘管如此，幕府仍拉下臉來繼續與薩摩交涉，只要薩摩願意出兵，不僅勝算提升，其他搖擺不定的外樣諸藩多少也會跟著出兵。幕府不斷升高交涉人員的層級，進入四月，連老中首座板倉周防守勝靜也加入勸說行列，然而，板倉老中首座被大久保利通以「非義的敕語」為由狠狠打臉。十四日，利通以大坂薩摩藩邸留守居役木場傳內之名，向幕閣提出斷然拒絕出兵的文句：

……朝廷對於長州應採寬大的處分或是再次興兵征討，如今已成為喧囂的議論。征討乃天下之重典、國家之大事，為了不給後世歷史留下恥辱，必須確立大義名分，非大聲鳴放不足以引起四方呼應。古有「兵乃凶器也」之戒，而不妄動出兵。近來因俗論之力大而不亂起無用之兵固不待言，應極力避免內亂。保持世道安穩乃幕府之職責，若前頭有亂事該如何處理。悖逆天理之戰難以獲得大義之支持，即使是出兵之命令也不得不予以辭退。（引自勝田孫彌《大久保利通傳》中卷）

文末表現出薩摩有意牴觸幕府下令動員的意圖。

另一方面，差不多與薩長結盟同時的一月廿二日，幕府將制定的長州處分案奏請朝廷：

一、削減十萬石。

二、大膳（大膳大夫，指毛利敬親）蟄居隱居，長門（長門守，指毛利廣封）永蟄居。

三、家督應由適當的人選繼承。

翌日，朝廷同意幕府的方案，二月七日，老中小笠原壹岐守長行帶著這一方案前往廣島，召見德山、清末、長府三支藩藩主、岩國領領主與長州藩家老，要他們當場接受處分方案。無意接受幕府方案的長州只派出宍戶備後助（原名山縣半藏，後成為家老宍戶家養子，改名宍戶璣）、小田村素太郎二人為代表前往廣島，至於小笠原老中召見的對象則集體稱病缺席。

若是在幕府威望處在巔峰的江戶初期，別說是支藩藩主，本藩藩主就算抱病也要趕來，面對長州派出兩個沒有決定權的藩士，由於此時幕府還在動員當中，小笠原老中也只能暫時將其當作人質，以待三支藩藩主、岩國領領主與長州藩家老的病癒。

三月下旬，小笠原老中再次下令，對象除了上次提出的三支藩藩主、岩國領主及長州家老之外，還增加毛利敬親父子及元德長男興丸（之後的毛利元昭公爵），限他們在四月十五日之前前來廣島。為何小笠原老中也要召見此時只有兩歲的興丸呢？因為興丸正是長州處分案第三條內容中「適當的人選」。讓兩歲的興丸繼承藩主，意味幕府會以監護人名義派人強行代為掌管長州藩政，因此不僅三支藩藩主、岩國領領主、長州藩家老，連敬親父子與興丸也都集體稱病。小笠原老中當然不相信長州的說詞，既然這麼多人都「剛好」生病，小笠原老中退而求其次，改為要求上述人等派出代理人前來廣島，長州方面對於小笠原老中的要求懶得再編理由，完全不予理會。

五月一日，小笠原老中再次向長州遞交處分案，言明毛利敬親・元德父子隱居蟄居，興丸直接家督相續，由三支藩藩主及岩國領主吉川經幹輔佐藩政。小笠原老中此舉表明幕府不會派人插手長州藩政，他自認這已是對長州的最大讓步，如果五月廿日前長州再不回應，則六月五日幕府將正式公告進攻防、長二州。

亦即此為小笠原老中的最後通牒。不過，即使面對最後通牒，長州依舊相應不理。因為在小笠原老中滯留廣島期間，大村益次郎已完成長州諸隊的西式化訓練，加上去年龜山社中代為訂購的新式槍枝、船艦，以及年初簽訂的薩長同盟，長州並非元治元年時的吳下阿蒙，已搖身變為有能力且士氣高昂亟願與幕府動員的征長軍一戰！

最後通牒的期限為五月廿日（後來延後至廿九日），但是小笠原老中在九日便已離開廣島，留下的宍戶備後助、小田村素太郎二名人質，則幽禁於「目前」屬於幕軍陣營的藝州藩。

板倉、小笠原兩名老中的外交失利再次重擊幕府聲望，而且更可怕的是因戰爭傳聞而造成的物價喧騰，以及無力制止物價喧騰而引起的民怨。據野口武彥《長州戰爭　幕府瓦解への岐路》一書的研究指出，慶應元年五月到翌年五月，將軍滯留京坂的支出便高達三百十五萬七千四百四十六兩。如果繼續追算到慶應二年結束，還要再增加一百二十九萬九千六百五十兩，總計為四百四十五萬七千零九十六兩，這當中有二百五十二萬五千兩是慶應二年四月以後下令大坂富商獻納，以現在的術語而言為不樂之捐。看到這裡應該可以明白為何自鳥羽・伏見之戰起，京坂商人幾乎全部站在朝廷這方，因為再不支持倒幕，京坂商人都會因不樂之捐而全數破產。

五月兵庫、大坂一帶的米價為一百文將近一合五勺[1]，先前提到龜山社中的月薪三兩二分，三兩可買二石二斗米，換算後便可知物價波動之鉅[2]！因此五月三日兵庫發生米騷動，大量的酒屋、米屋遭到民眾搗毀，十四日波及至大坂。然後一路往關東延燒，廿八日米價一百文只能買一合二勺的江戶也發生暴動。

1 一石等於十斗；一斗等於十升；一升等於十合；一合等於十勺。

2 江戶時代金、銀、錢通用，彼此間沒有固定的匯率，大致說來金一兩等於四分，一分等於四朱；銀一貫等於一千匁，一匁等於十分；錢一貫等於一千文。金一兩約等於五十六匁，錢一貫約等於銀十五匁，換言之金一兩約等於錢四貫。把上述的匯率帶入本文，即可發現慶應二年五月上方一帶，一貫錢只能買到約一升五合米，金一兩大概只能買到六升米。而慶應元年龜山社中的月薪換算起來，金一兩約能買到七斗米，雖然筆者提供的匯率並非精確，但大致上可認為從慶應元年五月到慶應二年五月，一年左右物價便飆漲十倍左右。

以上簡單介紹龍馬在二本松藩邸養傷到五月初懷爾韋夫號沉沒為止，幕府與長州之間的交涉狀況，接下來的內容接續上一章，從慶應二年五月的薩摩開始談起。

五月二日，新宮馬之助向龍馬報告懷爾韋夫號沉沒的消息，到六月二日龍馬與阿龍等搭乘乙丑丸離開薩摩為止，有一個月的時間。這段時間《手帳摘要》除了廿九日之外，沒有任何記錄，不清楚龍馬到底做了些什麼事，唯一有記載的廿九日是西鄉主動找上龍馬，希望能原封不動退還乙丑丸載來的五百俵米。西鄉以長州即將進入戰爭狀態，從藩主、家臣、長州諸隊藩兵到一般民眾都更需要糧食，就算有薩長盟約作為靠山，有新式武器及優良的訓練為憑恃，沒有充裕的糧食也是枉然。

《手帳摘要》沒有記下龍馬聽完西鄉這番話後的心情，但筆者認為龍馬應該會覺得，若西鄉能在乙丑丸運米之前說出這番話，黑木小太郎、池內藏太也不會枉死。

六月二日，龍馬等人離開薩摩北上，結束從三月十日以來將近三個月在薩摩的日子，對阿龍而言，這將近三個月，是她一生中與龍馬相聚最久的時日。四日抵達長崎，龍馬先將阿龍安置在小曾根乾堂宅邸，之後這裡成為阿龍在長崎的居處。阿龍在小曾根乾堂宅邸並非如『龍馬傳』所言是在練習手槍射擊，而是在練習月琴。

到十四日出海前往五島列島立碑之前，龍馬一方面請篆刻家將亡者姓名及船難事件經過刻成碑文，另一方面手傷初癒的龍馬前往上野彥馬的照相館拍照。在這張照片裡，龍馬身著有家紋的和服，腰際插著一把脇差，腳上穿的是皮鞋，呼應前文引用登勢之女殿井力眼中的龍馬是個重視穿著的人，如果龍馬生在中世紀，應該會是個婆娑羅大名或傾奇者一類的人物。

龍馬右肘輕靠在桌上，右手伸進懷裡，左手也藏在衣袖之下，雙眼凝視遠方，表情頗為嚴肅，尷尬的是，額頭似乎高了點。這是流傳最廣泛的龍馬照片，奠定之後龍馬的形象，昭和初期矗立在高知桂濱的龍馬銅像，便是參考這張照片的神韻與姿勢打造。必須說明的是這張是龍馬的獨照，而非與南方仁的合照。

龍馬不是第一個在上野彥馬的照相館留影的日本人，在他之前至少有已經切腹的近藤長次郎。比較長次郎與龍馬的照片可以發現一個有趣的事實：長次郎是穿著草鞋拍照，而龍馬是穿著皮鞋拍照。以今日觀之，穿著草鞋拍照的長次郎鐵定被譏為鄉巴佬，但在當時被視為不倫不類的是龍馬。龍馬皮鞋的來源一定是在長崎，因為長崎是當時日本僅有的三處開港之地，不過，倒不一定是龍馬購買，有可能是大浦慶、小曾根乾堂或哥拉巴這些與之有交情的商人致贈。另外，第十九章曾提及，當時的照相技術還停留在溼版攝影階段，拍完到拿得成品需費時近十日，以龍馬在十五日離開長崎的時程來看，這張照片拍攝的日期應不會晚於六月六日。

『龍馬傳』第三季在龍馬拍完這張形象定格的照片後結束。

自慶應元年四月廿九日以來，龍馬至少四次造訪長崎，直到這一次龍馬方始在長崎久留。龍馬十五日前往五島列島為罹難的黑木小太郎、池內藏太立完碑後，直接調頭前往下關投身已經交戰的再次征長之役。

在龍馬抵達之前的六月五日，幕府軍大本營廣島派出兩位幕臣為使者前往長州，只來到岩國向該地領主吉川經幹遞上宣戰書便草草離去。七日，幕府軍船艦進攻周防大島，點燃再次征長之役的戰火。

幕府的再次征長之役也稱為「四境戰爭」（之後以此名稱之），顧名思義，是在長州藩境內四個與外藩接觸之地迎戰來犯的幕府軍，四境戰爭在龍馬十六日[3]抵達下關之前便已展開，十四日在藝州口開戰，龍馬抵達翌日（十七日），石州口亦進入交戰狀態。由於這三地戰爭與龍馬無直接關聯，故只提龍馬參與的小倉口之役，若對其餘三地戰事感興趣可參照拙作《幕末》。

龍馬一到下關便為高杉晉作熱情的接待，不僅承載龍馬的乙丑丸立即投入長州薄弱的艦隊，龍馬也與高杉一同負責小倉口海戰。在此之前沒有海戰經歷、甚至也不太有開船經歷的龍馬能直接取代中島四郎，大概與長州這邊聽到的一則對他們不利的謠言有關：

幕府再次啟用勝海舟為軍艦奉行。

再次啟用勝是五月廿八日，他立即盛裝前往大坂，進入大坂城謁見將軍家茂。啟用勝的過程相當隱密，當勝進入大坂城，昔日同僚大多不知此事。也許是賦閒在家的時間太久，東山再起的勝顯得洋洋得意，在將軍與一橋慶喜面前吹噓道：

若征討長州勢在必行，只要借四、五艘軍艦給在下，下關必能手到擒來。

這番話聽在慶喜耳裡，只覺得是勝為了在將軍面前求表現而吹噓的大話。不過，勝或許有幾分洋洋得意之心，但這番話說得很清楚：他可以拿下下關，但無法消滅長州。如果心存吹噓，應該會夸言消滅長州。勝本人雖然沒有到國外留學學習海軍的經歷，但他是第一個開船橫渡太平洋的日本人，本身也曾在長崎海軍傳習所跟隨荷蘭教官學習好

3 依《奇兵隊日記》記載，龍馬在六月十四日抵達下關，然而此日他應在五島列島為罹難的社中成員立碑才是，因此採用十六日抵達下關的說法。

幾年，學識與歷練並不輸幕府另一位海軍奇才榎本武揚，甚至與明治時代獨占海軍的薩摩藩相比也不遑多讓。既然對手是這樣的人，任用得到其真傳的門下弟子龍馬與之對抗應該很合理。

龍馬聽完高杉晉作的情資後，在下關與木戶（大概在此時，木戶再將名字改成準一郎）見面，談到薩摩原封不動退回長州致贈的五百俵米，龍馬並交代西鄉退回的理由。在木戶即將鬧彆扭之時，龍馬趕緊提出既然長州送出的米不能收回，薩摩也有不能收下的理由，不如將米交由龜山社中處置。

幕府軍投入以下四艘軍艦[4]：

富士山丸，木製蒸汽船，排水量一〇〇〇噸（百斤砲一門，三十斤砲八門）。

順動丸，鐵製蒸汽船，排水量推定四〇五噸。

翔鶴丸，木製蒸汽船，排水量三五〇噸。

八雲丸，鐵製蒸汽船，排水量三三七噸。

乙丑丸加入後，長州海軍船艦連同原先的丙辰、丙寅、庚申、癸亥共有五艘，數量上雖略勝幕府軍一艘（這是指軍艦而言，若將運輸船也算在內，幕府軍數量則多於長州），但長州的船艦除了乙丑丸之外，都在二百噸以下，且僅丙寅丸為鐵製蒸汽船，其餘四艘均為木製蒸汽船或木製帆船。富士山丸不僅噸位最大，配備的百斤砲與三十斤砲，有將丙寅丸以外的長州船艦一砲擊沉的能力。

十七日下午，龍馬與高杉分乘乙丑丸（龍馬為指揮官，菅野覺兵衛為船將，石田英吉為砲手長，中島作太郎為輪機長）和丙寅丸，各自率領庚申丸及癸亥丸、丙辰丸，分別朝門司與田野浦（皆位於福岡縣北九州市門司區）砲擊，架設在與田野浦直線距離最短的壇之浦旁火之山山頂（山口縣下關市みもすそ川町，現為火之山公園）的砲台，也居高臨下發砲協助高杉砲擊，龍馬在十二月四日將火之山砲台的砲擊，以及接下來的海戰，畫在家書裡寄給了兄長權平。『龍馬傳』第四季片頭有一幕是龍馬指揮船艦（應為乙丑丸）開砲的畫面，畫面裡感覺上龍馬是在砲擊敵艦，不過，實際上應是砲擊門司沿岸的砲台。

門司沿岸與田野浦的砲台抵擋不住長州船艦的砲擊而被擊毀，讀者或許會感到奇怪：怎麼沒看到前文提到的富士山丸、順動丸、翔鶴丸、八雲丸？這四艘只要一艘出現

4 關於幕府軍參戰的船艦，筆者讀到的資料不盡相同，本文依據野口武彥《長州戦争　幕府瓦解への岐路》的資料。

在門司到田野浦之間，龍馬與高杉大概就難以予取予求，四艘船艦為何沒有出現呢？這四艘船艦此時正停靠在周防大島，高杉在數日前大島失守後曾進行「偷襲」，雖名為偷襲，其實只是穿梭在大島與幕府船艦之間，「偷襲」雖失敗，卻使得四艘船艦緊緊守護大島，片刻也不離開。

『龍馬傳』第三十九回有一幕是下關海戰進行後不久，高杉怡然自得地彈起三味線，突然一陣劇烈的咳嗽，其他長州諸隊彷彿看不見般的沒人關心，只有龍馬跟在高杉後面，看他匆忙用清水洗掉手上的血漬。龍馬問道：

高杉先生，您得了勞咳（肺癆之意）嗎？

高杉答道：

是肺癆。

肺癆，日文又稱為勞咳（ろうがい），現名肺結核，在當時形同絕症，罹患此病沒有痊癒的可能。

在龍馬的追問下，高杉坦率說出自己已來日無多，想在來日無多的餘生裡保衛長州。

不過，在龍馬之前，長州諸隊已有人發現高杉罹患肺癆的事實，當時丙寅丸砲隊長有位名為山田市之允（實名顯義）的廿三歲年輕人。山田雖然年輕，但不僅與高杉同為松下村塾門生，也是長州諸隊遊擊隊幹部，軍事才能被看好有大將的器量。然而，明治初年在實施徵兵令，與山縣有朋出現衝突，進而影響山田在軍界的發展，只得換跑道遊走各界，最後立足司法界。明治時代，山田談及此役勝利後的高杉，略帶哀傷且懷念的語氣說道：

高杉當時的肺疾好像已很嚴重，他不時的咳嗽，但依然昂然立於船頭。海風不斷吹拂其衣袖，如此英姿颯爽的身影，至今仍歷歷在目。

『龍馬傳』的小倉口海戰歷經六月十七日的戰鬥便全面獲勝，所謂的戰鬥也只有乙丑丸發個四、五砲，殺死十餘名臨時演員飾演的敵兵，未免把戰爭看得太過簡單。『龍馬傳』還有一幕是戰爭勝利後龍馬在山口城為藩主毛利敬親召見，當面對龍馬表示感激之意，對一介脫藩浪士而言此為至高無上的榮譽。在〈山口藩廳來訪他國人名單〉裡，的確可在六月廿五日發現龍馬的名字，這一日他從毛利敬親手上拜領羅紗生地[5]，這一舉動可解釋為毛利敬親感激龍馬加入長州陣營，但並不意味小倉口海戰的結束。

實際上小倉口戰役在整個四境戰爭最晚結束，十七日這次進攻雖在門司上岸，但擔心勝海舟會在富士山丸上指揮船艦而不敢過於深入，因此並未全面對部署在門司海岸的幕府軍展開進攻。之後數日，小倉口的長州軍耗時修復十七日一戰中彈的船艦並打探幕府軍的情報，他們打聽到一個相當震撼的消息：

勝海舟雖被重新啟用，但此時人尚在大坂城。

換言之，勝只是官復原職，厭惡勝的幕閣並不想讓他指揮海戰，進而立下功勞。打探到這一情報的高杉，與龍馬商量後，決定在七月二日夜晚冒險渡海登陸彥島對岸的大里（北九州市門司區大里本町一帶）。龍馬及部分社中成員駕駛乙丑丸，高杉搭乘丙寅丸，其後拖著庚申、丙辰二船前進，因此船速並不快。乙丑丸航行至二百五十多年前因宮本武藏與佐佐木巖流（實名巖流，通稱小次郎）決鬥而聞名的巖流島（正式名稱船島）附近，發現最令長州恐懼的船艦富士山丸的蹤跡，龍馬看清楚是富士山丸後下令開砲，然後下令全速返回下關。

返回下關後，龍馬細細回想方才與富士山丸相遇的情形，船速有八節的富士山丸若從後追趕，應可追上乙丑丸（乙丑丸航速不詳，但應不會比富士山丸快），或是發砲反擊，也都能對乙丑丸造成一定程度的傷害，但是富士山丸毫無反應。根據幕府方面的記載為富士山丸原本有意發砲反擊，可是因為莫名的原因大砲砲管破裂所以只能撤退，翔鶴丸與順動丸也跟著撤退。

門司海面上已不見幕府軍艦，龍馬與高杉再次聯手出擊，登陸大里海岸。岸上的幕軍旌旗林立，仔細觀察可看出共有三階菱、祇園守、左三巴、九曜四種家紋，分別為小倉藩、柳河藩、久留米藩與熊本藩。四藩中除小倉藩為譜代外，柳河、久留米、熊本三藩均屬外樣，這三藩對於來犯的長州諸隊既不拿起武器與之作戰，也不馳援與長州諸隊交手的小倉藩，只是堅守自家陣地作壁上觀。

由町人、農民、賤民組成的長州諸隊，穿著輕便的制服，手持新式的米尼葉槍或坎貝爾槍，施展大村嚴格且訓練有素的陣形，輕易地擊敗穿著全套笨重的戰國甲冑、手持火繩槍的小倉藩兵。町人、農民、賤民成為保家衛國的主力是這時代難以想像的事，難以想像的還在於這支雜牌軍竟擊敗以作戰為本業的武士，這樣的結局恐怕除了信心滿滿

5 羅紗是葡萄牙語 raxa 的音譯，是厚的毛織物總稱。羅紗在十六世紀中葉的南蠻貿易便已傳入日本，用來作為羽織、陣羽織的原料，具有防雨、防寒功效。進入明治時代則作為極地軍用外套，用於雪地行軍或作戰。生地指布料或織物的質地、質料，羅紗生地即指羅紗質料。

的長州藩之外，任誰也想像不到。

七月廿七日，龍馬與高杉第三度率軍在門司登陸，此時大島口、藝州口、石州口三地戰役均已結束，除了藝州口之外，幕府軍皆遭慘敗。戰敗的消息總是傳播得異常迅速，諸藩均知幕府此役栽了大跟斗，對於還固守在小倉陣地的柳河、久留米、熊本三藩士氣影響極大。

儘管事先交代不可與三個外樣藩發生衝突，以免他們加入幕府軍反過來與長州作戰，然而最終長州還是與堅守陣地的熊本藩出現衝突，熊本藩一氣之下與小倉藩並肩作戰，一直以來戰無不勝的長州遭到擊退。接下來廿八、廿九兩日長州不敢再主動挑起戰端，畢竟長州在小倉口只投入數百人而已。三十日熊本陣地出現騷動，似乎傳來什麼消息導致內部喧擾不已。騷動持續到晚上，熊本藩兵不動聲息的突然撤退。

天亮之後（八月一日），長州抓緊這難得的機會，收攏戰線包圍小倉城猛攻。該夜，幕府軍小倉口總督、同時也是戰前與長州進行談判的老中小笠原壹岐守長行，自行縱火燒毀小倉城，並趁城郭炎上之際逃逸。包圍小倉城的長州軍於是不費吹灰之力便接收小倉城，同時也接收放在小倉城的大太鼓，帶回下關安置在嚴島神社（下關市上新地町一丁目）作為戰利品。

《龍馬行》文庫版第六冊在小倉口海戰獲勝的同時結束。

龍馬十二月四日寫給權平的家書提及海戰結束的過程：

七月（應為六月）左右，櫻島丸蒸汽船駛往長州，薩摩的使者前往長州也不得不仰賴它（櫻島丸），我率領長州的軍艦參加戰爭，不需要有任何擔心，真是有趣！……

七月以後戰爭也沒有停止下來，到了十月四日長州歸還侵占小倉藩的土地，小倉藩發誓不再與長州敵對。從小倉藩取得的土地，經測量後增加六萬石。在這場戰爭裡最大一役，是長州戰死五十人，儘管先鋒屢屢戰敗，坐鎮本陣的高杉晉作與薩州使者村田新八無所不談，有趣之處雙方均爆出笑聲，但不失警戒之心。敵人熊本藩兵相當強大，晉作下令搬出酒樽，在戰場上敲碎使其流向熊本陣地，將熊本藩的旗印一個不留地帶走。我們若是參戰應該有不少人會戰死，結果死了約十人程度的激戰。

寫給權平的這封家書附上了兩幅下關海戰圖（同日寫給乙女的家書則是附上霧島高

千穗峰以及兩幅天逆鉾圖），同時還附上文字說明下關海戰始末，這封信目前收藏在北海道坂本家（鄉士坂本家第五代當主坂本直寬於明治三十一年移居北海道）。

第二十四章　長崎篇（四）

與後藤象二郎和解

四境戰爭開戰前，依大橋昭夫《後藤象二郎と近代日本》一書，慶應元年十月在山內容堂極力支持之下，大監察後藤象二郎決定在高知城東九反田興建開成館（高知市九反田，現為九反田公園）。慶應二年二月開成館[1]竣工，底下設立包含軍艦、勸業、貨殖、稅課、捕鯨、山虞、礦山、鑄造、泉貨、火藥、醫、譯各局，其中軍艦局要學習航海學、蒸汽機關學、砲術、算術、測量等學科，勸業局從藩的國產方役所予以改組，負責銷售樟腦、茶葉、和紙、鰹節等土佐特產。

開成館竣工後適逢原先的參政年邁辭職，容堂遂將大監察後藤一舉推向參政（在其他藩相當於首席家老）的職務，看似恩寵信任的同時，也有要他負起推動藩的富國強兵、殖產興業之責。不過，綜觀江戶時代可知幕府非常忌諱諸藩累積財政、發展國力，因此以種種名義動員諸藩負擔各種普請工程，當然還有眾所周知的參勤交代，這是最有效率而且每年都能上演的消耗諸藩財政的政策。

成立開成館的慶應二年二月，四境戰爭尚未開戰，可見在四境戰爭之前土佐已有意追求藩的富強，即使此舉違反幕府的方針。只是土佐在追求富國強兵、殖產興業之餘，也盡量不激怒幕府，雖然沒有配合幕府的動員出兵，但趕在六月開戰前夕，幾位家老特地將現任藩主山內豐範正室俊姬（長州藩第十代藩主毛利齊熙三男信順之女，以毛利敬親養女身分出嫁）送出高知城外，使其猶如軟禁般居住在簡陋密室，然後刻意修書請示幕府後續的處置。此舉一則強調奉行自藩祖山內一豐以來「只要山內家在土佐的一天，絕不允許土佐有違逆德川家的行為」的祖訓，二則百般討好幕府以表明土佐儘管無法出兵參戰，但對幕府的忠誠不輸動員出兵的藩。

土佐的家老們，應有效法藩祖山內一豐當年在小山評定主動提議讓德川軍駐守居城掛川城之意，此舉為東海道上諸大名所仿效，德川軍因而不費一兵一卒便從江戶推進至尾張清洲，對於關原一役的獲勝居功厥偉。儘管山內一豐在關原戰場上並無實質戰功，但憑藉此功從遠江掛川六萬石小大名，一舉躍升土佐一國二十萬二千六百餘石的國持大名。可惜的是，把藩主正室送出城外軟禁無法引起諸藩仿效，即使諸藩競而仿效對於四境戰爭也毫無實質幫助，就算幕府因而在四境戰爭獲勝，也難以奢求像藩祖一舉得到十餘萬石的增封。

可悲的是，幕府軍竟然在四境戰爭鎩羽而歸，十餘萬兵力[2]竟然不敵不超過五千的長州！在此之前不管幕府的威望如何受挫，除了長州之外的諸藩，對幕府都還保有基本的尊重，四境戰爭後，不少藩開始對幕府露骨表現出輕蔑的心態。土佐家老們無法在戰前判斷勝利女神的歸向，戰前加諸在俊姬身上的屈辱行為，在戰後必須更屈辱地來到高知城外，向俊姬點頭如搗蒜般對戰前無禮的行為致上歉意。

八月廿日，幕府對外公開十四代將軍家茂去世的消息，原來將軍在小倉口海戰方

1 開成館成立後，在長崎與大坂成立兩個出張所，慶應二年長崎出張所擴大為長崎商會。隨著龍馬遭暗殺後海援隊業務一落千丈，慶應四年閏四月解散海援隊，重心移往大坂出張所，明治二年擴大為大坂商會，並於同年十月在土佐成立土佐開成社。明治三年開成館改名寅賓館，變質為接待外賓的會館，明治四年曾在此接待勸說廢藩置縣的使者西鄉、木戶、大久保三人。負責經營土佐開成社的林有造因經營不善出售，彌太郎買下後改名九十九商會，將總部遷往大坂土佐藩邸，開闢東京、大阪、高知三地航線，故於明治五年改名三川商會。隔年改名三菱商會，明治七年總部再遷往東京日本橋，改名三菱蒸汽船會社，開始以山內家家紋「三柏」（丸に三つ柏）作為會社的標誌，之後再改為人盡皆知的「三枚鑽石」（スリーダイヤ）。同年再把社名改成郵便汽船三菱會社，『龍馬傳』每一季開頭的岩崎彌太郎都是以該會社社長身分接受坂崎紫瀾的採訪。

2 四境戰爭幕府軍兵力並無具體的數字，有說是十萬五千，有說是十五萬，難以認定。元治元年第一次征長之役動員三十五個藩，兵力約為十五萬到廿一萬之間（也是沒有具體數字），四境戰爭只有十四個藩接受動員，而且薩摩不在其中。依常理判斷，四境戰爭的兵力應比第一次征長之役少很多才對，也許不到十萬。

酣之際的七月廿日，已因腳氣衝心病逝，將軍病逝足以解釋七月三十日熊本藩兵在占盡優勢的情形下，不動聲息突然撤退的原因。家茂病逝時年僅廿一歲，與御台所和宮親子內親王間未生下繼承人，因此家茂彌留之際，指定御三卿之一田安德川家第七代當主龜之助為繼任將軍。田安龜之助生父慶賴是前政事總裁職松平春嶽異母弟，兩人的生父德川齊匡與十一代將軍家齊是異母兄弟，是以龜之助與家茂的血緣較為疏遠，反而與十二代、十三代將軍的血緣較為親近，血緣的親疏在封建時代足以構成能否成為繼承人的考量因素。

年僅四歲的龜之助在幕府毫無威望的情形下出任將軍，只會造成諸藩對幕府的鄙視，進而加速幕府的崩壞，儘管前後兩任御台所天璋院與靜寬院宮（和宮落飾後的稱號），以及大奧眾女中，一致主張尊重已故將軍的選擇，但在幕閣眼裡龜之助實非適任人選。

龜之助不是唯一的人選，八年前與家茂競爭將軍失敗的一橋派領袖一橋慶喜再次被提及。相隔八年政治環境變異甚大，慶喜若能在八年前任將軍仍大有可為，八年後（四境戰爭慘敗加上將軍病逝）的現在，就算家康再世也難有作為。八年前，「幕末四賢侯」——島津齊彬、伊達宗城、山內豐信、松平慶永，都是一橋慶喜的有力支持者；八年後取代齊彬的久光與慶喜幾乎公然對立，宗城、春嶽也失去支持慶喜的熱情，容堂對慶喜的支持原本就不如前三人，至今依舊如此（容堂支持的是以德川宗家當主身分繼任將軍，而非個別的將軍人選）。

雖然繼任的將軍人選尚未呼出，土佐已有放棄藩論公武一合改弦更張的準備，部分上士提出要與擊敗幕府而如日中天的長州以及與之結盟的薩摩交好。容堂先是赦免半平太切腹時一併剝奪名字帶刀的小南五郎右衛門，恢復他的武士身分並重新啟用，小南可說在其他藩（尤其是攘夷派）擁有高知名度的土佐上士，是與薩長建立友誼不可或缺的人物。繼而容堂在八月廿八日派出佐佐木三四郎（實名高行），前往太宰府調查西國情勢。既然是前往太宰府，調查到的情勢想必不出武力討幕，儘管容堂仍死守一豐的祖訓，底下的上士並不作如是想，三四郎尚且如此，土佐藩參政後藤象二郎更是如此。

開成館成立不久，象二郎成立貨殖局長崎出張所，之所以選定長崎是因為該地已經開港，可以接觸到外國商人，有助於開拓產品市場，象二郎任命曾與之就學於少林塾且被叔父賞識的岩崎彌太郎為長崎出張所主任（土佐商會前身）。根據《維新土佐勤王史》記載，長崎出張所負有將藩內盛產的樟腦在此地輸出，以賺得的錢充當購買蒸汽船與槍械的任務，這個任務自然也由身任長崎出張所主任的彌太郎負責，因此在『龍馬傳』出現土佐商會主任岩崎彌太郎在哥拉巴商會兜售樟腦的情節。

以長州在慶應元年的例子，購買船艦與槍械需耗費數萬到十餘萬兩，很難想像藩廳會將這筆巨資交由一個才由地下浪人升格為武士的人（儘管這名由地下浪人升格為武士的人深得參政的信任），筆者對於《維新土佐勤王史》這段記載抱持懷疑。

前文引用的大橋昭夫《後藤象二郎と近代日本》提到，象二郎成為參政後不久，容堂命他前往長崎採購船艦與槍械，顯然《後藤象二郎と近代日本》的說法較《維新土佐勤王史》令人信服。不過，從任命到啟程，象二郎的動作非常緩慢，直到七月廿六日象二郎才帶著幾名隨行藩士及通譯中濱萬次郎抵達長崎，這已是四境戰爭即將結束之時，『龍馬傳』裡直接在土佐商會主任岩崎彌太郎底下任職的萬次郎恐怕不是真實的情況。

長崎港內此時沒有多餘的中古船艦可供選擇，象二郎只買下薩摩售出的胡蝶（即龍馬首次前往薩摩搭乘的船艦），在薩摩藩士五代友厚的建議下，象二郎於八月廿五日帶著萬次郎前往上海挑選。象二郎在上海購買二艘船艦，延續胡蝶的命名由來[3]，將二艘運輸船命名為箒木、空蟬，九月六日返回長崎。十月廿三日，象二郎再次與萬次郎前往上海，陸續購入夕顏、若紫、紅葉賀、乙女、橫笛（以上五船依舊出自《源氏物語》，分別為第四、第五、第七、第廿一、第三十六帖之卷名）、羽衣六艘，加上先前購買的胡蝶、篝木、空蟬共九艘（羽衣、橫笛、乙女為帆船，若紫為砲艦，其餘均為蒸汽船），總計耗費四十二萬六千八百兩，基本上已完成容堂交代的使命。讀者可能會納悶：為何象二郎買下的九艘船艦都是中古船艦？這應該與他在長崎、上海二地過度揮霍不無關係。從以上的敘述來看，扣除前往上海的時間，象二郎在長崎大致待了將近兩個半月。

除了恢復小南五郎右衛門在藩內的職務外，藩也開始積極接觸與薩長有密切往來的下士，因為土佐下士在土佐以外的知名度普遍比上士高，土佐要與薩長搭上線必須借重下士們在薩長間的高人氣。說來諷刺，自山內一豐入主土佐的那一刻起，兩百多年來一豐從掛川帶來的家臣（上士），向來視長宗我部的家臣及一領具足比豬狗還不如，下士若敢反抗便毫不留情予以斬殺。然而，在幕府威望蕩然無存的今日，上士竟也有向下士低聲下氣的時候。可惜自文久三年以來，土佐下士幾乎被京都守護職底下所轄各單位與土佐上士屠戮殆盡，只有龍馬、中岡、土方久元、田中顯助等寥寥數人幸免於難。經常從哥拉巴、小曾根乾堂或大浦慶口中聽到龍馬名字的象二郎認為，有必要與在這些事業有成的商人眼裡占有一席之地的龍馬見上一面，只是此時的龍馬仍被土佐藩廳視為殺害

3〈胡蝶〉是《源氏物語》第廿四帖卷名，〈篝木〉、〈空蟬〉為第二、第三帖之卷名。

吉田東洋的凶手之一，象二郎雖有意與其會面，內心不免再三躊躇。

若依『龍馬傳』的角色設定，既是龍馬自幼熟識且目前又是象二郎屬下的岩崎彌太郎，應是促成兩人會面的最適當人選，然而實際上擔任這一角色的，是上卷提及與龍馬結伴前往江戶修行劍術的溝淵廣之丞。溝淵應龍馬生父八平之託，與龍馬作伴前往江戶，並一起在桶町千葉道場學習劍術，之後在龍馬的傳記便鮮有行蹤之記載。溝淵再次出現是慶應二年，此時他似乎已放棄劍術改學砲術，依山本大《坂本竜馬》，溝淵是出於打探情報才來到長崎學習砲術，尤以打探長州的情報以圖與長州接近，溝淵不會平白無故打探長州，可見來長崎學習砲術是出於藩或象二郎的指使。雖不清楚溝淵抵達長崎的確切時間，但從十一月份龍馬與他的兩封信件往來來看（一封為十六日，另一封未附上日期），溝淵抵達長崎的時間應該不會早於象二郎。

依龍馬於十二月四日寫給權平的家書，龍馬在此之前（十二月四日）已與溝淵多次會面，再加上龍馬回覆的兩封信件，可見溝淵與龍馬的聯繫相當頻繁，這固然與溝淵奉命執行象二郎派下的任務有關，但也不能否認兩人原本便交情密切。在日期不詳的信件裡，龍馬向溝淵提到他的志向在於海軍，為此「數年間東西奔走，屢屢視故人如相遇之路人，誰人不思念宛如父母的藩國？然不忍回顧……」，從書信內容觀之，雖未附上日期，其實際日期應在十六日之前。

為何這麼說呢？龍馬在十六日的書信省去寒喧問候的詞語，直接委託溝淵代為訂購手槍，還限定價格必須介於三十一兩到三十三兩之間（對比前文註釋引用《坂本龍馬歷史大事典》的價格，可知當時在日本一把手槍的價格將近兩挺米尼葉槍，更是高於六挺坎貝爾槍）。出於某些原因龍馬在購入手槍上出現困難，因此才會向溝淵求助，或者說是向溝淵背後的象二郎求助。比較此信與前一封信的語氣，可發現前一封信的語氣較為客套，比較像是久未見面的問候，是以筆者認為日期不詳的信件應在十六日的信件之前。

還有一個細節值得注意，在此之前龍馬信末的署名共有「龍」、「龍馬」、「坂本龍馬」、「直陰」與「直柔」五種，慶應二年十一月十六日寫給溝淵的書信多了「才谷梅太郎」。相信不少讀者已知「才谷梅太郎」為龍馬的化名[4]，只是使用的時間竟然是將近慶應二年年底，如此之晚頗令人意外（山本大《坂本竜馬》認為慶應三年二月十日，龍馬

4 關於龍馬的化名除前文提到的「西鄉伊三郎」，還有慶應二年十一月廿日寫給寺田屋登勢使用的「取巻の抜六」、慶應三年二月十六日寫給三吉慎藏信中提及他與會津藩家老神保修理在長崎會面時使用的化名「高坂龍次郎」，以及推定為同年五月中旬寫給寺田屋伊助使用的「大濱濤次郎」。上述這些化名都只使用一次或一陣子，只有才谷梅太郎使用的時間最久，直到龍馬暗殺當日。

住在下關伊藤助大夫家之後才普遍使用，該說比此時晚了三個月）。附帶一提，此後龍馬在信末增添「うめ」、「梅」、「才谷龍」、「才谷」、「楳」、「楳太郎」、「梅太郎」、「才谷楳太郎」多種署名，基本上都是從才谷梅太郎變化而來。

溝淵與龍馬多次見面應有提及與象二郎會面之事，龍馬沒有考慮太多便欣然同意，因為龍馬有其與象二郎會面的必要，而非單純出於和解。此時以象二郎代表的身分找上門來的溝淵，讓龍馬認為對龜山社中將有所裨益，這才是龍馬願意放下恩怨與象二郎會面的原因。

不過，龜山社中成員可沒想得這麼遠。不管出身土佐與否，成員們光聽到龍馬要與象二郎會面便紛紛出言反對，當他們得知象二郎本人現下正在長崎，甚至有土佐出身的成員提出行刺後藤，以為武市先生復仇。相形之下，龍馬不但無意為半平太報仇，反而還要與象二郎會面談合作，連陸奧陽之助這位局外人都看不下去，土佐出身的社員之氣憤填膺可想而見。

在進入兩人會面之前，先來談談被『龍馬傳』省略掉的部分。

前文提過佐佐木三四郎於八月廿八日為容堂派往太宰府調查西國情勢，太宰府是三條實美等五卿聚集之地，要與長州建立關係必須先從五卿著手，而要拜會五卿又必須先得到護衛其人身安全的土佐浪士之信任。龍馬能輕易拜會五卿，在於他不僅熟識護衛五卿的土佐浪士，從土方楠左衛門到一般浪士均有深交，這群土佐浪士對龍馬充滿信任。而佐佐木三四郎就不同了，他出身土佐浪士打從心底厭惡的上士階層，佐佐木若是在太宰府打聽情報，或許能達到不錯的成效，若要與五卿會面應該是難上加難，沒能與五卿會面就算前往長州也是徒然。

因此才會有十二月龍馬與溝淵的長州之行。

龍馬帶著溝淵繞過太宰府，直接於十二月初前往下關會見木戶，不巧的是木戶前往薩摩商談要事，龍馬與溝淵在伊藤助大夫家等候木戶返回。現存龍馬的信件中，寫給伊藤助大夫的信件僅次於乙女，而且全部集中在慶應二年八月十三日到慶應三年五月廿八日之間，在此先簡介伊藤助大夫其人。

伊藤助大夫實名盛正，家格為下關阿彌陀寺町大年寄，累積的財力足以匹敵白石正一郎，可謂下關兩大豪商。白石財富的基礎為酒屋，伊藤助大夫則是以經營本陣起家，兩人的共通點皆為喜好結交攘夷志士，是高杉晉作成立奇兵隊的兩大金主。龍馬於慶應三年二月曾偕阿龍來下關居住一段時間，伊藤助大夫特地空出宅邸一角供其居住（下關市阿彌陀寺町，春帆樓附近），由於助大夫號自然居士，故龍馬將居處命名為「自然堂」。

助大夫後來改名「九三」，據說是出於龍馬的建議，至於為何改名「九三」，用意不詳。至今流傳一張龍馬與助大夫的合影（該照片另一人似為伊藤家用人），按前文敘述來看應是居住下關期間拍攝，因為不是由上野彥馬掌鏡，畫質及亮度均不佳。

十二月十四日木戶返回下關，十八日前往山口謁見藩主。龍馬在木戶返回次日修書木戶，估計當日龍馬便與木戶見面，並向溝淵、木戶二人介紹彼此。當下氣氛融洽，有位也在伊藤助大夫宅邸作客名為岡三橋的醫者，酒後賦詩：

堂堂威武払姦邪，仰見竭來新德華。
又有余恩到我輩，一杯邨酒一瓶花。

溝淵向木戶說明四境戰爭前後土佐藩對待俊姬態度的改變，說明土佐佐幕的藩論已有所動搖，希望能成為與薩長進一步接觸的轉機。木戶雖認識不少土佐人，不過都與龍馬一樣屬於下士階層，此時得到代表後藤的溝淵釋出善意，代表土佐已由原先「絕不允許土佐有違逆德川家的行為」，向已經結盟的薩長傾斜。

為避免讀者有所誤會，必須強調土佐此時只是想改變公武一合藩論與薩長搭上線，而非與薩長砲口一致公然舉起武力討幕旗幟。事實上，土佐之後一直周旋在修正與薩長間的關係，以及作為薩長與幕府間的緩衝角色，雖然慶應三年五月間土佐曾與薩摩簽訂《薩土討幕密約》，不過該約土佐方的要員乾退助是以個人身分簽訂，後來還因乾退助事先未徵求藩內意見擅自簽約而作廢。土佐最著名的調停薩長與幕府間的行為，是之後後藤象二郎以容堂的名義向慶喜提出大政奉還論。

龍馬遭到暗殺後，大政奉還論逐漸沉寂，終於在十二月九日小御所會議為武力討幕所取代。然而，容堂在小御所會議依舊強調「元和偃武以來近三百年間，海內太平隆治全因德川氏之故」，絲毫沒有附和岩倉、大原兩位參與[5]的提議將德川內府（指慶喜，當時官位為內大臣）排除在朝議之外。直到鳥羽・伏見之戰獲勝，新政府總裁有栖川宮熾仁親王發布《慶喜追討令》一路東下追擊，在岩倉參與的言語恫嚇下，深恐與慶喜一同淪為朝敵的容堂才「恭恭敬敬的接受討伐敕令」。

經由以上簡單的介紹，可知慶應三年當下，土佐只是摒棄公武一合，改為接近薩長，尚未有以武力討幕作為藩論的想法。

十二月廿七日，溝淵與龍馬前往太宰府，由於有龍馬作伴，溝淵直接與土方楠左衛

5 岩倉指岩倉具視，大原指大原重德。兩人在同日頒布《王政復古大號令》同被任命為新政府參與，兩人與薩長友好，俱主武力討幕論。

門見面談話。結束太宰府的拜訪後，龍馬前往下關，溝淵似乎返回長崎安排象二郎與龍馬會面的所有細節行程。

在下關約滯留這十日，依目前的信件看來，與伊藤助大夫的往來密切（畢竟兩人是房東與房客關係），另外還與闊別多時的中岡會面，想必也有與信件未提及的人物會面。慶應三年一月九日龍馬從下關出發，十一日抵達長崎，當日溝淵前來通報，與象二郎會面的準備已經就緒。

儘管菅野覺兵衛、澤村惣之丞、石田英吉等土佐脫藩浪士認為後藤此行必定有所埋伏，可能會在杯觥交錯時趁機逮捕龍馬以報殺叔之仇，但龍馬不願錯失與象二郎修好的機會，堅持必須赴約。

依『龍馬傳』第四十回，慶應三年一月十二日[6]，在土佐商會主任岩崎彌太郎的安排下（實際上是溝淵廣之丞），以及另一名土佐藩士松井周助），龍馬與後藤在榎津町清風亭（長崎市萬屋町）進行會談，這是自山內一豐入主土佐二百六十多年來，首度上士與下士同室用餐交談，此刻龍馬內心應該相當激動，能有今天與上士平起平坐的局面，完全是拜無數死去的土佐下士之賜。面對殺叔仇人，象二郎絲毫不提過去的恩怨，話題只針對當下合作的具體事項，這種就事論事的態度深為龍馬所讚賞：

上士終究還是有像樣的人物。

相較於龍馬，司馬遼太郎對後藤的評價嚴苛許多：

他是一個器宇過於豪邁，但卻很難在世間發生作用的人。

這一日的會談內容以現在的話來說是破冰，具體合作的細節一時之間應該無法面面俱到，像是龜山社中的歸屬權，龍馬與象二郎便無法取得共識。因此清風亭的會面只是雙方捐棄成見、化敵為友，而不是已進入真正的合作階段。

清風亭會面後，象二郎也前往上野彥馬的照相館留影，可能與龍馬的推薦不無關係（也有可能兩人一起前往），因為象二郎已在長崎滯留五個月卻從未動念想要拍照。象二郎一生留下的照片不算少數，大多是進入明治時代才拍攝的，幕末的照片屈指可數。象

6《維新土佐勤王史》記載一月十三日；宮地佐一郎《龍馬百話》為一月十二、三日；大橋昭夫《後藤象二郎と近代日本》為二月；松浦玲《坂本龍馬》為一月下旬到二月初；山本大《坂本竜馬》為抵達長崎後不久，而無確切日期；池田敬正《坂本龍馬》為二月下旬。平尾道雄《龍馬のすべて》認為日期不明，司馬遼太郎《龍馬行》沒有標示日期。清風亭會面雖確有此事，但無法確定日期。

二郎留下的照片不管是姿勢或背景，都與去年六月龍馬的照片極為相似（包括使用同一張桌子），差別在於象二郎留有月代[7]，龍馬則無；龍馬腳穿皮鞋而象二郎是草鞋加上足袋。其實更大的差別應該是在神情，龍馬神色自若，象二郎則是驚魂未定，他應該是被拍照瞬間的聲響嚇到。

龍馬也再次在上野彥馬照相館留影，這次採取的是坐姿，難得換上草鞋加足袋。二〇〇四年三月在龍馬誕生地西南方成立的『高知市立龍馬の生まれたまち記念館』（高知市上町二丁目），

象二郎仿龍馬姿勢的照片。

龍馬照片。

入口處有一座龍馬等身坐姿銅像，便是根據這次留影打造。

海援隊

與象二郎會面和解一事，依龍馬的個性應會在事後的家書中提及，不過從會面後到龍馬暗殺為止的九封家書，都沒有提及清風亭的經過，與龍馬在寺田屋遇襲及參與小倉口海戰的情況迥異。由於龜山社中尚有高松太郎與坂本清次郎兩名鄉士坂本家成員，因此即使龍馬未曾在家書提及，權平、乙女、春猪三人還是有可能透過高松太郎、坂本清次郎兩人的書信，得知龍馬已與象二郎和解一事。

清風亭會面後翌日，龍馬將會面的過程寫成文字寄給木戶，向他提及土佐的藩論已有所改變，在不得不與幕府的戰爭中，石高二十四萬二千石的土佐應能對長州有所助

7 江戶時代以前日本成年男性的髮型，從前額到頭頂的頭髮全部剃光，讓頭皮呈現半月形而得名。據平安、鎌倉之際的攝政・關白九條兼實日記《玉葉》，以及中世紀軍記物語《太平記》，平安末期已存在月代，鎌倉・室町時代武將上戰場才剃成月代，平時是以總髮（不剃成月代，所有頭髮往後梳，綁成一個髷，在江戶時代是神官、儒學者及醫者的髮型）的髮型。戰國時代月代才固定成為戰時武士統一的髮型，進入江戶時代連平民也有剃月代的習俗，明治四年頒布《散髮脫刀令》後全面廢除。

益。接下來約一個月左右，龍馬除了寫給春猪（一月廿日）、乙女（一月廿二日）的兩封家書外，還多方拜訪包括土佐上士谷守部（實名干城）、長州豪商伊藤助大夫、會津家老神保修理（實名長輝）、熊本藩士莊村助右衛門（實名省三，日本聖公會最早受洗者）、鳥取藩士河田左久馬（實名景與）、薩摩藩士大山格之助（實名綱良）等人會談。

二月（正確日期不詳），傳來龍馬與中岡慎太郎脫藩之罪被赦免的消息。龍馬於文久二年三月廿四日與澤村惣之丞首次脫藩，文久三年在勝海舟的斡旋下，於二月廿五日得到赦免。雖然得到赦免，但龍馬始終不願返回土佐，在返國期限即將到期的元治元年二月再次脫藩，這次脫藩直到此時才再次得到赦免，前後歷時差不多三年。龍馬此時被赦免脫藩之罪，應與半個多月前在清風亭與象二郎的會談不無關係，可見象二郎與龍馬合作的誠意十足。不過，沒有交代澤村惣之丞、高松太郎、菅野覺兵衛、新宮馬之助等人的脫藩是否也一起赦免，因此不清楚上述這些人是否也在此時獲得自由之身。

本節主題為海援隊，船隻的取得是主要內容之一。慶應二年七月廿八日，小倉口海戰尚未結束之時，龍馬寫給三吉慎藏的信提及龜山社中窮困的現狀，雖未明說窮困到怎樣的地步，可以想像大概是每月三兩二分的津貼發不出來，社中成員真正淪落到比三一還慘的狀況。龍馬的信裡提及，透過薩摩藩士五代才助的居中牽線，得知大洲藩需要水夫兩、三人與蒸氣方三人，雖然無法一舉讓所有社中成員都有工作可做，但至少部分成員可以賺到津貼。

龍馬在七月廿八日的信裡提及這件事，可見他在此之前便已委託五代才助，問題是在此之前，龍馬人在下關與高杉為小倉口海戰忙得焦頭爛額，哪還有閒暇處理呢？可見此事在龍馬來到下關之前便已談妥，最有可能的時間是在五月二日龍馬得知懷爾韋夫號沉沒的消息，到六月二日龍馬等人離開薩摩北上這一個月期間。

大洲藩介於伊予松山藩與宇和島藩之間，相當於現在愛媛縣大洲市、伊予市以及喜多郡內子町等地，是個六萬石的外樣小藩，藩主為加藤氏（藩祖為加藤光泰）。依其地理位置且又屬於外樣而言，其政治立場應為尊（勤）王才是，不過實際上勤王論者在這個藩僅是鳳毛麟角，而前文提到透過五代才助的牽線，得到龜山社中提供技術人員資助的大洲藩士國島六左衛門，正是該藩少數的勤王派。

由於大洲藩缺乏訓練有素的船將、士官、船員、水手、伙夫，龍馬在八月與國島在長崎見面會談時，建議國島將從英國購入的蒸汽船租借龜山社中，由社中承攬運送業務。依當時慣例，船艦登記在實際使用者名下，於是大洲藩購買的船艦使用者為龜山社中，龍馬將船名命名為伊呂波丸。

「伊呂波」（いろは）是日文前三個假名，有事情從此開始的寓意。不過，伊呂波丸正式交到龜山社中還需要一段時間。大洲藩雖然不是個與海隔絕的內陸藩，但也如前文提及，舉凡從船將到水手、伙夫，只要是開動船艦所需的專業人員一概不具備，這樣的藩為何會耗費一萬兩以上的金額購買船艦，動機啟人疑竇。更令人難以想像的是，購買船艦成為藩內佐幕派攻擊國島的口實，勤王派在大洲藩內原屬少數，在佐幕派振振有詞的污名化之下，國島六左衛門不得不在慶應二年十二月廿五日切腹，負起購買伊呂波丸的愚蠢行為之責，享年三十八歲。

象二郎在清風亭會談後加速與龍馬的合作，象二郎有意將龜山社中收編為土佐藩的附屬機關，對龍馬而言這是最不願意見到之事。龍馬在過去五年之所以二度脫藩，其目的在於擺脫藩的限制，因此兩人從二月起便針對這一提議不斷角力。角力從一月中起歷經二、三月，持續至四月初，龍馬與象二郎各退一步，象二郎放棄將龜山社中納入土佐藩統治之下，但若遇上龜山社中財務吃緊的情況，可依隊長之要求適時挹注資金。由於土佐藩必須隨時盯緊社中的財務狀況以便適時挹注資金，因此龍馬也放棄完全獨立於土佐藩之外的堅持，接受象二郎安插精於貿易及算術的岩崎彌太郎管理社中財務。在此之前龍馬雖已與彌太郎認識，若要說上熟識，應是從彌太郎進入龜山社中才開始，因此坂崎紫瀾因撰述《汗血千里駒》而採訪彌太郎的話，只有相當於『龍馬傳』第四季才會有較為完整的採訪內容。同時象二郎還任命彌太郎出任土佐藩長崎留守居役，此為正式官職，因此若從龜山社中的角度來看，龍馬、彌太郎以及其他社中成員算是同僚；但若從土佐藩的角度看，彌太郎可視為龍馬及其他社中成員的上司。

為了與以往有所區隔，四月上旬龜山社中改名海援隊，龍馬毫無懸念出任海援隊隊長一職，海援隊若財務吃緊，龍馬必須負起向彌太郎或象二郎要求挹注資金之責。在『龍馬傳』，清風亭會談後的下一回片頭，龜山社中直接改名海援隊，看似理所當然之事，實際上兩者間隔約三個月。

改名海援隊也連帶增加新隊員，不！應該說是看在有藩的資金挹注上，吸引有志於海上的年輕人加入。據小椋克己（高知縣立坂本龍馬紀念館初代館長）、土居晴夫（鄉士坂本家第五代當主坂本直寬之孫）編纂的《圖說坂本龍馬》（二〇〇五年3月，戎光祥出版）所附資料，海援隊隊員名單如下（括弧內的名字表示化名，※表示神戶海軍操練所或海軍塾塾生；●表示龜山社中草創期的成員；○表示龜山社中成立中途加入；╳表示海援隊成立之前已經死亡）：

土佐：
坂本龍馬（才谷梅太郎※●）
近藤長次郎（上杉宋次郎※●╳）
千屋寅之助（菅野覺兵衛※●）
高松太郎（多賀松太郎、小野淳輔※●）
澤村惣之丞（前河內愛之助、關雄之助※●）
新宮馬之助（寺內信左衛門※●）
安岡金馬（安岡忠綱※）
石田英吉（伊吹周吉○）
長岡謙吉（今井純正、長岡敦美）
野村辰太郎（野村維章○）
吉井源馬（小田小太郎）
山本復輔（山本洪堂○）
宮地彥三郎（八木彥三郎）
中島作太郎（中島信行○）

坂本清次郎（三好清明〇）
池內藏太（細川左馬之助〇╳）

越前：
山本龍二（關義臣〇）
渡邊剛八（大山壯太郎〇）
三上太郎
小谷耕藏
腰越次郎（〇）
佐佐木榮

越後：
鵜殿豐之進（白峰駿馬※●）
橋本久太夫（〇）

讚岐：

佐柳高次（浦田運次郎●）

紀伊

陸奥陽之助（陸奥宗光※●）

因幡：

黑木小太郎（早川二郎※●╳）

長崎：

小曾根英四郎（●）

兵庫：

竹中與三郎

海援隊成員應該不止如此，可能有大半數未被《圖說坂本龍馬》收錄，不過主要成員大抵如上所述。

『龍馬傳』對於海援隊的功用與責任有如下註解：

從事運輸、射利、開拓、投機等事業，也就是英語的「business」。今後有土佐藩做後盾，買賣會愈做愈大，要自食其力，養活自己。但那只是表面上的，我們的目標是促使土佐與薩長聯合，達成大政奉還。……我們是從海上保衛日本的海援隊。

《硬漢龍馬》的作者武田鐵矢，在昭和四十七年（一九七二）與兩名友人組成樂團出道，其團名即為「海援隊」，那年武田鐵矢廿三歲。十年後以龍馬在三十三歲遭到暗殺為由，如今自己也已屆此年齡，因而解散（龍馬享年三十三歲乃虛歲，武田鐵矢滿三十三歲解散『海援隊』）。

還未改名海援隊的三月，象二郎已派出藩主豐範的御側役福岡藤次來到長崎。與龍馬同年的福岡藤次可說是土佐藩內首屈一指的秀才，運筆行雲流水，是維新回天之際的《五條御誓文》及《政體書》之起草者。福岡藤次與鄉士坂本家有很深遠的關係，前文龍馬往返江戶修行劍術都會引用到《福岡家御用日記》，這是因為鄉士坂本家乃土佐家老福岡家的「御預鄉士」(受託管之意)，而福岡藤次乃家老福岡家的分支，或許龍馬與福岡藤次不熟識，但不至於不知道其名。

福岡藤次將龍馬說出的內容條文化，制定出以下五條海援隊隊規：

一、所有脫離本藩及脫離他藩者，只要有志於海外者皆可加入此隊。以運輸、射利、開拓、投機及支援本藩為主要目的。

二、所有隊中之事務皆委由隊長處置，不得有所違背。若有暴亂之事，而致妄謬加害，隊長有權決定生殺予奪。

三、隊士之間應患難相救、困厄相護、義氣相責、條理相糺，嚴禁獨斷過激、同儕相妨、趁勢而入之行為。

四、隊中修業課分為政法、火技、航海、汽機、語學等，隊士之間宜互相督促勉勵，不可鬆懈。

五、隊中所需錢糧必須以自營之功取得或互相分配，切勿私自占有。若有用度不足之時，可由隊長之請求由出崎官予以挹注。

五條海援隊隊規有兩點值得一提，第二條隊規讓隊長集大權於一身，所有隊中大小事務均由隊長處置，甚至連隊士的生殺予奪之權也掌控在隊長手上。龍馬之所以如此肯定是不希望再次發生近藤長次郎的悲劇，因此才會獨攬海援隊的所有權力，從隊士都沒有提出反對異議也可看出他們對龍馬的信任，相信龍馬不會因為隊長的權力擴大而濫權。

另值得一提的是第五點，「出崎官」指的是土佐藩的長崎留守居役，前文已提及此職務由象二郎任命岩崎彌太郎出任，他同時也是土佐商會主任，註定要為海援隊的財務負責，身為海援隊隊長的龍馬因為職務上的需要，與身為出崎官兼土佐商會主任的彌太郎熟識。不過，有一點必須確認的是，彌太郎對海援隊本身並無指揮權。

也在同時不清楚是誰設計了海援隊隊旗及船印，隊旗為紅白紅，象徵海援隊以世界為家的精神，船印與之後彌太郎成立的三菱蒸汽船會社同樣採用土佐山內家「三柏」（丸に三つ柏）的家紋。

龍馬對於海援隊還抱持更大的期許，他希望海援隊能成為鑽研政治、經濟、語言學、航海術等西洋學問的場所。要實現這一目的最快的方法，是請人將上述領域的專門書翻譯成日文，作為海援隊的教科書，教授有志學習的青年，幾年後書籍內的專業知識便能廣泛普及。龍馬在這時期經常接觸《萬國公法》，深感未來日本若欲與泰西各國建立對等邦交必須鑽研此書，命英文流利度不輸近藤長次郎的長岡謙吉翻譯該書（似乎沒有譯完）。觀察開港以來歐美列強在日本的地位分量，龍馬看出今後英文的重要性勢必取代荷蘭文，因此也著手翻譯《和英通韻以呂波便覽》做為學習英語的入門書。另外還計劃出版《閑愁錄》、《藩論》二書，與《和英通韻以呂波便覽》並稱「海援隊三部作」（《閑愁錄》、《藩論》二書不像翻譯外國書，《藩論》作者署名春雄堂主人，不清楚本名）。

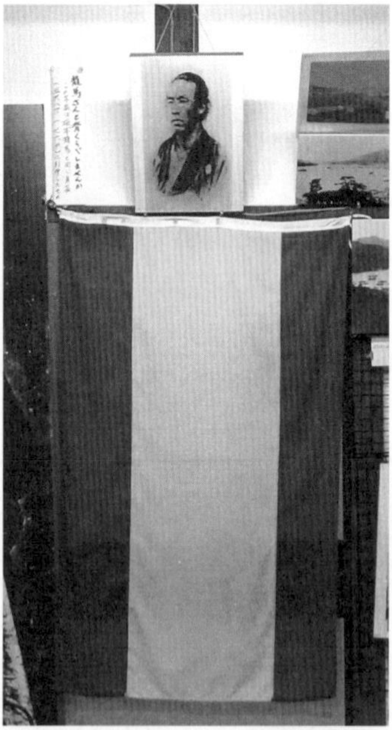
海援隊隊旗。

彷彿是要慶祝海援隊的誕生般，延宕已久的伊呂波丸於四月八日進港，儘管國島已不在，龍馬仍與大洲藩代表談好租用事項：一趟航程十五個航海日，每趟租金五百兩。為迎接改名海援隊後的首航，龍馬與海援隊士在長崎港外練習好幾次船艦的操作。四月十九日，處女航正式啟航，目的地為大坂。當日土佐商會撥出一百兩作為此行海援隊士的薪資，並額外撥出五十兩作為此行的餞別宴金，海援隊士熱熱鬧鬧暢飲一番後，離開長崎向大坂航行而去。

伊呂波丸事件

海援隊的處女航共派出十六人充當伊呂波丸的船員，土佐商會撥出百兩薪資，等於每人可以分到六兩多，比龜山社中時期的三兩二分多出將近一倍，與陸奥口中的三一更是高出不知幾倍。每位海援隊士都笑得合不攏嘴，懷著喜孜孜的心情踏上處女航。

為紀念切腹死去的國島六左衛門，龍馬為他保留處女航名義上的船長之名。處女航接受土佐藩的委託，搭載如下貨物（括弧內為該貨物之價格）：

綿（六百七十五兩二分）

大豆（四百三十兩二株九文）

冰砂糖（五百二十兩）

白砂糖（三千七百二十二兩二分九十文）

奥縞（一千四百兩）

皿紗（六百五十兩）

以上資料出自岩崎彌太郎日記《瓊浦日歷》

伊呂波丸航行至下關大概是在四月廿日，應該只是船隻經過而龍馬未下船？因為小倉口海戰結束後，在下關養病的高杉晉作在本月十四日病逝，得年廿九歲。龍馬如果有在下關上岸，應該會順道前去祭拜高杉，廿三日可能就不會發生本節的主題了。『龍馬傳』第四十一回，龍馬將阿龍送往下關，伊藤助大夫住處時得知高杉病入膏肓的消息，隨即前往高杉的養病處，陪伴他度過人生的最後時光。『龍馬傳』裡，武市半平太、岡田以藏、近藤長次郎以及高杉晉作，四人臨終之前都有龍馬的陪伴，剛好到令人感覺這只是編劇編出來的劇情。事實上這四名龍馬好友臨終前，龍馬都不在身邊，死後當日龍馬有見到遺體的，是去年十二月廿五日切腹的大洲藩士國島六左衛門，因為切腹的地點就在長崎，可惜這位藩士從未在『龍馬傳』出現過。

關於伊呂波丸的處女航，《維新土佐勤王史》有很詳盡的記載，遂從該書擇要介紹即將發生的伊呂波丸事件，希望能讓讀者更完整地了解該事件的經過。

此年四月，坂本先擱下諸藩的買賣，將銃砲彈藥之類，囤積在前述伊呂波丸上，自身亦搭乘該船……

這部分開頭便已提及，接著該書提到：

同月十九日在長崎解纜，約在同廿三日午後十一時，航向為東偏南，航行至讚岐箱岬之沖[8]，忽有一大汽船從東而來。是艘長度四十餘間的紀州藩明光丸，只見檣上的白色燈號，與右舷的青色燈號照亮右前方。彼船從右方斜向而進，我船雖往左方避開，彼船仍從右方接近。忽然我船首氣關室遭到撞擊，煙囪與中間的桅杆瞬間折毀，潮水迅速蔓延整個船腹，我船將沒入海中。

伊呂波丸雖是英國建造的蒸汽船，但只有一百六十噸及四十五匹馬力，長三十間、寬三間、高二間，在排水量八八七噸及一百五十匹馬力，長四十二間、寬六間（高不詳）的明光丸面前相當渺小，猶如國產車對上進口車，勝負應該再清楚不過了。

8　相當於笠岡諸島最南端的六島，與讚岐國莊內半島之間的海域，以行政區作區別的話，相當於岡山縣笠岡市與香川縣三豐市之間。

當番士官左（佐）柳高次在甲板上呼喚彼船而無應答，機關士腰越次郎瞬間將哨船的錨投向彼船，並縱身跳上彼船，坂本等人隨即亦登船。明光丸再派出哨船前來我船，小谷耕藏、渡邊剛八等人傳令，我船水夫悉數遷往明光丸。士官皆曰：將我船繫緊明光丸，有助於挽救船艙的行李，以免沉沒。坂本將船上士官的提議向明光丸船長高柳楠之助說明，明光丸的士官卻唯恐兩船俱沉而不願服從高柳之命令。坂本不得已只能讓兩船靠近，以便搬還伊呂波丸上的行李。

龍馬萬萬沒想到再次擁有船艦的時間竟如此短暫，他不只要挽救運送的貨物，更要挽救得來不易的船艦。

明光丸無法自由航行，只能用粗繩相繫，在波濤侵襲下我船力逐漸不支下沉，月影從東方昇起時，汽笛聲鳴起船身俱沒。水夫梅吉·金兵衛游至明光丸船腹。之後清點人數，士官以下船組人員三十四人俱在，三人負傷。翌廿四日清曉，與明光丸一同進入鞆津港。

伊呂波丸最終不敵海浪侵襲而沉沒，龍馬終究沒能保住得來不易的船艦。《維新土佐勤王史》最後記載龍馬與明光丸一同來到鞆津港，鞆津是鞆之浦最大的港口，而鞆之浦則位於沼隈半島尖端（廣島縣福山市及部分尾道市）。說到鞆之浦，相信不少熟悉戰國時代的讀者知道，天正四年（一五七六）以後，遭織田信長流放的將軍足利義昭，得到毛利輝元的庇護，以此地為棲身之地，義昭在此地繼續發揮他的長才，鼓動各地大名反抗信長，雖然相繼失敗，但鞆之浦因這段淵源而在歷史留名。

進入江戶時代，鞆之浦所在的備後福山，先是封給在大坂夏之陣立功的水野勝成，寶永七年（一七一〇）再轉封阿部正邦（兩者皆為譜代），石高都維持在十萬石。江戶時代鞆之浦不可能出現第二個足利義昭，當然也不會成為鼓動各地大名與中央對抗的「聖地」，它成為朝鮮通信使前往江戶的必經之地，弁天島、仙醉島、福禪寺（廣島縣福山市鞆町）成為朝鮮文人筆下歌詠的美景，尤其是從福禪寺對潮樓望出去的鞆之浦美景，被朝鮮通信使從事官李邦彥譽為是「日東第一形勝」（朝鮮以東的世界最為風光明媚之地）。

在鞆之浦上岸的龍馬等人與明光丸船長等，透過小曾根英四郎的人脈，一行人暫時被安置在當地商人桝屋清右衛門的宅邸（廣島縣福山市鞆町），位在對潮樓北邊約二百公尺。此時的龍馬應該沒有欣賞被文人騷客評為「日東第一形勝」的閒情逸致，他向明光丸船長高柳楠之助提出先行賠償一萬兩，以解決當下危難，之後再仔細調查承受的損失賠償剩餘的金額。高柳船長起先以為伊呂波丸登記在土佐藩名下，而龍馬則為該藩藩士，因此在應對言談中皆保持客氣的語調。但龍馬卻選擇自報姓名才谷梅太郎，高柳船長在確認伊呂波丸是登記在浪人團體海援隊名下，且船上所有船組人員不是脫藩浪人便是一般民眾後，他不再對龍馬客氣，對於龍馬提出先行賠償一萬兩的要求，反而提出償還期限，並動輒擺出御三家之一紀州藩付家老的身分。

由於明光丸的終點站在長崎，高柳船長不願在鞆之浦與龍馬耗費無謂的時間，要求到長崎之後再來進行與賠償有關的談判。實際上這只是高柳的障眼法，一旦抵達長崎，高柳便丟下龍馬等人不管，自行離去。龍馬眼見高柳前往長崎的心意甚堅，在廿八日寫信給先行前往大坂等候的菅野覺兵衛與高松太郎，內容為向他們簡單說明船難的經過，詳情在另一封寫給西鄉的信，可前往薩摩閱讀該信。自己將前往長崎針對此事做個了結，恐怕不付出代價難以解決。倘若必須動武，必須得到輿論的支持，寫信給西鄉正是為此目的，要他們也要在上方形成輿論。

《龍馬行》也有提到此事，不過現存龍馬的書信中，給西鄉的書信並未保存下來。

據《維新土佐勤王史》，龍馬寫完給菅野、高松以及西鄉書信的翌日（廿九日）離開鞆津，中途在大崎下島御手洗（廣島縣吳市豐町御手洗）一帶上岸，因為大崎下島與鞆之浦都是瀨戶內海有名的待潮[9]港口，這兩地也因待潮這一得天獨厚之因素而繁盛。龍馬在御手洗與同樣在此待潮的鳥取藩士河田左久馬不期而遇，龍馬緊繃的情緒因遇上友人而放鬆，度過愉快的一晚。

抵達下關的龍馬（不清楚確切的日期）稍作休息後，於五月四日對三吉慎藏陳述伊呂波丸事件始末（根據次日寫給三吉的書信內容，推測伊藤助大夫應也在場），五日到八日間各寫兩封信給三吉慎藏與伊藤助大夫，由於有先前的說明，共計四封書信的內容極為簡短，說道要前往長崎解決此一非常事件。五日給三吉的書信提到他將以商法作為作戰的工具，與紀伊藩付家老兼明光丸船長高柳楠之助一戰。以商法作戰雖不像刀劍決鬥有開膛破肚的風險，但若是失敗仍有性命不保之虞，因此八日寫給三吉第二封信的內容交代死後的遺言，如果在解決過程中有了萬一，請三吉務必將阿龍送回土佐。

9 瀨戶內海特有的景象，大約以六個小時為一週期，東起紀伊水道，西從豐後水道，兩側的海水流至位於瀨戶內海中央的鞆之浦。在兩側水道流至中央期間，傳統日製的船隻都會被力道強大的潮流帶往鞆之浦，而不得不在該地等待潮退，鞆之浦因待潮契機而成為人口聚集之地。「待潮」亦可引申為等待良好時機之意。

給三吉信中提及的商法，應為《萬國公法》才是，這是伊呂波丸事件之前，龍馬才剛在長岡謙吉的解說下讀完的書籍，對該書愛不釋手的他認為，可作為與高柳作戰的工具，以《萬國公法》應戰可說是日本第一人。《萬國公法》（*Elements of International Law*）應直譯為《國際法原理》，是美國法學家兼律師、外交官亨利・惠頓（Henry Wheaton，一七八五～一八四八）於一八三六年出版的著作，一八六三年由美國傳教士丁韙良（William Alexander Parsons Martin）譯成中文，翌年由總理衙門撥款出版，可惜並未引起太多關注。出版同年便引進日本，到戊辰戰爭結束前，已有根據丁韙良中譯本的日譯本，以及直譯惠頓原文版的日譯本兩種版本，進入明治時代又出現超過十個以上的版本，不難看出日本對《萬國公法》的重視。

寫完四封書信後，龍馬與木戶會面，筆者認為應是在此時獲悉高杉的死訊，高杉埋骨之處東行庵（山口縣下關市吉田町）離伊藤助大夫住處不遠，相信龍馬在滯留下關期間應會前往祭拜。

五月十日龍馬抵達長崎，不過，他不急著拜會高柳等紀州藩士，而是先行做好談判的準備。十五日，雙方在長崎聖德寺（長崎市錢座町）展開談判，海援隊出席的有龍馬、長岡謙吉、小谷耕藏、渡邊剛八、佐柳高次、腰越次郎，另外還有土佐藩士森田晉三、橋本麒之助共八人，而紀州藩方面則有明光丸船長高柳楠之助、岡本覺十郎、成瀨國助、福田熊楠、岡崎桂助、中谷光助、上田米藏、尾崎十兵衛、中崎市右衛門共九人。

且先提個閒話，上述海援隊出席談判的八名成員，除了龍馬之外，在『龍馬傳』皆無此人，因此該劇出席的成員又是澤村、陸奥以及彌太郎，這些實際上未曾參與伊呂波丸航行的熟面孔。

談判一開始，紀州藩便擺出御三家的氣勢，一口咬定伊呂波丸未開舷燈，因此而朝明光丸撞上來，高柳船長甚至為此假造航海日誌。這等謊言當然騙不過龍馬，他一登上明光丸便先進船長室找來航海日誌，確認事發時明光丸並無士官輪值，而且伊呂波丸在沉沒前共遭到兩次的撞擊。

龍馬對於高柳船長的發言以這兩點作為反擊，這兩點猶如打在紀州藩的死穴上，高柳以下九人頓時啞口無言。只看事實證據的話，其實這一日已足以作出判決結束這起船難事件。不過，高柳等人為了御三家的威信，在這一日結束後向長崎奉行陳述結果，希望能透過長崎奉行的施壓逆轉結果。

紀州藩是堂堂御三家，土佐藩只是外樣，幾乎都出自旗本的長崎奉行，立場當然會偏向前者，此時的長崎奉行德永主稅（實名昌新）亦不例外。廿二日第二次談判風向不變，反而對紀州藩有利。龍馬與來到長崎的木戶，當晚在丸山的料亭故意放出風聲，說道土佐有意和長州聯手與紀州一戰以討回名聲。龍馬同時還即興作了一首歌謠，讓丸山的藝妓（如阿元）配合三味線的彈奏唱道：

船沉了要賠償，不取償金取其國。
（船を沈めたその償いは　金を取らずに国を取る）

丸山與江戶的吉原、京都的島原並稱三大遊廓（亦有加入大坂的新町成為四大遊廓之說），在這裡謠言傳播的速度也會比其他地方快上許多，土佐與長州聯合將對紀州宣戰的謠言，以及龍馬即興所作的歌曲，不到數日便幾乎傳遍整個長崎。將近一年之前紀州才接受幕府的動員參與四境戰爭在藝州口敗北，此刻自然不願再與長州作戰。

龍馬還掌握一道更為有利的消息，停泊在長崎港內的英國東洋艦隊司令官海軍上將亨利·克貝爾爵士（Sir Henry Keppel），此時人正在哥拉巴宅邸作客。龍馬立即向象二郎提議，以他的名義透過哥拉巴邀約克貝爾爵士來仲裁此一船難事件。克貝爾爵士在英國皇家海軍服務超過四十年，一定也仲裁過類似事件，龍馬相信《萬國公法》應該也是克貝爾爵士仲裁的主要依據或依據之一，若是如此，龍馬的勝算將大為增加。

對龍馬而言，談判獲勝已是意料中事，他還要紀州藩為自己的行為付出代價，亦即賠償伊呂波丸的損失，因此必須估算出確切的賠償金額，為此他請來薩摩藩在長崎與哥拉巴合資成立的公司裡負責會計的五代才助。五代是慶應元年三月薩摩私下派往英國留學的十九名留學生之一，然而，他與長州五傑中的井上、伊藤一樣並未久留英國，隔年返回薩摩（有一說慶應元年年底便返國）。歸來後的五代被拔擢為御小納戶奉公格，這應該與他的家世有關（歷代出任記錄奉行），被派往長崎負責與當地及外國商人交涉。

五代素有估算物品價格的才能，他聽完龍馬的敘述後，迅速估算出八萬三千兩的價格，以此作為紀州藩的賠償金額，而非『龍馬傳』由土佐商會主任岩崎彌太郎對紀州藩勘定奉行茂田一次郎索討。附帶一提，二〇二〇年12月上映以五代友厚為主人公的電影《天外者》（此為鹿兒島方言，意為「具有令人讚嘆的才能者」），劇情設定五代與龍馬早在安政四年（一八五七）便已在長崎海軍傳習所結識，但卻獨漏這一段他們在史實上少數交集的場景。

五月廿九日，場所依舊在聖德寺，根據《南紀德川史》，亨利．克貝爾爵士正式做出紀州藩應賠償海援隊八萬三千五百二十六兩一百九十八文的判決。克貝爾的賠償數字顯然是出自五代才助提供的數據，五代的數據主要來自龍馬的敘述。那麼龍馬的敘述是否正確呢？

根據龍馬的敘述，伊呂波丸除了搭載彌太郎日記《瓊浦日歷》記載的農產品之外，尚有價值三萬五千六百三十兩的四百挺[10]米尼葉槍，以及四萬七千八百九十六兩一百九十八文的金塊，兩者合計剛好是克貝爾爵士要紀州藩賠償的金額。

特定非營利活動法人亞細亞水中考古學研究所（Asian Research Institude of Underwater Archaeology，簡稱ARIUA），針對伊呂波丸沉沒地至今共進行四次調查，沒發現到任何槍枝及金塊。當然，沒發現任何槍枝與金塊不代表沒有（但四次調查均一無所獲，不免令人質疑龍馬所言的真實性），與其執拗地追究槍枝的數量與金塊的價值，筆者更為在意龍馬提出的金額。首先，四百挺米尼葉槍值三萬五千多兩顯然有問題，比龍馬央求溝淵購買的手槍多出近三倍價格。假定一挺米尼葉槍依舊維持慶應元年井上、伊藤向哥拉巴購買的十八兩價格，加上《瓊浦日歷》記載的農產品（約七千四百兩）與金塊，再加上伊呂波丸的價格，大約是七萬兩千多兩，那麼克貝爾爵士報出的價格讓龍馬淨賺了一萬多兩。

槍枝與金塊也許都有，筆者認為應該沒有到龍馬提出的金額，如此一來龍馬賺到的金額應該比原先預估的一萬多兩還要多，簡直是公然敲詐紀州藩！不管實際上龍馬能拿到多少金額，聽到仲裁的結果，龍馬內心應該已在構思如何運用這筆賠償金，依龍馬的性格一定會再買一艘（或以上）船艦，以延續海援隊的運作。十月十六日，龍馬派出中島作太郎為全權代理在長崎與紀州藩重啟談判，得到龍馬全權代理的中島，同意將賠償金降至七萬兩，可見伊呂波丸的損失應該低於七萬兩。

遭到敗訴的茂田難掩失望之情，返回紀州後雖免於切腹，但從此遭到謹慎處分。更令人難以置信的是，似乎整個紀州藩代表團在明治時代之前，只知他們的對手是海援隊隊長才谷梅太郎，卻無一人知道才谷梅太郎就是坂本龍馬。

伊呂波丸事件不僅是日本史上首樁憑藉《萬國公法》打贏的司法訴訟，更成為日後船難事件的訴訟判例，其歷史性意義遠大於當下的訴訟勝負。

10 拙作《幕末：日本近代化的黎明前》第二部頁五三三內容為四千挺，有誤。

番外篇（二）《船中八策》的真偽

慶應二年八月廿日，幕府對外公布十四代將軍家茂的死訊，儘管家茂指定田安龜之助為繼承人，不過幕閣認為值此非常之際，年僅四歲的田安龜之助並非適當人選，因此龜之助雖有大奧的支持，卻因現實政治環境不允許出現沖齡將軍，而未能繼承德川宗家。將軍指定的繼承人及大奧支持的對象罕見遭到否決，改由八年前在將軍繼嗣問題上落敗後出任將軍後見職的一橋慶喜繼承德川宗家。

繼承德川宗家意味著也將繼承將軍，慶喜遲早會成為將軍。但慶喜不願在幕府聲望最低點時繼任將軍，是以在公開家茂的死訊後，慶喜只以家茂養子身分繼承德川宗家當主，而未如力挺他繼承德川宗家的幕閣之願一併成為將軍。既然慶喜也知道在通往將軍的路上不會出現對手，為何不願在繼承德川宗家之時也一併成為繼任將軍呢？

家茂病逝後，慶喜立即向朝廷請辭禁裏御守衛總督兼攝海防御指揮等職務，並請求授予節刀，他要率領幕府軍繼續進行征長。朝廷准許慶喜的辭呈後不久，八月十一日前線傳來小倉城失守的消息，原本意氣風發將率軍完成已故將軍未竟之志的慶喜頓時狼狽不已。家茂在世時，慶喜若能以將軍代理人的身分前往前線，相信對於低迷的幕軍士氣會有提振作用。慶喜在家茂生前未曾想過親征，此時才大張旗鼓，並辭去現職以示親征的決心。

確認小倉城失守的消息正確無誤後，慶喜不僅放棄進攻長州，甚至還透過朝廷發布停戰敕命以保全幕府顏面。然而動輒搬出朝廷作為護符的舉動也惹怒不少朝廷公卿，於是中御門經之、大原重德二卿私下運作，號召二十名公卿共廿二人[1]於八月三十日列參（公卿集體參內），要求盡快解散征長軍，以及罷免支持慶喜的中川宮與二條關白二人。

詎料被稱為「廷臣廿二卿列參事件」（也稱為「朝政刷新建言」）的集體參內，卻因天皇罕見表態力挺中川宮與二條關白而遭失敗，大原重德、中御門經之及其他參與其中的公卿遭到追放、差控不等的處分。與此事件約略同時，奉慶喜之命前往廣島與長州代表進行停戰談判的勝海舟，也在九月十二日完成任務返回京都覆命，結束幕府的再次征長。雖然再次征長重創幕府聲望，不過慶喜成功終結戰爭狀態，加上天皇在「廷臣廿二卿列參事件」表現出力挺的態度，原先反對慶喜繼承德川宗家的部分大奧與其他幕臣，也因此有所改觀。

照理慶喜應打鐵趁熱趁此時機繼任將軍才是，但慶喜認為這樣還不夠，他需要天皇更為具體的承諾，即歷代天皇將一切政務委任將軍的白紙黑字——《庶政委任體制》。不知為何，天皇直到十一月廿八日才想起這件事，宣稱一切政務委任新將軍。

得知天皇的信任一如前將軍，慶喜再無疑慮，同意繼任將軍。慶應二年十二月五日，朝廷派出敕使在二條城敘慶喜為正二位權大納言兼右近衛大將，同日征夷大將軍宣下，折騰超過三個月，慶喜終於成為第十五代將軍。從四代將軍家綱起，歷代德川宗家當主將軍宣下同時，皆敘正二位內大臣兼右近衛大將，只有十二代將軍家慶敘從一位左大臣兼右近衛大將、十三代將軍家定敘從一位內大臣兼右近衛大將。慶喜的正

1 「廷臣廿二卿列參事件」參與的公卿名單如下（括弧內為公卿當時的年齡及位階或官職）：大原重德（六十六歲，正三位）、中御門經之（四十七歲，參議）、北小路隨光（三十五歲，左京權大夫）、千種有任（三十一歲，侍從）、岩倉具綱（廿六歲，侍從）、高野保美（五十歲，從三位）、穗波經度（三十歲，從三位）、高倉永祜（廿九歲，從三位）、櫛笥隆韶（四十四歲，右近衛權中將）、愛宕通致（三十九歲，右近衛權中將）、園池公靜（三十二歲，右近衛權少將）、植松雅言（四十一歲，右近衛權少將？）、高野保建（三十歲，右近衛權少將？）、高辻修長（廿七歲，少納言）、長谷信成（廿六歲，美濃權介）、四條隆平（廿六歲，？）、西洞院信愛（廿一歲，？）、西四辻公業（廿九歲，？）、愛宕通旭（廿一歲，從五位下？）、岩倉具定（十六歲，？）、澤宣種（廿歲，主水正？）、大原重朝（十九歲，左馬頭）。

二位權大納言兼右近衛大將，與歷代將軍相較確實矮了一截。《庶政委任體制》的頒布把慶喜送上了將軍之位，正當慶喜認為從此將開啟他的時代，天皇卻於十二月十二日出現身體不適的狀況。十七日武家傳奏[2]野宮定功、飛鳥井雅典對外發布天皇臥病的消息，七社七寺[3]舉行神事佛事為天皇病體痊癒祈禱，中川宮等數名親王及將軍、公卿、京都守護職、京都所司代連日參內探望。

依隸屬宮內省司掌醫療、調藥等職責的典藥寮之診斷記載，天皇罹患的疾病應為天花（Smallpox）。天花的日文為「天然痘」，也稱為「疱瘡」或「痘瘡」，在日本由來已久，最有名為天平七年到九年（七三五～三七）在平城京蔓延，讓當時執掌國政的藤原四兄弟（南家武智麻呂、北家房前、式家宇合、京家麻呂）在同一年內相繼罹病辭世，朝廷政務因此停擺，卻也意外促成東大寺盧舍那大佛像的建造。雖然天花在日本已有千年以上的傳播史，但直到江戶末期文政年間（一八一八～三〇）才由冒稱荷蘭人的普魯士醫師西博德（Philipp Franz Balthasar von Siebold），在長崎出島傳授關於種牛痘的知識，牛痘的接種要等到嘉永二年（一八四九）以後，終幕末之世只及於長崎及其他開港地。

由於天皇厭惡西洋一切事物，只接受漢醫的診治，為天皇診斷的十餘名漢醫只診斷出天皇罹患天花，卻無根治之法。廿三日天皇出現回光返照現象，翌日病情急轉直下，廿五日夜四時半（晚上十一時）崩御，享年三十六歲。

從天皇的診斷紀錄《御容態書》來看，從發病到崩御過程都符合天花的症狀，但前權大納言中山忠能在日記上對天皇死因抱持懷疑，因而衍生出天皇毒殺說的離奇事件。自天皇罹病以來，中山忠能始終被排除在探病的對象之外（因中山此時無官），他對天皇病況的了解來自於次女慶子（天皇的典侍）的轉述，也因為轉述的落差，使中山忠能在日記裡出現對天皇死因懷疑的字眼，最終以訛傳訛成為天皇遭到毒殺的始作俑者。

天皇分別與四名女性生下二男四女，具體資料如下：

2　十四世紀鎌倉幕府覆滅、建武新政之際設置，由公卿出任，主要職務為朝廷與武家之間的聯絡人。室町時代將其制度化，役料為二百五十俵；江戶時代定員二名，多從大納言中挑選具有學問和文筆者，役料增為五百俵，具出席朝議的資格。慶應三年十二月九日頒布《王政復古大號令》的同時廢止。

3　近代以前遇上天災異變時皇室祈願的對象。七社為：伊勢神宮、石清水八幡宮、賀茂神社（包含賀茂別雷神社〔也稱為上賀茂神社〕與賀茂御祖神社〔也稱為下鴨神社〕）、松尾大社、平野神社、伏見稻荷大社、春日大社。七社與平安後期制定二十二社（國家遇有重大事情或天變地異時接受朝廷特別的奉幣，分為上七社、中七社、下八社）的上七社名單完全一致，除伊勢神宮、石清水八幡宮及春日大社之外，皆位於現在的京都市。七寺為仁和寺、東大寺、興福寺、延曆寺、園城寺、東寺、廣隆寺，均成立於飛鳥、奈良以至平安中期，擁有千年以上歷史的名寺。

女御——九條夙子（前關白九條尚忠之女）

順子內親王

富貴宮

典侍——坊城伸子（前武家傳奏坊城俊克之女）

妙香華院

典侍——中山慶子（前權大納言中山忠能之女）

祐宮睦仁親王

典侍——堀河紀子（前權中納言堀河康親之女、岩倉具視之妹）

壽萬宮

理宮

＊女御乃後宮身位（身分及地位）之一，次於皇后及中宮，沒有固定名額。平安中期之後，皇后從女御昇任成為定例，九條夙子是最後的女御，進入明治時代被冊立為皇太后便是依此定例，她同時也是日本史上少數沒有皇后經歷的皇太后。

＊典侍是律令制下後宮十二司之一內侍司的次官（長官為尚侍、次官為典侍、三等官為掌侍、最低為女孺），多由大納言、中納言之女出任，定員四名。典侍之首大典侍與掌侍之首勾當內侍，在江戶時代實際掌控御所的一切事務，典侍負責照料天皇的日常生活起居，經常受到天皇的寵幸，江戶時代

有多位天皇之生母為典侍。

＊女御、典侍底下的名字或宮號為孝明天皇之皇子或皇女，除了祐宮睦仁親王，都在出生數年內夭折。

祐宮睦仁親王是天皇唯一成年的子女，毫無疑問也是第一百廿二代天皇唯一的人選，慶應三年一月九日踐祚，文久年間除「四奸二嬪」[4]中的四奸與在太宰府的五卿之外，所有遭到流放及處分的公卿都在祐宮踐祚時得到赦免。

慶應二年下半年，將軍、天皇先後離世，因公武一合的實現關係趨於和緩的朝幕之間出現裂痕，四境戰爭後，薩長聯手武力討幕已經成形，在不久將來即將出現與幕府的全面作戰。倘若真的走到這一步，如何取得討幕的大義名分取決於朝廷的態度——天皇的叡慮（天皇的思慮）。孝明天皇的叡慮已清楚表達在慶應二年十一月廿八日的《庶政委任體制》上，換言之，即使將軍從家茂改為慶喜，《庶政委任體制》依然照舊。

4 文久二年八月十六日，以權大納言廣幡忠禮為首，連同右近衛權少將三條實美、侍從姉小路公知等十三位攘夷派公卿，彈劾萬延年間朝廷內大力推動和宮降嫁的公卿及妃嬪，計有內大臣久我建通、左近衛權中將岩倉具視、左近衛權少將千種有文、正四位上富小路敬直，以及時為少將掌侍今城重子、右衛門掌侍堀河紀子，認為他們推動和宮降嫁是私通幕府的行為，稱他們為「四奸二嬪」。

只要孝明天皇在世，薩長即使起兵討幕也徒然孤軍奮戰，最終淪為朝敵。

在成為將軍的路上，慶喜雖施展些許的權謀，但他的確具備將軍的器量，慶喜上任後立即推動改革，即幕末三大改革的最後一次——慶應改革。慶應改革主要內容分為軍事面與制度面，前者由法國派出軍事顧問團，為幕府訓練近代西洋陸軍的步、騎、砲三個兵種，到慶應三年年底，已收到訓練出步兵七隊、騎兵一隊、砲兵四隊共計一萬餘人的成果。至於後者，由於慶喜是唯一不曾待過江戶城的將軍，遇上必須即刻處理的要事不可能一一向江戶的幕閣通報，勢必會出現以慶喜在京都的側近為班底，取代江戶幕閣做最後決策的局面。慶應二年年底到隔年五月，慶喜以陸軍總裁、海軍總裁、會計總裁、國內事務總裁、外國事務總裁等五局體制取代歷來老中、若年寄、三奉行的慣例，由與慶喜關係密切的板倉勝靜老中首座統領五局，相當於明治中期以後的內閣總理大臣。

不願看到幕府走出四境戰爭失敗的陰影、恢復到以往以將軍為中心的政治形態，在京都的薩摩首腦小松帶刀、西鄉吉之助、大久保利通，於慶應三年二月初寫信通知人在薩摩的久光，希望他能上洛阻止慶喜的努力。三人擔心寫信成效有限，專程讓西鄉返回薩摩勸說久光父子。

久光在三年前參預會議，便有與慶喜針鋒相對的經驗，對慶喜好辯、混淆是非的習性感到厭惡，他不想獨自應對慶喜，回信要小松邀請人在京都的松平春嶽，並派西鄉前往四國，邀請山內容堂與伊達宗城。二月十七日，西鄉來到容堂隱居後的住處（高知市鷹匠町二丁目，現鷹匠公園）求見容堂，廿四日來到宇和島與宗城會面（愛媛縣宇和島市御殿町，現為宇和島市立伊達博物館），向他們傳達久光欲以「改革朝政」的名義邀請上洛，得到兩人首肯（『龍馬傳』容堂是受伊呂波丸勝訴的刺激才決定上洛，然而，伊呂波丸勝訴是六月初，容堂早在五月一日便已上洛，顯然伊呂波丸勝訴不是容堂上洛的原因）。

五月四日起到廿一日，久光、春嶽、宗城三人與慶喜展開多次會談，是為四侯會議，可惜的是容堂因牙痛全程缺席。慶喜認為兵庫開港（依四國公使要求，於一八六八年1月1日開港）在即，此議題必須優先列入朝議進行討論；久光基於薩長盟約認為對長州應採取寬大處分，並將此議題

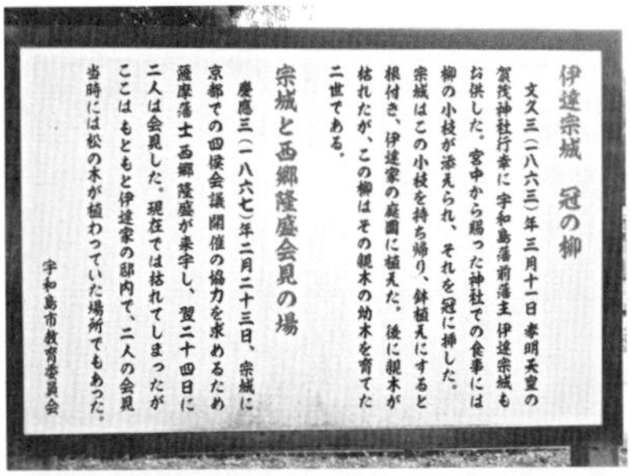

西鄉與伊達宗城會見之地。

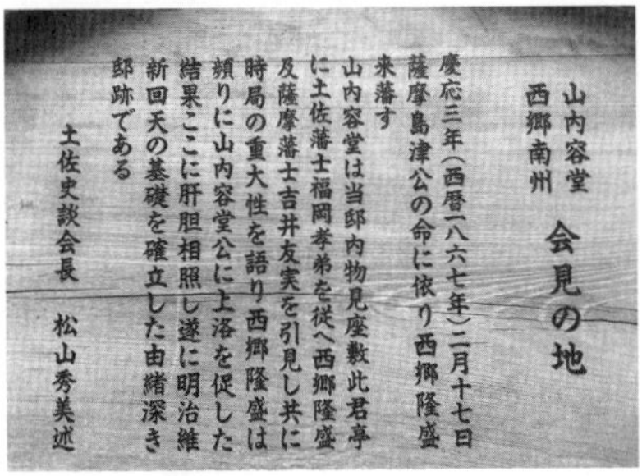

西鄉與容堂會見之地。

優先討論。慶喜、久光二人互不相讓，重演參預會議期間兩人的對立，四侯會議最後如同參預會議，沒有達成任何共識，不歡而散。

容堂同意西鄉的邀請時豪氣萬丈，誓言要在四侯會議有所表現。相較於『龍馬傳』容堂忍著牙痛出席，實際上牙痛讓容堂缺席四侯所有會議，只在廿三日朝議露臉，與他來前的承諾差距甚大。反而跟隨他前來的上士乾退助（維新回天時改名板垣退助）與薩摩走得很近，似乎已與薩摩締結不利於幕府的協定。倍感苦悶的容堂寫信要此時人在長崎的後藤即刻上京，要他想想辦法改變目前的處境。

象二郎收到容堂催促上京的信時，伊呂波丸事件已近尾聲，等到談妥後續事宜，六月九日象二郎拉著龍馬與海援隊士長岡謙吉、陸奧陽之助，搭乘夕顏丸趕赴京都。夕顏丸開出長崎後，象二郎才向龍馬據實道出前往京都的真正用意，是為容堂擘劃出讓土佐不落在薩長之後的可行之道。

龍馬腦中閃過一個念頭，於是向象二郎提出由將軍主動將政權返還朝廷，讓慶喜成為與薩長一樣聽命於朝廷的諸侯。如此一來沒有幕府後的日本便能免於內戰，薩長也失去發動戰爭的口實，土佐也能因為勸導將軍將政權返上而立功，可說是雙贏甚至多贏的政策。

後藤也對這個被稱為「大政奉還」的政策感到滿意，不過若慶喜當真政權返上，朝廷該如何運作？若不能確切指出朝廷的運作方針，恐怕很難說服慶喜政權返上。龍馬將至今從當世一流學者口中聽來的道理，迅速在腦海中彙整起來，要長岡謙吉將他口述的內容記錄下來[5]（『龍馬傳』沒有長岡謙吉的角色，遂由龍馬口述兼記錄）。想必已有不少讀者知道龍馬口述的內容即是有名的《船中八策》：

一、天下政權奉還朝廷，政令應出自朝廷。

（天下ノ政権ヲ朝廷ニ奉還セシメ、政令宜シク朝廷ヨリ出ヅベキ事。）

二、設上下議政局，置議員參贊萬機，萬機宜由公議決定。

（上下議政局ヲ設ケ、議員ヲ置キテ万機ヲ参賛セシメ、万機宜シク公議ニ決スベキ事。）

三、備有才之公卿諸侯及天下之人才為顧問，賜以官爵，宜除去向來有名無實之官。

（有材ノ公卿諸侯及ビ天下ノ人材ヲ顧問ニ備ヘ官爵ヲ賜ヒ、宜シク従来有名無実ノ官ヲ除クベキ事。）

5 夕顏丸於六月十一日在兵庫登陸，《船中八策》完成的日期必然在九日到十一日之間，一般龍馬傳記大都以十日或十一日為準。

四、與外國交際廣採公議，重新訂定適當的規約。
（外国ノ交際広ク公議ヲ採リ、新ニ至当ノ規約ヲ立ツベキ事。）
五、折衷古來的律令，重新制定無窮之大典。
（古来ノ律令ヲ折衷シ、新ニ無窮ノ大典ヲ撰定スベキ事。）
六、宜擴張海軍。
（海軍宜シク拡張スベキ事。）
七、置御親兵，命其守衛帝都。
（御親兵ヲ置キ、帝都ヲ守衛セシムべき事。）
八、金銀貨物宜設與外國平均之法。
（金銀物貨宜シク外国ト平均ノ法ヲ設クベキ事。）

《國史大辭典》第八卷「船中八策」條有如下註解：

坂本龍馬所起草基於公議政體論的國家構想。慶應三年六月九日，土佐藩後藤象二郎為勸說在京的山內容堂大政奉還而從長崎出發，搭乘藩船夕顔在上京途中，坂本龍馬向後藤展示由同船的海援隊書記長長岡謙吉起草的時務策。其內容共有幕政返上、議會開設、官制改革、外交刷新、法典制定、海軍擴張、親兵設置、幣制整備八條，是以朝廷為主的公議政體構想。

二〇一一年，紀念ＴＢＳ開局六十周年的連續劇『仁醫２』（JIN—仁—完結篇）提到龍馬因受穿越到幕末的現代腦外科醫生南方仁的影響，將當時欠缺的健保概念及制度納入第九條：

建立讓大家都能平等地接受必要的醫療、能健康生活的類似保險一樣的制度。

（皆が等しく必要なる医療を受けられ健やかに暮らせる保険なる仕組みを作る事。）

看過該劇的觀眾應能辨認這一關於健保概念及制度的條文，只是出自作者的虛構，實際上並不存在。不過，說來可能難以置信，在歷史小說、戲劇、動漫裡一致推崇的《船中八策》，事實上也是出自虛構，最早的龍馬傳記《汗血千里駒》並未收錄《船中八策》。《汗血千里駒》全書共六十四回（其中第廿二、六十三、六十四回分成上、下，第六十四回的下回再分成兩回，實際上共有六十八回），第四十七回為伊呂波丸事件，按理第四十八或第四十九回應為《船中八策》才是。然而，第四十八回敘述與龍馬不相干的四侯會議，第四十九、五十回為中岡慎太郎的策論，第五十一、五十二回則是介紹乾退助，到第五十三回才回到龍馬身上，但該回已是慶應三年九月，容堂直接向慶喜呈上《大政奉還建白書》，而無一語提及《船中八策》。

《船中八策》第二條內容是翌年《五條御誓文》第一條「廣興會議，萬機決於公論」（広ク会議ヲ興シ、万機公論ニ決スベシ）的骨幹，而《五條御誓文》第一條的內容，又是日後自由民權運動向太政官請願建白設立民選議院的依據。地方新聞報出身且投身自由民權運動的坂崎紫瀾，按理不會在《汗血千里駒》錯過可以用來宣傳自由民權運動的《船中八策》，合理推測坂崎紫瀾寫作《汗血千里駒》的明治十五、六年時，並無《船中八策》的說法。

二〇一九年10月31日，《日本千年歷史之謎》（日本史の論点：邪馬台国から象徴天皇制まで，遠足文化出版）作者之一清水唯一朗教授，應邀來台灣大學參與研討會，會後清水教授應遠足文化之邀聚餐，筆者有幸出席該次聚餐，當時因即將動筆《御一新》，寫作計畫也安排到《御一新》之後的本書，趁著清水教授訪台的難得機會，準備請教若干《御一新》及本書的相關問題。首先便針對「御一新」的定義請教清水教授，清水教授很細心解答筆者的疑惑，也因此龍馬的部分沒有足夠的時間可以詳談，記得清水教授的回覆著重在兩個觀點：一是龍馬實際上沒有太多作為；二是《船中八策》並非真實產物。

二〇一三年2月，位在京都市的人文書院出版名為《「坂本龍馬」の誕生——船中八策と坂崎紫瀾》的書籍，是作者知野文哉截至目前唯一的著作。全書分為三章，第一章（主題為《船中八策》）開門見山說道，《船中八策》的原稿並不存在，既然不存在原稿，自不會有龍馬要長岡謙吉記錄其口述內容一事（當然也有長岡謙吉記錄的原稿遺失的可能性）。

作者接著舉出昭和年代的龍馬研究專家，同時也是筆者撰寫本書主要的參考學者之一平尾道雄，在他最初的評論龍馬著作《坂本龍馬 海援隊始末》（昭和四年）及此書的改訂版《海援隊始末記》（昭和十六年）、《坂本龍馬 海援隊始末記》（昭和四十三年），及另一本關於龍馬的著作《龍馬のすべて》（昭和四十一年）等二書、四個版本，對於《船中八策》的文字描述不盡然相同，以此作為《船中八策》不存在原稿的佐證。

《船中八策》最早見於「日本史籍協會」編纂的《坂本龍馬關係文書》（共兩冊，大正十五年出版，編纂者岩崎英重，號鏡川），是研究龍馬不可欠缺的必讀文獻，舉凡《手帳摘要》、《海援隊日史》、《伊呂波丸航海日記》等多部第一時間的手記、記錄，以及谷干城、土方久元晚年的對談均收錄其中，另外也收錄編者撰寫的〈坂本與中岡的死〉一文。不過，《坂本龍馬關係文書》也收錄史料價值相對不高的著作，如坂崎紫瀾編纂的《坂本龍馬海援隊始末》，以致成為松浦玲教授所說的「史實與虛構混雜……由於是

《坂本龍馬關係文書二》收錄之故，因此至今仍有信以為真者。」

從以上的引述可知在《坂本龍馬關係文書》問世之後，《船中八策》才普遍深植人心，那麼《坂本龍馬關係文書》的依據是從何而來？依前文所言，在坂崎紫瀾撰寫《汗血千里駒》的明治十五、六年前，應無《船中八策》，《船中八策》的出現是介於兩書之間，亦即明治十五、六年以後到大正十五年，約四十三、四年之間。

《汗血千里駒》出版後四年（明治廿年），高知縣地方報紙《土陽新聞》連載以長岡謙吉為主人公的傳記《名士傳泣血遺稿》（作者不詳），此時距長岡辭世只有十五年，但該傳記亦無提及《船中八策》，可見明治廿年左右尚無《船中八策》的說法。明治廿九年，民友社出版龍馬大姊千鶴之孫弘松宣枝（千鶴長女茂〔しげ〕之子，是高松太郎的外甥）的著作《阪本龍馬》，前文提到龍馬在夕顏丸船上要長岡謙吉記下他口述內容的場景，在本書基本成形，差別在於弘松宣枝的著作裡名稱並非《船中八策》，而是《建議案十一箇條》。

《建議案十一箇條》在文字敘述上雖與《船中八策》略有出入，但內容卻大致一樣，雖因《建議案十一箇條》的名稱而讓人感覺應有十一條的內容，不過，弘松宣枝的著作提到，第九到十一條的內容不詳，實際內容等於只有八條，作者認為這是龍馬離世三十年後首度介紹龍馬的大政奉還策。

《建議案十一箇條》內容結束後還有如下的文字：

方今急務捨此數策外別無他求，苟採此數策則挽回皇運、擴張國勢與萬國並立亦不難矣！伏願基於公明正大之道理，採一大英斷以天下更始一新。

通說《船中八策》沒有上述這段文字，大概與上述文字的用詞（挽回皇運、擴張國勢、伏願）不太符合龍馬的形象而在之後予以省略。在弘松的著作裡，龍馬提出《建議案十一箇條》的時間是在長崎前往京都之後、駐京期間觀察京都時勢並予以分析後寫下的構想，既非從長崎上京期間，更不是在夕顏丸或其他任何一艘船裡寫下的時勢策，以《船中八策》命名明顯不符。明治廿九年雖已見到《船中八策》的雛型，但與現代人所知的樣貌仍有段距離。

明治三十年8月4日，後藤象二郎病逝，坂崎紫瀾翌日在《東京新聞》（現為《中日新聞》）連載《後藤伯小傳》。連載第四回（8月8日）提到：

坂本原本便略通兵事，深知幕府陸軍的能耐不足以為懼。惟獨海軍的精銳縱使薩長土軍艦盡出也難以為敵。莫如以大義名分及日本的大利害說動慶喜公，使之主動大政返上。若果能利用時勢迫切使其接受建議，則本藩亦立下大功。

之後的內容為具體的建言，亦即《船中八策》。只不過《後藤伯小傳》的建言在文字上與《船中八策》、《建議案十一箇條》略有不同，但大致一樣的內容，至於名稱則為《建議八案的草案》，這一名稱在之後沿用約十到十一年之久。此外，坂崎雖未具體交代《建議八案的草案》的提出地點，但從前後文來看似乎不像在船上。

從明治廿六年起，宮內省將先前彙整各府縣推薦的志士履歷陸續發行名為《殉難錄稿》的史籍，到明治四十年連同總目、附錄共出版五十七卷。由於志士的人數及資料眾多，未能收進《殉難錄稿》的志士及事蹟，以《修補殉難錄稿》之名於昭和八年起陸續出版。

龍馬的事蹟被收錄在《殉難錄稿》第五十四卷（該卷書名為坂本直柔），依作者知野文哉所言，此為首本官方編撰的龍馬傳記。除名稱為《建議案八條》外，兩者（《建議案八條》與《船中八策》）的用字及順序完全相同，可見從明治廿九年弘松宣枝《阪本龍馬》以來，到明治四十年《殉難錄稿》第五十四卷，歷時十一年《船中八策》的內容條文隱然成形，不過文件的名稱從《建議案十一箇條》、《建議八案的草案》到《建議案八條》，始終還停留在建議的階段，與船沾不上邊。

明治四十二年11月，坂崎紫瀾受史談會之邀請以「維新五條御誓文發布草案之由來」為題進行演說，其中有一段內容如下：

後藤象二郎與坂本龍馬從長崎前往京都在船中進行協議，因此確立一個方案。諸侯的會議決定將軍退職，並將政權歸還朝廷，此乃坂本龍馬撰述的《時務八策》建立上下兩院一事。

坂崎紫瀾的演說雖還未為《船中八策》正名，但已逐漸接近《船中八策》之名，更重要的是已與船沾上邊。到明治時代結束前，《船中八策》之名已呼之欲出，而且還成功將該文書的成形場所嫁接到船上。明治改元大正的同年（一九一二），以彰顯及祭祀土佐勤王黨殉難者為目的而成立的瑞山會編纂之《維新土佐勤王史》問世，該書雖掛名瑞山會，然實際撰稿者為前文出現數次的坂崎紫瀾。令人不解的是坂崎在《維新土佐勤王史》並未沿用三年前演說時使用的《時務八策》，而是另外稱為《六月八策》。坂崎為何稱為《六月八策》呢？這是為了與慶應三年十一月龍馬另外提出的《新政府綱領八策》（《維新土佐勤王史》稱為《十一月八策》）作區隔。

大正五年，《坂本龍馬關係文書》的編纂者岩崎英重在一次演說中有如下內容：

六月九日龍馬先生從長崎出發……其時在船中寫下大政返上建白的概要八條。其一為「天下政權奉還朝廷，政令應出自朝廷」，其他還有「置上下議政局」、「拔擢人才除去無用之官」等八條。此即世稱船中八策，堂堂登場並成為日後五條御誓文的底本。

同年11月15日，在京都舉行「坂本中岡兩先生五十年祭紀念演講會」，邀請時任維新史料編纂事務局常置編纂員岡部精一，以「坂本先生與大政奉還運動」為題進行演講，岡部認為由龍馬口述、長岡謙吉記錄的八策（《船中八策》）是由兩部分（前半部為《十一月八策》、後半部為《六月八策》合併）構成。

岡部與岩崎的見解雖不盡相同，但是在從長崎前往京都的夕顏丸船上，由龍馬口述、長岡謙吉記錄的《船中八策》，到大正五、六年之間算是已經定型。

《坂本龍馬關係文書》編纂者岩崎英重在這之後，將已成定案的《船中八策》編入其編纂的《坂本龍馬關係文書》，由負責該書編纂的「日本史籍協會」，自大正四年成立以來，至昭和十年（一九三五）結束運作為止，編纂一百八十七冊幕末維新時期史籍，稱為「日本史籍協會叢書」（目前由東京大學出版會出版，共一百九十二冊）。

昭和十四年起，文部省維新史料編纂會陸續出版六卷（第六卷為附錄）《維新史》，這一大部頭著作可說是戰前官方編纂的幕末維新正史。該書第四卷有如下記載：

（後藤）象二郎與龍馬上京途中記錄的文案即是所謂的《船中八策》。

歷經明治廿九年弘松宣枝《阪本龍馬》、明治三十年坂崎紫瀾《後藤伯小傳》、明治四十年《殉難錄稿》、明治・大正之交瑞山會《維新土佐勤王史》、大正十五年岩崎英重《坂本龍馬關係文書》，到昭和十四年文部省維新史料編纂會《維新史》為止，《船中八策》從無到有，最終成為以龍馬為主人公的電視劇、電影、動漫、小說，甚至連史籍也都會提及的文獻，以訛傳訛數十年。

第二十五章　長崎篇（五）

未解的慶應長崎事件

象二郎與龍馬搭乘的夕顏丸十日通過下關海峽，十一日黎明前在岩見島（現名祝島，山口縣熊毛郡上關町）附近左舷觸礁，雖是如此並未造成船隻進水，航行速度似乎也無大礙。十二日停靠在兵庫港，一行人下船步行經大坂前往京都。象二郎進京後投宿河原町三條的醬油商壺屋，龍馬與長岡投宿在河原町三條的木材商嘉兵衛的酢屋，這是之後海援隊士在京都固定的投宿地。從地圖上來看，龍馬與象二郎下榻處只有咫尺之距。附帶一提，酢屋的對面即是三年前聞名一時的池田屋騷動所在地。

象二郎前往三條木屋町土佐藩邸，才知容堂已在上個月廿七日返回土佐，與龍馬商量後決定兵分兩路，象二郎帶著大政奉還論草案返回土佐央請容堂採納，龍馬則留在京都勸說已締結《薩土討幕密約》（五月廿一日）雙方（包括小松帶刀、西鄉吉之助、吉井仁左衛門幸輔、乾退助、谷守部、中岡慎太郎等人）接受大政奉還論。

幾乎沒有休息的象二郎立刻前往大坂，搭乘另一艘藩船空蟬丸趕回土佐，前往鷹匠町容堂隱居之住處求見。容堂好整以暇地聽完象二郎的論述，完全沒有半平太勸說舉藩攘夷時的不耐煩，聽完之後也未問及象二郎是如何產生大政奉還的構想。照理容堂應該要對見識僅及土佐一地的象二郎有此格局感到懷疑才是，然而容堂對象二郎的論述毫不懷疑，此舉也意味容堂不在意提出大政奉還論的真正人選，一律當成象二郎的見解。

《龍馬行》文庫版第七冊在容堂接受象二郎提出的大政奉還案之下結束。

龍馬先是前往土佐藩邸，勸說藩內擔任要職的上士福岡藤次、寺村左膳（實名道成）以及佐佐木三四郎，相較於與薩摩簽訂討幕密約的乾退助與谷守部，福岡等人的政治立場與象二郎較為接近，龍馬沒有耗費太多時間便讓他們接受了大政奉還論。

接著龍馬前往二本松薩摩藩邸勸說小松、西鄉、吉井等人，剛好中岡也在該處，從龍馬口中說出大政奉還論，無疑是對一年多前由他親手促成的薩長同盟的背叛。已成為武力討幕論信徒的小松、西鄉、中岡等人，根本不相信慶喜會主動返還政權，既然慶喜不會主動返還政權，大政奉還便無提出之必要。

對於陶醉在武力討幕論的小松等人，龍馬直接從兵力分布分析雙方的優劣。若雙方交戰的戰場在京都，尚為朝敵身分的長州將無法投入作戰兵力，土佐能投入的兵力極為有限，薩摩將會陷入孤軍作戰的局面，光是法國為幕府訓練的新式陸軍便能殲滅在京的薩摩藩兵。龍馬一席話正中小松等主張武力討幕論者最為擔憂之事，眼見小松等人有所動搖，龍馬才進入主題，說道拋出大政奉還論其實也是在逼慶喜表態，慶喜若不從再公然討幕，響應諸藩必會比一開始武力討幕要來得多。

六月廿二日，象二郎率領土佐上士福岡藤次、寺村左膳、真邊榮三郎（實名正心）與薩摩藩的小松帶刀、西鄉吉之助、大久保利通三人，以及龍馬、中岡在三本木料亭吉田屋（京都市上京區中之町東三本木通）會面，雙方簽訂內容共七條的盟約約定書，內容如下：

一、評議「天下大政」全權由朝廷決定，皇國的制度法令全由京都議事堂發令。
二、設置議事院所需的經費由諸藩分攤。
三、議事院採上下二院制，議事官（議員）從公卿至庶民中選出正義者，由諸侯（大名）充當上院議員。
四、將軍並非掌握「天下的萬機」，應辭職成為一大名，政權返還朝廷。
五、與列強國的條約，兵庫港重新由朝廷的大臣採納諸侯的意見與之交涉，締結條理清楚的條約，進行誠實的貿易。
六、去除朝廷昔時制度法令的弊害以煥然一新，創出無愧於地球的國體。

七、復興皇國議事者應捨棄私心，基於公正，貫徹真誠，進行人心一和的議論。

以上七條盟約內容無一語提及武力討幕，為何堅持武力討幕的小松、西鄉、大久保會輕易地屈服在龍馬的大政奉還論呢？龍馬詳盡的政局分析是原因之一，此外討幕的大義名分尚未充足也是一因。更重要的原因是小松等人此時基於「慶喜不可能會主動返還政權，同意大政奉還只是不便與龍馬撕破臉」的前提下，勉為其難地同意，只要討幕的大義名分條件滿足，他們便會捨棄大政奉還。

於是《薩土盟約》取代《薩土討幕密約》，意味著大政奉還論取代武力討幕論，儘管只是暫時而已，龍馬仍因可免去生靈塗炭而振奮。

正當龍馬為大政奉還論暫時取得共識而感到欣喜之時，數百公里外的長崎發生一件詭異的殺人事件，該事件至今依舊有部分無法解答，這起事件被稱為「慶應長崎事件」、「英國水手殺害事件」或「伊卡魯斯號事件」。

以下簡單敘述「慶應長崎事件」梗概。

七月六日適逢盂蘭盆節，當晚長崎從銅座町（現為新地中華街）到風頭山下鍛冶屋町（崇福寺所在之地）一帶，遍布點上燭光的佛燈，一艘停靠的英國船艦伊卡魯斯號，船上兩名水夫上岸，前往當地有名的紅燈區丸山尋歡。兩名英國水夫在丸山狎妓玩樂之後，拖著爛醉身軀離去，剛走出丸山便不勝酒力倒臥路旁，天亮後兩名英國水夫被發現死在路旁。案發後被英國長崎領事馬庫斯・弗勞爾斯（譯名根據《明治維新親歷記》簡體中文版）通知的駐日公使巴夏禮也對此案表示關心，他要求長崎奉行必須仔細調查以揪出凶手。

巴夏禮暴躁的脾氣在幕閣與薩長二藩高層間人盡皆知，長崎奉行能勢大隅守賴之、德永石見守昌新（『龍馬傳』此時的長崎奉行依舊是朝比奈昌廣，但朝比奈已在慶應二年八月轉任勘定奉行）絲毫不敢怠慢，立即下令奉行所與力找來上野彥馬拍下死者陳屍的狀態，這似乎是日本史上的首次。據目擊者證言，下手者為身穿白木棉筒袖[1]和服的男子，由於有目擊者的證言，身穿白木棉筒袖和服者被視為行凶者，巧合的是，白木棉筒袖和服正好是海援隊制服，因此長崎奉行認為海援隊涉有重嫌。

長崎奉行所還掌握到另一事實，犯案後翌日，海援隊試乘土佐藩新購入船艦「橫笛」（原名太極輪）從長崎出航，試航結束後再搭乘土佐藩船艦「若紫」返回土佐。若是在平時，海援隊的行為並無值得懷疑之處，然而，在已經認為海援隊涉嫌的長崎奉行看來，海援隊此舉形同畏罪逃亡，也是對其犯行的不打自招。

1 沒有袂（和服袖口下方像袋子般的部分，可放置物品）、狀似像筒一樣的袖子，抑或有著這種袖子的和服。像是小孩穿著的和服、寢卷（類似現代的睡衣）以及工作時穿著的和服。

雖已掌握如此程度的證據，長崎奉行所始終未傳訊海援隊進行審判，對於巴夏禮的抗議反而說道目前掌控的證據還不充足。以現代的角度來看，只憑事後目擊身穿白木棉筒袖和服者便認定海援隊涉嫌未免過於主觀，只是巴夏禮並不接受這種理由，在他看來白木棉筒袖和服已經鎖定涉嫌者的範圍，剩下的自白抓來刑求後便能補上不足的部分，長崎奉行所之所以遲遲未有動作是出於懦弱之故，因此他決定直接與土佐藩交涉。

巴夏禮在七月廿四日來到大坂，向板倉老中首座下令要土佐派出代表前來大坂。若年寄永井主水正尚志向土佐藩京都留守居役森多司馬傳達此事，要求他回覆土佐藩的處置方式。森多司馬立即通報大監察佐佐木三四郎與由比猪內，兩人不透過幕府而是直接趕往大坂。不過，佐佐木、由比二人雖來到大坂，但他們到來後表態不願在有幕吏在旁的情形下與巴夏禮進行談判，因此最終協商的地點改為土佐。

根據伊達宗城的日記，七月廿七日龍馬與福岡藤次來訪（並非如『龍馬傳』回到長崎，龍馬自締結薩土盟約後最遠只到兵庫），結束後兩人繼續拜訪松平春嶽，龍馬最遲應在拜訪春嶽時知悉慶應長崎事件，因為在拜會春嶽時，龍馬央請春嶽代筆寫信給容堂，內容為倘若真凶是土佐人，必須遵從國際公法的慣例秉公處理。

龍馬知道容堂身邊的上士不可能從國際公法的觀點建議容堂，以容堂的性格不是有可能，而是一定會與脾氣暴躁的巴夏禮扞格不入，龍馬最怕容堂在一言不合的情形下宣布與英國開戰（反之亦然）。龍馬雖被赦免脫藩之罪，但在重視家世出身的容堂眼裡自己只是一介鄉士，以如此卑微的身分寫信給容堂，很難呈到容堂的面前，因此才會央求春嶽代筆。龍馬返回酢屋交代事情後，也於廿九日趕往大坂等待船班，在大坂遇上早他二、三日到來的佐佐木、由比二人。

佐佐木先是拒絕與幕府派出的使者同船，由於土佐此時並無船艦停靠在大坂、兵庫一帶，佐佐木親自前往大坂薩摩藩邸向西鄉商借船艦。佐佐木在日記裡記下與西鄉的對話：

西鄉說道：與英國人談判，不可留下語病。敝藩早年曾與英國有生麥事件談判的經驗，對於每個辭令都須慎之又慎。

八月一日，龍馬等人搭乘薩摩船艦三邦丸從大坂啟航。二日抵達土佐，不過，並非停靠桂濱，而是停靠在桂濱以西約二十公里的須崎。佐佐木、由比、龍馬三人在此下船，但龍馬並未上岸，因為他雖被赦免脫藩，然而赦免的公文至今仍無著落，若是貿然上岸於法仍可公然逮捕。因此龍馬將先前央請春嶽代筆的信函委託佐佐木轉交容堂後，自行移轉到停泊在此的夕顏丸上等待交涉結果。佐佐木、由比二人坐著駕籠，急忙趕赴距離二十多公里的高知城拜見容堂，容堂聽完兩人交代事件的始末，以及讀完春嶽的信函後，接受其建議不插手此事，將與巴夏禮的交涉及談判全權授予象二郎處理。

三日，幕府船艦回天丸（木製蒸汽船，排水量一六七八噸）駛進須崎，翌日，外國奉行支配組頭高畦五郎與米田慶次郎打頭陣，帶著將軍親筆信來到高知城下求見容堂，既是將軍的親筆信，已抱定不干涉此事件的容堂不得不接見高畦二人、收下將軍親筆信函，同時也在口頭上慰問二人。五日，幕府正式使者平山圖書頭敬忠一行十餘人來到高知城下，在此之前幕府不曾派出如此大陣仗的代表來到高知城下，對當地帶來若干的衝擊及不安。

八月六日，英國駐日公使巴夏禮搭乘英國船艦抵達須崎。同行的還有通譯官薩道義（Sir Ernest Mason Satow），他在著作《明治維新親歷記》（*A Diplomat in Japan*）對於此次土佐之行有如下記載（括弧內文字為筆者所加）：

9月3日（八月六日）清晨，我們的船艦在土佐一個名為須崎的小港口外拋錨停靠。港內還停著大君的軍艦「老鷹號」（回天丸），附近尚有一艘土佐藩主的小型軍艦。考慮到對方對我艦充滿敵意，我艦已做好萬全的軍事準備。

不久，高畠（畦）五郎與米田慶次郎走過來，告訴我們首席委員平山已來到高知。土佐藩重要人物後藤象二郎也曾來造訪，但我方以軍艦入港之前不宜造訪為由謝絕與之會面。隨後，其他兩名委員（大目付戶川伊豆守與目付設樂岩次郎）也到來，聲稱未發現土佐人與事件有關連的證據。傳言中刺客搭乘從長崎逃亡的小型帆船（若紫），已被發現藏匿在浦戶灣的深處。

之後，後藤帶著兩名地方官吏前來，說道就算犯人並非土佐人，也會竭盡全力協助我們緝捕凶手。公使早從內心認定事件為土佐人所為，一方面出言斥責他們，一方面又出於莫名所以的動機說道，基於維持與土佐藩的親善關係，以大君政府為對象進行正式的談判交涉。

依薩道義的記載內容不難發現，對於巴夏禮的到來，不管是土佐方面的後藤，或是幕府方面的高畠（畦）與平山，都爭相前來問候巴夏禮，以致於他人還未下船便已出現門庭若市的盛況。可能有讀者注意到薩道義第一段提及「附近尚有一艘土佐藩主的小型軍艦」的內容，這艘小型軍艦即是龍馬藏身之地夕顏丸，龍馬與薩道義相距如此之近，然而，兩人終究未能會晤。

《明治維新親歷記》繼續寫道：

9月5日（八月八日）在我面前展開審問。日本方面出示的證據證實到

8月6日（七月七日）晚上十時為止，「南海丸」並未駛出長崎。而依公使的看法，同日清晨四時半，即有運送凶手逃亡的帆船（指「橫笛」）張帆離港後一個半小時隨即啟程出港。公使對土佐人的懷疑，正是建立在這一事實之上（一八六八年底，真凶確定為筑前藩士，公使為此而受到不小打擊[2]）。我將日本方面的意見向公使報告，公使對這種說法大感不滿。之後，後藤親自登艦會見公使，針對英國人與土佐人之間的親善關係進行常態的會談。

經過幾次唇槍舌劍後，巴夏禮與薩道義咸認後藤與他們先前接觸過的幕府閣員有截然相異的印象，甚至也與巴夏禮在清國當領事時遇上的清國高官迥然不同。十八、九世紀以來歐美外交官員的經驗法則為：與亞洲國家官員談判絕對不能跟他們講道理，只要採取大聲咆哮、震怒，繼而再搬出先進武力恫嚇，往往便能取得超出預期的成果。這種經驗法則適用在包括清國在內的大部分亞洲國家，對於幕閣也頗為管用，美國駐日公使哈里斯便是採取此法與幕府簽訂修好通商條約。然而，言語咆哮外加武力恫嚇的方式，遇上薩長卻未能發揮應有的成效，此時對上土佐也沒能討到便宜。象二郎一日內數次造訪、會談，言語中展現出的智慧以及對西方政治制度的了解，讓巴夏禮、薩道義為之瞠目結舌，他們對象二郎的印象澈底改觀。薩道義在《明治維新親歷記》寫道：

後藤是至今為止我們見過的日本人中，最聰明睿智者之一，公使也對他讚譽有加。在我看來，只有西鄉（吉之助）這樣的人物略勝他一籌。公使與後藤，互相表示雙方永久親善的誠意，後藤並向我們約定，每個月寄一封信告知關於伊卡魯斯號殺害事件調查的最新進展……

雖然交涉的場所就在夕顏丸上，然而從薩道義的記載來看，他應該未見過龍馬，不然上述那段話有可能會改寫成「龍馬是至今為止我們見過的日本人中最為聰明睿智者」，或是「只有西鄉與龍馬這樣的人物勝過他」。

明明家鄉近在咫尺，而且龍馬再次脫藩也已得到赦免，但礙於藩內的作業程序，使得龍馬無法上岸返家，內心的鄉愁難以訴說。八日他寫封家書託人送往位於本丁筋一丁目的生家，向兄長權平問候及報告此事件經過。

八月九日，巴夏禮因要務在身返回江戶，十一日薩道義接受後藤的邀約獨自前往高知城下，當薩道義乘坐的屋形船[3]在高知城四周的護城河停下，後藤正佇立在雄偉的新建物（九反田開成館）前迎接他。後藤引領薩道義進入新建物後說道，容堂不久

2 此句為薩道義所加。

會過來，與容堂會面的經過在《明治維新親歷記》有詳盡記載，在此僅引用薩道義對容堂近距離的觀察：

不久，盛滿佳餚的大盤碟端到桌上來……但容堂自稱食慾不佳，因此未動碗筷。其實他對佳釀的喜愛眾所皆知，此刻他或許寧願獨酌。……容堂身材高挑，臉上有些許的疤痕，長著一口爛牙，說起話來口無遮攔。或許是酒不離身，身體狀況看來欠佳。從他表達的意見來看，他不抱持偏見，政治立場也絕非保守。只是是否有達到薩摩與長州那樣朝著銳意變革的程度還有待觀察。

八月十二日，龍馬與佐佐木三四郎，以及佐佐木的隨從岡內俊太郎、松井周助等人，搭乘夕顏丸離開土佐前往長崎，依《明治維新親歷記》的記載，薩道義也在同日坐上夕顏丸前往長崎。

不過，依薩道義駐日期間的日記而寫成的大部頭傳記《遠崖——薩道義日記抄》（遠い崖——アーネスト・サトウ日記抄，作者萩原延壽）指出，薩道義認為自己搭乘的是南海丸，由於《明治維新親歷記》寫於薩道義代理暹羅領事期間（一八八五～八七），因此薩道義可能在撰寫時刪除日記上的錯誤之處。

不管薩道義有無將南海丸誤認為夕顏丸，都不會改變前往長崎與龍馬同船的事實。那麼，兩人未能在土佐相會的遺憾是否能在夕顏丸上彌補呢？答案還是否定的。上船之後，薩道義右手手指感染瘭疽（《明治維新親歷記》簡體中文版譯為甲溝炎），深受折磨的薩道義無暇顧及周遭一切，以致於對船上飲食的簡陋、船艙的髒亂、難以承受的酷熱以及脾氣暴躁的船員，都因自己肉體達到痛苦的極致而視若無睹。在這種情形下，別說龍馬整日躲在船長室，就算活生生站在薩道義面前，大概也不會被他關注。

十四日，夕顏丸在下關靠岸，原因是薩道義臨時起意想上岸拜訪舊友井上聞多，薩道義寫道井上看來人相當消沉。由於薩道義主動提出停靠下關並下船，在船上的土佐人包括龍馬在內也都藉故上岸。龍馬之所以上岸，是因為阿龍此時正借住在伊藤助大夫家中，龍馬向佐佐木三四郎介紹阿龍，佐佐木的日記《保古飛呂比》記載對阿龍的印象：

是個有名的美人，賢淑與否則不清楚，可能善惡兼有吧！

3 平安時代作為貴族遊玩的船隻。江戶時代迎來鼎盛期，尤其在江戶川、隅田川的屋形船會特別使用金、銀漆裝飾船身，為大名、豪商包下用來賞花、賞月或觀賞花火，同時享用盛饌、佳釀及名妓。

龍馬撥空寫信給三吉慎藏，提到薩摩的大島吉之助（西鄉）已決意與幕府一戰，土佐的後藤庄次郎（象二郎）先前一度上京，而我也與後藤庄次郎、西鄉、小松在京議事。現今因私事前往長崎，在此等待蒸汽船的啟航。日後朝、幕開戰之時，御本藩（長州）、御藩（長府）、薩州及土州的軍艦，將組成聯合艦隊，在海上與幕府船艦作戰。

傍晚，薩道義下令啟航，龍馬只得繼續將阿龍留在下關。十五日（9月12日），夕顏丸抵達長崎。薩道義一下船便被帶往英國駐長崎領事馬庫斯・弗勞爾斯私宅，當晚，薩道義另一長州老友伊藤俊輔帶著木戶準一郎前來作客。掌控長州藩政的木戶在薩道義看來是個態度溫和、個性穩重之人，然而，晚餐後話題一談到政治，薩道義感受到木戶對他及英國的誤解而話不投機。

龍馬上岸後，先是前往作為海援隊隊士宿舍的小曾根宅邸，夜裡再前往佐佐木下榻之旅宿拜訪，與佐佐木的隨從岡內、松井以及岩崎彌太郎討論對策，討論的結果決定拿出千兩，作為目擊整起案件過程的賞金，翌日在市區內四處張貼，希望能在正式調查前查出真凶。

十八日（9月15日），在長崎奉行所由平山圖書頭主持正式調查，根據佐佐木三四郎的日記《保古飛呂比》，出席的有佐佐木、松井周助、野崎傳太、本山武三郎、末松亨、山崎直之進、岡內俊太郎、島村雄二郎、高橋安兵衛等土佐藩士，另外還有龍馬、渡邊剛八、中島作太郎、石田英吉等海援隊士，以及若干長崎在地人士與一名薩摩人士被傳喚到場。不管是《明治維新親歷記》或《遠崖——薩道義日記抄》都沒有薩道義出席的記載，薩道義也沒有交代缺席的原因，在沒能得到土佐犯案的證據下結束當日的偵查。

薩道義在十八日的調查中並未出席，並不是薩道義偷懶，來到長崎的翌日（十六日），薩道義便與領事弗勞爾斯拜訪平山圖書頭以及長崎奉行德永石見守，然後開始調查「橫笛」的出航記錄。到了十九日（9月16日），查到的結果是「橫笛」到關鍵的七月七日晚上為止都沒有出航的記錄，因此事發時長崎奉行認為海援隊畏罪逃亡的說法並不成立。不過，薩道義也查出有兩名海援隊士（菅野覺兵衛、佐佐木榮），在英國水夫遭到殺害現場對面的料亭花月樓待到事發前後，是以也不能完全排除海援隊下手的可能性。

之後數日薩道義偵查的範圍擴大到花月樓的主人，以及海南丸曾航行的範圍唐津藩，然而，始終無法消除對土佐的懷疑。

廿三日，平山圖書頭展開第二次調查，該問的問題與方向在五日前已都問過，這一次的調查沒有任何進展。廿四日（9月21日），薩摩藩家老新納刑部（實名中三）來長崎拜訪薩道義，薩道義向他提出調查與此事件相關的薩摩藩士，新納回答說在他來到長崎之前便已進行調查，沒有發現任何相關的線索。

慶應長崎事件至此陷入膠著，看不出有偵破的曙光。

到八月結束前，薩道義、長崎奉行能勢大隅守，與薩摩藩家老新納刑部又見了幾次面（依《明治維新親歷記》，薩道義與新納刑部這段期間共會面四次），始終無法發現關鍵證據判定是土佐人所為。

依《遠崖——薩道義日記抄》記載，九月三日（9月30日）是最後一次調查，薩道義終於在這一日與龍馬面對面，薩道義對於這一幕有如下的描述：

「橫笛」原本是大洲藩士玉井某所購入，他是得到藩主准許，以懸掛藩旗的條件將船艦的使用委託才谷，才谷讓自己的部下充當隊員與水夫。……長崎奉行也好，政府派遣的目付也好，都認定先前佐佐木（榮）的供述有誤而不採信，現在本人因無（渡邊）剛八同行而不得不採信。對於這種荒唐的見解，我們提出強烈抗議，甚至連才谷氏也出聲斥責。他明確看待我們蠢蛋般的主張，因此對我們提出的質疑出聲訕笑。然而，在我的斥責之後，他露出猶如惡魔般的可怕表情，整個人陷入沉默。

《遠崖——薩道義日記抄》中記載薩道義與龍馬的見面僅只這一次，《明治維新親歷記》反而欠缺這段內容，這點筆者百思不得其解。《遠崖——薩道義日記抄》的作者萩原延壽指出，從土佐的須崎到長崎，薩道義與龍馬應該在船上見過數次面，這日的日記裡卻只提到龍馬三次。前文曾提及，薩道義乘坐夕顏丸離開須其後，由於右手手指感染瘭疽，而對周遭一切視若無睹，若真有與龍馬見過面，應該是在八月十四日從下關啟航之後。或許是因為兩人此時立場處在對立面，使薩道義對船上的土佐人採取警戒狀態，因此失去觀察甚至結交的機會。另外還有一點必須提及，在日記裡薩道義對於龍馬均寫成「才谷（梅太郎）」，可見薩道義並不知道他見到的是名滿天下的坂本龍馬，單純認為只是一位名為才谷的土佐人。

九月三日之前，木戶、伊藤紛紛向薩道義辭行；九月三日之後，原先認為嫌疑重大的菅野覺兵衛、佐佐木榮以及渡邊剛八，都因證據不足獲判無罪，薩道義對於慶應長崎事件的解決不得不斷念。之後數日與薩摩家老新納刑部暢談，透過他的介紹認識熊本藩主細川慶順之弟良之助（慶順六弟長岡護美）。由於熊本的藩論立場與薩摩迥異，薩道義對長岡護美存有戒心，數日相處下來，儘管長岡護美不斷向薩道義示好，兩人並未產生深厚的友誼。

九月十五日（10月12日）晚上十一點，薩道義與祕書搭乘英國海軍上將專程派來迎接他的軍艦離開長崎，經由瀨戶內海，途中未作停靠，歷經四晝夜於十九日（10月

16日）晚抵達橫濱，向巴夏禮覆命。

慶應長崎事件到改元明治的該年（一八六八）八月，在任命外國事務局判事的佐賀藩士大隈重信偵查下，有了突破性進展（並非如『龍馬傳』所言在審理期間便已知曉），下手殺害兩名英國水夫的是福岡藩士金子才吉，他在案發後兩天（七月八日）為了不連累母藩與藩主而自盡，享年四十二歲。雖然大隈查出犯案的真正凶手，但該案的部分真相，如行凶的動機，已永遠遭到掩蓋，這一事件至今依舊有無法解釋的部分。

薩道義審理慶應長崎事件期間，正值長崎奉行德永石見守昌新派出與力、同心，包圍前年才剛落成的大浦天主堂，大肆逮捕躲藏在天主堂裡的隱藏的天主教徒，此即「浦上四番崩」（浦上四番崩れ）[4]。

『龍馬傳』安排丸山藝妓阿元隱藏的天主教徒的身分在此時暴露，與稍早之前發生的「浦上四番崩」其他隱藏天主教徒一同遭到長崎奉行所追捕。在阿元四處躲藏期間，龍馬主動前往英國領事館自投羅網，向巴夏禮說明殺死英國水夫的真相。巴夏禮早已耳聞龍馬之名，透過通譯官薩道義的翻譯對龍馬這番話相當感動，當下接受他的說法，同時也接受龍馬的請求把已無法在長崎立足的阿元送往英國。

然而，如前文所言，八月九日巴夏禮因要務返回江戶，《遠崖——薩道義日記抄》與《明治維新親歷記》均有提及此事（只是沒有清楚交代返回的原因），因此當慶應長崎事件移轉到長崎審理期間，巴夏禮人並不在長崎，遑論與龍馬會面。至於阿元，先前已有提及應有此人，但生平事蹟不清楚，很難判斷是否為隱藏的天主教徒，編劇將其與「浦上四番崩」結合，可謂神來之筆。

先是前述的「伊呂波丸事件」，繼而是本節的「慶應長崎事件」，前後總計把龍馬釘在長崎約三個月的時間，讓龍馬不得不將注意力集中在長崎上，真可謂無妄之災。

4 此事件可參照拙作《御一新：近代日本的光與影》第一卷第三章。

第二十六章　京都篇（六）

大政奉還

簽訂薩土盟約後龍馬在廿四日寫了兩封家書，收件人分別是權平與乙女・おやべ，其中寫給乙女・おやべ這封是現存龍馬的信件中，最後一封寫給乙女的信。

寫給權平的這封信函至今仍保存完好，是現存龍馬信件中少數真跡，彌足珍貴。

龍馬在信裡，首先感謝兄長在二月西鄉前往土佐拜訪山內容堂時，託他帶來一振名刀「吉行」，如今已從西鄉手中收下「吉行」。龍馬信中的「吉行」應是「陸奥守吉行」，是之後龍馬暗殺現場遺留的龍馬配刀，作為龍馬與行刺凶手打鬥的證物。陸奥守吉行乃江戶初期大坂刀工，元祿年間被聘為土佐藩鍛冶奉行，不清楚是第幾代坂本家當主（可能是第四代八兵衛守之、第五代八郎兵衛正禎，或分家後的鄉士坂本家第一代八平直海）買下一振陸奥守吉行，作為歷代傳承的名刀。因為龍馬只是家中次男，照理陸奥守吉行不會傳到他手上。由於權平不認同龍馬的脫藩行為，不太可能會在龍馬脫藩時贈予家傳名刀（等於鄉士坂本家當主認同龍馬脫藩的行為）。慶應三年此時則不然，龍馬因促成薩長同盟成為天下名士，一月與參政後藤象二郎達成和解，儘管還未正式被赦免脫藩之罪，也僅只是早晚的問題，權平決定授予家傳名刀。

信裡還說到近來他屢屢與前來京都的藩內要員會面，大家都為國事（應指土佐）擔憂，像是後藤象二郎、福岡藤次、佐佐木三四郎以及毛利荒次郎（實名恭助），當中尤以後藤象二郎與他的志向最為一致。

寫給乙女・おやべ的篇幅比寫給權平要長得多，之所以如此，是因為乙女先前寄了好幾封信，每封信的內容都是在抱怨她目前的生活是如何地抑鬱。龍馬想起自己一身所會的事物都是出自乙女的教導，若無乙女，自己不可能得到前往江戶修行劍術的機會，更不可能開啟與眾多名人的交流、開拓自己的視野。然而，如此多才多藝的乙女，卻因為身為女性，而限制她成為志士的空間，這是乙女身為女性的悲哀。乙女幻想能夠與龍馬闖蕩各地，成為為國事操勞的志士，只是現實生活裡，乙女在龍馬第二次前往江戶修行劍術期間出嫁。並非乙女不憧憬婚姻生活，她理想中的婚配對象應該與龍馬一樣，是為國事而奔走的志士，據傳少女時代的乙女曾鍾情於武市半平太，但實際上乙女的夫婿卻是藩的御典醫岡上新甫。

乙女出嫁時已是廿五歲，不僅比千鶴、榮兩個姊姊晚，在當時也屬晚婚，這是因為乙女的外形過於高大，而且幾乎不會當時女性該會的家務，因此雖有媒人上門說親，最終只能成為年齡差距十七歲的御典醫之後妻。岡上新甫的外貌身形沒有留下明確的資料，身為御典醫的他身高應該很難超越乙女，已屆中年之齡的新甫想來也不會是乙女喜愛的類型。婚後的乙女生活並不美滿幸福，丈夫不僅欲求不滿發生外遇，而且還毆打乙女，乙女只得逃回娘家，最終在慶應三年離緣。

乙女的熱情與信念沒有實現的舞台，對此龍馬寄予同情，認為乙女的才能反而害慘了她，只能不斷安慰乙女。根據高知縣立坂本龍馬記念館的解說，龍馬這封回信的長度將近五公尺，可見回信的內容相當冗長。不過，回信的長度雖長，內容也算多，但都只是鼓勵、打氣的話語，不難看出龍馬與乙女深厚的手足之情。

六月廿五日，龍馬與中岡一同前往洛北岩倉村，拜訪尚未被赦免的岩倉具視（中岡的隨身記事本《行行筆記》稱為與「鬚翁」會面）。岩倉的蟄居地位於京都市左京區岩倉上藏町，從最近的車站叡山電鐵鞍馬線岩倉站步行約十分鐘的路程，最接近的建築物為實相院（天台宗門跡寺院之一），現為「國指定史跡」，由「財團法人岩倉公舊跡保存會」負責管理。

對龍馬而言，這是與岩倉的初次會面，至於中岡與岩倉的初次會面，據《行行筆記》為同年四月廿一日，與龍馬同行這次不過只是第三次拜訪，但中岡已折服於岩倉的謀略。帶龍馬與岩倉會面，無非有讓岩倉知道眼前的這個人（指龍馬）是武力討幕的最大阻礙者，同時亦有讓岩倉以其雄辯的口才勸說龍馬放棄大政奉還主張的寓意在內。然而，令中岡失望的是，岩倉對於龍馬的說明不僅未出言反駁，反而還頻頻出聲，頗有贊同大政奉還論之意。

岩倉是個工於心計且城府極深的公卿，先前已收到大久保談及簽定薩土盟約緣由的信函，岩倉認為在大政奉還論占有優勢的當下，不宜與龍馬有所爭論，只要武力討幕成為事實，大政奉還論自然遭到捨棄。岩倉口中的「武力討幕成為事實」，是指他的謀士玉松操正在草擬的討幕密敕，密敕草擬完畢後，讓祐宮的外祖父中山忠能卿，以祐宮之名蓋上天皇章即可生效，到時再佐以玉松操參考史籍設計的「錦之御旗」，薩長討幕派便能搖身變為官軍，幕府一夕之間便淪為朝敵。討幕密敕與「錦之御旗」一出，將會讓諸藩立場動搖，相信絕大多數的藩會捨棄幕府加入官軍，屆時大政奉還論會遭諸藩遺棄。

在岩倉看來，大政奉還論遲早會遭到推翻，因此無須對一個會遭到推翻的政論表示意見，即使同日傳來「薩土盟約」擴大為「薩土藝盟約」的消息，也沒有動搖岩倉的意志。

七月廿二日[1]，比龍馬首次聽聞慶應長崎事件略早之時，中岡在京都白川藩邸（京都市左京區北白川追分町，該地現為京都大學農學部及理學部）成立陸援隊。陸援隊成立之時的成員共有七十七名，幾乎均是各藩脫藩浪士，以土佐藩最多，水戶藩次之，另外還有三河、肥後、薩摩、豐後、伊予、武藏、對馬、甲斐、備中、出羽、近江、伯耆、尾張、大和、河內各國的浪士，中岡自任隊長，田中顯助為副隊長。

以一個剛成立的組織而言，陸援隊算是中等規模，最令中岡煩惱的不在於如何維持或擴大組織，而是該如何讓每位隊士都能填飽肚子。若不能做到這點，哪怕成立初始有上百名、上千名隊士，很快也會跑到一個都不剩，於是有同樣成立浪士組織經驗的龍馬成為中岡請益的對象。中岡原本有意合併海援隊、陸援隊為翔天隊，然而，陸援隊的目標為武力討幕，與主張大政奉還的海援隊顯得格格不入而作罷。

由於「薩土討幕密約」已被「薩土盟約」，甚至「薩土藝盟約」取代，西鄉於七月七日修書，託村田新八前往長州轉交木戶，並要村田向木戶為違背薩長同盟致歉。十五日，木戶乍聽之下以為又遭到薩摩的背叛，聽完村田的說明後，木戶認為龍馬雖有促成薩長同盟的功勞，但眼下長州要解除朝敵之名、恢復藩主父子的官位得靠武力討

1　此日期是依據中岡寫給土佐藩大監察本山只一郎的信件，山本大《坂本竜馬》的記載為七月廿七日，至於中岡的《行行筆記》則為七月廿九日，難以判斷何者為是。

幕，而要武力討幕非得借重薩摩之力不可。之後數日木戶召集藩內重要幹部討論，眾人一致認同武力討幕才是長州應走的路線。

八月十四日，長州藩士柏村數馬、御堀耕助冒險潛入京都，來到小松帶刀位於御花畑御屋敷的宅邸，向小松、西鄉等人重申維持薩長同盟的重要性。只要維持住薩長同盟，等同攻守同盟性質的六條內文便可維繫武力討幕。薩長確認彼此武力討幕的立場沒有受到動搖後，九月九日由薩摩片面宣布廢除「薩土藝盟約」，十八日改訂「薩長藝盟約」取而代之，由於宣布廢除的日期剛好接在慶應長崎事件之後，很難說兩者之間沒有受到影響。

龍馬在長崎應對慶應長崎事件的同時，也在關注京都武力討幕派的動向。九月十四日，龍馬向長崎荷蘭人商社下達一千三百挺來福槍訂單，總共耗費一萬八千八百七十五兩（資料來源山本大《坂本竜馬》）。為了這筆費用，龍馬大費周章，向薩摩周轉五千兩，其中四千兩作為訂金，一千兩作為海援隊的日常開銷，餘款約定在九十日內付清。之所以如此是為了裝備土佐藩兵，讓土佐保有不輸薩摩、長州的武力，歸根到底是為了防範大政奉還當下所可能引起的武力衝突。

十八日，龍馬將購得來福槍當中的一千二百挺，由向藝州藩借來的船隻震天丸運送，剩下的一百挺作為海援隊與藝州藩中間商的抵押品，然後與菅野覺兵衛、陸奧陽之助、中島作太郎三名海援隊士，及土佐藩士岡內俊太郎（實名重俊），還有三條實美的隨從戶田雅樂（維新回天後改名尾崎三郎，日後被稱為「憲政的神樣」的尾崎行雄是其女婿）一同上船。

九月廿日，震天丸停靠下關，龍馬要菅野與陸奧先帶著兩百挺來福槍前往大坂，龍馬打算搭乘震天丸帶著其餘一千挺前往土佐，以備大政奉還的需要。滯留下關期間，龍馬聽到了廢除「薩土藝盟約」改訂「薩長藝盟約」的傳聞，龍馬於是上岸找熟識的長州藩士確認傳聞的真偽。上岸後遇到伊藤俊輔，於是龍馬向他問清「薩長藝盟約」的真實性。龍馬上次遇到伊藤，是慶應元年在近藤長次郎帶領下，與井上前往長崎向哥拉巴購買槍械與船艦，那時的伊藤不過是尾隨在桂、高杉以及井上身後的跟班，在得到實務的歷練後，伊藤逐漸展現出大將之風。

伊藤在言談中對龍馬說道，若土佐不要這一千挺來福槍，則交由長州接受（言下之意為若土佐無意進行武力討幕，一千挺來福槍直接贈予長州）。伊藤還對龍馬說道，薩摩的大久保前幾日來到長州拜會藩主父子，並與木戶、廣澤（兵助）以及藝州藩士植田乙次郎密談，締結共同出兵討幕的盟約（即前述的「薩長藝盟約」）。不過，龍馬到來之時大久保已經離去，因此沒有像『龍馬傳』與大久保會面，更無針對大政奉還與木戶、大久保爭論。

聽完伊藤不知有意或無意的洩密，龍馬動筆寫信給木戶，提及他購買千挺來福槍、向藝州藩借得船艦在返回土佐途中暫停下關。從伊藤口中得知薩摩派出大久保來長州議事，而象二郎也在土佐進行說服工作，想到政治立場有別，龍馬此行便不與木戶會面，只是待在下關伊藤助大夫的住處，享受與闊別一個多月的阿龍獨處的機會，這是龍馬與阿龍最後的相處時間。同時龍馬找來和阿龍也熟識的三吉慎藏，與伊呂波丸事件一樣向三吉囑託若自己有萬一，務必代為照顧阿龍並將她送回土佐。

廿二日，龍馬與中島作太郎、岡內俊太郎，以及戶田雅樂，帶著千挺來福槍搭乘震天丸，沿豐後水道南下穿過宿毛灣，繞過足摺岬眼前廣闊的海域，即是土佐灣，廿三日傍晚經桂濱進入浦戶灣，當晚在桂濱對岸種崎過夜。翌日，龍馬自文久二年三月廿四日與澤村惣之丞一起脫藩後，闊別五年半再次踏上土佐領土。龍馬內心難掩激動之情，因為一部分昔日的友人在這動盪的五年半裡死於非命，熟悉的桂濱人事已非，再也沒有往昔熟悉友人的臉孔與笑聲。

龍馬無暇沉浸在緬懷已逝故人的哀傷之中，他當下寫信給藩內上士渡邊彌久馬，說道自己此次帶著一千挺槍枝搭乘藝州藩的船隻在浦戶。由於事出緊急，京師不久將有一大變動，廿六日薩州將出動二大隊兵力上京，同時長州也會有三大隊兵力跟進，必須立即與您會面商談，事態刻不容緩。

寫完後龍馬委託跟他返回土佐的岡內俊太郎送信。參政象二郎、大監察佐佐木三四郎此時人在京都，渡邊沒有可以請示的上司，只得與藩內另一名大監察本山只一郎（實名茂任）商量。由於象二郎事先有交代，兩人急忙趕往龍馬指定的地點五台山吸江寺（高知市吸江）與之會面。

渡邊、本山雖是藩內上士的頂端，然而他們的見識遠不如幾年來跟在一流識者身旁的龍馬。在龍馬的解說下，兩人也感受到公武一合已走頭無路，若能讓老公容堂接受大政奉還論，讓大政奉還取代公武一合，以土佐兩百多年來對幕府的恭順，由他出面勸說慶喜政權返上，和平移交政權的可能性相當大，如此一來新政府建立後肯定有土佐的一席之地。倘若慶喜不願返還政權，龍馬此次帶回的一千挺來福槍立刻交由土佐藩兵武裝起來，加入薩長陣營成為武力討幕的先鋒。

依龍馬的設想，不管慶喜接受大政奉還與否，土佐在之後的政局都能立於核心的地位。廿五日起，渡邊、本山二人當起說客遊說藩內的上士，要他們接受將大政奉還論定為藩論。儘管藩內也有像乾退助、谷守部這種堅決主張武力討幕的上士，但大多數都能接受渡邊、本山的勸說接受大政奉還論。

渡邊、本山感激龍馬為藩的努力，得知龍馬將於十月一日離開土佐的消息後，與其他幾位上士商量准許他在上京的前一晚（廿九日）返家。

龍馬回到土佐後過了五日，終於回到離開五年半的老家。前文提及龍馬的繼母伊與已在慶應元年亡故，此時龍馬家的成員只有權平以及兄嫂仲[2]、與夫離緣返家的乙女、權平獨生女春猪，以及前年與去年生下的女兒鶴井、兔美。至於春猪入贅的夫婿坂本清次郎，已在先前跟隨龍馬的腳步脫藩加入海援隊，此時也不在坂本家中，坂本家呈現一面倒陰盛陽衰的局面。

主張武力討幕且剛上任大監察一職的乾退助，釋放先前被捕下獄的土佐勤王黨成員，因此剛獲釋的勤王黨成員大石彌太郎、池知退藏不請而來，加上陪伴龍馬返家的戶田雅樂，以及獲邀的本家才谷屋坂本家，這一晚龍馬家相當熱鬧，不時傳出嘻笑聲。

翌日，龍馬搭乘震天丸前往兵庫，再轉陸路進京與象二郎會合，震天丸駛出浦戶灣後天候不佳，勉強航行到土佐灣東側室戶岬便遇到暴風，龍馬下令已受損的震天丸折回，不過並不是返回浦戶灣，而是到須崎港。龍馬請求藩另外派遣船隻到須崎，十月五日，藩調撥空蟬丸支援，龍馬於是搭乘空蟬丸在六日抵達大坂。海援隊士高松太郎、白峰駿馬，以及先前抵達的菅野覺兵衛與龍馬會合，各別交換自己打探到的情報。九日，上述一干人等再加上中島作太郎、岡內俊太郎、戶田雅樂等共七人進京，戶田雅樂的著作《尾崎三良自敘略傳》提及「當時一些小道消息寫道：『龍馬即將率領三百名海援隊士進京』。其實我們只不過五、六人而已，對此無不感到好笑。」

根據先前進京的海援隊士探聽到的情報，六月時龍馬上京投宿的酢屋已被幕府捕吏列為監視的目標，龍馬若繼續投宿該地恐會引起不必要的麻煩，因此中島作太郎事先已為龍馬找好投宿地，即河原町通與蛸藥師通交界處附近的土佐藩御用醬油商近江屋新助的土藏（京都市中京區塩屋町，土藏相當於屯放貨物的倉庫），近江屋後方是稱名寺（現已不存）墓地，若遇到襲擊，只要打開窗戶跳下去便能逃脫。安頓好住處後，龍馬當日寫信告知權平自己在京都的落腳處，不過，根據岡內俊太郎的書信，龍馬似乎在十月十三日才住進近江屋。

另一方面，慶應長崎事件，始終未前往長崎與薩道義進行調查的後藤象二郎，在該事件尚未落幕的九月一日，逕自搭乘空蟬丸上京。二日抵達大坂的象二郎，三日與同藩上士寺村左膳前往大坂薩摩藩邸拜訪西鄉。交談的雙方很快便因政治立場的不同

2　權平元配、春猪生母千野（同時也是龍馬好友川原塚茂太郎之姊）於安政五年病逝，享年三十八歲（根據坂本家系譜），她與權平之間還生有一子富太郎（春猪之弟），但於嘉永年間夭折。之後權平娶大石文慶之女直為繼室，這段婚姻維持不到兩年因直病逝而結束。之後權平再娶福富倉之丞次女仲為繼室，依坂本權平的家格來看，直和仲應該也是鄉士之女。千野的病逝與直的入門都在龍馬脫藩之前，龍馬應該知曉這兩件事，另外，當龍馬回到五年多不曾返回的家裡，千野早已不在人世，但『龍馬傳』裡千野卻與權平、乙女、春猪一同迎接龍馬，明顯有誤。

出現爭執，西鄉指責象二郎既為「薩土藝盟約」成員，為何不率領藩兵上洛？象二郎怒嗆大政奉還論並非主動求戰，倘若將軍不願返還政權，屆時才是土佐出兵之時。

四日，象二郎進京；七日在小松住處，與小松、西鄉、大久保三人正式進行會談。西鄉一開始說道，自六月以來已經過了三個月，土佐至今仍未提出大政奉還建白論，如今已是採取其他方法的時候。西鄉略作停頓後說道（九月）廿日為出兵的最後期限，象二郎提出延後期限的要求，西鄉不予回應。

前文提到，九月廿日龍馬在下關遇到伊藤，當時從伊藤口中聽到大久保前些日子來到下關與木戶商談。正是因為與象二郎的會談不愉快，大久保才有前往下關與木戶商談之舉。大久保與木戶約定廿六日會率領二大隊薩摩藩兵上京（龍馬寫給渡邊彌久馬的信中提及），要長州也做好出兵的準備。果真在廿五日兩艘插著島津家紋的軍艦停靠在三田尻，一艘稍作停頓後立即趕往攝海，另一艘則搭載在此地等候的長州藩兵，之後前往廣島搭載藝州藩兵，然後同樣前往攝海。兩艘船合計運載薩、長、藝三藩約四千名藩兵，此舉意味「薩長藝盟約」的簽訂以及「薩土藝盟約」的廢除。

廿日，幕府大目付永井玄蕃頭尚志邀請象二郎，催促他加速讓容堂上呈大政奉還建白書。永井會這麼說，是因為他也認為大政奉還是幕府最能保有尊嚴的下台方式，之所以催促象二郎，應與多少耳聞薩摩正在進行武力討幕有關。此日尚有值得一提之事，儘管與當時及之後的歷史毫無影響：永井在席中介紹象二郎與近藤勇彼此認識。

翌日，象二郎向西鄉提出將建白書上呈的日期延至廿四日，西鄉說到建白與否任由貴藩，請勿妨礙我藩之舉兵。象二郎雖再次碰壁，但也得到西鄉不反對建白的保證，他趕緊催促容堂提筆草擬大政奉還建白書。

六月，初次聽聞大政奉還論的容堂雖表讚許之意，然而三個月過去，要由自己動筆奉勸將軍將政權返上，容堂卻顯得猶豫。十月三日，後藤與福岡藤次捧著容堂手書的《大政奉還建白書》前往二條城，呈遞板倉老中首座。翌日，土佐上士寺村左膳、神山左多衛也捧著原稿謄本，前往攝政二條齊敬的宅邸。這段期間象二郎人在京都自不用說，撰寫《大政奉還建白書》的容堂本人也在京都，因此『龍馬傳』龍馬前往高知城謁見容堂，請求他接受大政奉還並非史實。

《大政奉還建白書》內容如下：

謹以誠惶誠恐之心建言，天下憂世之士，已至噤口不敢暢言，誠為可懼之時。朝廷・幕府・公卿・諸侯旨趣相違之狀近似，誠為可懼之事。此二懼乃我之大患，彼之大幸。彼之策，將此謂之成功。當事態陷於現今之境，追究過錯的承擔對象，或是溯及既往喋喋不休的辯解，無益當前困境。唯願以大活眼、大英斷，與天下萬民一心協力，回歸正明正大之道理，建立一亙於萬世而不恥、面臨萬國而不愧之大根柢。此旨趣前月上京之時曾想提出種種建言，不圖舊疾再發只能返國靜養。之後，起居行動不順己意故有再次進言之念，以殘軀之心逕自為此事日夜焦心苦思不已。因愚存之趣，與一二家來協商呈上。唯願回歸正明正大之道理，與天下萬民一變皇國數百年之國體，心存至誠以接納萬國，實為建王政復古之業之一大機會。且，另有別紙以供細覽，懇懇之至情難以遏止，泣血流涕之至矣！

慶應三丁卯九月　松平容堂

建白書內容結尾提及的別紙，其內容如下：

鑑宇內之形勢、古今之得失，誠惶誠恐敬首再拜，伏惟欲建皇國興復之基業，須一定國體、一新政度，以王政復古不恥於萬國萬世為本旨。方今急務為除奸舉良，施行寬恕之政，聚集朝・幕・諸侯為此大基本。前月四藩上京次第提出獻言，自容堂罹病返國以來，愈益熟慮，深有時態不易、安危決於今日之感，故早速再上如右之建言，希能為難症至今之時局提供愚見。

一、議定天下大政全權者朝廷也，我皇國之制度法政及一切萬機，必出自京師之議政所。

二、議政所分上下，議事官上起公卿、下至陪臣庶民，選出正明純良之士。

三、庠序學校設於都會之地，分長幼之序教導學術技藝。

四、一切與外蕃之規約，兵庫港應由新朝廷之大臣與諸藩相議，締結明確之新條約、行誠實之商法，勿失信義於外蕃。

五、海陸軍備乃一大至要，於京攝之間造築軍局，置守護朝廷之親兵，與世界相同之兵隊為要。

六、中古以來政刑出於武門，洋艦來港以後天下紛擾、國家多難，於是政權梢動，乃自然之勢。今日宜改新古來之舊弊，增添枝葉，止小條理以建大根基。

七、朝廷之制度法制出自從昔之律例，宜參和方今之時勢除其弊風以一新改革，建獨立於地球上之國本。

八、議事之士大夫應去私心、設基於公平之術策，不問既往之是非曲直、一新更始。今後之事宜掃除言論多、實效少之通弊。

慶應三丁卯九月　寺村左膳、後藤象二郎、福岡藤次、神山左多衛

《大政奉還建白書》遞出後，到龍馬進京期間，長州藩士廣澤兵助與藝州藩士植田乙次郎一同進京，進京後直抵小松的住處，欲與薩摩一同拜領討幕密敕，然後與薩摩、藝州出兵討幕。因此大政奉還派與武力討幕派以京都為舞台展開角逐，慶喜若在討幕密敕下達前接受容堂的建白書，便是大政奉還派獲勝；反之，若在慶喜接受建白書之前薩長拜領討幕密敕，那麼日本國內便將淪為討幕派與幕府作戰的戰場。

龍馬上京（九日）已是《大政奉還建白書》遞出後第七日，翌日，寫信與象二郎取得聯繫，提到不管慶喜是否辭去將軍，須優先將江戶的銀座移往京都，以斷絕幕府的財政，如此一來，就算慶喜不辭將軍也會有名無實。

十二日夜裡，二條城派出眾多使者通知諸藩京都留守居役，要他們明天派出重臣（三十萬石以上的藩派出兩名）前往二條城議事。象二郎直覺認為討論的內容無疑與大政奉還有關，於是趕緊派人通知龍馬。龍馬在翌日天亮時回覆象二郎，提醒他萬一大政

奉還未能通過，必須抱著必死的覺悟，從二條城退下立即率領海援隊等候在慶喜參內的路上，為社稷而討伐他，不論事成與否，龍馬將在九泉之下與象二郎會面。

信裡還囑咐象二郎務必謹慎以對，對幕府而言，此乃難以決斷之事，在二條城的發言切記不要離題，倘若因先生的失策以致失去大政奉還的良機，先生的罪過天地難容。龍馬的信件趕在象二郎前往二條城之前，象二郎回信要龍馬不用擔心。

二條城大廣間的一之間與二之間，擠進了超過五十名諸藩重臣，包括加賀、薩摩、仙台、尾張、熊本、福岡、藝州、佐賀、彥根、鳥取、越前、岡山、德島、土佐、久留米、秋田、盛岡、松江、米澤、大和郡山、伊予松山、姬路、備後福山、柳河、宇和島、弘前、二本松、中津、大垣、松代、新發田等藩。

二條城的議事時間似乎太久了，龍馬不斷派人前往河原町通的土佐藩邸看看象二郎是否返回，可見在決定大政奉還與否的關鍵時刻，連一向從容不迫的龍馬也顯得坐立難安。

晝八時（下午二時），板倉老中首座現身（而不是『龍馬傳』慶喜本人），將事先備好的文件傳閱給諸藩重臣，說道若有意見想拜謁將軍，可在文件上寫下姓名。文件傳到象二郎面前時，象二郎看到文件上寫有「政權歸還朝廷，廣天下之公議……」等字眼，內心雀躍不已，這表示龍馬提出的《大政奉還建白書》已被慶喜接受。後藤象二郎、福岡藤次（土）、小松帶刀（薩）、辻將曹（藝）、都築莊藏（宇和島）、牧野權六郎（岡山）六名重臣在文件上簽名，於是獲准結束後謁見將軍，六人異口同聲稱讚慶喜的英斷。六人走出二條城時已是宵五時半（晚上九時），雖然天色已晚，六人打算再前往二條攝政宅邸告知此事。趁著退出二條城的空檔，象二郎寫下數語，命人火速送往近江屋。

近江屋已有數名海援隊士進進出出，象二郎派來的使者將紙條交給中島作太郎後迅速離去。作太郎猶如珍寶般快步進屋跑上二樓，恭敬地把紙條遞給龍馬，紙條上頭寫道：

方才下城，今日之狀特作說明。大樹公出示將政權歸還朝廷之號令，此事明日奏聞，明後日得參內敕許者設臨時政治堂，成立上院下院運作。實為千載之一遇，天下萬姓為之大慶，且先將內容予以通知，匆匆頓首。

從象二郎的紙條證實大政奉還已經實現的消息，其他海援隊士無不高舉雙手歡呼，龍馬也因構思讓日本免於戰爭的方案得以實現而顯得無比的激動，握著紙條的手久久不能自已。根據澀澤榮一編纂的《德川慶喜公傳》，龍馬反覆說道：

察將軍家今日之舉動，可給予極高之評價，可給予極高之評價！余，誓為此公獻上一命[3]。

3 磯田道史《龍馬史》指出，《德川慶喜公傳》是本麻煩（やっかい）的史料，該書充斥試圖掩蓋同時代不利於慶喜的史料的說法。如筆者引用龍馬的說詞「余，誓為此公獻上一命」其實應為「決心奉助此君」。

第二十七章　越前篇（二）

舉用三岡八郎

『龍馬傳』第四十七回慶喜決定大政奉還當日（十月十四日），勝海舟突然出現在龍馬的住處，這對分離已久的師徒重逢想必能賺盡觀眾的熱淚。然而，這短短數分鐘的場景卻存在著幾處錯誤：

一、自文久元年十月廿五日勝從神戶踏上返回江戶的船隻起，龍馬始終未能再與勝見面。

二、十月十四日當天龍馬的住處是近江屋，而非酢屋。

三、龍馬在十三日晚，便已從象二郎的紙條得知大政奉還的消息，而不是十四日才透過藤吉的打探得知。

四、由於該劇沒有戶田雅樂這號人物，於是在龍馬住處便由千屋寅之助（此時已改名為菅野覺兵衛）代替。

勝海舟於慶應二年五月廿八日恢復原職（軍艦奉行），這點前文已有提及，只是恢復原職依然不受重用，小倉口海戰應該是勝發揮海軍專長的舞台，幕府卻寧可該役戰敗也不願把勝推到前線。之後到慶應四年一月轉任陸軍總裁之前，勝主要的工作有兩件：一是負責四境戰爭的議和，另一為調查並撰寫討幕派實力者的《探訪密告》。

為了蒐集及調查《探訪密告》的內容，慶應三年，這一年勝應該到過許多地方，想必不會錯過討幕大本營京都，因此『龍馬傳』安排勝在慶應三年造訪京都，倒也不全然是憑空杜撰。只是勝若在京都與龍馬會面，一定會留下相關記載，不會只出現在『龍馬傳』。

附帶一提，根據勝部真長撰寫、收錄在《冰川清話》的〈勝海舟傳〉，勝的調查結果認為以下人物有討幕傾向，必須加以注意（不曉得勝的調查報告是否有受到幕府的關注）：

薩藩：西鄉吉之助、大久保市藏、伊知地正二、吉井幸輔、村田新八、中村半二郎、小松帶刀、稅所長造。

萩藩：桂小五郎、廣澤兵助、伊藤俊助、井上聞多、山形狂助、前原□□、山田市之丞。
高知藩：後藤象次郎、板垣退助。
佐賀藩：副島二郎、大木民平、江東俊平、大隈八太郎。
＊「大久保市藏」乃大久保利通；「伊知地正二」應為「伊地知正治」；「中村半二郎」為「桐野利秋」；「稅所長造」為「稅所篤」。
＊「山形狂助」為「山縣有朋」；「前原□□」應為「前原一誠」。
＊「副島二郎」為「副島種臣」；「大木民平」為「大木喬任」；「江東俊平」應為「江藤新平」；「大隈八太郎」為「大隈重信」。

慶應三年，薩長武力討幕的趨勢已經成形，勝關於薩長的調查並無特別出眾之處，何況他還誤將後藤象二郎也列入討幕派。然而，勝這份報告的厲害之處，在於尚未表態的佐賀藩也列入討幕陣營，列出的四名人物，都是維新回天之後佐賀藩出仕太政官的代表人物，能具體列出佐賀藩有影響力的藩士，可見勝應該有深入到佐賀藩境。

身為軍艦奉行的勝卻必須負責調查工作，還有先前賭命般深入敵境議和，對勝而言，這都是行將就木的政權才會做出的事，勝無奈之餘還是只有無奈。

接著再回到大政奉還當下。

象二郎的紙條讓龍馬為之振奮，振奮之後其他海援隊士紛紛告辭離去，龍馬留下陸奥陽之助與戶田雅樂，制定緊跟政權返上後產生的新政府官員名單。由於接下來是要建立天皇親政的新政府，因此新政府會以朝廷為中心，親王、公卿，甚至大名，將在新政府裡占有一定比重，不過，龍馬也顧慮到親王、公卿多不具備實務之能（大名亦是如此），也把諸藩藩士列入，以輔佐上述出身者實務上的不足。

新政府雖採天皇親政的形式，實際的運作方式將會仿效西洋政體。不過，西方三權分立的官職並不完全適用在日本上，這是因為西洋政體的官職在當時大多沒有適當的日文譯名，貿然使用會引起民眾的排斥。更重要的原因為國學者（也包含神官）及勤王派（包含水戶學）是出於王政復古才支持新政府，在官職上必須採取能讓他們安心的名稱，才能得到他們的支持，因此龍馬與留下的兩人討論後，決定採用律令時代的名稱。

龍馬若有所思的提筆在紙上寫出新政府架構的《新官制擬定書》：

關白一人，以公卿中德望智識最佳者任之。職責為輔弼天皇、輔佐萬機，總裁大政。

議奏若干人，由親王、諸王、公卿、諸侯中具德望智識者。職責為獻替萬機、議定上奏大政，兼分掌諸職之長。

參議若干人，以公卿、諸侯、大夫、士、庶人中具才德者。職責為參與大政，兼分掌諸職之次長。

《新官制擬定書》擬定完成後天色已近魚肚白，疲倦的龍馬鑽進被窩休息。關白、參議都是平安時代以來的令外官，存在時間約有千年，議奏雖出現最晚（鎌倉時代），到幕末也有六、七百年之久。採用關白、議奏、參議三個官職，應能得到多數國學者及勤王派的支持。

約略與龍馬草擬新政府架構的同時，薩長二藩引頸期盼的討幕密敕，終於在中山忠能的宅邸蓋上天皇章璽。派人前去拜領密敕的岩倉得知中山卿宅邸外有幕府人馬日夜監視，他臨時改派三男八千丸（元服後改名具經）前往中山卿的宅邸接下密敕。八千丸當時已十五歲，但由於尚未元服，故仍做束髮的打扮，幕府人馬不疑有他，因而順利拜領討幕密敕。

聚集在岩倉村的大久保利通、廣澤兵助，態度恭謹地接下向島津久光・忠義父子以及毛利敬親・廣封父子下達的討幕密敕，只見密敕內容如下（原文為漢文）：

詔。源慶喜，藉累世之威、恃闔族之強，妄賊害忠良，數棄絕王命，遂矯先帝之詔而不懼，拒萬民於溝壑而不顧，罪惡所至，神州將傾覆焉。朕，今，為民之父母，是賊而不討，何以上謝先帝之靈、下報萬民之深讎哉？此，朕之憂憤所在，諒闇而不顧者，萬不可已也。汝，宜體朕之心，殄戮賊臣慶喜，以速奏回天之偉勳，而，措生靈於山嶽之安。此朕之願，無敢或懈。

慶應三年十月十三日　正二位藤原忠能

正二位藤原實愛

權中納言藤原經之

簡單將這份略有難度的討幕密敕語譯如下：

下詔。德川慶喜，仰仗歷代幕府之威望、親族兵力之強大，戕害善良忠實之人民，無視天皇之命令，曲解先帝下達之詔敕，陷人民生計於困境而不顧，此罪若至極點，日本將轉眼傾覆。朕，現今乃人民之父母，不討此賊，何以上向先帝之靈謝罪、下為萬民報此深讎呢？服喪期間雖應慎重，但不能對此視若無睹，此乃朕之憂憤所在。爾等臣下，宜理解朕之用意，除去賊臣慶喜，以建立扭轉時勢之功業，讓人民生計能得以安穩。此為朕之心願，不敢些許放鬆。

大久保接獲討幕密敕的喜悅，很快為同時傳來慶喜政權返上的消息沖散，他辭別岩倉，帶著討幕密敕返回二本松藩邸與小松、西鄉商量對策。

根據《尾崎三良自敘略傳》，十六日龍馬偕同陸奧、戶田雅樂，攜帶剛擬好的《新官制擬定書》造訪二本松薩摩藩邸。不過，松浦玲教授比對《維新土佐勤王史》、《坂本龍馬關係文書》第二卷相關內容後，指出尾崎三良（戶田雅樂）的回憶有誤，《新官制擬定書》完成於十六日並無依據。

由於《新官制擬定書》尚未填寫對應的人名，小松、西鄉、大久保以及其他薩摩藩士無法從中看出重要性，因此也就沒有感想，對他們而言必須在職稱之後填上人名才能顯示出重要性。

為此龍馬借用藩邸一室，在《新官制擬定書》職稱後，振筆疾書填寫如下人名：

關白——三條實美。

議奏——島津久光、毛利敬親、松平春嶽、鍋島齊正、蜂須賀茂韶、伊達宗城、岩倉具視、正親町三條實愛、東久世通禧。

參議——小松帶刀、西鄉吉之助、大久保利通（薩）、木戶準一郎、廣澤真臣（長）、後藤象二郎（土）、橫井平四郎、長岡護美（熊本）、三岡八郎（越前）。

前文提及的《尾崎三良自敘略傳》與這份名單有所出入：

關白——三條實美。

內大臣——德川慶喜。

議奏候補——松平春嶽、山內容堂、伊達宗城、有栖川宮熾仁親王、仁和寺宮嘉彰親王、山階宮晃親王。

參議候補——岩倉具視、東久世通禧、大原重德（公卿）、小松帶刀、西鄉吉之助、大久保利通（薩）、木戶準一郎、廣澤兵助（長）、後藤象二郎、福岡藤次、坂本龍馬（土）、橫井平四郎、長岡護美（熊本）、三岡八郎（越前）。

尾崎三良雖說是當事人之一，然其自傳於明治三十八年（一九〇五）脫稿，與事發之時相隔近四十年的自傳，若干細節與史實有所出入（如《新官制擬定書》完成日期誤植為十月十六日）並不令人意外。不過，把對於出仕不感興趣的龍馬列入新政府官員名單內（而且還是龍馬自己草擬的名單），顯然已不是因年代久遠與史實有所出入的情形。

龍馬將自己親自草擬的新政府成員名單交給小松，小松迅速瀏覽完畢後傳給西鄉，西鄉再傳給大久保，直到每位薩摩藩士都看過後再傳回龍馬處。每名薩摩藩士內心都有相同的疑惑：

名單上沒有龍馬的名字。

西鄉忍不住問龍馬道：

名單上為何沒有你的名字？

龍馬一副理所當然的神情說道：

我不想當官。

西鄉追問道：

不想當官，那想當什麼？

桂濱龍馬銅像。

龍馬彷彿回魂似地昂然說道：

想當世界的海援隊。

跟隨龍馬前來的陸奧陽之助，對龍馬的回覆予以喝采，明治時代陸奧因參與日清講和，而在一夕之間成為名人，被問及幕末的往事說道：

那時候的龍馬可是比西鄉還要偉大的人物！

自慶應二年初近藤長次郎切腹後，陸奧與長岡謙吉被龍馬視為左右手。在龍馬看來，大他一歲的長岡適合從事文書或學者的職務，而小他九歲的陸奧則是與外國交際往來的適當人選。能被龍馬倚重為左右手，可見陸奧的才識與器量不僅在海援隊，就算與當時的志士相比也絲毫不遜色。陸奧性格上的缺點為競爭意識強且容易帶有偏見，這或許與他的父親在紀州藩的政治鬥爭中失敗遭到清算、過著一貧如洗的生活有關。在神戶海軍操練所時期，陸奧不僅天天打架鬧事，且樣樣都要與其他塾生競爭，自然而然人緣奇差無比。

感受到西鄉才識不凡的陸奧，下意識很自然會將西鄉與龍馬作比較。乍看之下，西鄉在五年多內兩次流放遠島，與龍馬兩次脫藩亡命五年多的經歷頗為相似，然而，西鄉始終將薩摩的利益置於首位，他掌握薩摩藩政後的所作所為均離不開這一原則。關照龍馬一行人固然是受勝的囑託，但也與收留龍馬一行人，可增加薩摩的利益有關。龍馬則不然，下士出身的他再怎麼將土佐的利益置於首位，容堂與土佐上士也不會因此重用他，因此龍馬只能尋求改變日本之道，唯有改變日本才能改變土佐。

因此深層來看，西鄉與龍馬並非同類型的人物，既然不是同類型的人物，用同樣標準評比既不適當，也不客觀，陸奧本人可能也沒意識到自己的比較並無實質意義，只是通常用同一標準評量其他人的人，不會意識到這層錯誤。

其實西鄉等人更應關注的焦點為土佐只有象二郎一人，昔時「幕末四賢侯」中惟獨容堂不在名單上，而且幾位能力還算出眾的土佐上士：佐佐木三四郎、福岡藤次、乾退助、谷守部、寺村左膳、神山左多衛、渡邊彌久馬也都不在龍馬的考量。

讀者從前作《幕末》對參預會議、四侯會議的介紹中，應可領教容堂虎頭蛇尾的個性，齊彬從下士中拔擢西鄉吉之助，春嶽任用熊本出身的橫井小楠，並結識土佐出身的龍馬，宗城任用長州出身的村田藏六，惟獨容堂沒有這樣的雅量。與西鄉、大久保、木戶相較，半平太的才能毫不遜色，只因他下士的出身便遭到容堂的忽視；龍馬的大政奉還論尚且要透過象二郎才能呈到容堂眼前，如果容堂事先知道大政奉還論的構想來自於下士出身的龍馬，或許不會動筆《大政奉還建白書》。若讓容堂成為新政府要員，不僅無法期待容堂從下士、庶民中發掘人才，要員之間召開的會議，多半會因為容堂而流會，正因知道容堂性格上的缺陷，龍馬才把他排除在外。

一如象二郎十三日寫給龍馬的紙條內容，慶喜十四日正式對朝廷提出政權返上，不過，也僅止於政權返上而已。慶喜此時仍舊保有征夷大將軍與內大臣的身分，幕府也並未因為慶喜政權返上而解散。

前述已有提及，討幕密敕由岩倉底下的謀士玉松操草擬，不過實際上正親町三條實愛、中御門經之也出手協助，才能完成討幕密敕。雖說討幕密敕因與慶喜宣布大政奉還撞期，以致一完成便失去效力，十九日，小松、西鄉、大久保與廣澤兵助帶著失效的討幕密敕返回各自的藩國，十一月十三日起薩摩、長州紛紛起兵，這時派出的兵員便是隔年一月鳥羽．伏見之戰薩長的主力。

在小松、廣澤之後，龍馬也在十月廿四日啟程，不過，龍馬並非返回土佐，而是前往越前，因為龍馬的新政府官員名單之一的三岡八郎，此時還受到文久三年八月藩內攘夷、佐幕之爭的處分，龍馬此行前往越前的目的，為央求春嶽解除對三岡的處分，讓他以自由之身負責新政府的財政。

附帶一提，薩摩的五代才助、長州的井上聞多，在明治時代雖以財政專長聞名，然而兩人以財政專長留名的同時，也留下官商勾結的惡名。五代是北海道開拓使官有物出售事件的黑手，該事件進而衍生「明治十四年政變」使大隈重信被逐出太政官；井上聞多則因尾去澤銅山事件，被江藤新平查出井上介入其中，被迫辭去大藏大輔一職，辭官後的井上為平時關係深厚的三井組大番頭（商家裡的筆頭，最高支配人之意）三野村利左衛門延攬為顧問（明治十年三野村病逝前留下遺言，要求聘用井上為終生高級顧問），透過井上的關係，三井得以度過明治初年的危機[1]，過程中井上有不少的惡言惡行，被上世紀的歷史小說家海音寺潮五郎列入其著作《惡人列傳》之中。

1 明治六年由澀澤榮一成立第一國立銀行，資本額二百五十萬圓俱為民間出資，其中當時三大商家之中三井組、小野組各出資一百萬圓，其餘五十萬圓由其他商家共同出資。明治七年10月22日，大藏省頒布《抵當增額令》（大藏省乙號11達），規定抵當（擔保）金的價值必須增至官金的三分之一，在該年12月15日之前必須完成。在江戶時代經營吳服、兩替的島田組，以及糸割符（生絲業）的小野組，無法籌足足夠的擔保金，先後在11月宣布破產。三井組雖也是面臨破產邊緣，但最終安然度過難關，一般認為是井上馨在法令頒布前便先通報三井組，使其有充裕時間囤積現金之故。

在龍馬啟程這日，慶喜向朝廷辭去征夷大將軍，十四日慶喜向朝廷提出政權返上已被朝廷受理，此次辭去征夷大將軍也在數日後為朝廷批准。之後岩倉在十二月九日舉行的小御所會議，堅持慶喜必須辭官納地，不過，「辭官」並非指辭去征夷大將軍，而是指九月廿一日才由朝廷派出武家傳奏敘任的內大臣，慶喜從去年十二月五日敘將軍以來，始終只是「上樣」（うえさま），九月廿一日起才成為「公方樣」（くぼうさま）。

這日龍馬偕同土佐藩下横目（負責監察藩士的目付之下屬）岡本健三郎，以及近江屋安排的僕役山田藤吉，出三條大橋，途經東海道第五十二宿（同時也是中山道第六十八宿）草津（滋賀縣草津市）後，沿中山道的守山（守山市）、武佐（近江八幡市）、愛知川（愛知郡愛莊町）、高宮（彥根市高宮町），過鳥居本宿（彥根市鳥居本町）後，朝左改採北陸（國）街道，沿途經米原（米原市）、長濱、木之本（附近有著名的賤岳古戰場）、柳瀨、中河內（以上均位於長濱市），再經愛發關進入越前，廿八日來到福井城下，當日拜會越前藩士村田氏壽，在村田的安排下當晚龍馬三人投宿在烟草屋（福井市照手町一丁目）。

十一月一日，龍馬謁見春嶽，龍馬先向春嶽轉達象二郎邀請上京召開列侯會議的委託（由於龍馬奉命傳達象二郎的邀請，因此派出藩吏岡本健三郎與龍馬前來越前），接著向春嶽及重臣中根雪江說明大政奉還以來京都的形勢，並回答他們的提問。之後龍馬再向春嶽提出赦免三岡八郎，讓他能為新政府效力的請求。春嶽聽了龍馬的請求眉頭一皺，露出為難的神情。自文久二年十二月龍馬與近藤長次郎、間崎哲馬首度造訪以來，春嶽對龍馬始終抱持和氣的態度，這樣的反應可說是首度出現。最終春嶽還是同意龍馬的請求赦免三岡八郎，只是赦免的程序繁瑣，免不了需要好幾天，為了滿足龍馬想立即與三岡八郎見面的渴望，春嶽破例讓三岡明日自由外出。

翌日，在毛矢町（福井市毛矢二丁目）自家謹慎超過四年的三岡八郎，來到龍馬下榻地烟草屋附近的莨屋旅館，與龍馬會面，雖說讓三岡自由外出，藩還是派出御用人松平源太郎（實名正直）與目付出淵廣之丞在旁監視。御用人松平源太郎從這日起捨棄佐幕的主張，戊辰戰爭被任命為會津征討越後口軍監，戰爭結束因此功被任命為福井縣少參事，之後歷任宮城縣・熊本縣知事、內務次官、貴族院議員、樞密顧問官，對非薩長出身的他而言，可說是官運亨通。

由於三岡被處以在家謹慎長達近四年半，對於這段期間公武一合派、尊攘派、武力討幕派、大政奉還派各種勢力的消長，以及英法在日本的角逐都不是很了解，龍馬極有耐性地一一為三岡說明。之後龍馬向三岡求助，說道雖然目前有薩、長、土、藝諸藩提供兵力願意討伐幕府，然而，朝廷的財政毫無著落，這個問題若不能盡早解決，諸藩藩兵遲早會散去。

三岡對於龍馬的求助胸有成竹，他為龍馬解說先前在橫井小楠處學習的財政學理論，具體做法為慶應四年五月下旬發行「太政官札」[2]，雖然過程並非一帆風順，甚至三岡本人也因初期的窘境而辭去職務，但最終「太政官札」解決了戊辰戰爭的軍費，完成階段性的任務。

不管是邀請上京，或是讓三岡八郎成為新政府成員，都得到春嶽肯定的回覆，心滿意足的龍馬於翌日向春嶽辭別。臨別之際，龍馬送了一張照片給三岡作為紀念。既然是要做為紀念，想必不會贈予與海援隊士合影的照片，應該是獨照。目前流傳的龍馬獨照共有四張（兩張坐姿、一張立姿，另外一張無法判斷），龍馬送給三岡的照片是上述四張的哪一張？或是另有其他未留傳下來的獨照呢？這點已無從知悉，因為三岡八郎十五日外出時照片掉落在河川附近（或河裡），幾乎與龍馬遇難同時，回想當時的情景，三岡感覺龍馬似乎自知來日無多，才會贈予照片以供睹物思人，自己卻輕率地遺失照片。

明治廿二年（一八八九）6月，已是子爵、元老院議官的由利公正，想起慶應三年十一月初這一幕，寫下如下和歌追憶龍馬：

浮沉硯海，憶及往昔種種
（硯の海にうかぶ思ひのかずかずの）
難以下筆，徒然淚沾襟
（かきつくさぬは涙なりけり）
我身無功，苟活於世
（功業もなく我身はいまになからべき）
世人應不恥
（世にも人にもはしさらめやば）
＊譯文參考《龍馬行》繁體中文版，萬象圖書版，一九九七～九八年。

2 慶應四年五月至明治二年五月之間發行的紙幣，原本預定發行總額三千二百五十萬兩用來因應戊辰戰爭，最終三井組、小野組、島田組為主要出資者，發行總額達到四千八百餘萬兩，面額有十兩、五兩、一兩、一分、一朱五種。不過，因為新政府的信用不足，一百兩太政官札只能兌換四十兩左右，且除幕府時代的三都——江戶、京都、大坂外，普遍不流通。戊辰戰爭結束後，新政府財政改由大隈重信接手，由於幕府已經滅亡，幕府時代的貨幣不再流通，大隈也籌足儲備金，終於讓太政官札成為信用度高的貨幣。

第二十八章　京都篇（七）

《新政府綱領八策》

在『龍馬傳』最後一回，大政奉還後的龍馬攜帶草擬的《新政府綱領八策》獨自前往越前，除了攜帶的《新政府綱領八策》外，可以對照前一章提及的內容。《新政府綱領八策》完成的時間頗有爭議，十月十五日、廿四日、十一月五日到十日的說法都有，很難判斷何者為是（筆者認為五日到十日的可能性最大）。依番外篇引用的《維新土佐勤王史》稱《新政府綱領八策》為《十一月八策》來看，完成於十一月的可能性較大，若是如此，『龍馬傳』裡龍馬攜帶《新政府綱領八策》前往越前便與史實有所出入，不只如此，原本越前行的目的是邀請春嶽上京，以及請求讓三岡八郎成為新政府成員，在『龍馬傳』裡卻成為主要目的為向春嶽兜售《新政府綱領八策》，龍馬與春嶽會面時三岡還隨侍在旁並口啖零食，一點也不像有罪在身。

《新政府綱領八策》全文如下：

第一義　延攬天下有名人才作為顧問
(天下有名ノ人材ヲ招致シ顧問ニ供フ)
第二義　選用有才的諸侯由朝廷賜以官爵，除去現今有名無實之官
(有材ノ諸侯ヲ撰用シ朝廷ノ官爵ヲ賜ヒ現今有名無実ノ官ヲ除ク)
第三義　議定與外國的交際
(外国ノ交際ヲ議定ス)
第四義　新撰律令定為無窮之大典，律令既定諸侯伯率部下皆從之
(律令ヲ撰シ新ニ無窮ノ大典ヲ定ム、律令既ニ定レハ諸侯伯皆此ヲ奉シテ部下ヲ率ス)
第五義　上下議政所
(上下議政所)
第六義　海陸軍局
(海陸軍局)
第七義　親兵
(親兵)
第八義　皇國今日之物價須與外國平衡

（皇国今日ノ金銀物価ヲ外国ト平均ス）

讀者拿《船中八策》（或稱《六月八策》）與《新政府綱領八策》對照可發現，乍看之下雖頗為類似，但用字、內容或是條文的順序存在著些許的出入。以往的通說認為《新政府綱領八策》是從《船中八策》精簡而來，不過，目前學術界已經接受《船中八策》是《坂本龍馬關係文書》與《維新史》這兩部由日本史籍協會編纂的第一手史料製造出來的，《新政府綱領八策》有可能是脫胎自《大政奉還建白書》的別紙。

從《新政府綱領八策》的內容可看出，龍馬已經在構思建立新政府的體制以及施政方針，反觀日後被稱為「維新三傑」的西鄉、木戶、大久保三人，他們此時的思維還停留在武力討幕，至於武力討幕之後該建立什麼樣的政體，則不在他們此時的思考範圍，事實上此時的他們恐怕連該建立什麼樣的政體也毫無概念。

上述八條《新政府綱領八策》的內容後，還有以下這段文字：

上述內容與二、三開明之士議定以待諸侯會盟之日，〇〇〇自為盟主以此奉戴朝廷始向天下萬民公布，強抗非禮、違反公議者斷然征討，不得向權門貴族借貸。

慶応丁卯十一月　坂本直柔

（右予メ一、二ノ明眼士ト議定シ諸侯会盟ノ日ヲ待ツテ云々
〇〇〇自ラ盟主ト為リ此ヲ以テ
朝廷ニ奉リ初テ天下万民ニ公布云々
強抗非礼公議ニ違フ者ハ断然征討ス、権門貴族モ貸借スル事ナシ
慶応丁卯十一月　坂本直柔）

這段文字中出現的「諸侯會盟」，即是龍馬此行前往越前的目的之一——受象二郎委託邀請松平春嶽上京議事，春嶽同意象二郎的邀請，諸侯會盟確定成行，龍馬再把此事寫進《新政府綱領八策》，即邀請在前，獲得同意後才寫進綱領裡較為合理。『龍馬傳』卻將其本末倒置，龍馬先擬好《新政府綱領八策》，再帶去越前進呈春嶽。

『龍馬傳』裡，龍馬前往越前的同日，命陸奧將《新政府綱領八策》送往薩摩、長州、土佐各地，可惜的是劇中人物關注的焦點並非具體的八條內容，而是上述提及的文字中的「〇〇〇自為盟主……」。

薩摩的小松、西鄉、大久保以及長州的木戶自不用說，就連春嶽、容堂以及中岡都一致認為「〇〇〇」就是德川慶喜，西鄉、大久保為此與中岡幾近撕破臉，使惱怒不已的中岡回到近江屋當面質問龍馬。

上一章提到，十月十九日小松、西鄉、大久保與廣澤兵助帶著剛完成便失效的討幕密敕返回各自的藩國，十一月十三日起薩摩、長州紛紛起兵，這時派出的兵員便是隔年一月鳥羽・伏見之戰薩長的主力。以上這段話透露出兩個事實：一、即使討幕密敕一完成便已失效，薩、長仍不放棄武力討幕，帶著已失效的討幕密敕返回藩國起兵。二、十月十九日起，小松、西鄉、大久保帶著討幕密敕返回薩摩而不在京都，既然不在京都，自然也不會有在薩摩藩邸與中岡爭論「〇〇〇」是否為德川慶喜的場景。

附帶一提，薩摩雖在十一月十三日起兵，依當時的船速十五日鐵定趕不到京都，實際上薩摩船隻中途停靠下關，與長州商量兵力的部署問題，真正抵達京都已是十一月廿三日左右。換言之，小松、西鄉、大久保再次進京，不僅龍馬與中岡皆已不在人世，甚至也未能參加兩人的喪禮。

從越前回到京都已是十一月五日，龍馬的生命剩下最後的十日！

慶應三年十一月十五日宵五時半

得到春嶽首肯，願意讓三岡、而且三岡本人也有意願為新政府效力，龍馬放下心頭大石，回程竟比去程快了近一日（十月廿四日到廿八日去程，十一月二日到五日回程）。或許趕路太急之故，五日回到近江屋該晚連同翌日龍馬都沒有行程。七日，名叫與三郎的商人（在神戶經營藥行，店號鳴海屋，同時也是海援隊成員）來訪，這日他與陸奧及高松太郎將搭乘向薩摩藩借來的太極丸前往長崎，龍馬的信是寄到四條通室町上ル西側澤屋御旅宿，此為陸奧的投宿地。

三人此行的目的為何？為何要前往長崎？龍馬為何沒有動身？

讀者可從與三郎的同行，認定此行目的應與金錢有關，三人的共通點皆為海援隊士，因此與海援隊應有關聯，將金錢、海援隊、長崎三個關鍵詞結合在一起，或許會得出伊呂波丸事件的答案。然而，如前文所言「十月十六日，龍馬派出中島作太郎為全權代理，在長崎與紀州藩重啟談判，得到龍馬全權代理的中島，同意將賠償金降至七萬兩」來看，伊呂波丸事件已澈底解決，那麼，陸奧此行究竟所圖為何？松浦玲《坂本龍馬》給出了答案，十月廿二日（前往越前之前二日）龍馬寫了封信函給人在大坂的陸奧，內容為日前的訪客澤屋加七（前段提及的澤屋御旅宿所有人），向他提出一萬兩的金錢往來，加七指出某位仙台藩吏前來京都，欲與河內國鄉士會面談貿易之事，希望龍馬能參與做為雙方的見證人。由於越前之行在即，因此龍馬寫信給陸奧將此事全權委任於他。

龍馬從越前返回後得知陸奧人還在京都，可能有派人要陸奧來說明進度，因此才會有七日與三郎的到來。聽完與三郎的說明後，龍馬得知陸奧一行三人即將動身前往長崎，到底是之前的談判延伸到長崎，或是在長崎另有新的貿易不得而知（依松浦玲《坂本龍馬》來看似乎是前者）。

龍馬在信函的開頭便向陸奧問及事情的處理如何，不管怎樣的困難都不要放棄，要抱持成為世界話題的期許。陸奧一行三人七日從京都前往大坂搭乘太極丸，大概在十日左右抵達長崎，龍馬在十三日又修書給陸奧，是以推測陸奧抵達長崎當日應與龍馬有魚雁往來，回信的日期應該是在十日。

十三日寫給陸奧的信函普遍認為是現存龍馬最後的親筆信（十四日其實還有一封，不過該封內容過短，不太具備書信格式），該信函內容提到龍馬近來得到一振極品短刀，刀刃中心刻有銘文，是相當貴重的珍品，日前送往大坂讓刀匠研磨，另外還有一振長脇差共兩振，想在陸奧歸來時一同在大坂鑑賞。信裡共提及短刀及長脇差兩振，前者刀名不詳，後者即是上半年權平透過西鄉轉贈的家傳名刀陸奧守吉行。像龍馬這樣肯讓他人鑑賞自己配刀的人應該不多，讀者當不難想像陸奧收到此信的振奮之情，惟，不清楚陸奧之後是繼續待在長崎或是返回京都。另外還有一點值得一提，這封是龍馬現存一百四十餘封中唯一署名自然堂的信函。

從以上敘述可知，陸奧、高松和與三郎三人前往長崎的目的，是因為龍馬前往越前期間，仙台藩吏來到京都與河內國鄉士商談貿易，似乎是隨著談判的內容將場所延伸到長崎去。龍馬沒有跟去是因為同時間還有前往越前的行程，故委任陸奧處理，從越前返回後還未處理完畢，龍馬也不便強行介入，因此選擇留在京都。

從越前返回的龍馬，五日晚與六日都沒有行程的記錄，七日只有委託來訪的與三郎送信給陸奧，接下來八日、九日仍閉門不出，換言之，從十一月五日晚到九日龍馬幾乎沒有行程，是筆者在前節認為完成《新政府綱領八策》的最佳時間點。十日龍馬與福岡藤次拜訪永井尚志，此時永井寄宿在二條城北大和郡山藩邸（大概在京都市上京區下丸屋町附近），與龍馬此時居住的近江屋約距離三公里。磯田教授認為，從十日起龍馬每日都來，有時（十一日）甚至還來兩次，正好可用以駁斥此時龍馬罹患感冒、臥病在床的傳聞（平尾道雄《龍馬のすべて》、山本大《坂本竜馬》、司馬遼太郎《龍馬行》，以及《硬漢龍馬》均採此說）。與福岡藤次拜訪永井一事，記載在土佐上士神山左多衛的雜記裡，巧合的是，龍馬從越前回到京都，以及十一日夜間拜訪永井，也都見於神山左多衛的雜記，筆者認為這不是巧合，而是監視龍馬的一舉一動正是監察神山的工作，從這可看出土佐藩也擔心龍馬在武力討幕與大政奉還之間有所搖擺。

十、十一兩日龍馬接連寫了兩封信函給小他八歲的林謙三，林謙三是本書首度提到的人物，先容簡單介紹。

林謙三，出身藝州藩治下備後國御調郡向島西村（廣島縣尾道市），父親是該地醫生，通稱勇吉或謙三，實名清康。謙三雖是不用繼承家業的四男，十二歲起也被送往藩廳廣島學習漢學與醫學。十八歲得到前往長崎學習醫學（西醫）的機會，在該地兼學醫學（荷蘭）與海軍（英國），並進入幕臣何禮之在長崎成立的英語私塾學習。數年下來，二十出頭的林謙三精通西醫、海軍、英語，這樣的人在幕末要遭埋沒也難，慶應二年被薩摩藩聘用。薩摩聘用林謙三不是看上西醫與英語的才能，而是看上其海軍的專長，結識龍馬應該也在此時。

龍馬寫信給林謙三稍早之前（正確說來是龍馬離開越前返回京都的路上），薩摩採納林的意見，向英國購買一艘命名為春日號的軍艦。這艘船艦在一個多月後奉命前往筑前，載送因《王政復古大號令》而得到赦免的三條實美等五卿，更在將近一個月後的阿波沖海戰表現出色。明治時代林謙三改名安保清康，繼續為草創期的日本海軍貢獻心力，最終軍階為海軍中將。其養子安保清種，參與過黃海海戰（日清戰爭）、日本海海戰（日俄戰爭），曾出任濱口雄幸內閣（民政黨）的海軍大臣，最終軍階為海軍大將。

前文提到陸奧前往長崎搭乘的太極丸可能是透過林謙三借來，龍馬在信裡向他提及，希望不久之後繼續租用太極丸，以供海援隊自由使用。林謙三雖為薩摩藩聘用，但他沒有借用船艦的權力，當時薩摩採取實際武力討幕行動在即，做為運輸用的船艦既無力也不願外借。雖然租用太極丸遭到拒絕，林謙三在當日回覆龍馬說道，願意與他一同等待時機成熟的到來（應指武力討幕結束後）。

十一日，龍馬寫給林謙三的信中，如實交代借用太極丸的目的為開拓蝦夷地。早在元治元年禁門之變前夕，龍馬已有將可能加入長州陣營的北添佶摩、望月龜彌太等土佐浪士帶往蝦夷地轉移其注意力的想法，雖最終因北添、望月等人參與禁門之變而失敗，但開拓蝦夷地始終是龍馬的心願。大政奉還實現之後，龍馬關注的焦點也從政治轉移到邊防上。龍馬寫這封信時似乎預見了自己的命運，提醒林謙三要保重性命，如今方向已定，不管是修羅或極樂，都願與大兄同行。依宮地佐一郎《龍馬百話》，這封信函因故在東京神田的二手書店被發現，目前珍藏於高知縣立歷史民俗資料館（高知縣南國市岡豐町，岡豐城址附近）。

十一日早上與晚上，龍馬從近江屋前往大和郡山藩邸求見永井尚志，在寫給林謙三的信函中提及了與永井的會面，因此該日與永井的會面至少有一次提及蝦夷地的開拓。十三日，龍馬命岡內俊太郎前往土佐、中島作太郎前往長崎，同日據說從新選組分裂的御陵衛士伊東甲子太郎、藤堂平助來到近江屋，警告龍馬要注意人身安全以防暗殺事件。然而，亦有一說為伊東、藤堂的警告是在上月十八日。雖然無法判斷何者為是，但伊東、藤堂的警告應確有其事（明治時代田中顯助曾多次提及此事）。

十四日，龍馬從原先的近江屋土藏遷移至本屋二樓（京都市中京區塩屋町，現為連鎖壽司店かっぱ寿司京のとんぼ店所在地），這日龍馬「依舊」去拜訪永井尚志，同時寫了張紙條吩咐姪女春猪的丈夫坂本清次郎，準備迎接明日由大坂返回的小野惇助。小野惇助即小野惇輔，是高松太郎的化名，根據前文的敘述，他與陸奥、與三郎三人於七日前往長崎，十四日返回大坂，明（十五）日進京，這張紙條雖只提及小野惇助的名字，不過應包含陸奥和與三郎在內。龍馬昨日（十三日）的信函才剛提及要和陸奥在大坂鑑賞他的兩振名刀，為何翌日就變卦呢？筆者認為應與造訪永井尚志有關。

從本章的敘述可看出，從十日起龍馬頻繁進出永井的宅邸，這還是有明文記載的部分，龍馬很有可能在更早之前（如從越前返回當日）開始造訪永井，如此頻繁造訪幕府要員勢必引起各方關注。龍馬十日造訪永井的途中（不知是前去或返回），遇上薩摩的中村半次郎（中村的日記《在京日記》有記載此事），龍馬經常進出薩摩藩邸，中村對他而言並非陌生人物，雖然應該也不到熟稔的程度。中村應該會將遇見龍馬的事回報藩邸，也許龍馬在與中村見面時還提及自己前往永井造訪之事。

特別註明永井寄宿之地位於二條城北大和郡山藩邸是有原因的，因為藩邸的正對面是座名為松林寺（京都市上京區分銅町）的佛寺。這座位於昔日聚樂第外堀之處的淨土宗佛寺，乍看之下雖無異狀，然而，京都見廻組與頭（相當於新選組局長）佐佐木只三郎寄宿在此，對於擁有媲美秀吉大嗓門的龍馬短期多次造訪，警覺性極高的佐佐木不會對此不聞不問。

簡單敘述完十一月五日到十四日的龍馬行蹤後，接下來進入暗殺當（十五）日的情形。由於龍馬暗殺現場是固定的，雖打算以近三年讀到的書籍為主要敘述內容，但仍難免會與拙作《幕末》在內容上有所重複，這點要事先聲明並敬請讀者諒解。

十五日（格列高里曆12月10日）晝八時半（下午三時）與夕七時半（下午五時），龍馬前往距近江屋不遠的福岡藤次住處，兩次都只見到留守的福岡愛妾加代（之後成為其後妻），龍馬兩次造訪均撲空，無奈之餘，留下「如果福岡回來，請他來我的住處」後離去。磯田教授指出福岡其實直覺到前往龍馬的住處恐有遭暗殺的風險，因此故意流連有藝妓駐足的料亭，福岡的直覺相當正確，如果他當日前往龍馬的住處，恐怕近江屋的死者將會是四人。

由於福岡曾與龍馬於十日一同拜訪永井尚志，龍馬此時到福岡住處拜訪，應與十日那次不無關係，此即拙作提及的「三條制札事件」。這是慶應二年九月十二日宮川助五郎等八名土佐藩士（上士、下士都有），與原田左之助等超過三十名新選組隊士的衝突事件，兩名土佐藩士當場戰死，其餘包括宮川在內的六名土佐藩士盡皆被捕。上士出身的宮川躲過一死，被囚禁在關過安政大獄、足利三代木像梟首事件、池田屋騷動、大和天誅組之亂、生野義舉等攘夷志士的六角獄舍（京都市中京區因幡町）。

經過土佐多次的交涉（可能也包含龍馬與福岡前去永井的住處），終於在十一月讓會津同意引渡宮川，經過一番的討論後，決定先暫時讓宮川置於陸援隊名下，嗣後再恢復土佐藩士的身分。

由於歸在陸援隊之下，中岡收到通知的信函後，在該日晝八時（下午二時），從白川陸援隊屯所前往河原町的土佐藩邸，找福岡商量細節，中途順道拜訪同樣位於河原町的土佐藩小目付役谷守部住處。結束與谷守部的談話後，先行前往近江屋附近的土佐御用書屋菊屋，然後與菊屋主人之子、同時也是中岡的僕役峰吉，前去福岡的住處。不過，福岡已如前文所言流連於料亭，中岡自然見不到福岡，他認定福岡人在龍馬的住處，接近暮六時（下午六時）與峰吉一同前往近江屋。

中岡來到近江屋，發現裡面已有不少人：宮川助五郎、長岡謙吉、宮地彥三郎（海援隊士）、淡海槐堂、岡本健三郎等人，但卻不見福岡。由於這日是龍馬的生日，這些人都是來為他慶生的，當中淡海槐堂獻上附有畫軸的作品〈白梅寒椿〉為龍馬慶生，並親自將畫掛在二樓的床之間。隨著時間的流逝，近江屋的訪客也逐一告辭，將近宵五時半（晚上九時，不過，根據峰吉的證詞為宵五時，即晚上八時）訪客只剩中岡、峰吉與岡本三人，龍馬與中岡此時已飢腸轆轆，龍馬要岡本和峰吉去買他愛吃的軍雞

（鬥雞）。

中岡看著岡本說道：你可以去你常去的「龜田」買。

「龜田」是一間賣軍雞的店舖，位在河原町通與四條通的交界處，距近江屋相當近。由於當時岡本正與「龜田」的女兒戀愛，中岡此言可說是在虧岡本藉著買軍雞與「龜田」的女兒親近。被中岡這麼一說，岡本不便前往「龜田」，只好和峰吉去龍馬愛吃的軍雞店「鳥新」。「鳥新」位在四條通與高瀨川交會處四條小橋附近，距近江屋較遠，而且岡本到來時軍雞已經賣完，業者為了這樁生意必須再宰殺雞隻，讓岡本等了些許的時間。如果岡本不介意中岡說話的內容，直接在「龜田」買軍雞，也許會目擊到之後發生的事件，又或許也會跟著一起陪葬。

岡本與峰吉離去後，近江屋只剩龍馬、中岡、龍馬的僕役藤吉，以及近江屋的主人井口新助夫婦五人，當中龍馬與中岡在二樓奧之間談事情，新助夫婦在一樓已入睡，藤吉則在一樓等待岡本回來。這時近江屋外面出現七條黑影，一人在玄關處敲門，藤吉應聲開門，從為首之人手中接過遞出的名刺，上頭寫道：十津川鄉士。

十津川鄉士在過去幾年曾與土佐下士在天誅組之亂、生野義舉並肩作戰，與龍馬、中岡有一定程度的熟識，中岡先前成立的陸援隊便有不少十津川鄉士成員，因此藤吉不疑有他，開門讓為首之人進入。藤吉拿著名刺轉身朝階梯登上二樓，一樓玄關處繼為首之人後，接連有六道黑影竄入，他們以為龍馬在一樓，因此闖進新助夫婦的房間，驚醒的新助夫婦在刺客的威脅下，透露龍馬人在二樓的事實。

於是七名刺客中有四名跟在藤吉之後上二樓，剩下三名則在一樓玄關處把風。藤吉推開拉門進入奧之間把名刺遞給龍馬，然後走出奧之間關上拉門，關上拉門後的藤吉立即遭到兩名刺客襲擊，被砍中六刀從階梯滾落到一樓。相撲出身的藤吉（相撲界的名字雲井龍）身材相當壯碩，從二樓滾落到一樓發出轟隆的聲響，龍馬以為是買完軍雞回來的岡本與峰吉，甚至和藤吉三人一起嬉鬧，於是用土佐方言大喝：

別吵了！

（ほたえな！）

聽到這聲，四名刺客立刻知道龍馬在奧之間，當中一人搶先推開拉門，其他三人魚貫而入，紛紛拔出刀來，一人從龍馬的前額橫劈、另一人從中岡的後腦勺砍了下去，龍馬前額的血飛濺在〈白梅寒椿〉上。中刀的龍馬馬上想起要提刀反擊，然而二尺二寸（約六十六．七公分）長的陸奧守吉行卻放在離他有點距離的床之間，刺客察覺龍馬有取刀反擊的意圖，施展出從右肩斜砍到左背的架裟斬。雖然挨了一擊，龍馬終於取得陸奧守吉行，正要拔刀反擊時，刺客又朝龍馬砍來，來不及拔刀的龍馬只得拿著未出刀鞘的陸奧守吉行擋住對方的進攻。結果陸奧守吉行刀鞘裂開，刀身亦被削去部分，不難看出對方力道之強，接著對方又是一擊，龍馬前額又中刀，除了泊泊的血液外還夾雜白色腦漿。

石川！刀呢？刀呢？

石川即石川清之助，是中岡的化名，即使已流出腦漿，龍馬仍不忘以化名稱呼中岡，可見他此時意識應該還很清楚。中岡身邊只有九寸（約二十七．三公分）長、白柄朱鞘且有著刀鍔的信國在銘，持刀奮戰後刀身也傷痕累累，中岡最終也被砍倒在地上。兩人雖還一息尚存，但多處負傷（龍馬三十四處、中岡廿八處）的他們應該活不過今晚，由於河原町土佐藩邸離此地只有數步之距，還是在被發現之前趁早撤離為是。動手的四位刺客互望對方，紛紛撤出，與樓下三名把風者一起離開近江屋，這場暗殺歷時不超過半個小時。

刺客離去後，龍馬張開眼睛，對著倒在榻榻米上的中岡黯然說道：

真是遺憾。

龍馬接著問道：

慎太，慎太，怎麼了？還好嗎？

中岡回道：

還好。

傷重的龍馬已無法起身，只能拖著負傷的身軀爬出奧之間，在樓梯口對下面說道：

新助！叫醫生！

聲音異常微弱，根本傳不到一樓。按住額頭的龍馬，看見手上盡是紅色的鮮血與白色的腦漿，對中岡微微一笑：

慎太，我的頭被砍中，已經不行了。

語畢閉上眼睛，身體垂了下來，龍馬結束了他的性命，享年三十三歲。

龍馬暗殺再檢證

刺客離去後，井口新助驚魂甫定，趕緊前往距離只有二、三十公尺的土佐藩邸通報。買完軍雞回到近江屋的岡本與峰吉兩人，看到身材壯碩的藤吉身中數刀的刀傷滾落到一樓（當時藤吉還未死去）面面相覷，料想二樓必然出了大事，峰吉趕緊跨上沒有置放馬鞍的馬，匆匆朝白川的陸援隊屯所而去。

聽到井口新助的通知，人在土佐藩邸的下横目島田正作（事蹟不詳）最先抵達現場，接著而來的是谷守部、毛利恭助，以及當日在京的海援隊士白峰駿馬與陸奥陽之助。不久，陸援隊士田中顯助趕來途中經過薩摩藩邸，進去通知後與留守的吉井幸輔一同趕赴現場。之後，土佐藩邸派來一位名叫川村盈進的醫師，經過他的診斷確定龍馬當場斃命，藤吉與中岡重傷，不過一息尚存。目睹龍馬暗殺現場的田中顯助對這一幕印象深刻，在他於昭和三年（一九二八）口述的《維新風雲回顧錄》有如下記載：

……坂本先生與中岡先生遭難，菊屋峰吉急忙跑來通報，通知此事。我立即跑出白川屋敷，中途前往二本松薩摩藩邸，見到吉井幸輔，向他通知此事，然後兩人一起趕到現場。坂本的下男藤吉，倒臥在往二樓的階梯。坂本與中岡倒在奧之間，渾身浴血。坂本眉間被砍了兩刀，傷口極深，腦漿露出，遺憾的是當場死去。中岡身受重傷，還有氣息。從後腦勺被砍了一刀，右手和腳也都受了重傷……終於在第三天命絕。坂本在拔刀出鞘的剎那，受到對方太刀一擊，刀鞘被削去約六寸、刀身也連帶被削去約三寸，從刀深的切口來看，可見對方劍術的精湛。中岡說道，坂本在絕命前曾說「我的頭被砍中，已經不行了」，頭部被砍中的同時，還能說出這番話，真是令人訝異。
刺客究竟是何人，至今仍無法判定，採取電光石火之勢，能夠斬殺二人展現出手腕高超，然而現場遺留的臘色刀鞘，足以作為凶手狼狽的證據。曾有一段時間認定近藤勇是行凶的真凶，但後來推翻此說，之後有名為今井信郎自承是凶手，但也令人可疑。最近的調查則認定是小太刀名人桂早之助、渡邊吉太郎所為。王政維新完成僅兩個月之際，同時失去此兩雄著實遺憾萬千。

雖然近江屋主人井口新助亦有留下證詞書，不過，根據磯田道史指出，新助夫婦當時躲在一樓房間裡瑟瑟發抖，最多只能聽見二樓交戰的聲音而看不到交戰過程。然而，新助的證詞書卻記載著諸如「與中岡愼太郎君談話的阪本君，在調轉罩燈方向的那一剎那，刺客以阪本君的頭頂為目標一刀砍下。」、「中岡君瞬間被小刀砍中數處，身負重傷。阪本君頭頂被砍，另外還接連被小刀砍成二十處傷口，其中有幾處是腦的重傷」，講得活靈活現，宛如身歷其境。但別忘了，躲在一樓瑟瑟發抖的新助不可能見到二樓奧之間內部打鬥的場景，應如磯田道史《龍馬史》所言，新助因為「總有人詢問龍馬之事，很有可能就這樣隨口說出」，謊言只要多說幾次，連自己都會信以為真。

相較之下，田中顯助回顧錄的內容要不是他親眼所見（龍馬暗殺現場），要不就是聆聽親歷者所言，再不就是日後調查的結果（如最初認定近藤勇，之後有今井信郎自承，再來為調查認定桂早之助、渡邊吉太郎），或許這些內容也存在些許疑點，但至少田中本人並未加入不實的揣測而為筆者採用。不過，磯田道史也並非完全同意中岡講述的內容，既然龍馬都已流出腦漿，怎麼還能說那麼多話，他認為這是身負重傷的中岡在瀕死狀態下神智恍惚的囈語。

身中六刀（或七刀）的藤吉翌日傷重死去，得年廿歲。田中顯助向身中廿餘刀的中岡打氣：

長州的井上聞多身受重傷都能恢復了，你千萬不要沮喪啊！

顯助指的是元治元年九月廿五日晚上，井上聞多在山口袖解橋，遭到恭順派派出的刺客行刺未遂，身中數十刀的井上奇蹟似地被友人所郁太郎救回，當時人也在長州的中岡不會不知此事。吉井幸輔跟著說道：

三藩（薩、長、土）藩兵應已抵達西宮（兵庫縣西宮市），請務必恢復精神。

中岡聽到這句話，臉上才浮現出笑容，對於之後趕到的陸援隊士香川敬三說道：

王政復古之事，要完全仰賴岩倉卿出力，請向卿轉告這句話。

相較於當時志士將希望寄託在薩、長上，惟獨中岡對岩倉的權謀另眼看待。之後聽聞此事的岩倉，眼淚簌簌地說道：

何方惡賊！奪我心腹。

中岡在川村盈進一夜細心的治療下，十六日顯得精神奕奕，對包括田中顯助在內的陸援隊士及其他前來慰問的志士談及龍馬暗殺經過，成為筆者前述內容的主要援引來源。詎料，十七日中岡病情急轉直下，上午不斷嘔吐，將前一日因細心治療而胃口大開所吃的食物統統吐了出來，晚上之前閉目逝去，享年三十歲。

龍馬等三人的葬禮於十八日晝八時（下午二時）舉行，田中、香川等陸援隊士和白峰、陸奧，以及十六日正午起陸續進京的其他海援隊士長岡謙吉、高松太郎、關雄之助、菅野覺兵衛、安岡金馬、野村辰太郎、坂本清次郎、八木彥三郎，還有土佐、薩摩在京藩士，都來送三人最後一程。西鄉、小松尚未回京，因此缺席龍馬等人的葬禮，而此時在京的大久保利通因與龍馬交情不深而未出席。為防幕府（尤其是當時認為下手的新選組）襲擊，出席葬禮的隊士與薩、土藩士，人人刀槍不離身。不過，從龍馬遇害當日到葬禮結束為止，福岡藤次始終沒有現身，田中顯助終其一生都無法諒解福岡此時的無情。三人的靈柩從近江屋運出，運往東山高台寺（京都市東山區下河原町）靈山墓地埋葬，此即現在靈山護國神社（京都市東山區清閑寺靈山町）裡的靈山墓地，兩人墓碑的題字之後由木戶揮毫。

十二月三日龍馬的死訊傳到太宰府，想起慶應元年五月登門拜訪時的談笑自若，謫居的三條不覺流下眼淚，五日寫下三首悼歌，其中一首內容如下：

武士之魂即使成神也要捍衛皇國。

（武士のその魂やたまきはる　神となりても国守るらむ）

京都靈山護國神社龍馬與慎太郎墓址。

目前學術界幾乎已認定京都見廻組才是龍馬暗殺的執行者，因此本節逕行略過以往衍生出的種種黑幕說（這些黑幕說可參考拙作《幕末》），只針對京都見廻組為凶手的方向進行敘述。

京都見廻組成員大多在慶應四年一月初鳥羽．伏見之戰捐軀，雖然磯田道史認為「全員戰死這點十分不自然，更有可能是為了包庇襲擊龍馬的犯人，而將其列入戰死者的名單。」不過讀者可別忘了，歷史可是有長篠之戰這種名將集體陣亡的前例，而京都見廻組有部分成員是撤退後未能得到良好醫治才傷重致死（後文提及的龍馬暗殺真凶，幾乎都是在撤退時死去，而非作戰時戰死），並非如磯田道史所言在戰場上全員戰死，是以筆者難以認同磯田的觀點。

進入明治時代，今井信郎成為京都見廻組碩果僅存的幾位成員，他在明治二年箱館戰爭結束時向太政官降伏的蝦夷政權裡身居要津（陸海裁判官），最初移交兵部省審問。然而，慶應四年三月甲斐勝沼之戰俘獲的新選組隊士大石鍬次郎曾提及暗殺龍馬並非新選組，而是京都見廻組，這是京都見廻組首度在龍馬暗殺浮上檯面，由於今井本人即是京都見廻組成員，因此審訊今井的單位便從兵部省轉移到了刑部省。

京都圓山公園內的龍馬與慎太郎銅像。

審訊從明治三年二月底開始，由當時刑部省次官刑部大輔（長官刑部卿是正親町三條實愛）、土佐出身的佐佐木三四郎主持，他對今井的審訊以那個時代而言算是相當詳盡。在佐佐木的審訊下，今井說出以京都見廻組與頭佐佐木只三郎為首，率領今井、渡邊吉太郎、高橋安次郎、桂隼（早）之助、土肥仲藏、櫻井大三郎等六人進行的暗殺事件，經由今井的披露，龍馬暗殺的凶手才一一現形。能夠親自審訊出暗殺龍馬的凶手，佐佐木內心想必也振奮不已，他繼續審訊外界仍一無所知的詳細暗殺過程。今井道出向藤吉遞出名刺的正是自己，名刺上寫的是松代藩士，自己與土肥、櫻井負責在一樓把風，實際的暗殺任務由佐佐木、渡邊、高橋、桂四人執行，最先砍在龍馬身上的是桂與渡邊二人。今井的供詞中還有一重點，提到龍馬暗殺的動機在於「先年在伏見捕縛之時，開短筒，打倒前來逮捕的伏見奉行組兩名同心」。

今井提及的「先年在伏見捕縛」，即是慶應二年一月在寺田屋遇襲事件，龍馬在突圍時，曾以一個多月前高杉晉作贈予的左輪手槍朝捕吏開槍。幾乎所有關於寺田屋遇襲的文獻都只提及龍馬手部的傷勢，而未提及遭龍馬狙擊的同心後續情形，遭龍馬近距離開槍的同心若在當下或數日後死去，以此為逮捕龍馬的契機倒也不是不可能。不過，既然要逮捕龍馬，應該是以活捉為優先，但從龍馬暗殺來看，刺客一出手便是要置龍馬於死地，完全不讓龍馬有活命的機會。如果是要逮捕龍馬，與寺田屋遇襲事件無關的中岡不僅沒有逮捕的必要，更沒有痛下殺手的必要，今井的供詞在這點難以自圓其說。

該年九月廿日作出判決，由於所有目擊者均已不在人世（井口新助夫婦不能算「目擊」者），無人能夠證實今井的說詞是否正確，最終做出引渡今井到靜岡藩禁錮（徒刑）的判決。雖說是禁錮，實際上也只關押一年多，明治五年一月便得到特赦。與之前被認定行凶的新選組待遇不可同日而語，近藤勇在流山自首後不到一個月便在板橋刑場斬首；也被認定為行凶之一的大石鍬次郎，雖在之後證實與龍馬暗殺無關，仍因是行刺伊東甲子太郎的凶手，於明治三年十月斬首。今井之所以躲過斬首處分，應與審訊的佐佐木採信「自己與土肥、櫻井負責在一樓把風」的供詞，以及出於龍馬在寺田屋遇襲時，開槍打倒伏見奉行所的同心才引起龍馬暗殺事件有關，佐佐木在之後很長的時間裡，恐怕都堅信是自己親身解開了龍馬暗殺的謎團。

明治四十四年（一九一一），一位名為渡邊篤的老人撰寫《渡邊家由緒歷代系圖履歷書》聲明自己正是龍馬暗殺的下手人之一，內文還提及龍馬暗殺的成員，其成員如下：

佐佐木只三郎、今井信郎、渡邊吉太郎、高橋安次郎、桂早之助、渡邊篤、世良敏郎。

渡邊篤提及的人數以及凶手的名字，大致上與今井信郎的供詞相同，惟，確切說來還是有兩名刺客有所出入，筆者認為渡邊篤與今井信郎列出的人名應確有其人，可能在記憶上有所落差（尤其是渡邊篤撰寫《渡邊家由緒歷代系圖履歷書》時年紀應有七十歲），導致兩者的回憶不盡然相同。

渡邊篤的這一舉動收錄在《龍馬行》的後序，探討龍馬暗殺的研究專書大多會引用，作為與今井信郎證詞的對照，得出渡邊篤「記憶錯誤，前後矛盾之處甚多，不能作為良好的資料」的結論。

既然渡邊篤寫下的內容錯誤甚多，而京都見廻組隊士也沒有留下類似永倉新八《新選組顛末記》的記錄，以及由本書衍生出之後如子母澤寬的《新選組始末記》、《新選組遺聞》、《新選組物語》等「新選組三部曲」，遑論龍馬暗殺的相關記錄。龍馬暗殺的經緯是否從此石沉大海呢？倒也不至於，雖然欠缺第一手史料，好在還有第二手史料以供讀者知悉龍馬暗殺的經過。

與今井信郎於大正七年（一九一八）病逝同年，其三男健彥產下一子，名為幸彥。日中戰爭期間，幸彥畢業於東京帝國大學文學部，之後進入共同通信社從事報社記者的工作，一九七一年出版《殺害坂本龍馬的男人》（坂本龍馬を斬った男，新人物往來社出版），雖然這是一本或多或少為祖父溢美以及開脫罪責之嫌的作品，但本書在了解龍馬暗殺經過可說是最詳盡的著作。本書的副標題為「幕臣今井信郎の証言」，也說明本書並非單純為祖父溢美及開脫罪責的著作，在閱讀之前不應存有先入為主的偏見。

《殺害坂本龍馬的男人》全書分為三大部分，分別是：〈斬殺龍馬〉（龍馬を斬る）、〈龍馬事件的始末〉（龍馬事件始末記），以及〈信教之道〉（神への道）。第三部分與龍馬暗殺沒有直接關連，是以筆者予以割愛，以下為讀者摘要介紹前兩部分。

今井信郎於天保十二年（一八四一）十月二日生於江戶本鄉湯島天神下（東京都文京區湯島），小龍馬六歲、小中岡三歲。根據今井家過去帳（相當於祖譜或系譜），今井家始祖歿於承應元年（一六五二），俗名長五郎，戒名「宗慶信士」，之後二、三、四代都沿用相同的俗名與戒名。第四代長五郎只生下一名為八重的女兒，為了家門延續，向以兵法著稱的家族吉野家招贅婿武左衛門（第五代），由於是入贅之故，故不沿用長五郎之名。

武左衛門與八重亦只生下一女杵（きね），勢必又只能招贅婿以繼承家門。由於武左衛門與八重均早逝，因此招贅練馬地區的農家安五郎。安五郎入贅後改名守胤（第六代），他與杵生下的第一個孩子即是今井信郎（第七代）。

除長男信郎外，守胤與杵之間還育有三男一女，除次男送往別家當養子外，其他子女的生涯均不清楚。信郎的婚配對象是甲州豪農天野家之女岩（いわ），信郎與岩生下四男三女，長男與四男夭折，次男信夫（第八代）繼承家業，三男健彥即本書作者幸彥之父。

信郎是今井家第五代以來，首位非入贅的當主，他受到的教育與訓練也較前兩代當主嚴格，十八歲進入榊原鍵吉的道場學習直心影流劍術，這是新陰流系直心影流嫡系。前文提及勝海舟也曾在父親家族男谷信友學習直心影流，不過，勝海舟學習的是直心影流男谷派，算是直心影流的分支。

附帶一提，龍馬暗殺成員中佐佐木只三郎是神道精武流，桂隼之助、世良敏郎、渡邊篤則是西岡是心流，其餘龍馬暗殺成員不詳。

今井信郎僅花三年的時間取得直心影流免許資格，被幕府任命為講武所師範代，今井的上級，即講武所師範是佐佐木只三郎，他們兩人的認識可追溯至講武所時代（文久元年到二年間）。今井在修行劍術時期領悟出「單手打」（片手打ち）絕技，據說某次與水戶藩士比試施展此招，結果戴著面罩的對手頭骨斷裂而死，以致榊原鍵吉下令今井在道場的比試禁用此招。

元治元年，廿四歲的今井與甲州豪農天野家次女岩成親。這一年水戶藩士以武田耕雲齋、藤田小四郎為首發起天狗黨之亂，與多數水戶藩士友好的今井受到懷疑，不得不辭去講武所的職務，轉職隸屬神奈川奉行所取締在橫濱的密貿易（走私貿易）。今井在橫濱結識古屋佐久左衛門，古屋與今井同為蝦夷政權的成員，同樣作戰到明治二年五月十八日蝦夷政權開城投降之日。

慶應三年五月廿二日，今井被召回江戶，但並非恢復講武所師範代舊職，而是將其編入京都見廻組，這一人事任命可能來自於京都方面，因為此時京都見廻組與頭，正是今井在講武所時代的舊識佐佐木只三郎。今井將本鄉的老家留給最小的弟弟省三，然後帶著妻子岩與剛出生的長女於十月上旬進京，巧合的是，龍馬最後一次上京也約略在此時。由於領到的俸祿只有七十俵外加六人扶持[1]（本段文字出自於今井在刑部省的供詞），因此選擇與御所和二條城都有段距離的今出川通與千本通交會處（京都市上京區南上善寺町）附近住下，這裡離前節提及佐佐木只三郎下榻處松林寺也頗有距離。

今井進京不到一個半月，便受到佐佐木只三郎的邀請，參與龍馬暗殺行動。京都見廻組成立時間略晚於新選組，一般認定在元治元年五月前後，相較於新選組因池田屋事件揚名立萬，京都見廻組成立後始終默默無聞（佐佐木只三郎雖曾行刺著名的攘夷志士清河八郎，不過那是在京都見廻組成立之前）。有別於新選組成員以脫藩浪士與

1　一人扶持一年約為一石八斗。六人扶持為十石八斗，加上七十俵為三十八石八斗，這樣的俸祿要維持一家三口相當困難。

農民為核心，京都見廻組不僅限定於武家，而且還必須是旗本中沒有繼承家業資格的次男或三男，身為家中長男的今井照理不會被吸收進該組織中，之所以如此應與佐佐木只三郎有關。

今井進京應該就是為了執行龍馬暗殺，雖然不清楚今井何時接到上京的命令，由於今井此時有家室之累，從接到命令到進京應會相隔一段時間，由此看來龍馬暗殺的動機由來已久，因為大政奉還導致旗本・御家人失業，憤怒的他們進而策劃龍馬暗殺的說法大概站不住腳。

據今井本人口傳其妻岩的內容，十一月十五日早上有桑名藩士渡邊某前來今出川千本的臨時住家造訪，這位造訪的渡邊某從之後今井幸彥的敘述來看，應是渡邊吉太郎。與渡邊某交談一陣子之後，今井向岩留下「要出去一陣子」的訊息，與渡邊某離開家門，恐怕今井在當日才被告知龍馬暗殺的計畫。今井一出家門到當晚都沒有返回，不僅如此，翌日今井也不知去向，一直到三日後才一派輕鬆的神情返回。今井一入門岩似乎就感到不對勁，今井的右手始終放在懷裡，不發一語的走進裏間，從進門到走入裏間始終背對著岩，躡手躡腳跟在身後的岩看見今井右手食指有個傷口，整整三日不歸應該是在止血治療。

今井食指的傷口想必是在執行暗殺任務時受傷，不過，依前節的敘述可知，由於暗殺來得突然，龍馬到第三刀才拿起陸奧守吉行抵擋對方的攻勢，陸奧守吉行也因此刀鞘裂開、部分刀身斷裂。龍馬的反擊僅止於此，中岡更是任由行凶者宰殺，由此看來今井的傷痕應該不是龍馬或中岡造成的，反而可能是打鬥中遭到同伴的誤傷。即使後來傷癒，留下右手食指終生無法正常伸屈的後遺症。如果今井真如佐佐木三四郎審訊時所言只是擔任在一樓把風的工作，右手食指應無受傷之理，可見自己只是擔任把風的工作是出於減輕刑責的目的才說的，今井若確切說出自己是動手者，應該會落得與大石鍬次郎、近藤勇同樣的下場。

大概在十二月十二日之後，今井要岩趕緊返回江戶。在幫忙打包行李時，今井拿出一振長刀，要岩回到江戶後，把該刀拿給修行劍術的師父榊原鍵吉，並要岩向榊原說道這振長刀是斬殺龍馬、中岡的凶器，此外還將從京都守護職得到的褒狀也打包進行李中。

作者今井幸彥本人對於祖父向祖母口傳內容的真實性抱持懷疑，不過，他並未清楚指出懷疑的部分，無法得知作者到底是懷疑全部內容，或是僅懷疑部分內容。

〈斬殺龍馬〉有一節名為今井的口傳，今井提到十一月十五日與渡邊某離家後，造訪佐佐木只三郎的居所（松林寺），到達後才知道不僅有他，渡邊吉太郎、高橋安次郎、桂隼之助、土肥伸（仲）藏、櫻井大三郎等龍馬暗殺的成員都在場。這些人今井只聽過佐佐木只三郎與桂隼之助的名號，今井應該不認識桂，會聽過桂的名字是因為他「小太刀名人」的名號過於響亮。在今井的口傳裡對於土肥、櫻井二人的印象是「不甚了解」（よくわからない），對於渡邊與高橋則是「謎」一般的人物來形容，可見他對這四人完全不了解，加入京都見廻組的時間太晚應該是主因。

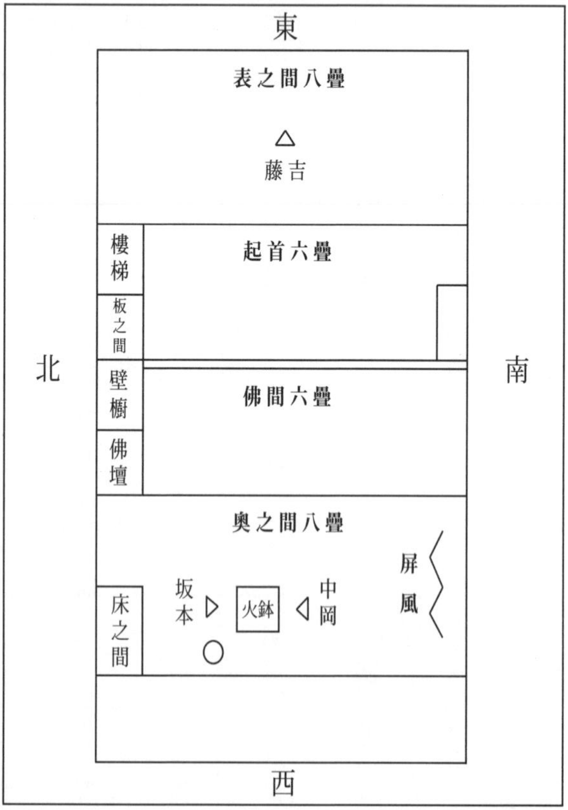

近江屋二樓平面圖。

依今井的口傳，他與其他五名成員來到佐佐木只三郎下榻處松林寺會合後，在東山一帶消磨時間直到入夜才前往近江屋。來到近江屋的佐佐木一行七人，依今井的口傳，是由他遞出松代藩士的名刺取信藤吉才得以進門。不過，包括前文引述的《維新風雲回顧錄》在內，不少書籍都是記載名刺上書寫的是十津川鄉士，松代藩雖也是外樣（藩主真田氏），不過自幕府成立以來視松代藩為譜代格，按常理而言，遞上十津川鄉士的名刺較能取信於藤吉，只是這一常理倒也不是絕對。

接著今井的口傳出現令人難以理解的部分：藤吉遞名刺給龍馬之前已遭砍傷。如果藤吉在遞名刺給龍馬之前便已被砍倒，遞名刺給龍馬的便不可能是藤吉，由於井口新助夫婦當時已入睡，遞名刺給龍馬的人只可能是七名刺客中的某人。七名刺客不管任何人，對龍馬而言都是素昧平生的陌生人，從這樣的陌生人手中接過名刺，龍馬平時再怎麼粗心大意，內心也該有所警戒。擁有北辰一刀流免許皆傳的龍馬若萌生了戒心，便很難對他下手，雖然還有在一樓把風的三名人力可用，但縱使得手應該不會只是今井信郎右手食指有個傷口這樣的程度而已。

《殺害坂本龍馬的男人》為此假設兩種情形：一是刺客埋伏在二樓樓梯口的板之間，等到藤吉將名刺放在取物口後下一樓，埋伏在板之間的刺客再砍倒藤吉。另一種可能是藤吉從二樓板之間進入起首六疊（取っつき六畳）時，被刺客從背後砍倒。讀者可能會認為藤吉在哪一種情形下被砍倒，對於接著而來的龍馬暗殺毫無影響，但在作者看來兩者有不同的意涵。

至於龍馬暗殺的真正下手者，今井的口傳說道，自己是第一個上二樓，砍下一刀後，第二名、第三名陸續上二樓，但沒有清楚說明跟在他之後上二樓的是誰。在佐佐木的審訊中，今井明確指出登上二樓的是渡邊吉太郎、高橋安次郎以及桂隼之助三人，自己只是在一樓把風。但也如前文所言，由於龍馬暗殺的參與者及目擊者在佐佐木審訊時均已不在人世，今井因而躲過死刑的判決。

今井幸彥在第一部〈斬殺龍馬〉最後提出以下七點作為自己對龍馬暗殺現場的見解：

一、藤吉在將訪客的名刺遞給龍馬之前便已遭斬。
二、因此龍馬等人（包括中岡）對於名刺與來客並不知情。
三、名刺上書寫的文字以松代藩較為自然。
四、刺客坐在龍馬的對面，並曾有過交談。
五、中岡完全是受到連累才遇難。
六、直接暗殺的刺客在三人以下。
七、「這個傢伙」（こなくそ）這句話與遺留證物和犯行要直接連結是頗有疑問。

這七點想必讀者不盡然認同，容筆者再次強調，這只是作者今井幸彥個人的見解，未必是龍馬暗殺的真相。

接下來進入《殺害坂本龍馬的男人》第二部〈龍馬事件的始末〉，起始敘述今井在箱館戰爭降伏後被捕的經過，這部分予以省略。接著是明治三年二月起到九月為止，佐佐木三四郎對今井進行數次審訊的供詞（收錄在岩崎鏡川編纂的《坂本龍馬關係文書》），供詞全文略為冗長，然部分重要內容在前文陸續提及，此將今井的供詞簡要摘譯如下（括弧內的文字為筆者添加）：

（今井）在五月回歸，同月廿二日隸屬京都見廻組，領七十俵六人扶持之俸祿，同年十月方始上京。十一月中與頭佐佐木唯（只）三郎召集數人至其下榻地，計有我（今井）、渡邊吉太郎、高橋安次郎、桂隼之助、土肥仲藏、櫻井大三郎六人。佐佐木對他們說道土州藩坂本龍馬先年在伏見捕縛之時，開短筒，打倒前來逮捕的伏見奉行組兩名同心，而趁隙逃走。如今人在河原町三條土州邸對面町家旅宿，此次不能再讓他逃走，務必緝捕，若有萬一，將其討取亦可。渡邊吉太郎、高橋安次郎、桂隼之助登上二樓，我與土肥仲藏、櫻井大三郎在台所邊把風，若有必要再伺機而動。同日（十五日）晝八時（下午二時），桂隼之助與唯三郎來到龍馬的旅宿觀察，兩人甚至還登門問及龍馬是否在家。得知不在後，兩人到東山逍遙，同日夜四時（晚上十時）

再訪，佐佐木唯三郎率先進入，手持松代藩的偽造名刺說道願與先生（龍馬）會面，因而得以進入（近江屋）。傳話者（藤吉）登上二樓的同時，從外頭連續竄入渡邊吉太郎、高橋安次郎、桂隼之助，佐佐木唯三郎也上去二樓，我以及土肥仲藏、櫻井大三郎在樓下把風，以應奧之間的騷動。吉太郎、安次郎、隼之助下來說道除龍馬外尚有二人（中岡、藤吉），決定要殺死龍馬，另外二人將其砍傷任其自生自滅。有賴於唯三郎的指引，引導到旅宿尋找線索，之後的經過一如前述。這一行動是由舊幕府閣老等重職下令的呢？抑或是見廻組所隸屬的京都守護職松平肥後（容保）的指示呢？這點委實不知。

原本只是「務必緝捕，若有萬一，將其討取亦可」，後來卻改為「決定要殺死龍馬，另外二人將其砍傷任其自生自滅」，中間想必出現了變化，那會是怎樣的變化呢？今井在供詞的最後提出一讀者必然也會感興趣的質疑：龍馬暗殺的下令者究竟是幕府閣老或是京都守護職？

以現在的眼光來看，多數人無疑劍指京都守護職，但在當時則未必如此。由於慶喜繼任將軍後，始終不曾回到江戶，部分老中、若年寄等幕閣也跟著將軍駐足京都，幕閣當然也能透過京都守護職向京都見廻組下令。今井之所以提出這點，是因為以他的身分只能得到來自佐佐木的指令，至於向佐佐木下令的究竟來自老中或是京都守護職，今井應無從得知。

今井幸彥並未解決祖父的疑問，而是拋出另一種可能性，即龍馬暗殺的主使者乃幕府目付榎本對馬守道章。說到榎本，首先一定會想到蝦夷政權總裁榎本和泉守武揚，不過，此榎本與彼榎本並無血緣關係。榎本生家是長崎奉行之家臣，之後成為榎本家養子，並於慶應二年八月出任目付（蝦夷政權成立後被選為會計奉行），成為目付的資格必須是俸祿千石以上的旗本，可見養父之家比生家優渥許多（長崎奉行的資格為俸祿一到兩千石旗本）。目付的職責為監視旗本及御家人，幕末時增添可與遠國奉行一同出席與外國使節的會談及交涉。從以上職責看不出榎本對馬守與京都見廻組有職權上的關聯，難以想像由他向京都見廻組下令龍馬暗殺。

為何會有榎本道章是龍馬暗殺主使者的說法呢？最早在明治三年四月十五日勝海舟的日記有如下記載（《龍馬行》的後序亦有收錄這則日記）：

從松平勘太郎聽聞今井自供的內容，暗殺坂本龍馬是以佐佐木唯三郎為首、信郎之輩亂入所致。不過，佐佐木也是奉命行事，也許是奉榎本道章之命。誰知道呢？

從勝的日記來看，也只是心存懷疑而已，但到了作者筆下懷疑變成肯定，不僅如此，連慶應二年一月寺田屋的遇襲也是由榎本道章主使。正因在寺田屋襲擊失敗，榎本對馬守才又策劃在近江屋暗殺，不僅下令對象從伏見奉行所改為京都見廻組，方針也從重視數量改弦易轍為重視質量。不過，慶應二年一月榎本對馬守還未出任目付，光是俸祿千石以上的旗本這一身分，能夠越過京都所司代指揮伏見奉行所嗎？同理，在慶應三年十一月已成為目付的榎本對馬守，能夠越過京都守護職指揮京都見廻組嗎？榎本對馬守在箱館戰爭結束後曾遭到謹慎處分，翌年便解除處分，處分時間比今井還短，可見榎本的處分並未針對龍馬暗殺的主使者而來，不然倘若如此，榎本必然步上與近藤勇、大石鍬次郎相同的下場。

至於勝海舟消息來源的松平勘太郎，即是前文提及龍馬與海軍操練所塾頭佐藤與之助，在文久三年八到十月往返大坂、江戶兩地的大坂町奉行松平大隅守信敏。他出身俸祿一千二百石的旗本，以家格而言與榎本道章相去無幾，出任大坂町奉行直到慶應三年一月轉任大目付，成為榎本對馬守的頂頭上司，十二月重任大坂町奉行。從松平的簡歷可知龍馬暗殺之時他身任大目付，有可能還因職務之故離開上方，他的消息來源未必正確。

行文至此，作者應繼續挖掘榎本道章為龍馬暗殺主謀者的證據，然而，作者對暗殺主謀者的推論僅及於此，若能進一步發掘更多證據證明榎本道章的確是龍馬暗殺的主謀者，也許現在的主流說法會改為榎本道章。

第三部分〈信教之道〉的內容為得到特赦後的今井，明治八年3月，今井以十二等出仕任職靜岡縣，翌年4月晉升十等出仕，但被派往八丈島單身赴任。明治十年6月30日，聽聞西南戰爭消息的今井離開八丈島返回東京，7月9日被授予一等中警部心得（代理），率領靜岡縣士族加入警視隊前往九州討伐薩軍。8月16日起在日向國延岡（宮崎縣延岡市）附近，與已是強弩之末的薩軍作戰獲勝，完成任務的警視隊返回東京，8月27日在千葉縣習志野演習場[2]解散。

明治十一年起，今井前往靜岡縣榛原郡初倉村（靜岡縣島田市，東海道本線島田驛與金谷驛之間）務農，在之後幾年今井受洗成為基督徒（詳細時間不詳）。本書剩下的篇幅介紹到大正七年（一九一八）6月25日病逝為止今井的餘生。值得一提之處有二，一是明治四十二年12月17日，《大阪新報》記者和田天華對今井進行僅有的一次專訪。採訪內容當然涉及龍馬暗殺，這才是和田對今井專訪的主要目的，今井的回覆主

2 相當於現在千葉縣習志野市、八千代市、船橋市。明治六年4月29日陸軍大將兼近衛都督西鄉隆盛在此進行近衛兵的演習，年輕的明治天皇將此地命名為「習志野」，此後直到二戰結束前，習志野均為陸軍的演習場，昭和初期成為陸軍習志野學校及戰車第二聯隊的用地，戰後成為自衛隊東部方面隊的駐屯地之一。

要如下：

一、並非暗殺，而是依幕府之命以職務將其逮捕，進而演變成格鬥。

二、與新選組無關，予當時為京都見廻組與力頭。

三、彼曾於伏見槍擊三名同心後逃逸，必須將其問罪。

四、場所位於京都蛸藥師角、名為近江屋的醬油屋二樓。

《殺害坂本龍馬的男人》的最後為作者對渡邊篤《渡邊家由緒歷代系圖履歷書》真偽的考證，認定渡邊篤與渡邊吉太郎並非同一人。進入近江屋二樓動手的是渡邊吉太郎，亦即十一月十五日當日早上前來今出川千本今井信郎臨時住家造訪的桑名藩士渡邊某，即為渡邊吉太郎，不過他已在鳥羽．伏見之戰戰死，渡邊篤又名渡邊一郎，但非渡邊吉太郎，與龍馬暗殺沒有關聯，他在《渡邊家由緒歷代系圖履歷書》敘述前後矛盾，並非年老記憶錯誤，而是根本未曾參與龍馬暗殺，當然說不出所以然來。

以上摘要介紹《殺害坂本龍馬的男人》一書的內容，龍馬暗殺當晚的經過大致上得到解決，然而，龍馬暗殺的幕後主使人仍未清楚明朗，鑑於《殺害坂本龍馬的男人》一書再也沒有這方面的資訊，筆者轉移目標到磯田道史教授的著作《龍馬史》上，該書內容引用的幾筆資料有助讀者了解龍馬事件背後真正的主使者。

根據《殺害坂本龍馬的男人》第一部〈斬殺龍馬〉，完成龍馬暗殺後三日，今井才一派輕鬆返回今出川千本臨時住家。從前文敘述可知今井在龍馬暗殺過程期間右手食指遭到同伴誤傷，這三天今井在哪裡養傷？或者說不在今出川千本臨時住家的今井能在哪裡養傷？他養傷的地方應該也會是其他同伴這幾日駐足之地。有家室之累的成員，暗殺結束後不會選擇馬上回到住處，也是人情之常，因此返回集合之地松林寺應該是當下最好的去處，該地距近江屋約有三到四公里之遠，心理上應能讓佐佐木一行七人寬心。

七人之中有人遺漏刀鞘在現場，根據今井的證詞，是世良敏郎的刀鞘（前往近江屋現場查看的伊東甲子太郎卻說是新選組原田左之助的，因為這句證詞把凶嫌導引到新選組身上），為了不讓沿途路人看出世良手中拿的是缺了刀鞘的刀，其他六人採取肩並肩的方式，將世良圍在中間一路返回松林寺。他們離開近江屋應該是宵五時半到夜四時之間（晚上九時到十時），東起八坂神社（當時稱為祇園社，翌年因頒布《神佛分離令》才改稱八坂神社），西迄桂川的四條通，從當時到現在都是京都最繁榮熱鬧的區域，雖已近夜深，四條通上依舊熙來攘往。其他六人索性將世良扛在肩上，大聲呼喝「這下不好嗎？這下不好嗎？」

佐佐木一行七人穿過烏丸通、西洞院通、大宮通、坊城通，來到千本通路口右轉北上，接著穿過蛸藥師通、三條通、御池通、丸太町通來到下立賣通路口右轉，不久往左折進智惠光院通進入早上七人的集合地，同時也是佐佐木寄宿之處松林寺。一進入松林寺，一路緇緊的神經終於得以弛緩，成功除掉龍馬的眾人歷經驚心動魄的打鬥以及沿途趕路而疲倦不已，然而，以救世主姿態為幕府除害的亢奮心情充斥內心，使他們渾然不覺身體上的勞累。

龍馬暗殺的消息在佐佐木一行回到松林寺之前便已傳開，世良遺留在現場的刀鞘巧妙將凶手引導到新選組上，除了今井與渡邊篤之外，其他成員到死前都未被懷疑為凶手，這一陰錯陽差為解開龍馬暗殺的真相增添幾許難度。

《殺害坂本龍馬的男人》引述今井的供詞便有提及：「這一行動（龍馬暗殺）是由舊幕府閣老等重職下令抑或見廻組隸屬的京都守護職松平肥後？」可見連今井也認為下令暗殺龍馬若不是幕府閣老便是京都守護職，何者為是呢？前文提及十二月十二日之後，今井要岩返回江戶，在幫忙打包行李時，今井拿出一振刀，以及從京都守護職得到的褒狀也打包進行李中。對京都見廻組而言，幕府閣老是遙不可及的上司，雖說完成龍馬暗殺的任務，接受幕府閣老頒發褒狀的對象應該是京都見廻役（京都見廻組首領，龍馬暗殺之時由岩田織部正、堀石見守出任）或與頭佐佐木，頒給今井或佐佐木以外其他五名隊士顯得不自然，反之，頒發褒狀的對象若為京都見廻組的直屬上司京都守護職松平容保較為合理。

岩若能出示手中的今井褒狀，京都守護職下令而由京都見廻組執行龍馬暗殺的說法便能杜絕悠悠之口。可惜的是，磯田教授援引大坪草二郎的著作《國士列傳》提及今井之妹慶（けい）聽信夫之言褒狀已經遺失，而斬殺龍馬的長刀則在上野戰爭下落不明。另外，今井隨身的脇差（刀銘為「山城守源一法」，這振脇差顯然不是斬殺龍馬的長刀，是否有參與龍馬暗殺不得而知）曾一度典當，後由家人贖回，如今收藏在京都靈山歷史館（京都靈山護國神社旁）。

當然，京都守護職松平容保不會直接向佐佐木下令，而是透過中間人轉達，這位中間人普遍被認為是會津藩公用方手代木直右衛門勝任。手代木直右衛門是會津藩士佐佐木源八長男，幼年即被源八兄長手代木勝富收為養子，源八三男（直右衛門三弟）佐佐木只三郎幼年亦成為親戚旗本佐佐木彌太夫養子，直右衛門四弟佐佐木源四郎（不清楚是繼承本家或親戚家）與只三郎俱為京都見廻組成員。

依家近良樹教授《幕末政治與倒幕運動》（幕末政治と倒幕運動）的解釋，「公用方」是松平容保在上洛之後，於文久三年一月七日所設置的單位，職權為輔佐會津藩主、處理面臨事情的會津藩最高諮詢機關及政策立案機關。另外，在對外方面還肩負與朝廷、幕府以及諸藩折衝，並收集各方情報。

從上述內容來看，公用方屬於機構單位，而非職務名稱，手代木直右衛門是效力於公用方的公用人。由於松平容保體弱多病，事務一多便有難以負荷之感（文久四年初參預會議期間容保完全缺席，也曾一度辭去京都守護職），公用方實際上的事務可能更為繁忙。

手代木平時廣泛收集各方情報以應臨時需要，對幕府而言頗具威脅的龍馬，應在薩長同盟締結前後便已列為重點觀察人物，並派人緊盯龍馬的舉動。從今井幸彥的著作看來，執行龍馬暗殺的七個人事先並無縝密規劃，然而若無縝密規劃，何以能前往十月龍馬最後一次上京才移居的近江屋執行暗殺，又能備好名刺（不管名刺上寫的是十津川鄉士或松代藩士）取信藤吉，然後讓小太刀名人桂隼之助、今井信郎在狹窄的奧之間以小太刀擊倒龍馬。如果佐佐木等人事先沒有規劃，那麼規劃龍馬暗殺行動的人便應是手代木。

明治三十七年（一九〇四）6月，手代木在岡山病逝，享壽七十九歲，臨終前講述龍馬暗殺的內幕，手代木養嗣子[3]手代木良策於大正十二年（一九二三）以《手代木直右衛門傳》刊行。該書僅針對手代木家親族及親近之人，因此發行量相當有限，大部分地方及大學圖書館都未收藏。

磯田教授指出書中有段驚人的內容：

手代木翁仙逝前數日，與人語曰：殺害坂本者實弟只三郎也。

先語出驚人說出結論後，接著繼續說道：

坂本圖謀薩長聯合，又顛覆土佐的藩論使其一致討幕，招致幕府深深的嫌忌。

於是受某諸侯之命，率壯士二人，襲擊坂本位在蛸藥師的藏匿處將其斬殺。

讀者在反駁佐佐木何止率領壯士二人襲殺龍馬之前，其實更應對手代木提及的「受某諸侯之命」感興趣才是。依手代木的出身，某諸侯無疑即是會津藩主松平容保，雖然當時容保已去世十餘年，手代木出於尊重故主之情以某諸侯稱之。然而，將《手代木直右衛門傳》於明治四十年刊登在《山陽新報》的大泉莊客（可能是該報記者），卻逕自認定某諸侯是京都所司代、桑名藩主松平定敬。

京都所司代僅能向伏見奉行所、京都町奉行所下達命令，對於文久年間新成立的新選組、京都見廻組並無下令、指揮的權限，而手代木直右衛門本人當然也包含在內。

手代木在會津戰爭結束後，先後被送往鳥取、高須、名古屋等藩監禁，明治五年，

3 在昭和廿二年（一九四七）修改民法之前持續的制度，指成為家督相續人的養子。

與今井信郎同樣在太政官不知他們是龍馬暗殺關係人的情形下獲得赦免。獲赦後的手代木成為地方官僚，在明治五年到十年間先後出任香川縣、高知縣權參事（相當於副縣長），龍馬暗殺的策劃者竟然成為龍馬出生地的副縣長，這固然是無比的諷刺，同時也證明手代木與龍馬暗殺的關係在當時還是謎團。

比對今井信郎的供詞、今井幸彥《殺害坂本龍馬的男人》、磯田道史《龍馬史》，以及磯田教授引用的《手代木直右衛門傳》等書，差不多可以還原完整的龍馬暗殺經過（細節部分還有若干問題）。誠如磯田教授所言「從暗殺的背景和人們的證言來看，龍馬暗殺並未有太多未解之謎」，拙作《幕末》列舉的種種黑幕說，基本上都經不起深入的檢證。

權平與龍馬的繼承人——坂本南海男與坂本直

龍馬死去的訃報在同月廿七日傳到長崎海援隊總部，十二月二日由海援隊士佐柳高治傳達到人在下關的阿龍，阿龍聞訊當下大哭，當日並在佛前落飾。根據明治中期由阿龍口述的《千里駒後日譚》，阿龍在龍馬死去當日晚上，夢見渾身浴血的龍馬站在其床前。

九月廿日龍馬途經下關曾託負三吉慎藏，若自己有了萬一務必將阿龍送回土佐的生家，得知龍馬死訊當日，阿龍立即離開伊藤助大夫的家，與龍馬熟識的長州藩士湊錢送給阿龍作為旅費。然而，收下旅費後的阿龍並未立即動身前往土佐，而是改為寄宿在長府藩士三吉慎藏住處。據阿龍在《千里駒後日譚》的陳述，龍馬有留下讓菅野覺兵衛娶阿龍的妹妹君江的遺言，阿龍之所以繼續滯留下關，應與完成菅野覺兵衛與君江的婚事有關。

龍馬或許真有留下讓菅野娶君江的遺言，但是身為龍馬之妻的阿龍不是更應先行前往京都龍馬之墓祭祀嗎？兩人的婚事與龍馬的後事孰先孰後，阿龍應該分得出輕重緩急，結果阿龍卻急著讓兩人結婚。完成兩人的婚事後（菅野廿七歲，君江十七歲），阿龍與新婚夫婦在慶應四年三月離開下關前往長崎，再於同月返回土佐。

阿龍一行三人返回土佐之前，一月廿三日，權平、乙女以及春猪三人，已從高松太郎的來信知曉龍馬遇害的消息，對於阿龍的到來張開雙手歡迎。不過，阿龍在龍馬家只待三個多月，千頭清臣《坂本龍馬》有如下記載：

龍子，不守家敢於非行，乙女怒，龍子離別。

千頭清臣用字頗為精簡，所謂「不守家敢於非行」無法從簡短數字中看出端倪，甚至連阿龍是主動離開龍馬家或是被乙女下令逐出也無法理解。離開龍馬家的阿龍先是依附在安藝郡和喰村（高知縣安藝郡藝西村，該地名為琴ヶ濱海岸立有阿龍・君江的銅像，據說與桂濱龍馬銅像遙遙相對）妹婿覺兵衛的生家，當時的當主是覺兵衛的兄長，阿龍棲身在此多有不便，明治二年夏便從浦戶經大坂前往京都，此後阿龍與土佐以及坂本家再無瓜葛。

明治三年，權平的婿養子清次郎因生家當主（清次郎兄長）去世，清次郎必須繼承本家，如此一來，鄉士坂本家面臨絕嗣之境，為此年事已高的權平收養十八歲的外甥高松習吉為養子。從高松這個苗字應能看出習吉與高松太郎的關係，他們兩人都是權平之妹千鶴與高松順藏所生之子，天保十三年（一八四二）出生的太郎為長男，嘉永六年（一八五三）出生的習吉為次男，兩人之間還有一女茂（之後嫁給弘松宣晴，生下一子即《阪本龍馬》的作者弘松宣枝）。

成為權平養子的習吉改名坂本南海男（なみお，namio），與春猪長女鶴井訂下婚約，隔年七月八日權平病逝，享年五十八歲。或許受到權平病逝的影響，太政官內的土佐勢力得知此事後，在其運作之下，太政官於同年八月廿日表彰龍馬在維新回天的功業，准許成立坂本龍馬家，指定與龍馬一起歷經海軍操練所、龜山社中、海援隊的外甥高松太郎為繼承人，高松太郎改名坂本直，並得到十五人扶持（相當於廿七石）永世祿的賞賜。

明治三、四年間，龍馬已故大姊千鶴的長男、次男，相繼成為鄉士坂本家與坂本龍馬家的當主，雖然這兩人沒有權平與龍馬的血緣，不過鄉士坂本家因而得以傳承下來。被指定為龍馬家繼承人，使得坂本直辭去宮內省的工作返回土佐，隨著明治六年政變，板垣退助等一行人返回家鄉提倡自由民權，並於九反田建立推廣自由民權的學塾立志學舍，當時高知青年幾乎無一例外就學於立志學舍，南海男也是其一，坂本直雖未入立志學舍，卻從受立志學舍邀請返回高知演講的東正教傳教師澤邊琢磨（第四章的山本琢磨）認識基督教。立志學舍藉由基督教傳播上帝福音宣傳自由民權運動，基督教藉由自由民權運動的推廣吸引信徒，兩者相得益彰。

明治十一年，坂本直正式受洗成為教徒，坂本直向也是教徒的今井信郎發出邀請，希望他能前來高知參與龍馬的追悼會，可見最遲在此時坂本直已知今井信郎是龍馬暗殺的下手人之一，但從坂本的舉動來看，他有意藉著上帝化解與今井的恩怨。根據磯田教授的引述，今井抱著必死的覺悟赴約，沒想到坂本直卻只對他說道「忘掉過去，一同為日本工作」。坂本直的態度讓今井感受到他毫不介意自己在幕末的作為，因龍馬暗殺而對其後人的罪惡感在坂本直一句「忘掉過去，一同為日本工作」下盡釋前嫌。

此後，分別繼承鄉士坂本家與坂本龍馬家家主的兄弟二人，同住在鄉士坂本家的宅邸，對於宗教活動較為熱衷的坂本直大抵以高知為活動範圍，但亦與海軍操練所、龜山社中的舊識保持通信，其中勝海舟是坂本直最常魚雁往返的對象。明治十四年11月，形同在野的勝海舟寄了一封書信給坂本直追悼龍馬，信末附上一首漢詩：

日月如轉丸　追想豈漠然
一龍蓋棺後　既過十五年
坂本龍馬子沒後已十五年，感慨之餘，以拙詩寄坂本直兄
辛巳仲冬　海舟勝安房

仲冬即十一月，勝寫這首詩的兩個月前，即辛巳年晚秋（九月），也寫下一首漢詩贈予有書信往來的西鄉庶子菊次郎：

慘澹丁丑秋　回思一辛酸
屍化故山土　遺烈見精神

西南戰爭結束翌年，勝動筆撰寫追懷已故友人的《亡友帖》，收錄與如下友人的書簡往來：佐久間象山、島津齊彬、西鄉隆盛、山內容堂、木戶孝允、橫井小楠、廣澤真臣、八田知紀（薩摩出身的國學者）。松浦玲《坂本龍馬》指出未收錄龍馬的原因為容堂的部分已有介紹龍馬，另一原因為兩人之間幾無書信往返。由於勝賦閒在野的時

間相當漫長，留下為數可觀的著作，如《海軍歷史》、《陸軍歷史》、《亡友帖》、《吹塵錄》、《流芳遺墨》、《追贊一話》、《海舟日記》、《海舟座談》、《冰川清話》等，其中《追贊一話》有較多介紹龍馬的篇幅，舉例如下：

坂本氏，曾伴隨劍客千葉周（重）太郎造訪余僑居之地冰川。時為半夜，余以我邦海軍不可不興起為由與其暢談，氏頗感興致對余曰：今宵之事有所期待，聽聽公之所言如何再決定是否行刺，今聽公之所言余恥於己之固陋，請讓余成為公之門下生。爾來氏以提振海軍為己之志，別紙所揭者乃氏關於海軍對下屬所定之規約。氏曾與西鄉隆盛會晤，後對余曰：初會西鄉對其人茫然無法捉摸，對其大叩則出大聲，對其小叩則出小聲。余深感此言為是。凡人之所見均有其自我意識之標準，氏評西鄉氏之語，以氏對該人物之認知確有不足。氏一世之事業已傳承於世，今不贅述。

依松浦玲教授所言，《追贊一話》可說是勝唯一的龍馬論。

接著談坂本南海男。南海男就學立志學舍的同時，也受到天賦人權、三權分立學說的影響，明治十一年4月，重起爐灶的愛國社以開設國會為目標而展開全國巡迴之旅，南海男與立志學舍的同學跟隨板垣等人投身自由民權運動。

明治十二年3月27日，愛國社召開第二次大會，有多達十八縣共廿一個政治團體參與，此次大會選出娶平井加尾為妻的立志社副社長西山志澄為議長，南海男為幹事，此時他年僅廿七歲，出任此一職務使南海男在全國各地（北海道與沖繩縣除外）進行遊說催生國會的工作。拜明治十四年政變之賜，天皇於該年10月12日頒布《開設國會之詔敕》，明文宣布將於明治廿三年成立帝國議會。

明治十八年5月，高知基督教會（高知市本町五丁目）成立，已在數年前受洗的坂本直、南海男以及武市安哉（出身武市家分家，半平太相當於其伯父）加入該教會，南海男、武市此時才受洗成為教徒。

明治廿年，南海男改名直寬，同年投入高知縣議員選舉並當選。當時已經解散的自由黨員，目睹第一次伊藤博文內閣外務大臣井上馨伯爵在交涉條約改正，不惜屈辱同意在十五年內任用外國人為高等法院、最高法院的法官（裁判官、檢察官、判事、檢事在當時統稱法官），並按照歐洲的原則編纂日本法典（包括民法、刑法），此消息一經披露，立即在官方與民間引起譁然。明治十四年自由黨解散後，已有數年沒有政黨行動的舊自由黨人，認為可以利用此事件糾集民權派，經過多次私下的討論，於同年11月由高知縣士族植木枝盛起草減輕租稅、言論集會自由，以及挽回外交失策等三大主張，此即「三大事件建白運動」。

高知縣依舊在「三大事件建白運動」取得主導權，身為縣議員的坂本直寬責無旁貸加入其中。由於三大主張減輕租稅、言論集會自由，以及挽回外交失策，在在引起民權派與民眾的共鳴，第一次伊藤博文內閣雖依據《新聞紙條例》、《集會條例》（參閱拙作《御一新》）逮捕部分民權人士，然而不過是杯水車薪。內務大臣山縣有朋伯爵與警視總監三島通庸子爵連夜制定《保安條例》，在該年12月25日頒布日立即產生效力，於是包含直寬在內共五百七十名民權人士（除了戶田雅樂的女婿尾崎行雄之外，其餘均為舊自由黨員），從翌日起到28日，被強制逐出以皇居為中心三里（一里約為三・九公里）以外之地，三年內不得進入，當中不願配合驅逐的片岡健吉、西山志澄等十餘人，則被處以下獄三年。

上述五百七十人的懲處在明治廿二年2月11日《大日本帝國憲法》頒布當日都得到特赦，實際上真正受到驅逐與下獄的時間不到一半。出獄後的直寬回到高知，妻鶴井於8月1日與其妹兔美同日去世，直寬娶中澤翠（似乎是同縣士族）為後妻，生下長男直道。

明治廿三年7月1日，日本舉行史上第一次眾議員選舉，高知縣四個名額全由舊自由黨員包辦，分別是：第一選區竹內綱，第二選區林有造、片岡健吉，第三選區植木枝盛。這屆議會由於民黨（板垣退助的自由黨及大隈重信的改進黨）過半，因此在議會中以「民力休養」為訴求，先後杯葛第一次山縣有朋內閣及第一次松方正義內閣的增稅方案，最終於明治廿四年12月25日遭到首相松方正義伯爵下令解散。

翌年2月15日舉行第二次眾議員選舉，高知縣四席依舊出現自由黨包辦的局勢，不過第一選區改為武市安哉。武市安哉與直寬都有開拓北海道的志向，成為議員後，武市與直寬前往北海道考察，決心移居此地。武市考察結束後辭去眾議員一職，於明治廿六年率先移居北海道開拓，在浦臼（北海道空知總合振興局浦臼町）經營聖園農場與聖園教會，然而，武市翌年突然去世，聖園農場與聖園教會的經營因而停頓。

明治三十年，直寬跟著武市的腳步移居北海道，直因為臥病之故未能移居，翌年11月，坂本直病逝高知，享年五十七歲。直僅有一子，名直衛，繼承坂本龍馬家第三代當主，跟隨叔父直寬移居北海道，明治三十年左右，鄉士坂本家與坂本龍馬家皆離開高知，從此定居北海道。

直寬於明治四十四年9月因胃癌病逝，享年五十九歲，與後妻所生的長男直道繼任，成為第六代鄉士坂本家的當主，此時他年僅廿歲。兩年後（大正二年（一九一三）），直道宣布隱居，由異母姊直意夫婿濱武彌太郎成為第七代鄉士坂本家當主。大正四年，坂本龍馬家第三代家主直衛病逝，單身的他沒有子嗣可以繼承，坂本龍馬家一時絕嗣。

隱居的坂本直道考上東京帝國大學法學部政治學科，大正九年畢業進入南滿州鐵道株式會社（簡稱滿鐵）就職，昭和四年（一九二九）派往法國，直到昭和十五年歸國，歸國後在姊夫的建議下繼承坂本龍馬家第四代當主。昭和四十七年坂本直道病逝後，坂本龍馬家因無人繼承而斷絕，總共傳承四代，當中有直接血緣關係只有第二代坂本直與第三代坂本直衛。

昭和廿五年濱武彌太郎病逝後至今，鄉士坂本家歷經直行（第八代）、登（第九代）到現在的坂本匡弘先生（第十代），筆者手邊有本《歷史讀本》（昭和五十四年12月號）月刊，該月是坂本龍馬的特集，卷首收錄了坂本登先生一篇名為〈追憶龍馬，我的先祖〉（わが先祖、龍馬を偲ぶ）的文章。

另外，坂本直寬另有一子名為勝清，幼年時便過繼到土居家當養子，勝清之子土居晴夫是龍馬的專門研究家，筆者手邊的《図説　坂本龍馬》，由他與小椋克己監修（戎光祥出版）。

坂本龍馬紀念館前的龍馬銅像。

坂本龍馬略年譜

天保六年（一八三五）一歲

・十一月十五日，生於高知城下本丁筋一丁目，父為八平直足，母為幸。

弘化三年（一八四六）十二歲

・六月十日，龍馬生母幸病逝，享年五十一歲。

・某月，龍馬入小高坂村楠山庄助塾求學，旋即退學。

嘉永元年（一八四八）十四歲

・某月，入小栗流日根野弁治道場修行劍術。

嘉永六年（一八五三）十九歲

・三月，取得〈小栗流和兵法事目錄〉。

・同月十七日，為精進劍術前往江戶，進入桶町千葉定吉道場修行北辰一刀流。
・十二月一日，入佐久間象山塾。

嘉永七年／安政元年（一八五四）廿歲

・六月廿四日，結束為期十五個月的劍術修行，返回土佐。
・某月，拜訪河田小龍。
・閏七月，龍馬取得〈小栗流和兵法十二箇條〉及〈小栗流和兵法二十五箇條〉。

安政二年（一八五五）廿一歲

・十二月四日，生父八平病逝，享年五十九歲。

安政三年（一八五六）廿二歲

・八月十九日，龍馬再次前往江戶劍術修行。

安政四年（一八五七）廿三歲

・八月十六日，發生山本琢磨事件，在龍馬、武市半平太的協助下，山本逃出江戶。

安政五年（一八五八）廿四歲

・一月，龍馬取得千葉定吉授予的〈北辰一刀流長刀兵法目錄〉。
・九月三日，劍術修行期滿，龍馬返回土佐。
・十一月廿三日，龍馬在土佐、伊予國境立川關與水戶藩士住谷寅之介、大胡聿藏會面，不歡而散。

安政六年（一八五九）廿五歲

・九月廿日，龍馬正式進入德弘孝藏門下。

萬延二年／文久元年（一八六一）廿七歲

・三月，發生井口村永福寺門前事件，下士對上士的反感至極。
・八月，半平太在江戶成立土佐勤王黨，龍馬是土佐加盟的第一人。
・十月，龍馬取得〈小栗流和兵法三箇條〉目錄。
約略同時，龍馬先是前往讚岐丸龜藩修行劍術，之後的行程不詳，到隔年一月出現在長州。

文久二年（一八六二）廿八歲

・一月十四日，龍馬帶著半平太的信函會晤久坂玄瑞，之後又有幾次會面，但話不投機。
・二月廿九日，龍馬返回土佐。
・三月廿四日，龍馬與澤村惣之丞脫藩。
・十一月十二日，龍馬在京都與半平太、久坂玄瑞、高杉晉作聚會，此為龍馬首度與高杉會面。
・十二月五日，龍馬與間崎哲馬、近藤長次郎拜會松平春嶽。
・同月九日，取得松平春嶽介紹信的龍馬，與門田為之助、近藤長次郎拜訪勝海舟，同日龍馬入門成為勝海舟弟子。

文久三年（一八六三）廿九歲

・一月十五日，龍馬搭乘順動丸返回江戶途中，在伊豆下田躲避風雨時，與上洛的山內容堂不期而遇，在勝海舟的斡旋下，容堂赦免龍馬的脫藩之罪。
・二月廿五日，龍馬的脫藩赦免正式生效。
・四月廿七日，勝海舟在大坂北鍋屋町專稱寺成立海軍塾。
・同月廿八日，在勝的安排下，將軍與攘夷派公卿姉小路公知以及龍馬等人，搭乘順動丸一同巡視攝海。

‧六月八日，回到土佐的容堂下令平井收二郎、間崎哲馬、弘瀨健太三人切腹。

‧九月廿一日，武市半平太在家中遭捕，土佐的攘夷勢力澈底遭到鎮壓。

‧十月，神戶海軍操練所正式成立，任命龍馬為塾頭。

文久四年／元治元年（一八六四）三十歲

‧二月，龍馬拒絕返回土佐，再度脫藩。

‧四月六日，龍馬與勝前往九州順道拜訪橫井小楠。

‧五月十四日，勝海舟晉升軍艦奉行，並敘從五位下安房守。

‧五月，變裝潛入京都的龍馬邂逅阿龍。

‧六月五日，池田屋之變，海軍操練所塾生北添佶摩、望月龜彌太參與其中。

‧七月十九日，禁門之變。

‧八月，龍馬持勝的介紹信前往京都薩摩藩邸拜訪西鄉吉之助。

‧九月五日，占領野根山廿三名土佐攘夷志士遭到斬首。

‧同月十一日，西鄉主動拜訪人在京都的勝。

‧十月廿二日，勝海舟被召回江戶，臨行前將龍馬一行人委託給小松帶刀與西鄉。

・十一月十日，勝海舟被免去軍艦奉行的職務。

元治二年／慶應元年（一八六五）三十一歲

・三月十二日，海軍操練所關閉。
・四月廿九日，離開大坂、前往薩摩的龍馬一行人停靠長崎。
・五月一日，龍馬一行人搭乘薩摩藩船胡蝶丸抵達薩摩。
・同月廿四日，龍馬來到太宰府延壽王院拜會三條實美等五卿。
・閏五月十一日，武市半平太在土佐藩廳切腹，享年三十七歲。
・同月廿一日，中岡慎太郎獨自來到下關，薩長和解失敗。
・五、六月間，薩摩出資成立龜山社中，成立時龍馬人並不在長崎。
・十二月，龍馬來到下關，見證第一、第二次《櫻島丸條約》。

慶應二年（一八六六）三十二歲

・一月一日，長府藩士印藤肇介紹同藩藩士三吉慎藏擔任龍馬的保鑣。
・同月十日，龍馬與三吉慎藏動身前往京都，見證薩長同盟的締結。
・同月十四日，近藤長次郎被查出欲私自前往英國留學而切腹，得年廿九歲。

・同月廿一日，在小松帶刀的私宅，由龍馬斡旋小松、西鄉以及木戶，簽訂內容共六條的薩長盟約。
・同月廿三日，龍馬在寺田屋遭到伏見奉行所捕吏的襲擊，龍馬右手及左手被捕吏的刀砍中，大量流血。在阿龍與三吉向伏見薩摩藩邸通報才獲救。
・二月五日，龍馬在木戶的來信提筆回覆保證薩長締結的盟約不會遭到背叛。
・三月四日，養傷中的龍馬與阿龍，在小松的建議下與之前往薩摩。
・同月十六日，龍馬與阿龍在日當山溫泉、塩浸溫泉療養手傷。
・五月二日，龜山社中成員黑木小太郎操作「懷爾韋夫號」前往薩摩途中，在五島列島附近觸礁。
・六月四日，龍馬離開休養三個月的薩摩來到長崎，在這裡拍下流傳最廣的相片。
・同月十七日，龍馬來到下關投入小倉口作戰。
・七月三十日，小倉陣地的熊本藩因傳來將軍病逝的消息自行撤退，長州諸隊包圍小倉取得四境戰爭的最後勝利。

慶應三年（一八六七）三十三歲

・一月十三日，龍馬在長崎清風亭與後藤象二郎和解。

- 二月，龍馬再次脫藩的罪責得到赦免，同時赦免的還有中岡慎太郎。
- 四月上旬，龜山社中改名海援隊，接受土佐藩財力的支援，以及土佐安插在海援隊的人員岩崎彌太郎。
- 同月廿三日，發生伊呂波丸事件，龍馬的新船隻在讚岐箱岬之沖遭到紀伊藩船隻光明丸碰撞沈船。
- 五月廿九日，英國東洋艦隊司令官海軍上將亨利・克貝爾爵士，依《萬國公法》判定紀伊藩必須賠償八萬三千多兩的裁決。
- 六月九日，解決伊呂波丸事件後，龍馬與後藤搭乘夕顏丸前往京都。
- 同月廿二日，象二郎與小松、西鄉、大久保等人簽定《薩土盟約》。
- 七月六日，兩名酒醉的英國水夫被發現死在長崎紅燈區丸山（慶應長崎事件）。
- 同月廿二日左右，中岡慎太郎於土佐藩在京都的白川藩邸成立陸援隊。
- 九月三日，慶應長崎事件偵查告一段落，龍馬與英方代表薩道義在這一日見面，但未能建立起友誼。
- 十月三日，後藤象二郎手捧山內容堂手書的《大政奉還建白書》，前往二條城上呈板倉勝靜老中首座。
- 同月九日，龍馬與高松太郎、白峰駿馬、菅野覺兵衛、中島作太郎、岡內俊太郎、戶田雅樂等人上京。
- 同月十三日，板倉老中首座聚集在京諸藩超過五十名重臣於二條城，宣布將軍接受大政奉還。
- 同月十六日，龍馬前往二本松薩摩藩邸，在那裡將擬好的《新官制擬定書》填上相對應的人名。
- 同月廿四日，龍馬啟程前往越前，也在同日慶喜向朝廷辭去征夷大將軍。
- 十一月二日，龍馬與三岡八郎會晤，請求他出仕負責新政府的財政。
- 同月五日，龍馬返回京都，制定《新政府綱領八策》。
- 同月十五日，龍馬與中岡在近江屋遭到京都見廻組襲擊，當場死去，享年三十三歲。
- 同月十七日，傷重的中岡死去，享年三十歲。同日舉行龍馬、中岡以及僕役藤吉的葬禮，三人遺骸運往東山的靈山埋葬。
- 同月廿七日，龍馬的死訊傳至長崎海援隊本部。
- 十二月二日，人在下關的阿龍接到龍馬的死訊。

慶應四年／明治元年（一八六八）
- 一月廿三日，龍馬的死訊傳至土佐老家。

後記

在我大學即將延畢之時，有幸閱讀了兩部龍馬的傳記，一是我在正文裡數度提及的漫畫《硬漢龍馬》，作者是武田鐵矢先生；另一是司馬遼太郎的鉅著《龍馬行》，這兩部傳記奠定了我對龍馬的認識，讓我因為成績太差導致延畢的第五年大學生涯有了努力的方向。也因為這兩部書是我最早閱讀的龍馬傳記，因此在本書被多次提及與真實的龍馬生涯作對照。

說起寫作本書的契機必須回溯到距今六年前，當時因某起因緣結識出版人Ｓ氏，並得到寫作龍馬傳記的邀稿機會。出於對龍馬的喜愛，不知在何時萌生撰寫其傳記的念頭，得到這一從天而降的邀稿內心的雀躍自是難以形容。當時我手上有已近完稿的《日本神話故事》，且即將投入《幕末》的寫作，龍馬傳記的撰寫自應在《幕末》之後。然而，計劃趕不上變化，《幕末》即將完稿之前，我已萌生將《幕末》擴大為『幕末．維新史』的寫作計畫，《幕末》的編輯們建議我應打鐵趁熱，在《幕末》後趁勢推出《戊辰戰爭》與《御一新》，龍馬傳記的寫作不得不往後推延。

正式動筆已是二〇二一年九月。由於《幕末》與龍馬傳記在年代上有所重疊，在動筆《幕末》之前，我已抱定不讓兩書內容有太多重疊的方針，幕府及諸藩的動態、外國勢力的干預等，與土佐或龍馬沒有直接關聯的置於《幕末》，土佐及龍馬的事蹟留在本書。雖然方針定得如此明確，在寫作《幕末》時仍談及不少龍馬的事蹟，而寫作本書時也無可避免地觸及部分幕末的動態，希望讀者諒解兩書要涇渭分明實是難以做到！

在龍馬兩次脫藩、龍馬與勝以及西鄉的初次會面、薩長同盟、寺田屋遇襲、與後藤的和解、伊呂波丸事件、大政奉還、龍馬暗殺等方面，本書都有與《幕末》不同面向的敘述（讀者可視為是更深入的敘述），尤以龍馬暗殺為最，《幕末》主要是探討從明治初年至今的各種內幕說，本書則是從當事人及現場目擊者事後的記錄還原暗殺始末，對龍馬暗殺有興趣的讀者不妨對照參看。

動筆前我在二〇一七年與一九年安排了三次龍馬之旅（分別前往薩摩、長崎、土佐），盡可能走訪龍馬到過的景點，再搭配閱讀過的龍馬傳記，成為我撰寫龍馬傳記的主要素材。動筆後大致說來沒有遇上太大的窒礙，偶一有之，伴隨在《硬漢龍馬》改編的動畫（於一九九二到九三年間在ＮＨＫ上映，台灣則在九八年左右先後曾在衛視中文台、Ｚ頻道播放）主題曲〈くそったれの涙〉、插曲〈風の一步〉（皆由武田鐵矢演唱）

以及大河劇『龍馬傳』的旋律迎刃而解。

可惜的是，完成本書之後因為種種原因最終未能由S氏出版，雖然與遠足合作多時，彼此的默契十足，也很感謝遠足對我寫作上一些壞習慣的包容感謝在心，但沒能讓龍馬的傳記由最初向我邀稿的S氏出版，內心總是充滿愧疚。

另一感到遺憾的是先父在我於二〇二二年五月脫稿一個多月後辭世，完成手稿初校的我不得不暫停預定的二校工作。雖然我與父親的關係不如其他父子親密，我依然感謝父親提供我一個相對舒適的環境，讓我能夠沉浸在自己的理想裡，今天我有幸能出版幾本著作，可說是仰賴父親給我的相對舒適環境。至今我仍印象深刻：十幾年前我出版第一本書時，口頭上他毫無嘉許之情，私下拿了不少出版社的贈書贈予親友，事後聽親友轉述，父親在贈書時臉上藏不住的得意神情。

謹以此書獻給先父！

二〇二三年六月二十日於員林自宅

參考書目

日文書籍

1坂本竜馬　山本大　新人物往来社　一九七四年
2龍馬のすべて　平尾道雄　高知新聞社　二〇一〇年
3坂本龍馬　松浦玲　岩波書店　二〇〇八年
4龍馬百話　宮地佐一郎　文藝春秋　一九九七年
5坂本龍馬歴史大事典　新人物往来社　二〇〇八年
6坂本龍馬　池田敬正　中央公論社　一九六七年
7汗血千里の駒——坂本龍馬君之伝　坂崎紫瀾　岩波書店　二〇一〇年
8図説　坂本龍馬　小椋克己・土居晴夫監修　戎光祥出版　二〇一九年
9龍馬書簡集　高知県立坂本龍馬記念館　二〇一八年
10坂本龍馬と明治維新　マリアス・ジャンセン著　平尾道雄・浜田亀吉訳　時事通信社　二〇〇〇年

11龍馬が歩いた幕末地図　木村幸比古監修　朝日新聞出版　二〇〇九年
12坂本龍馬スペシャル英雄待望論　原口泉監修　徳間書店　二〇一二年
13坂本龍馬伝——幕末を駆け抜けた英傑の生涯　新人物往来社　二〇〇九年
14坂本龍馬——動乱の時代を疾走した風雲児　世界文化社　一九九六年
15龍馬暗殺——幕末最大の謎闇からの刺客を暴く　世界文化社　一九九八年
16「坂本龍馬」の誕生——船中八策と坂崎紫瀾　知野文哉　人文書院　二〇一三年
17坂本龍馬を斬った男——幕臣今井信郎の証言　今井幸彦　新人物往来社　二〇〇九年
18龍馬史　磯田道史　文藝春秋　二〇一七年
19歴史読本　特集坂本龍馬　新人物往来社　一九七九年
20龍馬の黒幕　明治維新と英国諜報部、そしてフリーメーソン　加治将一　二〇〇九年
21氷川清話　勝部真長編　角川書店　一九九九年
22後藤象二郎と近代日本　大橋昭夫　三一書店　一九九三年
23一外交官の見た明治維新（下）　アーネストサトウ　岩波書店　二〇〇三年
24遠い崖　アーネストサトウ日記抄5外国交際　萩原延壽　朝日新聞社　二〇〇七年

25長州戦争——幕府瓦解への岐路　野口武彦　中央公論新社　二〇〇六年
26開国と攘夷　日本の歴史19　小西四郎　中央公論新社　二〇〇九年
27勝海舟　歴史を動かす交渉力　山岡淳一郎　草思社　二〇一八年

中文書籍

1坂本龍馬の夢與冒險：從下級武士成為國民英雄之謎　菊地明著，蕭照芳譯　夏日出版　二〇一〇年
2坂本龍馬與明治維新　馬里烏斯・詹森著，曾小楚譯　上海三聯書店　二〇一九年
3明治維新親歷記　薩道義著，譚媛媛譯　文匯出版社　二〇一七年
4龍馬史　磯田道史著，沈藝譯　社會科學文獻出版社　二〇一九年
5坂本龍馬（一）～（八）司馬遼太郎著，世界翻譯社譯　萬象圖書　一九九七～九八年
6幕末：日本近代化的黎明前（一）～（三）洪維揚著　遠足文化　二〇一八年
7龍馬傳Ⅰ～Ⅳ　福田靖・青木邦子著，陳嫺若・郭清華譯　如果出版社　二〇一〇年

網頁

1高知縣立坂本龍馬記念館　https://ryoma-kinenkan.jp/

2北海道坂本龍馬記念館 http://www.ryoma1115.com/
3高知市立龍馬の生まれたまち記念館 https://ryoma-hometown.com/
4坂本龍馬人物傳 https://www.ryoma-den.com/
5龍馬堂 http://ryomado.in.coocan.jp/

長崎丸山附近的龍馬銅像。

國家圖書館預行編目資料

南海雋傑 坂本龍馬傳
洪維揚 著；
一初版.一 新北市：遠足文化事業股份有限公司，2023年10月
576面；14.8×21公分
ISBN 978-986-508-271-0（平裝）
1.坂本龍馬 2.傳記
783.18 112015655

南海雋傑
坂本龍馬傳

作　　者　洪維揚
責任編輯　賴譽夫
封面設計　蔡南昇
排　　版　L&W Workshop

編輯出版　遠足文化
行銷企劃　張偉豪
行銷總監　陳雅雯
副總編輯　賴譽夫
執 行 長　陳蕙慧
發　　行　遠足文化事業股份有限公司（讀書共和國出版集團）
23141新北市新店區民權路108之2號9樓
代表號：（02）2218-1417　傳真：（02）2218-0727
客服專線：0800-221-029　Email：service@bookrep.com.tw
郵政劃撥帳號：19504465　戶名：遠足文化事業股份有限公司
網址：http://www.bookrep.com.tw

法律顧問　華洋法律事務所　蘇文生律師
印　　製　韋懋實業有限公司
初版一刷　2023年10月

ISBN　978-986-508-271-0
定　　價　650元